한국어판

공공행복론

이승종 지음

박영사

Public Happiness

Seung Jong Lee

 Springer

이 저서는 2015년 대한민국 교육부와 한국연구재단의 우수학자연구지원을
받아 수행되었음(NRF－2015S1A5B101910)

한국어판 서문

주지하다시피 21세기에 들어서면서 행복의 공적책임에 대하여 여러 국가의 관심이 본격화되었다. 한국에서도 박근혜 정부가 국민행복을 주창하면서 행복에 대한 공적책임과 이를 실현하기 위한 정책에 대한 관심이 가시화되었으나, 동 정부의 퇴장 이후 그 같은 관심은 거의 실종된 느낌이다. 그러나 모든 공공정책의 귀결점은 결국 공동체 구성원의 행복의 증진에 있다고 전제할 때, 이에 대한 관심의 퇴조는 아쉬운 현상이다. 이같은 생각에 접하면서 필자의 영문저서 Public Happiness(2021, Springer)의 한국어판을 출간하기로 하였다. 이 저서의 내용은 대체로 행복에 대한 공적관심과 행복정책의 방향에 대한 논의로 구성되어 있다. 부족한 내용이지만 Public Happiness의 한국어판이 행복의 공적책임과 정책에 대한 관심을 촉발하는 데 작으나마 보탬이 되었으면 한다. 어려운 출판 여건에서 한국어판의 출간을 맡아준 박영사 안종만 회장, 조성호 이사, 양수정 편집자, 손준호 과장 그리고, 관계자분들께 감사드린다.

2022년 10월 이승종

서문

왜 행복인가. 이에 대한 대답을 위해서는 먼저 사람이 왜 사는가를 물어야 한다. 그런데 생명은 사람이 스스로 선택한 것이 아니라 주어진 것이다. 그러므로 사실 왜 사는가는 적당한 질문이 아니다. 대신 어떻게 살아야 하는가를 묻는 것이 더 정당한 질문으로 보인다. 어떻게 살아야 하는가를 묻는 것은 어떻게 살기를 원하는가를 묻는 것과 동일하다. 인간이라면 누구나 행복하게 살고 싶어한다. 왜 그런가는 별도의 설명이 필요하지 않을 만큼 자명한 것이다. 행복하게 사는 것, 그것은 모든 개인이 원하는 원초적 수요이다. 인간의 기본권에 대하여 천부인권을 이야기하지만 기본권의 기본은 인간이 행복하게 살 권리이며 그래서 행복은 천부인권으로 이해되어도 무방할 것이다.

행복이 인간 모두의 기본권리임에도 불구하고 모든 인간이 같은 수준의 행복을 누리고 사는 것은 아니다. 개인의 특성과 여건 차이 때문에 누구나 같은 수준의 행복을 누리며 살 수는 없다. 개인적 특성이 같더라도 생활조건(또는 사회조건)의 차이에 따라 개인의 행복수준은 차이가 나게 된다. 생활조건이 같더라도 개인적 특성의 차이가 있으므로 느끼는 행복의 수준은 다를 수 밖에 없다. 그렇다고 해서 그같은 차이를 당연한 것으로 수용하여 아무 조치도 하지 않아도 되는 것은 아니다. 우리의 이상은 지나치게 격차가 나지 않는 행복의 수준을 다같이 누리며 사는 것이기 때문이다.

어떻게 할 것인가. 개인적 특성은 기본적으로 주어진 것이므로 어떻게 하기 어렵더라도 생활조건의 개선을 통하여 행복수준을 높이기 위한 인위적 노력의 여지는 있다. 이같은 노력은 허황되지 않다. 인간이 물질의 외피를 입고 사회적 관계 속에서 생활하는 한, 생활조건은 유의미하게 행복에 영향을 미칠 것이기 때문이다. 물론 생활조건이 개인의 행복에 주는 영향에는 개인차가 있다. 어떤 개인은 열악한 생활조건에도 불구하고 행복하게 산다. 그러나 일반적으로 생활조건에 대한 내응성은 정도의 차이가 있을 뿐이며, 생활조건은 상당한 수준에서 유의미하게 개인의 행복에 영향을 준다. 단언컨대 외부 조건과 무관하게 일정한 행복수준을 누리는 사람은 없으며 따라서 모든 사람이 행복하게 사는 세상을 건설하는 데 있어서 생활조건에 대하여 주목하는 것은 당연하다.

강조할 것은 인간이 처한 생활조건이 너무 취약해서 최소한의 행복을 누리는 것이 불가능하거나, 생활조건의 차이가 너무 커서 개인간 누리는 행복의 격차가 너무 크다면 개인이 소속한 공동체가 그같은 문제에서 자유로울 수 없다는 점이다. 물론 그같은 조건이 전적으로 개인의 선택 또는 귀책 사유에 의한 것이라면 공동체는 그 책임에서 자유로울 수 있다. 그러나 그같은 상황이 전적으로 개인적 사유에 의한 것이 아니고 외부적 요인에 의한 것이라면, 또한 개인차원에서 극복 또는 조정하기 어려운 것이라면 그만큼 공동체가 관심을 가질 필요가 있다. 여기에서 행복의 공공성 또는 공공행복의 필요성이 시작한다.

이같은 행복의 공공성이 본서가 다루고 하는 문제이다. 즉, 개인의 행복을 공동체와 별개 차원에서 개인 전유의 문제로 다루는 것이 아니라 공동체에 소속된 개인들의 집합적 문제로서 행복을 접근하는 것이다. 그렇게 함에 있어서 특히 국가차원에서 구성원인 국민의 행복증진을 위한 정책노력을 다룬다. 국가차원에 주목하는 것은 현실적으로 국민의 생활에 영향을 미칠 수 있는 권력과 자원의 최대 보유자가 바로 국가이기 때문이다. 오늘날 자본주의 확산에 따라 세계화가 진행되면서 국경이 갖는 의미가 약해지고 또한 그만큼 국가가 갖는

서문

의미가 약해졌다고 하지만 국가의 위상은 여전하다. 또한 규범적 측면에서 보더라도 국가는 국민의 행복에 적극적 관심을 가질 의무가 있다. 모든 시민은 국가의 경계 안에서 국가의 구성원으로 산다. 국가가 강하건 약하건 국가의 경계 밖에서 자유롭게 사는 사람은 없다. 시민은 국가의 구성원으로서 국가와 필연적 관계에 있는 것이다. 국가는 왜 존재하는가, 과거로부터 현재까지 국가는 국민을 행복하게 하기 위해서 존재한다는 것이 일반적 인식이다. Locke와 같이 소극국가론을 주장하거나, Hobbes나 Hegel 같이 적극국가론을 주장하거나 국가의 존재는 국민의 기반 위에서라야 정당화될 수 있다. 즉, 국가는 그 자체가 아니라 국민을 위하여 존재한다는 것이다. 더욱이 오늘날 대다수의 국가가 민주국가를 표방하는 상황에서 국가의 주인인 국민의 행복을 위하여 국가가 노력하는 것은 당연한 의무이다. 반면, 국민을 위해 존재하는 국가가 국민의 행복을 위한 노력에 소홀히 한다면 그것은 스스로 존재 의의를 부정하는 것이며, 국가가 지녀야 할 최소한의 품격을 잃는 것이라 하겠다.

국민의 행복증진을 위한 국가의 노력은 정책(또는 공공정책)으로 표출된다. 정책이란 정부가 공공목적을 달성하기 위해서 추진하는 행위를 말하며, 따라서 국민의 행복을 증진시키기 위해서 정부가 추진하는 정책을 행복정책이라 부를 수 있다. 행복정책은 무엇을 지향하는가? 앞에서 행복을 위한 생활조건에 대하여 언급하였는 바, 행복정책은 국민 개개인의 행복증진을 목적으로 함에 있어서 지각된 행복(perceived happiness)의 증진을 직접적 목적으로 하기보다는 생활조건의 개선을 통하여 개인의 행복추구활동을 지지하는 것을 목적으로 해야 할 것이다. 그것은 외부요인과 개인의 정서인 행복 간의 관계가 불확정적이기 때문에 국가가 정책을 통하여 개인의 최종적 행복을 담보하는 것은 불가능할 것이기 때문이다(설혹 그것이 가능하다 하더라도 그것을 국가의 목표로 하는 것이 바람직한가에 대해서도 논란이 없지 않다). 그러나 국가가 개개인의 최종 행복수준을 담보할 수는 없더라도, 국민의 평균적 행복수준을 제고하는 것은 가능하다. 나아가서 국가는 국민들 간 행복수준의 형평성을 높이는 것을 정책목표에 포함해야 할 것이다. 분포의 문제는 개인이 아닌 집단수준에서 생기는 고유의 문제이다. 집단과 무관하게 별개로 존재하는 개인이라면 분포의 문제는 원천적으로 생기지 않을 것이다. 그러므로 공공행복은 수준과 분포라는 두 가지 얼굴을 갖는다고 하겠으며, 따라서 행복정책이라면 당연히 두 가지 측면 모두에 관심을 가져야 한다. 수준은 높지만 분포는 불평등한 상태, 분포는 균등하지만 수준은 낮은 상태는 모두 공공행복이 지향하는 목적이 될 수 없다. 그러므로 공공정책은 행복의 수준과 분포에 유의미한 영향을 주는 조건들을 색출하고 조성하는 방향으로 추진되어야 한다.

공공행복 증진을 위한 노력의 책임이 국가에게만 있는 것은 아니다. 국가라는 공공집단의 구성원으로서 국민(개인, 시민과 혼용함)은 공공행복 증진을 위한 노력에 동참해야 한다. 두 가지 의미이다. 첫째, 국민은 행복정책의 일방적 수요자가 아니라 주체적 생산자로 정책과정에 적극 참여해야 한다. 둘째, 국민은 자신의 행복만이 아니라 국가의 다른 구성원의 행복에 대하여도 관심을 가져야 한다. 이같은 국민의 노력이 병행되지 않는 상황에서 국가의 일방적 정책추진은 자칫 국민의 요구와 괴리가 큰 정책의 추진, 과도한 요구에 따른 공공자원의 핍절, 그리고 민주시민 문화의 퇴행과 같은 문제가 발생할 수 있다는 점

서문

에 유의해야 한다.

　21세기에 들어오면서 행복에 대한 관심이 발흥하고 있다. 일찍이 1970년대 초 부탄이 국민총행복(Gross National Happiness)이라는 새로운 개념을 도입하면서 행복국가에 대한 의지를 국제사회에 천명한 바 있다. 그러나 히말라야 소국의 작은 외침에 대하여 특별한 반향은 일어나지 않았다. 그러던 중 30년 이상의 휴지기를 지나 2000년대에 들어서면서 서구 개발국을 중심으로 국민행복에 대한 관심이 적극화되기 시작하였다. 이같은 행복에 대한 관심은 개인보다는 국가차원의 행복에 대한 관심이 표출된 것이며, 또한 학문적 관심 이전에 그간의 성장국가, 복지국가의 한계를 극복하기 위한 실천적 수요에서 비롯된 것이었다. 행복에 대한 새로운 관심은 학계에서도 활발하게 나타났다. 부(wealth)와 행복 간 관계의 부정합성을 의미하는 이른바 Easterlin's paradox가 행복연구에 대한 새로운 관심을 촉발한 이래 지금까지 일천한 기간에도 불구하고 많은 연구성과가 축적되어 왔다. 여러 연구들은 행복의 측정, 행복요인의 발굴을 중심으로 행복연구의 과학화, 새로운 학문분야의 정착 측면에서 상당한 진전을 이루었다. 그럼에도 불구하고 행복에 대한 실천적 관심을 지지할 학문적 연구가 충분히 이루어지고 있는가에 대해서는 의문이 남는다. 많은 기여에도 불구하고 지금까지의 행복연구는 (1) 공공행복보다는 다분히 개인행복에 초점을 맞추어 왔다는 점, (2) 행복의 측정이나 행복요인의 추출에 관심을 두는 대신 상대적으로 행복정책 연구에 소홀하였다는 점, (3) 단편적 행복정책의 제안을 넘어 포괄적 행복정책을 제시하는 데 한계가 있다는 점, (4) 행복정책을 추진하는 거버넌스 문제에 본격적 관심을 기울이지 않았다는 점 등의 한계를 노정하고 있다.

이 같은 문제의식에 입각하여 본서는 행복의 공공성을 전제로 하여 행복정책과 행복정책을 위한 거버넌스에 관심의 초점을 둔다. 이같은 접근은 기본적으로 행복연구는 행복증진이라는 실천적 목적에 부응하는 실천적 연구가 되어야 한다는 것을 전제로 한다. 그렇게 함으로써 기존 연구의 사각지대를 보완하는 한편, 공공행복에 대한 관심이 행복정책과 거버넌스로 연결되도록 도모하고자 한다. 본서가 행복정책에 집중하는 데는 또 다른 중요한 이유가 있다. 그것은 행복정책이 정책발전을 위한 유효한 수단이 될 수 있으리라는 믿음 때문이다. 지금까지 공공정책과정은 정부 또는 정책결정자가 주도하는 대신, 시민은 정책과정에서 소외되거나 정책의 객체로 소외되었다. 그리하여 공공정책은 시민을 위한다는 명분과는 달리 시민의 이익을 충분히 반영하지 못하는 대신 정부나 공직자의 이익을 대변할 뿐이라는 비판이 지속되어오고 있다. 가부장적 정책과정이 시민중심적 과정으로 변화되어야 한다는 요구가 끊이지 않고 있는 것이 이를 입증한다. 이같은 상황은 행복정책을 추진함으로써 변화될 수 있다. 우선 행복은 시민이 느끼는 것인 바, 행복을 목표로서 추진하는 과정에서 공공정책은 시민을 위한, 시민에 의한 정책으로 변화할 수밖에 없을 것으로 기대된다. 뿐만 아니라 행복정책은 정책의 효율화, 형평화를 위한 유효한 수단이 될 수 있다. 정부가 행복이라는 동일한 목표를 추진함으로써 부처별 이기주의를 완화하여 정책통합성과 협력을 제고하는 한편, 사회 내 행복분포의 공정성을 지향함으로써 정책의 형평성을 제고하는 효과를 기대할 수 있을 것이기 때문이다. 예로부터 정책의 민주성, 효율성, 공정성의 확보는 정책발전의 가장 기본적인 과제였는 바, 행복정책의 적극적 추진은 이같은 정책과제를 실질적으로

서문

진전시키는 중요한 계기가 될 수 있다. 그럼에도 불구하고 지금까지의 행복에 대한 논의와 연구는 행복증진을 위한 도구적 시각에서만 접근한 나머지, 이와 같은 정책발전효과를 인식하지 못한 한계가 있다. 요컨대, 행복정책은 행복증진이라는 일차적 기대를 넘어 공공정책의 기본문제를 해결할 수 있는 중요한 도구로서 기능할 것인 바, 이같은 효과는 행복정책의 부산물 이상의 중요한 것으로서 주목받아야 한다.

본서의 준비과정에서 주변에서 많은 도움을 받았다. 김지호, 정영아, 조창덕, 최민호 석사, 김민혜, 이서희, 이연경, 이지은 박사, 그리고 특히 많은 노고를 한 김윤지 교수에게 감사의 마음을 전한다. 커뮤니티웰빙과 행복에 대한 공동연구를 하면서 유익한 조언과 도움을 준 Rhonda Phillips, Kai Ludwigs, Yoshiaki Kobayashi, 김영민, 최영출, 오영균 교수, 그리고 Jennifer, Janice, YH Lee에게 감사한다. 또한 우수학자로 선발하여 안정적으로 연구를 할 수 있도록 지원해 준 한국연구재단에 감사한다.

이승종

목차

목차

CHAPTER 4 ─────────────────────────────

공공행복의 측정

목차

서론

국가의 주인은 국민이다. 그러므로 국가는 국민이 원하는 바를 적극적으로 실천해야 한다. 국민은 무엇을 원하는가. 국민은 발전을 원한다. 어제의 삶보다 오늘의 삶이, 오늘의 삶보다 내일의 삶이 낫기를 원한다. Knight, Chigudu and Tandon(2002)이 영국연방 국민 10,000명을 대상으로 시행한 조사연구에서 응답자 다수는 발전(progress)을 원하는 것으로 응답하였다고 보고한 것은 이에 대한 좋은 증거이다. 다양한 환경에서 생활하고 있는 다양한 배경의 시민들이 다같이 발전을 이야기하고 있는 것이다.

발전이란 무엇인가. 발전(development, progress)은 현대에 와서 새롭게 생성된 개념이 아니라 고대로부터 추구되어온 것으로서 물질적, 도덕적, 심리적 발전을 포괄한다(Nisbet 2009: xiii). 또한 발전에 대한 정의는 다양하지만, 대체적으로 바람직한 또는 소망스러운 방향으로의 상향적 변화(최항순 2006: 64), 또는 열위로부터 우위로의 변화(Nisbet 2009:5)를 의미하는 것으로 이해된다.[1] 그런데 발전은 자연적으로 오는 것이 아니며 적절한 인위적 노력을 요구한다. 발전을 위한 노력에 있어서 중요한 질문은 발전을 어떠한 의미로 이해할 것인가 하는 것이다. 현대국가에서 발전은 주로 경제적 성과를 기준으로 인식되어 왔고 따라서 GDP로 측정되는 경제성장이 곧 발전이었다. 일찍이 제2차 세계대전 후 세계안정을 위한 Bretton Woods conference의 결과의 하나로서 GNP를 발전의 지표와 지침으로 사용하도록 하는 협정이 맺어졌다. 후에 GNP는 보다 적실한 비교를 위하여 Gross Domestic Product(GDP)로 개선되지만(Iriarte 2019), 세계 각국은 선진국, 개도국을 막론하고 경제성장을 발전목표로 하여 치열하게 경쟁하였다. 국가만이 아니라 개인과 기업도 경제적 성장이 최고의 목표였다.

그런데 2000년대에 들어서면서 발전에 대한 인식의 변화가 일어나기 시작했다. 즉, GDP로 대표되는 경제성장이 국민의 행복이나 웰빙을 전적으로 담보하지 못한다는 인식이 확산되면서 종래의 성장 대신 행복(또는 웰빙)을 발전으

---

1) 이외에도 발전은 다양하게 규정된다. 구조와 기능의 분화(Riggs, LaPalombara, Pye), 변화에 대한 대응능력의 증진(Eisenstadt, Diamond), 목표의 달성을 위한 계획적 변화(Esman, Weidner, Montgomery), 역량의 강화(Sen) 등은 그 예이다(최항순 2006: 64). 그러나 어떻게 표현되든 대체로 긍정적 변화를 의미하는 점에서는 크게 다르지 않다. 또한 발전은 서구적 편향이 있는 근대화, 동일한 방향으로의 발전을 의미하는 진화론과 차별되는 개념이다(박동서 1989: 664−665).

로 보는 시각으로의 이행현상이 나타난 것이다. 또한 이를 반영하여 서구 개발국을 중심으로 GDP 대신 행복(또는 웰빙)을 국가발전목표로 적극 수용하려는 현상이 국제적으로 확산되었다(Graham, 2009; Weimann et al, 2015). 물론 행복에 대한 새로운 관심이 경제성장을 발전의 범주에서 배제하는 정도까지 확장된 것은 아니다. 여전히 경제성장은 발전의 중요한 요소로 인식된다. 그럼에도 불구하고, 경제성장이 인간의 웰빙과 직결되는 것은 아니라는 반성이 제기되면서 비경제적 측면의 발전에 대한 관심이 크게 증가하고 있는 것이다. 이와 같이 경제중심의 발전관에서 총체적 관점의 발전관으로의 변화 움직임을 통틀어 'GDP 초월 계획 또는 운동'(beyond GDP initiative or movement)이라고 하거니와,[2] 이같은 움직임은 각국의 중앙과 지방정부, UN을 포함한 국제사회와 학계를 망라한다. 바야흐로 현재 세계는 성장국가 경쟁 이후, 복지국가 경쟁을 거쳐 행복국가 경쟁으로의 전환 추세를 보이고 있으며, 그리하여 21세기는 행복의 시대라 할 만하다(이승종 2020).

Beyond GDP 운동은 기본적으로 경제적 또는 총량적 발전으로부터 질적 또는 총체적(holistic) 발전으로 국가의 발전목표를 전환하려는 움직임이다. 즉, 양적복지를 추구하는 복지국가로부터 질적복지를 추구하는 행복국가(national happiness)를 지향하는 것이다. 이같은 국가발전목표의 전환은 시장중심주의에 대항하여 정부의 역할, 정치사회제도의 역할에 대하여 새롭게 방점을 가하는 노력으로서 인간중심주의에 입각한 것이며, 목적론적이며 가치지향적 이론의 성격을 갖는다(우창빈 2014a, b). 정책지향에 있어서 행복국가는 삶의 질, 좋은 삶, 행복, 웰빙을 중시하며 이같은 목표의 달성을 위하여 지방 또는 커뮤니티 차원의 서비스전달을 중시한다. 또한 공공정책 논의에 있어서 투입과 결정 등

---

2) The Beyond GDP movement 또는 initiative는 GDP만큼 명료하면서도 발전의 환경적, 사회적 측면을 포괄하는 지표를 개발하려는 노력이다. 이같은 노력은 기후변화, 빈곤, 자원고갈, 건강과 삶의 질 등과 같은 21세기의 도전과제에 대한 대응과 연관된다. GDP는 번영과 행복(well-being)의 측정도구로 설계된 것이 아니다. 2007년 European Commission, European Parliament, Club of Rome, OECD, WWF 등은 "Beyond GDP"에 대한 고위회담을 갖고 어떤 지표가 발전의 측정지표로 최적인지, 측정결과가 어떻게 정책결정과정과 공공담론에 적용될지에 대하여 논의한 바 있다. 2009년에는 EU가 Roadmap 2009 "GDP and beyond: Measuring progress in a changing world"를 공표하였으며(European Comminssion 2020), 2014년에는 UN이 총회결의로 국제행복의 날을 지정하기에 이르렀다.

정책과정에 대한 관심에 우선하여 정책목표를 중시한다. 공공정책 과정은 수단일 뿐 궁극의 정책목표는 행복에 있기 때문이다. 이같은 행복지향의 국가발전 목표의 전환 움직임은 인간의 속성을 고려할 때 자연스러운 것이다. 왜냐하면, 인간이라면 누구가 행복에 대한 욕망이 있으며, 나아가서 인간의 욕구는 경제 욕구만 아니라 다양한 욕구를 포괄하기 때문이다. 이제 국민은 발전을 추구함에 있어서 경제발전만이 아니라 행복의 발전을 원하며, 그렇기 때문에 국가는 당연히 행복에 대해서 관심을 가져야만 하게 되었다.

왜 이러한 변화인가? 이같은 변화는 한편으로는 경기침체, 인구구조 변화, 신성장동력의 부재 등으로 인하여 경제성장이 한계에 부딪치면서 복지국가의 확장에 제동이 걸린 한편, 그간의 성장에도 불구하고 사회적 양극화, 침체된 웰빙 등으로 경제발전의 어두운 면이 부각되었기 때문이다. 실제로 여러 관련 연구들은 경제성장에도 불구하고 전반적 웰빙, 행복, 삶의질, 삶의 만족 등은 별로 증가하지 않았다는 것을 보여주었다. 물론 그에 반대되는 연구들도 없지는 않지만 전반적으로 성장의 효과에 대한 확신을 갖는 증거는 찾기 어렵다. 즉, 전반적으로 선진국이나 개도국을 막론하고 경제성장의 효과에 대하여 회의가 증폭되고 있는 상황에서(우창빈 2014a, b), 선진국을 중심으로 GDP를 넘어서는 국가발전목표의 재정립과 그 실천을 위한 다양한 노력이 전개되기 시작한 것이다. 다만, 이같은 움직임은 아직 초기 단계이며 만개된 상태는 아니다. 또한 새로운 패러다임은 경제를 부정하는 것이 아니라 다분히 보완적 개념으로서 제시되고 있다(발전개념의 질적수정). 그리하여 'not GDP'가 아니라 'beyond GDP'로 표현되고 있는 것이다.

행복은 별도의 설명이 필요없는 인간의 보편적 욕구이다. 물론 행복이 삶의 유일한 목적이라는데 대해서는 이의가 없지 않다. 자유, 책임, 자아실현 등 다른 목표를 더 중시할 수도 있다(Frey & Stutzer 2002: 3). 심지어는 불행을 선택할 '자유'가 행복보다 중시될 수도 있다. 그러나 대부분의 사람에게 있어서 행복은 가장 중요한 삶의 목표가 된다는 것은 분명하다. 이에 대한 James(1902: 76, recited from Frey & Stutzer 2002: 3)의 다음과 같은 직관은 적확해보인다. "어떻게 행복을 획득, 유지, 회복할 것인가 하는 것은 사실 대부분의 사람들이 하는 모든 일의 감춰진 동기이다."

개인에게 있어서 이렇듯 행복이 중요하다면, 개인을 구성원으로 하는 국가는 당연히 개인의 행복증진을 위하여 관심을 가져야만 한다. 이와 관련, Musikanski, Phillips & Crowder, 2019: 25, 54)는 "정부의 기본목적은 국민이 행복을 추구할 수 있는 평등한 기회를 확립하는 것이다"라고 주장하였다. 다만, 정부의 역할은 직접적 행동이 아니라, 개인이 자기가 규정하는 행복을 추구할 수 있도록 환경을 조성하는 것이라고 하였다. 다산 정약용은 공공의 행복을 위하여 빈민, 노인, 고아, 병자 등 사회에서 도움이 필요한 사람들에게 정부(목민관)가 적극적으로 대책을 마련해야 한다고 주장하면서, 구체적으로 백성의 물질적 풍요와 편의 증진을 위한 기술 진흥(경세유표), 인권보장을 위한 조치(흠흠신서)가 필요하다고 제시하였다(장승구 2017: 77−84).

실제로도 행복은 고래로부터 보편적 국가의 이상적 목표이며 국가가 의무로서 추구해야 할 공공가치로서 자리매김하여왔다. 과거 미국의 독립선언문이나 프랑스 혁명선언문, 그리고 현대에 이르러서는 UN 총회의 the day of international happiness의 제정 등은 국가차원에서 국민의 행복추구권을 명시적으로 선언한 대표적 예이다. 여러 국가의 헌법 역시 행복추구권을 국민의 법적권리로 인정하고 있다. 대한민국 헌법(제10조)도 "모든 국민은 인간으로서의 존엄과 가치를 가지며, 행복을 추구할 권리를 가진다. 국가는 개인이 가지는 불가침의 기본적 인권을 확인하고 이를 보장할 의무를 진다."라고 규정하고 있다. 그러나 이렇듯 행복은 개인책임을 넘어 공적책임의 대상이라는 것에 대한 규범적 언명은 확고한 반면, 이의 실천을 위한 명시적 노력은 찾기 어려웠다, 그러다가 이제 시대적 상황의 변화에 따라 행복은 시대가 요구하는 중요한 실천과제로 대두되기에 이른 것이다.

유념할 것은 국가가 국민행복의 고양을 위하여 노력해야 할 것이지만, 이러한 노력은 과거 경제성장을 추진하는 것보다 더 어렵고 야심찬 일이라는 점이다. 과거 경제성장국가는 경제만 염두에 두면 되었고, 복지국가는 경제에 기반한 복지수준만을 염두에 두면 되었지만, 이제 행복국가는 경제만이 아니라 경제 이외의 요소까지 고려해야 하기 때문이다. 나아가서 행복국가는 경제요인이 행복에 어떻게 연결되는가를 염두에 두어야하는 추가적 과제를 안게 된다. 이같은 고려는 경제와 행복의 인과관계가 확실하지 않기 때문에 더욱 필요하게 된다. 그러나 어렵더라도 국민이 경제를 넘어 행복의 진전을 원하는 한, 정부는 행복을 목표로 정했건 그렇지 않건 행복의 진전을 위해 노력해야 한다. 정부는 국민이 원하는 바를 충족시키기 위해 노력해야 할 의무가 있기 때문이다. 국민이 원하는 바에 제대로 대응하지 못하는 정부는 존재의의가 없어지며, 그러한 정부는 신뢰를 잃게 된다. 21세기 들어 정부신뢰 저하 현상은 정부가 국민의 욕구를 제대로 충족시키지 못하고 있음을 방증하는 증거일 수 있다(Nye et al, 1997).

전반적으로 볼 때 최근 국민행복에 대하여 국가가 관심을 갖는 것은 기본적으로 행복에 대한 공공책임에 대한 자각을 전제하는 것이므로 행복에 대한 논의는 공공행복(public happiness)에 대한 관심과 논의의 출발로서 인식되어야 한다. 즉, 행복에 대한 국가의 관심증대는 행복이 더 이상 개인의 문제가 아니라 공공의 문제라는 인식을 선포하는 것에 다름 아니라는 것이다. 이같이 행복에 대한 공공관심의 증대는 특히 개인의 역량으로 행복을 담보하기 어려운 사회적 열위층의 행복증진에 기여할 수 있을 것이란 점에서도 평가되어야 한다.

실천적 관심과 병행하여 행복에 대한 연구관심도 새롭게 발흥하고 있다. 즉, 소득과 행복이 동행하는 것이 아니라는 Easterlin의 주장이 제기된 이래, 행복에 대한 연구관심이 본격화되었고, 지금까지 일천한 기간에도 불구하고 많은 연구성과가 축적되고 있는 것이다. 특이한 점은 최근의 행복에 대한 학문적 연구가 실천적 관심과 괴리되지 않고 유기적 연관을 갖고 진행되는 양상을 보인다는 점이다. 행복연구 성과는 행복이 국가적 관심사로 부각되는 것을 촉진하고 또 반대로 행복에 대한 실천적 관심은 학문적 관심을 강화하는 쌍방향적 작용을 하면서 행복의 시대를 구체화하는 동력이 되고 있는 것이다. 그러나 일정한 성과와 의미에도 불구하고 지금까지의 행복에 대한 연구는 공공행복의 관점에서 볼 때 일정한 한계를 보인다. 최근 행복연구의 발흥은 기본적으로 개인행복을 넘는 공적행복의 증진을 염두에 둔다는 점에서 상당 부분 공공행복론과 관련성이 크다. 그럼에도 불구하고 대부분의 기존 연구는 개인, 지역사회, 국가를 포함하여 다양한 차원의 행복을 다루면서도 실제로는 개인차원(사적차원)의 행복에 관심을 집중하고 있어 공공행복론의 요청에 부응하는 방향으로 전개되지 못하고 있으며, 공공행복의 실천적 지지에 있어서도 일정한 한계를 보이고 있다.

이같은 인식을 바탕으로 본서는 공공행복에 대한 본격적 논의를 제시하고 자 한다. 본서의 목적을 상술하면 다음과 같다. 첫째, 본서는 행복은 국가의 기 본의무로 추구해야 할 공적책임이라는 점을 제시한다. 행복에 대한 공적책임이 란 국가 구성원으로서의 개인행복을 공공목적으로 수용하여야 한다는 것을 의 미한다. 나아가서 본서는 행복증진을 위한 공공정책과 거버넌스가 어떻게 재정 향되어야 하는지에 대하여 논의한다. 그렇게 함에 있어서 행복정책은 개인의 최종적 행복을 담보하는 것을 목적으로 하기보다는 개인의 행복을 지지하는 기반여건의 조성을 일차적 목적으로 하는 것이라는 입장을 견지한다. 이같은 접근은 행복증진을 위한 행복정책의 주체는 국가만이 아니라 구성원으로서의 국민을 포함한다는 것을 의미하는 것이기도 하다. 이와 같이, 행복, 행복정책, 그리고 거버넌스를 동시에 다룸으로써 이들 간의 관계에 대하여 적절한 관심 을 기울이지 않아 온 기존 연구의 한계를 보완하고자 한다.

둘째, 발전에 대한 재해석을 바탕으로 국가발전목표를 수정하려는 주요 개 발국들의 정책노력을 소개한다. 기본적으로 이같은 노력은 복지국가(양적 복지) 에서 행복국가(질적복지)로의 전환 움직임으로서, 발전에 대한 전통적 지표인 GDP를 넘어서는 'beyond GDP'운동으로 부를 수 있다. 사실 GDP는 사회발전 을 위한 지표로서 한계가 있다. 한편으로는 개인의 정서적 측면을 포착하지 못 하고, 다른 한편 경제적 복지에 대해서도 불완전한 척도이기 때문이다. 가정생 산의 활동가치, 공공서비스의 부가가치, 소득분포에 대한 고려가 결여된 점 등 은 흔히 지적되는 문제이다. 이같은 상황에서 부탄이 국민총행복지표(Gross National Happiness)를 도입한 이래 전 세계 많은 국가들이 행복 지표를 개발하 기 시작했다. 본서는 이같은 동향에 대하여 정리하여 소개한다.

셋째, 본서는 행복정책의 기본방향과 행복정책 수행을 위한 거버넌스의 방 향에 대하여 논의한다. 최근 공공행복을 국가발전목표로 적극 수용하는 움직임 이 전개되고 있는 바, 국가발전목표에 변화를 기하고자 한다면 당연히 그에 걸 맞는 정책과 추진체제로서 거버넌스의 변화가 이루어져야 한다. 그러나 기존의 연구는 행복수준의 측정과 영향요인의 발굴에 관심을 집중하는 대신 행복 정 책이나 거버넌스 문제에 대해서는 상대적으로 관심을 소홀히 하였다. 이는 아직까지 beyond GDP 움직임이 발현단계이기도 하거니와, 국가발전목표를 정부와 정책에 연결시킬 필요성에 대해서 심각하게 인식하지 못한 때문인 것으로 판단된다. 이와 관련, 본서는 행복수준의 측정과 영향요인의 검증을 넘어 공공행복의 증진을 위한 정책과 거버넌스의 재정향에 대한 연구를 통하여 기존 연구의 사각지대를 해소하고자 한다. 그렇게 함에 있어서 기존의 과정기반의 거버넌스(정부) 패러다임(Traditional, NPM, New public service 등)을 비판적으로 검토하고 국가발전목표의 전환추세를 고려한 새로운 패러다임으로서 목표기반 거버넌스 패러다임을 제시한다. 목표기반 거버넌스 패러다임에서는 종래의 과정기반 패러다임에서와는 달리 정책행위자의 역할비중을 미리 정하지 않고, 목표달성의 가능성에 따라 역할비중을 달리하는 것을 수용한다. 이같은 모형의 융통성을 통하여 목표기반 패러다임은 기존 거버넌스 패러다임의 상충을 해소하는 한편, 관련 연구의 이론적 논의를 촉발하며, 새로운 발전목표를 추진하는 정책과 거버넌스에 대하여 종합적이고 일관된 방향을 제시할 수 있을 것으로 기대한다.

　본서의 구성은 공공행복의 결정모형을 근간으로 한다. <그림 1−1>은 기본적으로 공공행복이 개인차원의 조건과 사회적 차원의 조건의 기반 위에서 이루어지는 개인활동의 수준에 의하여 결정되는 것을 요약하여 보여준다. 우선, 공공행복에 대한 정부책임성에 기반한 정부의 활동(정책과 거버넌스)은 개인적 조건과 사회적 조건에 동시적으로 영향을 미친다. 이때 인적 조건은 개인이 보유하는 자원과 역량, 그리고 가치이며, 사회적 조건(개인의 생활조건)은 물적 조건(例 사회인프라, 복지)과 비물적 조건(例 문화, 사회자본)을 포함하는데, 개인적 조건과 사회적 조건은 상호영향을 미친다(6, 7장). 개인적 조건과 사회적 조건은 각각 또는 상호작용하에 개인의 행복추구활동에 영향을 미친다(4, 5장). 행복의 성취는 개인의 행복추구활동의 내용과 정도에 따라서 달라진다. 성취된 행복은 수준과 분포의 측면에서 평가된다(4장). 행복성취에 대한 구체적 측정은 행복의 내용요소에 의하여 달라질 것이다. 나아가서 행복의 성취에 따라 최종적으로 공공행복의 성취가 결정된다(2장, 3장)

▶ 그림 1-1 공공행복의 결정

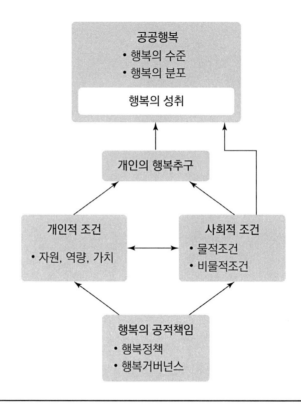

CHAPTER

2

이론적 배경

01 행복의 개념

왜 행복인가? 인간은 누구나 행복하기 원한다. 그리하여 사는 동안 행복하기 위해 애쓴다. 돈을 벌고, 사랑을 하고, 종교에 매달리기도 한다. 심지어 행복하지 않을 때 죽음을 택하기도 한다. 행복의 문제는 생존하는 동안 그림자같이 생에 매달려 있다. 그러므로 사실 인간이 왜 행복을 추구하는가에 대해서는 물을 필요가 없다. 행복은 인간의 삶에 있어서 별도의 설명이 필요없는 자명한 선이다(Layard, 2005). 행복은 삶의 궁극적 목표이며, 다른 가치의 궁극적 환원이다. 아래 짧은 노랫가사는 인간의 얼마나 행복을 원하는지를 단적으로 표현해준다.

> "하루를 살아도 행복 할 수 있다면 나는 그 길을 택하고 싶어…."
> (김종환 "사랑을 위하여")

행복이란 무엇인가? 행복 또는 좋은 삶이 무엇인가라는 질문은 서양사상에서 오랜 이슈였다.[3] 고대 그리스에서 Aristoteles는 행복은 인생의 존재이유이며, 가장 중요한 목표라고 하면서, 행복은 올바른 욕망을 채움으로써 얻어진다고 하였다(cited in Kai, 2018). 그에게 있어 행복 또는 좋은 삶이란 eudaimonia에 다름 아니다(Prior 1991: 148). Epicurians는 쾌락이 인생의 목적이며 최고의 선이라 규정하면서 쾌락을 추구하고 고통을 피하는 것을 도덕원리로 삼았다. 일반적으로 Epicurians이 중시하는 쾌락은 정신적 쾌락이지만 일부(예 키레네학

---

3) 대체로 서양의 행복연구는 고대 그리스 철학, 유럽의 후기계몽주의철학, 및 현재의 삶의 질 연구 등 세 기간에서 적극적으로 다루어졌다고 본다(Veenhoven 1991).

파)에서는 감각적 쾌락을 중시하기도 하였다. Aristoteles가 올바른 욕망의 충족을, 쾌락주의자가 일반적 욕망의 충족을 이야기했다면, 고대 스토아학파는 욕망의 억제를 주장하였다(Bok 2010: 50, Prior 1991: 220). 시기적으로 볼 때, 고대에는 행복이 인간 내적 속성이라는 점을 일부 인정하면서도 기본적으로는 신 혹은 외부적으로 주어진 일종의 행운, 복으로 여겨졌다. 예컨대, Aritoteles는 eudaimonia(좋은 영혼)를 그리스어로 행복 또는 축복을 의미하는 'makario'와 교차적으로 사용하였다(Miao et al. 2013).

중세시대에 있어서 행복은 믿음과 신의 축복을 통해서만 얻을 수 있는 영적인 것으로서 소수의 사람들에게만 주어진 것이라 여겨졌다. 이러한 고전적 행복관은 13세기 Tomas Aquinas에 의해 영적인 삶을 추구하는 인간 자신의 노력에 의해 어느 정도 행복을 얻을 수 있다는 관점으로 전환점을 맞이하게 된다(구교준 외, 2015). 행복에 있어 인간의 주체적 노력을 강조하는 관점은 17, 18세기 계몽주의 시대에 이르러 강화되어 개인 쾌락이 행복의 주요 요인이며, 행복은 인간 내적인 것으로 스스로 노력에 의해 추구할 수 있는 대상으로 인식되었다. 즉, 행운의 행복관으로부터 쾌락의 행복관으로의 전환이 시작된 것이다(Miao et al, 2013). 이같은 관점은 쾌락을 행복과 동일시한 18세기 공리주의 철학에 잘 반영되어 있다. 이와 대척점에 Kant로 대표되는 의무주의가 있다. 칸트의 도덕철학에 기반한 행복관은 인간들이 보편적으로 인정하는 절대적 윤리기준이 있음을 전제한다. 그러므로 윤리와 연관되지 않는 쾌락은 행복으로 인정받지 못하였다(구교준 외, 2015).

행복이 인류의 기본적 관심사인 만큼 동양에서도 행복에 대한 논의가 일찍부터 이루어졌다. 공자는 西經에서 행복에 대한 다섯 가지 축복을 말한다. 이는 육체적, 정신적 안녕(康寧), 장생(長生), 부(富), 윤리적 규범을 따르고 이웃과 기쁨을 누림(攸好德), 그리고 성실하게 자신의 책임과 임무를 완수함(考終命)을 포함한다. 이러한 행복관점은 개인차원에서 행복한 생활을 위한 요소만이 아니라 공동체 차원에서 행복한 공동체 형성을 위한 요소를 포함하는 것이다. 흔히 전통적 유가사상에서 행복이라는 단어를 찾을 수 없다고 한다. 그러나 유교적 관점에서는 복이라는 개념을 통해 행복에 접근한다고 할 수 있다. 기본적으로 행복은 자유, 평안, 결핍이 충족되는 조건 등으로 이해된다. 유가사상에서는 이기심이나 자신에 대한 집착을 버릴 것을 강조한다. 내면의 기쁨이 최고조에 달하게 되고, 사랑과 삶에 동기를 갖게 된다고 한다. 부와 명예는 모두가 바라는 것이지만, 덕이 겸비되지 않으면, 그것은 진정한 행복이 아닌 것으로 이해된다. 이와 비슷하게, 정약용(1762-1836)은 행복한 삶을 도덕적이고 의미 있는 삶으로 정의했다. 행복을 위해서는 객관적 축복 그 자체보다 기쁨으로 받아들이는 주관적 태도가 더 중요하다고 믿은 것이다(장승구 2017: 53). 대체적으로 동양의 행복에 대한 관점은 과하지도 부족하지도 않은 중용을 추구하는 유가적 접근이나(주희 1999), 인위적이지 않은 자연 그대로의 모습에 순응하는 무위자연(無爲自然)을 강조한 노장사상에서 그 중심을 찾을 수 있다(노자 2007: 174, 정지욱 2018:104).

동양의 행복에 대한 관점은 서양의 관점과 차이가 있다. 동양에서는 좋은 삶과 관련하여 福, 樂, 吉이라는 개념을 제시하며 이를 행복이라 본다. 또한 쾌락주의 관점과 덕성주의 관점이 병렬적으로 대립하는 서양과 달리, 동양에서는 쾌락주의에 비하여 덕성주의가 보다 보편화된 인식이다. 동양에서는 행복을 감각적 또는 개념적 자극에서 유발되는 순간적 또는 체험적 감정으로 보기보다는, 평정상태의 마음에서 우러나는 지속적 속성으로서 자연적 진리에 대하여 왜곡되지 않은 자각을 수반하는 것으로 이해한다(Crum and Salovey, 2013).

오늘날 행복은 외부로부터 주어지는 것이 아닌, 자신의 노력으로 추구할 수 있는 인간 내적인 것이 되었고, 그 본질을 주로 주관적인 감정과 평가로 보고 있다는 점에서 hedonism적 성격이 강하다고 할 수 있다(구교준 외, 2015). 다만, 행복을 세속적이고 일시적인 쾌락으로만 볼 것인가, 잘못된 인지를 포함하는 만족감이나 삶의 평가를 진정한 행복으로 볼 수 있는가와 같은 문제가 제기되어 왔다. 도덕과 덕성이 결여된 삶은 좋은 삶일 수 없다는 비판이 그것이다(Kesebir and Diener, 2008). 이에 가치 있는 삶과 이를 추구해 갈 수 있는 개인의 역량에 초점을 두는 eudiamonism에 기반한 학문적 논의와 함께, 양 관점을 균형적으로 수용하는 입장이 강화되고 있다. 각종 조사와 지표에서 쾌락주의적 요소와 덕성주의적 요소를 포괄하고 있는 것이 그 증거이다(구교준 외, 2017: 17).

행복의 개념은 어떻게 규정되는가? 동서양을 막론하고 행복에 대한 이해는 다양하게 이루어져왔고, 그 결과 현대에 있어서도 행복에 대한 통일된 개념규정은 이루어지지 않고 있다. 사실 행복 개념의 난립은 이례적이며, 행복의 이해를 방해하는 근본적 요소가 된다고 이야기될 정도이다(Cummins 2013). 몇 개의 예를 들어보자. 대표적인 행복학자인 Veenhoven(1991)은 행복을 삶의 만족과 동일시한다. 이때 삶의 만족 즉, 행복은 "개인이 자신의 전반적인 삶의 질을 호의적으로 판단하는 정도"로 이해된다. 다시 말해, 행복은 "개인이 자신이 영위하는 삶을 얼마나 좋아하는지"에 의해 규정된다[4]. Tatarkiewicz(1966:1), Michalos(1985) 등 여러 학자들도 행복을 개인의 삶에 대한 만족으로 이해한다.

일부 학자들은 행복 개념보다 만족 개념을 선호하기도 한다. Campbell et al(1976)은 삶의 만족은 인지적 판단이기 때문에 감정의 느낌(feeling)인 행복보다 더 신뢰할 수 있는 개념으로 보았다. Lane and Terry(2000)는 행복은 기분(mood)인 반면, 만족은 보다 인지적인 평가라고 판단하였다. Helliwell & Putnam(2004)은 사회적 맥락에서 볼 때, 삶의 만족이 행복보다 약간 우월한 측정이라고 보았다.

이렇듯 행복과 만족은 상당 부분 연관관계에 있는 것으로 인식되지만(Yeh et al, 2013) 이에 대한 비판도 있다. Feldman(2010: 5)의 주장은 구체적이다. 그는 삶의 만족을 질문하는 Eurobarometer의 서베이를 예를 든다. 동 서베이에서 삶의 만족에 대한 질문은 두가지이다. 하나는 "전반적으로 볼 때, 당신의 삶에 대하여 당신은 매우 만족한가, 꽤 만족한가, 별로 만족하지 않는가, 또는 전혀 만족하지 않는가?"이다. 다른 하나는 "만일 당신에게 다시 살 기회가 주어진다면, 당신은 당신의 삶에 있어서 많은 부분을 바꾸고 싶은가, 어느 정도 바꾸고 싶은가, 아니면 전혀 바꾸고 싶지 않은가?"이다. 이에 대하여 Feldman은 "만족해도 행복하지 않을 수 있다. 다시 인생을 바꾸고 싶지 않다고 해서 행복한 것은 아니다"라고 지적한다. 즉, 삶의 만족과 행복은 같지 않다는 것이다. Haybron(2016) 역시 조사에 있어서 응답자들의 만족에 대한 판단은 자의적이며, 만족이 실제로 삶의 좋음(goodness)을 나타내기보다는 삶의 충분함(good-enoughness)을 나타내기 때문에 삶의 만족과 행복과의 관계는 희박하다고 주장한다. 그러나 만족과 행복의 관계를 전면적으로 부정하기는 쉽지 않아

---

4) Veenhoven(1991)는 삶의 만족으로 행복을 규정하는 이유로서 삶의 만족은 ① 상당히 정확하게 규정될 수 있고, ② 상당히 잘 측정될 수 있으며, ③ 실증자료가 축적되어있는 반면, ④ 객관적 개념을 채용하려면 여러 가지 난점이 해결되어야 한다는 점 등을 들고 있다.

보인다. 만족해도 행복하지 않을 수 있고, 불만족해도 행복할 수 있지만, 만족해서 행복하고, 불만족해서 불행한 경우가 더 일반적일 수 있기 때문이다. 그러므로 양자는 연관된 것으로 보는 것이 타당해 보인다. 이에 대한 일반적 견해는 후술하는 바와 같이 만족을 행복의 하위개념으로 보는 것이다.

종종 웰빙이 행복 개념과 혼용되기도 한다(Musikanski et al, 2019: 19). 심리학 문헌에서 행복은 웰빙을 나타내는 보통의 상식적 표현이며, 웰빙이 인간의 참 웰빙(wellness)를 나타내는 대표적 용어이다(David et sl, 2013). 웰빙이란 무엇인가. Diener et al,(2009: 9)에 의하면, 웰빙은 삶의 다양한 측면에서 자신의 삶에 대한 개인의 전반적 평가로 정의될 수 있다. 즉, 웰빙은 삶의 어떤 특정 영역에 한정되지 않고, 삶의 모든 영역에 걸쳐 전반적으로 잘 사는 것을 말하는 것이라는 것이다. 그러나 웰빙을 행복과 동의어로 사용하는 것은 무리가 있어 보인다. 이와 관련, Thin(2012: 34)은 좋다고 느끼는 것(feeling well)과 행복을 느끼는 것(feeling happiness)은 같지 않다고 지적한다. 또한 그는 "행복은 실제로 매우 확장적이고, 복잡하며, 동적인 용어로서, 연관된 많은 개념들과 함께 삶에 대하여 전인적, 서술적 평가를 형성한다. '주관적'이라는 접두사를 뺄 경우, '웰빙'은 전문가 주도의 가부장적 방식으로서 너무 쉽게 받아들여짐으로써 사람들의 고유한 선호와 정서를 무시한다"고 지적한다. 보다 구체적으로, 그는 웰빙은 종종 행복과 동의어로 쓰이는 주관적 웰빙을 포함하는 포괄적 용어이지만, 실제로는 신체, 기본적 수요의 공급, ill-being 등에 초점을 두고 사용됨으로써 오히려 행복보다 좁은 개념으로 사용되는 경향이 있다고 덧붙인다. Graham(2011: 25) 역시 행복 개념을 포괄적 관점에서 접근한다. 그녀에게 있어서 행복은 기본적으로 ① 자신의 삶에 대한 전반적인 평가로서의 웰빙, ② 일상 생활에서 경험하는 웰빙, ③ 선천적 성격특성의 영향을 받는 웰빙, ④ 광범위하게 정의되는 삶의 질로서의 웰빙을 포함하는 포괄적인 용어이다. 그녀는 웰빙은 흔히 개인의 고유한 선호와 정서를 무시하는 전문가적 하향식 개념이기 때문에, 일상적으로 사용되는 용어로서의 행복 개념이 웰빙개념보다 혼동이 적고 따라서 웰빙보다는 행복 개념이 유용하다고 주장한다.

그렇다면 행복개념을 어떻게 규정할 것인가. 본서는 행복에 대한 총체적인 정의가 사람들이 그들의 삶에 대하여 얼마나 긍정적으로 느끼는가와 같은 복잡한 상태를 파악하는 데 있어서 유리할 것이라는 점에 주목한다(Pfeiffer and Cloutier 2016). 그리하여 행복은 개인의 삶의 좋은 정도에 대한 개인적 총체적 평가로 규정한다. 웰빙용어를 사용한다면 행복은 주관적 웰빙과 같은 것이다. 웰빙은 인간의 웰니스(wellness)와 관련된 여러 개념을 아우르는 포괄적인 용어로서 주관적 웰빙을 포함하지만(David et al, 2013), 주관적 웰빙은 정서적 (affective) 및 인지적(cognitive) 측면에서 자신의 삶에 대한 사람들의 평가를 의미하는 용어이다(Diener et al. 1999). 그러나 행복이 만족과 같은 것은 아니다. 후술하는 바와 같이 만일 주관적 웰빙이 정서(feeling), 만족(satisfaction), 그리고 삶의 의미(life meaning)를 포함하는 것이라고 할 경우, 주관적 웰빙은 삶의 만족을 포괄하는 상위의 개념이 되기 때문이다. 즉, 행복을 주관적 웰빙과 동의어로 보는 한, 행복과 만족을 동의어로 볼 수는 없다.

　행복과 주관적 웰빙 중 어떤 용어를 선택할 것인가. Seligman & Csikszentmihalyi (2000)이 언급했듯이 주관적 웰빙이 행복의 의미를 나타내는데 있어서 보다 과학적으로 들리는 용어이기는 하지만, 그럼에도 불구하고 다음과 같은 이유에서 행복용어를 쓰는 이점을 버리기는 어렵다. 첫째, 행복 용어가 사람들이나 미디어의 관심을 끌기에 유리하여(Musikanski et al, 2019: 20) 그만큼 행복정책 추진을 위한 동력확보가 용이해진다. 둘째, 행복연구의 목적이 학문적 소통에 그치지 않고 실천적 적용에까지 확장되어야 하기 때문에 일상적으로 좋은 삶을 지칭하는 데 사용되는 행복용어의 이점이 있다. 셋째, 행복 개념의 적용 범위가 보다 넓고 적용상 융통성이 클 것이다. 이같은 점을 고려하여 본서에서는 주관적 웰빙과 행복을 동일시하면서도 행복 용어를 우선하여 사용한다.

　한편, 행복 개념의 다양성에도 불구하고 일치된 개념화에 대한 지나친 강조는 불필요한 것일 수도 있다. 이와 관련, Alexandrova(2012)는 행복개념의 획일화 내지는 지나친 일반화 시도를 경계한다. Alexandrova가 제기하는 주장의 핵심은 다음과 같다. 행복개념을 일치시키려면 모든 관련 측면을 망라하여 적절하게 합하고 비중을 정하는 일반화된 평가가 요구된다. 그것이 가능하다 하더라도 일치된 개념화는 기본적으로 불변주의(invariantism)의 한계를 보이게 된다. 단일한 웰빙 개념은 도덕적 또는 기타 고려 사항과 관계없이 모든 것에 적용되며 또한 웰빙의 구성 역시 상황과 무관하게 고정되기 때문이다. 그리하여

Alexandrava는 현재의 고정적, 일반화된 개념화를 넘어서 보다 융통성있는 개념화를 제안한다. 그같이 변화를 수용하는 관점에서 접근할 때, 웰빙에 관한 개념은 다양하여 일부는 일반적이고 일부는 매우 맥락적일 수 있다. 또한 이같은 웰빙에 대한 새로운 정의는 덜 보편적이지만 더 실제적이다.

생각컨대, Alexandrova의 주장과 같이 획일적 개념화에 대한 경계가 필요하기는 하겠지만, 그럼에도 불구하고 행복논의의 진전을 위해서는 어느 정도 공유되는 개념화의 시도는 필요할 것이다. Alexandrova 스스로도 인정하듯이 기존의 개념화에도 공유되는 부분이 상당히있고, 맥락은 어떠한 개념이든 적용과정에서 적절히 고려할 수 있는 문제로 보는 것이 더 현실적이기 때문이다. 그러므로 여기에서는 앞에서 '삶에 대한 긍정적 평가'로 행복을 정의한 바를 유지한다. 이러한 정의는 기본적으로 행복을 주관적 정서이면서 긍정적 평가를 포괄하는 것으로 보는 것이다. 이같은 개념은 행복을 유발하는 객관적 조건은 제외한다. 부정적 정서는 행복개념에 포함한다. Bradburn(1969:9)과 같이 행복을 긍정적 정서와 부정적 정서라는 두 가지 독립적인 차원에 있어서의 개인위치의 결과로 볼 때, 부정적 정서를 행복개념에 포함시키는 것은 당연하다.

02 \ 행복의 관점

    행복에 대한 통일된 개념규정을 찾기 힘든 이유는 기본적으로 행복은 좋은 삶과 유사한 것으로 이해되며(Vitters⊘ 2013), 무엇이 좋은 삶인가에 대한 이해가 중립적이지 않고 철학적 관점과 연결되기 때문이다(Veenhoven 1991). 행복 또는 좋은 삶이 무엇인가에 대하여 많이 회자되고 있는 철학적 관점은 앞에서 언급한 바와 같이 즐거움이나 만족을 중심으로 접근하는 쾌락주의(hedonistic) 관점과, 삶의 가치를 중심으로 접근하는 덕성주의(eudaimonic) 관점이 그것이다(Ryan and Deci 2001).[5]

---

5) 쾌락주의와 덕성주의(의미주의)의 구분은 전문적 구분이 아니므로, 대신 일반인들의 쾌락주의(lay hedonism)와 일반인들의 덕성주의(lay eudaimonism)로 부르는 것이 타당하다는 지적이 제시되기도 한다(예 최인철, 2018: 167). 다만, 여기에서는 일반인뿐 아니라 많은 학자들도 '일반인'이라는 접두어 없이 쾌락주의와 덕성주의의 구분을 유용하게 사용하고 있는 점을 고려하여 양자의 구분을 사용한다. 한편, 행복에 대한 관점을 쾌락주의와 덕성주의 관점으로 대별하기는 하지만 사실 양자가 전혀 다른 것은 아니다. 이는 덕성론자들이 권하는 행동이나 쾌락주의자들이 권하는 행동과 크게 다르지 않다는데서 확인된다. 예컨대, 고대 그리스의 Cyrene학파와 같은 일부 쾌락주의자는 감각적 쾌락을 추구하였음에도 불구하고 현자만이 즐거움을 알 수 있다고 하였고, Epicuros는 감각적,순간적 쾌락을 부정하는 한편, 최고의 선인 쾌락은 지속적이고 정신적인 것이어야 한다면서 ataraxia(평정심)를 역설하고 쾌락의 질적 구별을 강조하였다. 이렇듯 쾌락주의에서 말하는 현자의 즐거움이나 지고의 즐거움은 덕성주의자가 말하는 삶의 의미와 통하는 것이다. 덕을 추구하는 과정에서 쾌락이 발생하는 것도 양 관점의 연관성을 말해준다. 기본적으로 양자는 강조점에서 차이를 보이지만(쾌락주의는 심리상태를, 덕성주의는 행위를 상대적으로 강조한다), 행복에 대하여 전혀 다른 입장에 있는 것은 아니다(Bok 2010: 76, Thin 2012: 46).

1) 쾌락주의

쾌락주의의 최대 지지는 공리주의(utilitarianism로)부터 나온다. 기본적으로 공리주의는 고통을 능가하는 행복을 추구하는 것을 선으로 본다(Katarzyna & Singer, 2017: xix). 그리하여 편익, 이익, 쾌락, 좋음, 또는 행복을 산출하거나, 불행, 고통, 악 또는 불행을 방해하는 효용(utility)을 최대화할 것을 주장한다. 이같은 공리주의의 태동은 쾌락을 행복의 기준으로 생각한 고대 그리스의 쾌락주의자 Epicuros까지 거슬러 올라갈 수 있지만, 실질적 논리의 체계화는 18세기 말 영국의 Jeremy Bentham(1748-1832)에서 출발한다. Bentham은 도덕의 기준은 효용이며, 효용을 증대시키는 쾌락은 선(善)이며, 효용을 감소시키는 고통은 악(惡)이라고 보았다. 또한 벤담은 각자가 자기 공리의 최대를 구할 때 그 총계로서 사회 전체의 공리도 최대로 된다고 생각하였다. 이같은 공리주의의 핵심내용은 Bentham이 주창한 "최대 다수의 최대행복"이라는 구호에서 확인되는 바, 이는 사람들이 삶에 있어서 누리는 만족과 쾌락(즐거움)이 최대한 많은 사람들에게 있어서 극대화되는 것을 말한다. 이같은 요청에 따르면, 국가(법, 제도, 행정 등) 및 개인 모두 무엇이 이익인가를 결정하는 것, 혹은 어떤 일의 평가 기준은 최대 다수가 누리는 행복의 총합으로 보게 된다. Dewey(1963)는 벤담의 공리주의가 모든 분야의 정치적 행동에 대한 보편적 규범을 시민 개인의 웰빙으로 보는 것이라고 설명한다. 벤담의 이론은 행동의 판단 기준인 개인의 쾌락과 고통을 대수적 합산이 가능한 파편화된 원자적 단위로 상정하는 것이며, 이때 개인들의 행복은 동일한 비중으로 계산된다. 이같은 Bentham의 공리주의는 영국 고전경제학의 사상적 기초와 자본주의 질서 구축에 토대가 된 것으로 평가된다(강준호, 2013).

John Stuart Mill(1806-1873)도 대표적인 공리주의자이다. Mill은 공리주의가 인간이 여타 동물들과 같이 단순히 쾌락만을 좇는 존재로 상정하여 인간의 존엄성을 폄훼한다는 비판에 대하여 반론을 제기한다. '만족한 돼지보다는 불만족한 인간이 낫고, 만족한 바보보다 소크라테스가 되는 것이 더 낫다'라는 명제는 그같은 입장을 단적으로 반영한다. 기본적으로 Mill은 인간이 여타 존재와 달리 쾌락을 통제할 수 있는 존재이며, 인간이 추구하는 쾌락은 다른 동물이 추구하는 것과는 질적으로 다른 것이라는 전제 하에서 쾌락을 접근한다. 공리주의에 대한 또 다른 비판은 쾌락의 추구는 결국 '이기주의'에 지나지 않는다는 것이다. 이는 윤리적이지 않은 쾌락을 인정해야 하는가라는 질문에 다름 아니다. 이에 대하여 Mill은 '쾌락이나 고통이 그 자체로 선 또는 악이라는 주장과, 모든 쾌락이나 고통이 선 또는 악이라는 주장은 구분되어야 한다'고 주장하였다. 예컨대, 비윤리적인 것은 한 개인에게 쾌락을 줄 수는 있어도 그것은 집합적 관점에서 볼 때 더 큰 고통을 유발하는 일이기 때문에 도덕적으로 비난받아야 한다고 평가한다(김영정·정원규, 2003: 15). Bentham의 입장을 쾌락을 수량화할 수 있고 측정가능한 것으로 보는 양적 공리주의라 할 때, Mill의 입장은 물질적 쾌락을 넘어 정신적 쾌락을 강조하는 질적공리주의로 비교될 수 있다. 그러나 쾌락을 행복으로 본다는 점에서 Mill 역시 공리주의의 입장을 견지하는 것이다.

기본적으로 공리주의는 최대 다수의 최대행복을 증진하기 위해서 개인이 자신의 이해에 맞게 결정을 내리는 것을 장려하는데, 이에 따라 개인은 홀로 권한과 의무의 주체가 된다. 이렇듯 개인의 특성과 역량에 대한 강조는 자유주의 관점으로 계승되는 것으로 평가된다(Daly, 1994).

2) 덕성주의

덕성주의는 공리주의와 대비되어 덕(virtue) 혹은 성격 등을 강조하여 인간의 삶에 접근한다. 그리스어 eudaimonia는 'eu(good)'와 'daimon(spirit)'의 합성어로서 대체로 좋은 영혼 또는 번영(flourishing)과 같은 의미로서 전체 삶에 적용되는 것이며 수시로 느끼는 특정한 상태에 해당되지 않는다(Graham 2011). 덕성주의의 시원은 고대 그리스의 Aristoteles의 철학기반으로 거슬러 올라간다. 그는 '좋은 삶이란 무엇인가'라는 질문에 대하여 도덕적 삶이 좋은 삶이며 행복한 삶이라고 규정한다. 좋은 삶이란 다름 아닌 덕성(eudaimonia)의 성취이며, 이는 인간이 궁극적으로 지향하는 삶 즉, 행복 또는 번영을 의미한다(박성호, 2012). 아리스토텔레스는 인간의 행복은 지역 정치단위에서 덕성을 함양하는 훈련 과정에서 결정된다고 본다. 이같은 관점은 그가 인간은 정치적 동물로서 사람들의 적절한 삶의 목표는 그들이 살아가는 지역 정치단위의 맥락에서 결정된다고 보는 것과 연관된다(Friedman, 1994). 종합해보면 eudaimonia는 목적지향적이며 의미 있는 삶의 추구이자 공동체적 삶의 통일성을 지향하는 흐름으로 해석된다. 아리스토텔레스에 있어서 공동체적 삶은 행복의 성취와 관련해서 중요한 의미를 갖는다. 이때 공동체는 단순한 개인의 집합이 아니다. 국가는 다양한 시민들로 구성된 하나의 유기체적 질서이며 하나의 선을 위하여 함께 존립하는 공동체 즉, 공동선이다(이진우 1998).

기본적으로 덕성주의는 쾌락을 행복의 핵심가치로 보는 쾌락주의적 접근과는 달리 삶 전체에 대한 평가적 해석을 추구한다. 물론 이 접근도 쾌락을 부정하는 것은 아니지만, 삶의 의미(meaning) 또는 성취(fulfillment)를 중시한다. 또한 쾌락에 대한 사회적 수용과 도덕적 평가를 강조한다(Thin, 2012: 35). 이와 같이 덕성주의가 쾌락에 대한 윤리적 판단을 하는 것은 기본적으로 eudaimonia가 공동체의 관계 속에서 형성되는 것이기 때문임이 명백하다. 쾌락주의를 자유주의가 계승한 것과 마찬가지로(Daly, 1994) 덕성주의는 공동체주의가 그 관점을 계승한다고 볼 수 있다. 이는 공동체주의가 개인의 자유보다 평등을 더 강조하고, 사회적 책임 및 가치판단 논의를 보다 중요하게 다루는 경향을 보이는데서 확인된다. 한편, Thin(2012: 35)은 질병회피접근(pathophobic approach)를 제3의 접근으로 제시하여 주목된다. 이 접근은 좋은 삶을 적극적으로 추구하는 대신, 즐겁지 않음(unpleasantness)의 최소화를 추구하는 삶을 의미한다. 효용을 적극적으로 추구하는 것에 초점을 맞추는 공리주의에 비교할 때, 이 접근은 부정적 효용접근으로 이해될 수 있을 것이다. 그러나 추구하는 효용의 방향이 반대방향이기는 하지만, 이 접근 역시 기본적으로 쾌락을 추구하는 것이라는 점에서 쾌락주의 접근의 범주에 포함되는 것으로 보아야 할 것이다.

03 행복의 구성요소

행복의 이해를 위해서는 개념규정을 넘어서 행복의 구성요소에 대한 논의가 필요하다. 행복의 구성요소를 규정하는 것은 행복이라는 추상적 개념을 조작화함으로써 실천적 수준에서 행복연구와 정책개발을 할 수 있게 하기 위한 필수적 작업이기 때문이다. 행복의 개념 규정과 마찬가지로 행복의 구성요소를 어떻게 접근하느냐 하는 문제 역시 행복에 대한 철학적 관점과 밀접하게 연관되어 있다. 중요하게 대립되는 관점은 쾌락주의와 덕성주의 두 가지이다.

대체적으로 쾌락주의 관점에서는 정서(affect)와 인지(cognition) 두 가지 측면을, 덕성주의 관점에서는 덕성 요소(eudaimonic)를 행복의 구성요소로 제시한다. 정서적(또는 쾌락적) 요소는 개인이 경험하는 정서에 있어서 즐거움의 정도 즉, 개인이 평소에 얼마나 좋다고 느끼는지를 말한다. 이때 개인이 경험하는 정서의 수준은 긍정적 감정과 부정적인 감정의 상대적 균형에 따라 결정된다.6) 또한 정서적 요소는 순간적인 사건의 경험과 관련된 기분(moods)과 감정(emotions)을 가리킨다. 인지적(또는 평가적) 요소는 개인이 자신의 열망이 충족되었다고 인식하는 정도를 가리킨다. 다시 말해서, 인생에서 원하는 것을 어느 정도 얻었다고 생각하는지를 의미한다. 이같은 평가가 삶 전체에 대한 전반적 평가로서 이루어질 때 삶의 만족이라 부른다. 덕성적 요소는 보다 지속적인 목적의식, 성취감, 자아실현으로 구성된다. 덕성적 요소는 번영(flourishing)으로도

---

6) 일부 연구는 정서(affect)를 포함시킴에 있어서 부정적 정서를 제외하고 긍정적 정서만을 포함시킨다(eg, Seligman 2004). 일반적으로 정서는 느낌(feeling)을 나타내는 통칭용어로 이해된다. 정서는 보다 단기적이고 구체적인 느낌인 감정(emotion)과 보다 지속적이고 추상적인 느낌인 기분(mood)을 포함한다. 기본적으로 이들간 차이는 상대적인 것으로 종종 이들은 교호적으로 사용된다.

불리운다(David et al, 2013; Pavot & Diener 2013). 종합해서 본다면, 지금까지 행복연구는 행복의 구성요소로서 정서적 요소, 인지적 요소, 및 덕성적 요소 세 가지를 제시하고 있다. 이들은 상호 전적으로 구별되는 범주이기 보다는 일부 중복되며, 하나의 연장선상에 있는 것으로 파악하기도 한다(National Research Council, 2013: 15). 이하 두 철학적 관점에 따라 제시되는 행복의 구성요소에 대하여 논의한다.

1) 쾌락주의 관점

쾌락주의 관점에서는 행복을 주관적으로 즐겁고 만족스러운 삶의 상태(쾌감, 만족)로 보면서 정서와 인지 두 가지 요소를 행복의 구성요소로서 제시한다. 이같은 관점의 예를 들면, Vanhoveen(1991)은 행복을 삶의 만족과 동의어로 보는데, 만족은 정서적 측면에서 쾌락수준과 인지적 측면에서 만족수준을 포괄한다. 마찬가지로 Diener(2000: 34)는 행복은 사람들의 삶에 대한 인지적 및 정서적 측면의 평가라고 한다. Ludwigs(2018: 25)는 행복을 전반적 삶의 향유(enjoyment)라고 정의하면서 정서와 인지가 행복을 구성하는 두 가지 요소라고 본다. OECD(2013: 29)는 행복은 "사람들이 자신의 삶에 대해 내리는 긍정과 부정의 다양한 평가와 자신들의 경험에 대한 정서적 반응을 포함한 좋은 정신 상태"라고 이해한다. McAslan et al.(2013: 156)은 행복을 접근함에 있어서 삶의 만족과 정서적 웰빙을 구분한다. 삶의 만족은 사람들이 자신의 삶에 대해 생각하거나 성찰할 때 얼마나 만족하는지를 반영하는 반면, 정서적 웰빙은 행복, 걱정, 스트레스 및 기타 감정 상태의 순간적인 경험을 반영한다. 삶의 만족은 삶에 '대하여(about)' 행복함을 의미하는 반면, 정서적 웰빙은 삶 '속에서(in)' 행복함을 의미한다. Pavot and Diener(2013)은 주관적 웰빙의 구성요소에 대하여 3요소 모형과 4요소 모형으로 나눌 수 있다고 제시한다. 3요소 모형은 긍정적인 정서와 부정적 정서는 종종 서로 비교적 독립적으로 경험된다는 전제 하에 양자를 구분하여, 긍정적 정서와 부정적 정서, 그리고 삶의 만족(인지) 세 가지 요소를 행복의 구성요소로 포함한다. 4요소 모형은 3요소 모형에서 삶의 만족을 총괄적 만족(life satistaciton)과 영역별 만족(domain satisfaction)의 두 가지 요소로 나누어 포함시킨 것이다. 여기에서 특정한 삶의 영역(᠍ 결혼, 직장, 주택, 건강 등)에 대한 평가는 각 개인이나 특정 집단의 주관적 웰빙에 대하여 보다 구체적이고 상세한 관점을 제공하는 이점이 있다고 제시된다.

한편, 쾌락주의 관점의 구성요소를 제시함에 있어서 일부 혼선이 발견된다. 위에서 제시한 연구들을 포함하여 다수는 쾌락주의 관점의 요소로서 정서와 인지 요소를 제시한다(᠍ Ryan & Deci 2001). 그러나 이와는 달리 일부 연구는 인지를 쾌락(hedonic) 요소가 아닌 평가(evaluative) 관점의 요소로 구분하여 제시한다 (Pavot & Diener 2013; National Research Council 2013; Thin 2012: 36). 예컨대, National Research Council(2013)은 주관적 웰빙의 구성 측면으로 경험(hedonic experience), 평가 및 덕성(eudaimonic wellbeing)으로 구분하여 제시한다. 쾌락주의 관점을 경험(정서)에 국한하고 별도로 평가 관점을 병렬적으로 제시한 것이다. 이와 유사하게 Thin(2012: 36)도 행복의 구성요소로서 쾌락적 요소, 평가적 요소, 존재적 요소 등 세 가지를 제시함으로써 평가적(인지적) 요소와 쾌락적 요소를 구별한다. 이같이 쾌락적 요소의 범위 또는 인지적(평가적) 요소의 성격에 대한 혼선은 기본적으로 평가가 쾌락(pleasure)과 덕성(eudaimonia)의 중간적 성격이 강하기 때문인 것으로 판단된다. 실제로 평가와 덕성간 개념상 구분도 쉽지 않거니와, 측정에 있어서도 삶의 만족과 삶의 의미간 쉽지 않다. 예컨대, World Value Survey에 있어서 삶의 만족에 대한 질문 "전반적으로, 귀하는 요즘 생활 전반에 대해 얼마나 만족하십니까?"(OECD, 2013: 254)와, Annual Population Survey의 덕성에 대한 질문 "전반적으로, 당신이 인생에서 하는 일이 어느 정도 가치가 있다고 느끼십니까?"(National Research Council, 2013:19)의 구분은 쉽지 않다. 그럼에도 불구하고 기존의 양 관점과 평가적 요소와의 관계에 대한 명확한 논의없이 쾌락요소와 덕성요소와 병렬적으로 다른 하나의 평가적 요소를 제시하는 것은 행복의 관점과 구성요소간 연관에 대한 명확한 이해를 방해한다.

2) 덕성주의 관점

　덕성주의 관점에서는 삶의 의미, 목적, 가치 등 덕성요소 행복의 구성요소로서 중시한다. 그러나 오늘날 덕성주의적 요소만을 제시하는 행복연구는 찾기 어렵다. 대신, 다수 연구는 행복을 쾌락이나 만족에 국한하여 접근하는 것을 비판하면서, 쾌락주의와 덕성주의를 포괄하는 입장에서 쾌락(느낌), 만족, 삶의 의미를 아울러 행복의 구성요소로 포함할 것을 제시한다.

　Vittersø(2013)는 좋은 예이다. 그는 우선 좋은 느낌(feelings)과 긍정적 평가의 이층적 결합이 현대 행복연구를 지배하여왔다고 진단하는 한편, 행복이 쾌락과 삶의 만족에 국한한 것으로 축소하여 보는 것은 한계가 있다고 다음과 같이 비판한다.

> "행복에 대한 연구는 단순히 사람들에게 행복한지(감정) 삶에 만족하는지를 질문하는 것으로 축소되어 있다. … (그러나 그같은) 느낌과 평가는 느낌을 경험하고 평가하는 사람들이 가지고 있는 목표와 계획에서 분리되어 있다면 별 의미가 없는 것이다."

　그는 이같은 비판에 기반하여 좋은 느낌과 긍정적인 평가와 함께 좋은 기능(functioning)에 대한 생각을 포함하는 기능적 웰빙 모델을 제안한다.

　이와 유사하게 Bruni & Luigio(2016: 272-4)도 기본적으로 쾌락 중심의 주관적 웰빙은 덕성요소인 번영(flourishing)을 제외하고 있어 한계가 있다고 본다. 이들은 행복을 좋은 삶으로 이해하는 관점에서 주관적 웰빙은 Aristoteles적 전통에 따라 번영이어야 하며 특히 행복 개념에 있어서 가족, 친구, 결사 등 사회적 교호작용에 관한 관계재(relational goods)에 대한 관심이 필요하다고 주장한다. 아울러 현재 주관적 웰빙의 측정은 응답자의 적응에 따라 객관적 상황이 제대로 측정되지 못하는 인지적 오류가 발생함은 물론, 행복 측정시 응답자들이 창의재보다는 소비재를 우선하는 경향을 보이게 되는 문제가 있다고 지적한다. 이들은 결론적으로, 주관적 웰빙은 중요하지만 좋은 삶을 평가하는 데 있어서 GDP와 마찬가지로 충분하지 않다고 주장한다.

같은 맥락에서 여러 연구들은 포괄적 입장에서 행복의 구성요소를 제시하여왔다(예 Ryan & Deci 2001; Waterman et al. 2008; Tiberius & Hall 2010; Huta & Waterman 2014; Straume & Vittersø 2012; Fowers & Molica 2010; Kraut 1979; Frey 2015; Dolan et al, 2011; Thin 2012; Diener and Biswas−Diener 2019; Diener and Seligman 2004; Pfeiffer and Cloutier 2016; Diener and Suh 1997). 특히 OECD(2013: 29−32)는 정서, 삶의 평가 및 덕성을 행복측정을 위한 기준으로 명시적으로 제시하여 주목된다.

일부 연구들은 정서, 인지, 덕성 영역의 확인을 넘어 보다 세부적인 구성요소의 확인을 추구하여 성과를 내고 있다. Ryan & Deci(2001)에 의하면 행복은 결국 쾌락주의와 덕성주의 접근에서 비롯된 최적의 경험과 기능의 복합체이다. 쾌락주의는 주로 심리학자들에 의해서 신체 혹은 정신의 기쁨 혹은 선호를 포함하는 관점으로 받아들여졌기 때문에 구성요소 또한 쾌락의 달성 혹은 고통의 회피 등과 관련한 주관적 요소로 규정되었다. 특히 삶의 좋고/싫음이 행복의 핵심적인 구성요소가 된다. 반면, 덕성주의의 구성요소는 자아실현, 역량발현의 정도를 포함한다. 덕성주의에서 행복은 진정한 자아와 조화롭게 살아가는 것이 중요한 상태이며, 이는 자기결정을 통해서 자아실현을 추구함으로써 가능해진다. 그들은 이러한 성취를 위해서 요구되는 것은 자율성, 역량이며, 이는 성장, 통합, 웰빙(삶의 만족, 행복), 자기정합성(self−congruence) 등으로 연결된다고 보았다. Straume & Vittersø(2012)는 쾌락주의와 덕성주의 관점을 상태(state)와 개인 특성(trait) 측면으로 구분하여 기술하였다. 상태 측면에서 쾌락주의는 느낌 즉, 삶의 용이성 혹은 목표 달성도를 요소로 포함하며, 덕성주의는 목표를 달성하는 과정에서 직면하는 도전, 영감 등을 구성요소로 포함한다고 보았다. 특성 측면에서 쾌락주의는 즐거운 느낌과 연관되며, 덕성주의는 개인 성장, 최적기능과 연관되는 것으로 보았다. Fowers et al(2010)은 쾌락주의의 구성요소로서 재미, 도전, 긍정적 정서), 부정적 정서, 삶의 만족을; 덕성주의의 구성요소로는 통합, 자기 표현, 삶의 목적, 자아실현, 긍정적 관계 등을 제시하였다.

한편, Huta & Waterman(2014: 1425)은 기존의 연구들이 쾌락주의와 덕성주의 두 관점에 따라 행복의 요소를 규명하려는 노력을 시도하였지만 공통된 조작적 정의, 체계적 검토나 구분이 이루어지지 않은 한계가 있다고 평가하였다. 이에 그들은 대표적인 학자들의 개념들을 종합하여 덕성주의와 쾌락주의의 구성요소에 관한 종합적 목록을 작성하고자 하였다. 그 결과 <표 2-1>에서 보는 바와 같이 덕성주의적 요소를 10개, 쾌락주의적 요소를 5개로 제시하였다.

┃ 표 2-1 덕성주의 및 쾌락주의 핵심 구성요소

덕성주의 구성요소	쾌락주의 구성요소
성장, 자아실현(self-realization), 자아실천(self-actualization), 잠재력 발전, 최적 기능, 성숙	쾌락, 향유(enjoyment), 삶의 만족, 행복
의미, 목적, 장기적 관점, 사회적 돌봄, 사회적 기여	낮은 스트레스, 편안함, 휴식
진성성(authenticity), 정체성, 개인적 표현, 자율, 목적 구성(constitutive goals), 통합	평가적 사고(evaluative mindset)
탁월성, 덕, 최선의 노력, 높은 목표, 강인함	열심, 흥미, 유동(flow)
	항상성 추구(pursuit of homeostasis)
관계성, 긍정적 관계, 사회적 웰빙	
역량, 환경지배	
자각, 명상, 유념(mindfulness)	
수용, 자기수용	
노력, 도전정신	
주관적 웰빙	

출처: Huta & Waterman(2014: 1435)

3) 종합

지금까지 행복의 개념요소를 기본적으로 덕성주의와 쾌락주의의 철학적 기반과 연관하여 확인하였다. 대체로 덕성주의 입장에서는 정서, 만족요소를, 덕성주의적 입장에서는 의미를 중요 요소로 제시한다. 생각건대, 행복에 관한 철학적 관점에 대하여 어느 일방이 옳고 어느 일방이 그릇되었다고 이야기할 수 없고, 양자는 일정 부분 연관되어 있다는 점을 고려할 때, 행복의 조작화는 양 관점에 제시하는 요소의 상대적 중요성을 규명하여 어느 한쪽을 배척하기 보 다는 이들을 포괄하여 규정하는 것이 바람직할 것이다. 실제로 최근에는 양자 를 포괄하는 입장이 강화되고 있다. 즉, 일반적으로 행복은 즐거움(pleasure), 만 족(satisfaction), 그리고 성취(fulfillment) 또는 에우다이모니아(eudaimonia) 모두 를 구성요소로 포함하는 것으로 이해된다. 물론 pleasure와 satisfaction은 쾌락 주의적 요소로, eudaimonia는 덕성주의적 요소로 이해한다. 다만, satisfaction 과 같은 평가적 요소(evaluative component)를 중간적 입장으로 이해하는 입장 도 있다는 점은 앞에서 언급한 바와 같다.

어느 요소가 중요한가에 대한 질문이 있을 수 있다. 이에 대하여 Graham(2011) 은 만족(또는 정서)과 덕성 두가지 요소는 다 중요하지만 어느 요소가 더 중요한가 는 목적있는 삶을 추구할 수 있는 개인의 역량에 좌우된다고 보았다. 구체적으로, 역량이 취약한 사람들은 친구와의 교제나 종교적 경험과 같은 일상적 경험에 가치를 두게 되는 반면, 역량을 보유한 사람들은 일상적 경험에 가치를 덜 두게 된다. 이같은 입장은 인간행태의 지표로서 개인의 선택을 과도히 강조하는 것은 한계가 있다고 비판하면서, 빈곤층의 역량부족을 해소해야 한다고 주장한 Sen(1999)의 입장에 대응하는 것이다. 어떻든 쾌락주의적 요소와 덕성주의적 요소 중 어느 것이 더 중요한가에 대해서는 획일적, 사전적으로 규정하기는 어려울 것 같다.

한편, 앞에서 언급한 바와 같이 행복의 세 가지 구성요소간의 관계를 단절 적인 것으로 볼 필요는 없다. 세 가지 요소는 구분되지만 중첩되고 연관된 것 이다. 성취적, 도덕적 활동과 같은 덕성적 요소는 승인되지 않은 단기적 만족 보다 더 많은 쾌락과 지속 가능성을 가져오는 경향이 있다. 쾌락에는 다양한 형태가 있고, 다수는 도덕적이거나 사회적으로 바람직한 행위에서 비롯되기 때 문이다(Thin 2012: 46). 또한 실제 행복측정에 있어서 덕성적 요소의 측정은 정 서와 인지 요소의 측정과 밀접하게 연관된다(National Research Council, 2013: 41). 즉, 행복의 구성요소는 상호간 상당 부분 연관되어 있으므로 이들을 명확 히 단절된 것으로 규정하는 것은 지나치다. 행복을 느낌-평가-삶의 질의 세 유형으로 분류하면서도 이들 개념들이 일정하게 연관되어 있는 것으로 제시한

Nettle(2006)이 좋은 예이다(그림 2-1). 그는 개인적이고 즉흥적 감정을 1단계로, 이러한 감정에 관한 판단과 일시적 만족을 2단계로, 그리고 삶의 질 및 번영 등을 고려한 자아실현을 3단계로 제시함으로써 이들이 연관된 것임을 보여주었다. 이는 동시에 쾌락주의적 요소와 덕성주의적 요소의 연관성을 나타내 보이는 것이기도 하다.

▶ 그림 2-1 행복 요소의 단계

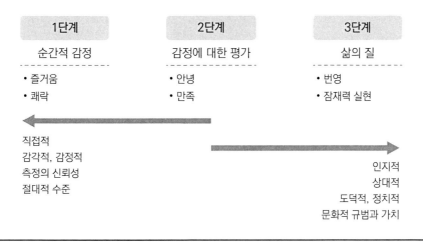

자료: Nettle(2006: 18)의 재구성

04 유사개념

행복은 웰빙, 복지, 효용, 쾌락, 삶의 만족, 의미있는 삶 등 다양한 개념과 혼용되고 있다. 일부 연구자들은 행복과 관련 개념 간의 구분을 하지만, 엄격한 구분을 시도하지 않는 연구자들이 많다. 예컨대, Oswald(1997)은 행복을 쾌락 또는 만족으로 본다. Easterlin(2001: 465)은 행복, 주관적 웰빙, 만족, 효용, 복지를 구분하지 않고 혼용하는 경우가 많다. 경제학자들은 행복을 정의하기보다는 측정하는 데 관심을 기울인다. 행복연구에서 많이 언급되는 World Value Survey는 행복("당신은 얼마나 행복한가?")와 삶의 만족("당신은 당신의 삶에 대하여 얼마나 만족하는가?")을 동시에 측정하는데 양자 모두 행복의 측정지표로 간주된다. 다른 많은 연구자들도 비슷한 경향을 보인다(Adler et al. 2017; Forgeard et al. 2011; Diener, 2006; Veenhoven 2015; Frey 2008; Frey & Stutzer 2002, 2010; 김윤태 2009; 김현정 2016; Bruni and Porta 2007). 즉, 행복 논의에 있어서 전반적으로 행복과 유사개념 간 구분이 엄격히 이루어지지 않고 있는 것이다. 그러나 행복에 대한 이해의 증진과 논의의 진전을 위해서 이같은 혼선을 줄이는 것이 필요하다. 이하 몇 가지 핵심 유사개념에 대하여 살펴본다.

1) 웰빙

웰빙(wellbeing, 복리, 민생, 안녕)은 좋은 삶(good life)을 가리키는 용어로서 인간의 복리 전반에 대한 포괄적 평가이다. 흔히 웰빙을 행복과 교호적으로 사용하지만 엄밀히 말하자면 웰빙과 행복은 구분될 수 있는 개념이다. 행복은 정서적인 것이지만 웰빙은 객관적으로 좋은 삶을 포함하며(우창빈, 2014), 풍요에 기반한다. 물론 풍요는 행복에도 일정하게 영향을 미치지만 그렇다고 해서 행복이 반드시 풍요에 기반하는 것은 아니다. 이는 행복은 불구, 정신적 장애가 있어도 가능한 반면, 웰빙은 그렇지 않다는 점에서 확인할 수 있다(Raibley, 1105-1129). 웰빙은 객관적 웰빙과 주관적 웰빙으로 나누기도 하는데 전자는 삶의 객관적 조건, 후자는 개인적으로 느끼는 삶에 대한 질적 평가이다. 즉, 전자는 개인의 주관적 가치나 규범보다는 객관적 삶의 질의 상태와 관련이 깊으며, 후자는 개인의 이해, 수요, 선호 또는 욕망과 관련하여 이루어지는 삶에 대한 평가이다(김윤태, 2009: 7; Diener & Biswas-Diener 2008: 249).

주관적 웰빙이나 행복은 다같이 인간의 정서에 관련된 개념이기 때문에 우리의 관심은 주관적 웰빙(주관적 웰빙)과 행복 간의 구분 여부에 있다. 몇몇 연구는 주관적 웰빙은 쾌락주의 관점과 관련있는 것으로 파악하여 주관적 웰빙이 행복의 '하위개념'인 것으로 파악한다(예 Bruni & Porta 2007; Nettle 2005; Frey & Stutzer 2010; Lane et al. 2009; Diener et al. 1999). 이들에게 주관적 웰빙은 사람들이 자신의 삶을 정서적 요소(느끼는 방식과 관련)과 인지적 요소(생각하는 방식과 관련) 측면에서 자신의 삶을 평가하는 방식을 망라하는 다차원적 구성으로 간주된다(Diener et al. 1999). 정서적 요소는 순간적인 사건의 경험과 관련된 기분(moods)과 감정(emotions)을 모두 가리킨다. 삶의 만족으로 대표되는 인지적 요소는 개인이 자신의 삶을 인식하는 방식과 관련이 있으며 개인의 현재 상황과 이상적 또는 응당하다고 생각되는 기준 사이의 불일치를 나타낸다. 삶의 만족은 개인이 자신의 삶을 호의적으로 판단하는 정도이다(David et al, 2013). 이때 주관적 웰빙에서 '주관적'이라 함은 개인이 자신 스스로 행복을 위해 중요하다고 생각하는 것에 따라 자신의 삶을 평가하는 접근을 인정한다는 의미이다. 그러므로 주관적 웰빙은 경험과 태도를 구성요소로 포괄한다. 이는 우리 모두가 인식해야만 하는 인간의 잠재력을 사전에 구체화하는 덕성주의적 접근과 다르다(Alexandrova 2012: 302).

또 다른 연구들은 의미있는 삶을 강조하는 덕성주의 입장에서 주관적 웰빙을 행복과 동등한 개념으로 이해한다(예 Ryan & Deci 2001; Frank 1997; Layard 2005; OECD 2013). 이들은 주관적 웰빙을 정서와 만족과 같은 쾌락주의적 요소와 함께 의미있는 삶과 같은 덕성주의적 요소를 포괄하는 좀 더 넓고 포괄적 개념으로 이해한다.

어떤 입장을 취할 것인가? 우선 쾌락주의적 관점에서 주관적 웰빙을 바라보는 입장에 장점이 있을 수 있다. Veenhoven(1991)에 의하면 쾌락 수준은 인지적 적응에 덜 취약하다. 왜냐하면 그것은 직접적인 경험이며 방어적 왜곡에 덜 개방적인 때문이고, 또한 삶에 대하여 실망하고 있다고 인정하는 것보다 가끔 기분이 나쁠 때가 있다고 인정하는 것이 덜 위협적이기 때문이다. 전반적인 행복과 쾌락 수준간에는 높은 상관 관계가 있다는 점도 고려될 수 있을 것이다.

그러나 이같은 이유만으로 쾌락주의 관점에서와 같이 주관적 웰빙을 행복의 하위개념으로 보는 것은 좁아 보인다. 이 개념은 쾌락적 요소만을 주관적 웰빙의 범주에 넣은 것이며, 다른 중요한 행복의 요소인 덕성요소를 제외한 것이기 때문이다. 오늘날 행복을 감정이나 만족 이상으로 보는 광의적 이해가 주류를 이루며(Feldman, 2010: 2), 용어에 있어서도 흔히 주관적 웰빙과 행복이 혼용되는 일반적 상황을 고려할 때, 주관적 웰빙과 덕성주의 접근을 접목시켜 이해하는 것이 바람직할 것이다. 이 경우, 주관적 웰빙은 정서(경험), 인지(평가) 및 의미를 포함하게 될 것이며, 따라서 행복과 같은 개념이 된다. 또한 이렇게 할 경우, 주관적 웰빙은 쾌락주의적 요소를 중심으로 이해하는 협의의 웰빙이 아니라 덕성요소를 포함하는 넓은 의미의 주관적 웰빙으로 확장된다. 생각건대 이와 같이 주관적 웰빙을 확장해서 사용하는 것이 유용한 측면이 있다. 좁은 의미로 주관적 웰빙을 사용할 경우, 덕성요소를 어떻게 부를 것이냐 하는 문제가 남는다. 만일 덕성요소가 주관적 웰빙이 아니라면, 객관적 웰빙(또는 간주관적 웰빙)이라야 한다. 그런데 의미있는 삶을 객관적으로 규정하거나 평가하는 것은 기본적으로 불가하다. 타인이 누구의 삶을 어떻게 의미있는 삶인가를 규정하고 평가할 수 있겠는가? 그러므로 덕성요소를 객관적 웰빙으로 부르는 것은 타당하지 않다. 객관적 웰빙은 주관적 웰빙의 조건인 물질적 웰빙을 지칭하는 것으로 사용하는 것이 혼선을 줄이는 길이다. 좁은 의미로 주관적 웰빙을 규정할 경우, 행복의 중요한 요소로 제시되는 덕성요소를 적절히 규정할 용어가 없어지는 문제가 남게 된다. 물론 덕성요소를 객관적 요소로 보는 입장이 없는 것은 아니다. 예컨대, Alexander(2005)는 덕성에서 상정하는 요소는 주관적이 아닌 것으로 본다. 덕성주의에서 규정하는 덕목이 보편적으로 적용되는 덕목으로 보기 때문일 것이다. 그러나 덕목에 대한 보편적 이해가 존재하는지도 의문이지만, 덕목이 일반적으로 규정되는 경우에도 결국 개인이 덕목에 대하여 느끼고 평가하는 것은 여전히 주관적이다. 규범이 주어지는 것과 주어지는 그 규범을 기준으로 살면서 느끼는 것은 다른 차원의 이야기이다. 후자는 기본적으로 주관적이다. 이는 경험이나 태도에 있어서도 마찬가지이다. 개인에게 주어지는 삶의 조건은 같은데 개인적으로 그로부터 느끼는 감정이나 대하는 태도는 다를 수 있는 것이다. 그러므로 덕성적 측면도 주관적 웰빙에 포함시켜 행복과 같은 개념으로 이해하는 것이 타당할 것이다. 기본적으로 행복은 좋은 삶에 대한 정신상태에 대한 것이다(Feldman, 2010: 5). 마찬가지로 주관적 웰빙도 좋은 삶에 대한 정신상태에 관한 것이다. 양자를 등치시킬 이유가 충분하다.

이와 같이 우리는 주관적 웰빙을 행복과 동의어로 보면서 정서, 만족과 함께 삶의 의미를 동시에 포함하는 것으로 보기로 한다. 정서이던, 만족이던, 또는 의미이던 모두 기본적으로 개인의 판단을 요구한다. 정서는 즐거움이나 고통에 대한 판단이며, 만족은 삶의 상태에 대한 판단이며, 의미는 도덕, 가치, 번영에 대한 판단이다. 대상은 같은데 판단측면이 다른 것이다. 이에 대해서는 Alexander(2005)가 Kanehman(1999)의 객관적 행복을 비판하면서 경험에 대해서 가치를 기반으로 재평가하는 것이 필요하다고 주장한 바 있거니와, 이같은 주장은 주관적 웰빙에 대한 좁은 개념화가 한계가 있다는 판단을 돕는다.

한편 주관적 웰빙을 행복의 상위개념으로 보는 입장도 있다. Diener(2006)는 주관적 웰빙을 상위개념으로 설정하여 6개의 하위 유관 개념으로 정리하였다. ① 긍정적 정서, ② 부정적 정서, ③ 행복, ④ 삶의 만족, ⑤ 영역별 만족, ⑥ 삶의 질 등이 그것이다. 여기에서 행복은 '일반적 긍정적 기분' 혹은 '삶의 만족에 관한 총체적 평가', '좋은 삶'으로 개념화되었다. 주목할 것은 Diener(2006: 401)는 다른 연구와는 다르게 주관적 웰빙이 긍정, 부정의 정서, 인지적 평가, 만족, 흥미 등을 포함하여 포괄적인 삶의 사건들의 요체이고, 마음이며, 환경이라고 설명하였다. 이는 주관적 웰빙이 주관적인 것과 더불어 객관적인 것까지 모든 것을 포함한다는 의미로 보인다.[7] 대부분의 연구들은 웰빙과 주관적 웰빙을 구분하여 사용한다. 그러나 Diener(2006: 399)는 주관적이라는 단어의 '약간의 모호성과 미지의 영역을 피하기 위함'을 이유로 웰빙과 주관적 웰빙을 웰빙이라고 통칭한다. 그러므로 사실상 Diener는 주관적 웰빙을 넘어서 웰빙의 개념화를 시도하고 있는 것이며, 이에 따라 행복이 주관적 웰빙의 하위개념으로 규정되는 것이다.

2) 커뮤니티웰빙

최근 개인차원의 웰빙과 공동체(또는 집합체) 차원에서의 웰빙이 다르며, 따라서 커뮤니티 차원의 웰빙을 별도로 다루어야할 필요가 있다는 인식하에 커뮤니티 차원의 웰빙 측정모형 정립을 위한 Community Wellbeing(CWB) 연구 프로젝트가 추진되어왔다. 이 연구는 서울대학교 커뮤니티웰빙연구센타와 협력연구기관인 Global Community Institute가 2010년부터 2020년까지 수행한 것으로서 필자를 포함하여 미국, 영국, 호주, 이탈리아, 캐나다, 독일, 중국, 일본, 한국 등의 여러 학자가 참여하였다.

커뮤니티웰빙(CWB)이란 무엇인가? 커뮤니티웰빙은 개인차원과 구별되는 집합차원의 웰빙을 의미한다. Lee & Kim(2016)은 <그림 2-2>에서 웰빙 개념군 간의 상대적 위치를 제시함으로써 커뮤니티웰빙의 개략적 속성을 파악할 수 있게 하여 준다. 그림은 객관-주관 차원의 축과 개인-커뮤니티(집합체) 축 두가지를 교차시켜 커뮤니티 웰빙의 개념적 위치를 표시한 것이다. 그림에서 보듯이 웰빙은 개인차원의 웰빙과 집합(community로 표현)차원의 웰빙으로 구분한다. 개인웰빙(IWB: individual wellbeing)은 다시 객관적 개인웰빙과 주관적 개인웰빙으로 구분할 수 있는데, 객관적 개인웰빙은 개인이 보유하고 있는 유무형 자원의 보유 수준을 의미하며, 주관적 개인웰빙은 개인 차원의 삶의 상태에 대한 주관적 평가(만족)를 의미한다. 전반적으로 객관적 웰빙은 주관적 웰빙에 기여하는 조건으로서의 성격을 갖는다.

---

7) 단, 주관적 웰빙에서 삶의 의미는 제외되었다.

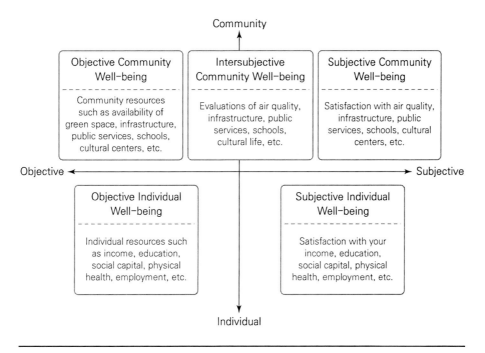

출처: Lee and Kim(2016)

　커뮤니티웰빙은 집합적 수준의 웰빙으로서 객관적, 주관적, 그리고 간주관적 커뮤니티웰빙을 포함한다. 여기에서 객관적 커뮤니티웰빙은 집합적 단위가 보유하고 있는 유무형 자원의 수준을 의미한다. 주관적 커뮤니티웰빙은 지역사회(또는 집합적 차원)가 보유하고 있는 유무형 자원에 대한 개인의 주관적 평가(만족)이다. 새롭게 제시된 간주관적(intersubjective) 커뮤니티웰빙이란 커뮤니티가 보유하고 있는 자원의 수준에 대한 개인의 주관적 평가를 의미한다. 환언하면, 객관적으로 존재하는 조건이 주관적 인식에 투사된 웰빙으로서 주관적 웰빙의 측면과 객관적 웰빙의 측면을 동시에 갖는 개념이다. 여기에서 간주관적 평가는 객관적 조건에 대한 주관적 평가이므로 추정(estimates)의 성격을 갖지만 양자가 같은 것은 아니다. 추정은 객관성에 근접하려는 노력일 뿐이지만 평가(evaluation)는 객관성을 고려하면서도 주관적 해석과정을 거치기 때문이다.

물론 추정과 평가 모두 객관적 수준에 대한 고려를 시도하기 때문에 양자 간에 는 상당한 연관성이 있겠지만 그렇다고 해서 양자가 같은 것은 아니다.

기본적으로 간주관적 웰빙은 Lee et al(2013)이 커뮤니티 웰빙의 측정과 관 련하여 기존의 주관적, 객관적 측정의 한계를 보완하기 위하여 새로운 개념구 성으로 제안한 것으로서 객관적 또는 주관적 커뮤니티웰빙과 별개로 존재하는 영역이라기 보다는 측정상의 효용을 위한 도구개발의 성격을 갖는다.

한편 웰빙과 행복을 유사한 개념으로 사용하는 경우가 많으므로 양자 간 관 련성을 논의해야 한다. 흔히 행복은 주관적 웰빙과 동의어로 이해된다. 본서의 입장도 그러하다. 그러나 객관적 웰빙은 행복이 아니라 행복의 조건에 해당한 다. 그러므로 주관적 웰빙과 객관적 웰빙을 포함하는 웰빙은 행복보다 넓은 개 념으로 이해되어야 한다. 대신 행복은 주관적 개인웰빙과 주관적 커뮤니티웰빙 을 포함하는 것으로 볼 수 있다. 커뮤니티웰빙은 주관성을 강조할 경우, 주관 적 웰빙인 행복과 관련성이 깊다. 그러나 커뮤니티웰빙의 객관성을 강조할 경 우, 커뮤니티웰빙은 행복보다는 행복의 조건과 관련이 깊다.

행복과 유사개념으로서 논의하는 것을 넘어서 커뮤니티웰빙에 대한 관심은 실천적 유익을 제공한다. 커뮤니티웰빙 개념이 주민의 웰빙증진을 위한 공공정 책에 유용한 함의를 제공하기 때문이다(Kim & Lee 2014). 개인의 웰빙 향상은 개인의 노력과 역량뿐만 아니라 공공 정책(또는 서비스)의 영향을 받는다. 공공 정책은 궁극적으로 개인의 웰빙을 개선할 수 있어야 한다. 그러나 공공정책은 개인의 웰빙에 앞서 커뮤니티의 웰빙에 초점을 맞출 필요가 있다. 공공정책은 지리적 경계 또는 기능집단을 단위로 하여 시행되는 경우가 많기 때문이다. 이 는 공공정책이 개인을 대상으로 하는 경우에도 마찬가지이다. 지리적 또는 기 능집단별 경계는 정책집행 및 평가의 기본 단위가 된다. 또한 개인웰빙과 커뮤 니티의 웰빙을 함께 고려하면 보다 종합적으로 웰빙을 평가할 수 있게 된다. 커뮤니티웰빙에 대한 정보는 개인웰빙을 개선하는 정책에 유용할 수 있다. 그 럼에도 불구하고 웰빙 연구는 개인의 주관적인 느낌을 기반으로 하기 때문에 대부분 개인 웰빙에 관심의 초점을 맞추어왔다. 그러나 이제는 개인 차원을 넘 어 집단 차원에서 웰빙을 다루는 것이 적절하다.

3) 객관적 행복

David Kanehman(1999)은 객관적 행복을 제안한다. 그에 의하면 객관적 행복이란 사람들이 어떤 순간에 가지고 있는 경험이 계속되기를 원하는 정도이다. 어떤 기간 동안의 객관적 행복은 순간적 효용의 시간적분(temporal integral)으로 측정된다. 이 방법은 기본적으로 반복측정을 수반한다(예 혈압, 고통, 기쁨의 즉각적 기록). 순간적 효용은 특정한 순간에 좋고 나쁨에 대한 주관적 평가이다. 시간 적분은 평균 순간효용과 지속시간의 곱을 나타내는 수치로서 총 효용의 척도로 간주된다. 그러므로 카네만의 객관적 행복은 순간기반의 쾌락으로 평가하는 행복이라고 할 수 있다(Alexander, 2005). 어떻든 이같은 객관적 행복의 구상은 어떻든 주관적인 것으로 인식되어온 행복을 객관화할 수 있다는 점에서 상당한 주목을 받았다. 그러나 매력적 용어와는 달리 실제로는 비판적 시각이 만만치 않다.

예컨대, Alexandrova(2012)는 객관적 행복이 주관적 웰빙의 만족할 만한 측정지표가 되지 못한다고 강력히 비판한다. 그녀의 비판을 요약하면 다음과 같다. Kanehman은 서베이와 같은 측정도구에서는 기억기반의 측정오류가 있다는 전제 하에 응답자의 회고적 판단이 아닌 즉각적인 경험의 기록을 통하여 주관적 웰빙을 측정하고자 한다. 그리고 이는 응답자의 주관적인 회고적 평가에 의하지 않으므로 객관적 행복이라고 하는 것이다[8]. 그러나 Kanehman이 제시하는 객관적 행복은 사실상 객관적이 아니다. 한편으로는 개인의 삶 또는 사회의 조건이 반영되지 않고, 다른 한편, 여전히 개인의 주관적 보고에 의존하기 때문이다. 나아가서 Kanehman의 방법은 응답자만이 회고적으로 알 수 있는 정보를 제외함으로써 주관적 접근방법의 기본가정(행복을 측정할 때, 삶과 경험의 다양한 측면을 어떻게 평가할 것인가에 대한 정당한 권위는 응답자에게 있다는)을 위

---

8) 일견 Feldman(2010: 241)의 행복에 대한 접근은 Kanehman의 주장과 유사해 보이는 측면이 있다. 그 역시 "일정 기간 동안 개인의 행복은 해당 구간의 모든 순간에 대한 일시적 행복 수준의 적분"이라고 주장하기 때문이다. 즉, Feldman의 접근 역시 Kanehman의 객관적 행복과 happiness과 같이 순간기반접근의 성격을 띄는 것이다. 다만, 응답자의 회고를 부인하여 객관성을 주장하는 Kanehman과 달리 Feldman은 회고에 따른 왜곡을 그대로 수용한다는 점에서 차이가 있다.

반한다. 오히려 웰빙을 측정함에 있어서 응답자의 회고가 불가피할 뿐 아니라 바람직하기 때문에 응답자의 회고를 제척하면 안된다. 물론 객관적 행복은 맥락의존적이므로, 특정한 상황에서는 객관적 행복이 주관적 웰빙의 적절한 측정 지표가 될 수 있다. 그러나 그 조건이 어떤 것인가는 과학적 검증과 윤리적 고려가 동시에 요구된다. 결론적으로 Alexandrova는 "객관적인 접근보다 주관적인 접근을 선호하는 주된 이유는 각 개인이 자신의 웰빙을 가장 잘 판단할 수 있기 때문"이라는 입장에서 개인의 회고적 주관적 평가를 중시하는 주관적 접근방법을 옹호한다. Feldman(2010: 37)도 객관적 행복 개념에 대해서 비판적이다. 그는 "객관적 행복이 우리가 일반적으로 행복이라고 부르는 것과 밀접하게 관련되어 있는지 의심스럽다. 또한 그것이 복지와 어떤 흥미로운 방식으로 관련되어 있는지도 의심스럽다. 사람은 자신의 경험이 지속되는 원하지 않더라도 동시에 매우 행복하고 좋은 상태일 수 있다"고 지적하였다.

4) 삶의 질

삶의 질(OOL: Quality of life)은 행복을 증진시키기 위해 개선되어야 할 조건을 의미한다. 삶의 질은 삶의 다양한 영역의 질에 대한 포괄적인 용어로서, 개인 또는 사회 구성원이 좋은 삶을 유지하기 위해 필요하다고 인식하는 요인들의 수준을 말한다. 이들 요인 중에는 심리적인 것도 있지만 다분히 객관적, 물질적 요인들이 포함된다. 개인의 삶에 있어서 이들 요인에 대한 기대수준이 충족되는 정도가 삶의 만족이다.

삶의 질 연구는 1960년대 이후에 발흥하였고, 삶의 질을 파악하기 위하여 객관적 및 주관적 사회지표의 형성을 추구하였다(Kroll 2008: 25). 삶의 질에 대한 접근은 객관적 삶의질을 강조하는 입장, 주관적 삶의질을 강조하는 입장, 그리고 통합적인 입장이 있다. 첫째, 삶의 수준을 평가하기 위해 객관적인 웰빙 측정을 선호하는 접근 방식이다. 이 접근 방식에서는 개인이 높은 수준의 소득, 부, 지식 및 기술을 보유하고 있는 경우 이를 높은 삶의 질로 간주한다. 예를 들어, Santos and Martins(2013: 80)는 삶의 질을 4가지 조건으로 제시한다. 환경요인(녹지공간, 기후, 소음, 대기의 질, 물, 에너지, 폐기물 관리), 집합체요인

(문화시설, 체육시설, 교육시설, 사회 및 보건시설, 건축환경, 이동성, 소매 및 서비스), 경제요인(소득과 소비, 노동 시장, 주택 시장, 경제활력), 사회요인(인구, 교육, 문화적 역동성, 시민참여, 건강, 안전, 정보사회) 등이 그것이다. 즉, 이들은 삶의 질을 객관적인 삶의 질로 이해한다. 둘째, 삶의 질에 대한 지표로서 웰빙의 주관적인 측정에 초점을 맞추는 접근이다. 이 접근에 있어서 삶의 질은 자원의 소유가 아니라 개인의 주관적 만족이다. 예를 들어, McAslan et al.(2013: 149)은 삶의 질을 지역 경제, 문화, 사회 및 환경 조건 내에서 인간이 사는 삶에서 생기는 즐거움과 성취의 수준으로 정의한다. 즉, 이들의 삶의 질 이해는 삶의 질에 대한 주관적인 차원에 기반을 두고 있다. 셋째, 객관적 접근과 주관적 접근을 포괄하는 종합적 접근이다. 예를 들어, Erik Allardt(1993: 89)는 삶의 질을 소유, 사랑, 존재 즉, 물질적 안정, 사회적 관계 및 개인의 자기 표현의 합으로 정의한다. 유사하게, Zapf(1984)는 삶의 질을 "긍정적인 주관적 웰빙을 동반하는 좋은 생활조건"으로 정의한다. Amartya Sen(1999)은 삶의 질을 개인이 자신의 역량을 실현할 수 있는 삶으로 정의한다. 이때 역량은 개인이 기능의 특정 조합 즉, 융성한 삶을 사는 것이 가능하게 하는 다양한 행동과 존재를 선택할 수 있는 자유로 정의된다. 삶의 질을 사람이 존재(being), 소속(belonging), 목표(becoming) 측면을 포함하여 자신의 삶의 중요한 가능성을 향유하는 정도로 규정하는 David et al.(2013)도 같은 맥락의 접근으로 이해된다.

한편, Veenhoven(2013)은 <표 2-2>에서 보는 바와 같이 삶의 질에 대한 논의에서 '삶의 기회 및 결과'의 측면과 '외적 삶의 질 및 내적 삶의 질'을 구분함으로서 삶의 질에 관한 4범주를 제시하였다. 이를 통하여 삶의 질과 행복 간의 관계를 파악할 수 있다. 그는 행복의 특성은 삶의 질의 4가지 특성을 모두 포함하지만 삶의 인식(appreciation of life)에서 가장 강하고, 삶의 환경(livability of environment)에서 가장 약한 것으로 설명하였다.

	외부적 삶의질	내부적 삶의 질
삶의 기회	삶의 환경(livability of environment)	생활역량(life-ablity)
삶의 영향	삶의 효용(utility of life)	삶의 인식(appreciation of life)

출처: Veenhoven(2013)

유의할 것은 이들 네 개의 유형의 삶의 질이 모두 행복과 관련있기는 하지만, 모두가 행복은 아니라는 점이다. 삶의 인식(appreciation of life)을 제외한 나머지는 행복이 아닌 행복에 영향을 주는 조건이라는 공통점이 있다. 삶의 질의 경우, 이들은 모두 하위요소로 제시될 수 있지만 행복에 대해서는 그렇지 않다. 그러므로 삶의 질은 행복에 비하여 더 넓은 개념이며, 좋은 삶과 관련하여 주관적 요소와 함께 객관적 요소에 상대적 비중을 둔 개념으로 이해될 수 있다.

05 행복의 조건

　행복과 행복의 조건(또는 영향요인)은 다른 것임에도 불구하고 종종 양자는 혼동되어 사용되고 있다. 특히 행복의 측정에 있어 여러 연구들은 행복의 조건을 행복에 포함하는 경향을 보인다. 이와 관련, Alexandrova(2012: 680)는 "연구대상에 따라 다른 주관적 또는 객관적 지표가 적용된다. 이러한 복잡성 때문에 다른 웰빙 구성을 포함하는 주장을 고려할 때마다 주어진 상황에 대한 웰빙 구성의 타당성을 평가하기가 어렵다"고 지적한다.

　우선 지적할 것은 인지된 행복(perceived happiness)과 행복의 조건은 다르다는 점이다. Feldman(2010: 9)이 지적하듯이 행복은 정신적 상태를 말하며, 그에 영향을 미치는 조건과는 구분되는 것이 타당하다. 물론 행복의 객관적 조건은 행복에 유의미한 영향을 미칠 잠재적 조건의 목록이다. 따라서 잠재적 행복(potential happiness)이기도 하다. 그리하여 잠재적 행복이 행복의 완성은 아니지만, 많은 학자들은 행복의 필요조건으로서 이에 대한 연구를 진행하였고, 이는 다수의 행복의 영향요인 연구로 발전하였다. 그렇더라도 행복의 조건 또는 잠재적 행복이 인지된 행복이 아닌 것은 분명하다. 또한 객관적 행복과 같이 행복을 객관적으로 측정하는 시도는 아직 성공적이지 않다.

　인지된 행복과 행복의 조건을 구분하고자 할 때, 심리학에서는 행복을 실험적(experiential) 맥락과 평가적(evaluative) 맥락으로 구분하여 측정을 한다. 여기서 말하는 실험적 맥락의 행복은 '객관적 행복'을 의미하는 것으로서 '현재 당신의 경험이 얼마나 좋은지 혹은 나쁜지?'라는 질문과 같이 현재 경험에 대한 질문으로 행복을 판단하는 것을 의미한다.[9] 특히 한 인간이 충분한 기능을 발

---

9) 기본적으로 객관적 행복(Kanehman 1999)은 행복을 개념화보다는 측정의 문제로 보는 것이다.

휘하기 위한 요인으로서 조건이나 기반을 중시하지만, 이것은 행복이 아니라 행복의 객관적 조건을 의미하는 것으로 볼 수 있다. 그렇기 때문에 인간으로서 삶을 영위하기 위한 기본 조건, 삶을 번영하게 할 수 있는 조건, 삶의 질 향상을 위한 영향요인 규명 등과 같은 논의가 크게 증가하게 된다. 이와 대조적으로 평가적 맥락의 행복 측정은 누군가의 주관적 감정이나 행복을 측정하는 과거 기반적 평가 성향을 갖는다고 볼 수 있다. 우리가 현재 활용하고 있는 행복의 평가는 주로 평가적 맥락에서 이루어지고 있으며, 행복 또는 주관적 웰빙을 의미하는 것이다.

그렇다면 인지된 행복이란 무엇인가? McDowell(2010)에 의하면 인지된 행복은 성격, 인식, 감정적 판단의 여과를 통해 인지되며 긍정적인 자기 평가를 암시하는 것이다. 이같은 인지된 행복은 주관적 행복, 주관적 웰빙과 비슷한 의미로 사용되며 서로 대체 가능한 용어로 볼 수 있다. 세 용어 중 가장 많이 사용되는 것은 주관적 웰빙이다. 주관적 웰빙은 기존의 행복 연구들이 객관적 지표들, 예를 들어 인구학적 변수와 같은 삶의 사건들이 행복에 미치는 영향을 연구하였지만 생각보다 행복을 설명하기에는 역부족임을 주장하면서 등장한 개념이다(Lyubomirsky & Lepper, 1999). 많은 부를 축적하더라도 불행할 수 있고, 악조건 속에서도 스스로 행복하다고 여길 수 있기 때문에 행복에 있어서 주관적 과정은 매우 중요하다. 그리하여 Diener(2000, 2009)는 주관적 웰빙에 있어서 "좋은 삶을 구성하는 요소에 대해 사람들 스스로가 자신이 좋은 삶을 살고 있다고 생각하는지 여부가 중요하다"고 강조하였다.[10]

행복의 조건은 무엇인가? 행복의 조건은 행복에 영향을 미치는 유형, 무형의 조건으로서 개인적, 집합적 요인을 포함한다. 그리고 개인들은 이같은 조건을 바탕으로 개인의 선호에 따라 행복을 추구하는 활동을 하게 된다. 여러 조사들은 행복과 함께 조건 목록을 제시하고 있다. 예컨대, Welsch(2009)는 행복

---

10) Diener(2000)은 주관적 웰빙을 자신의 삶에 대한 사람들의 정서적, 인지적 평가를 포함하는 개념으로 이해하였다. 구체적으로, 사람들은 고통보다 훨씬 많은 쾌락을 즐길 때, 흥미로운 활동을 할 때, 자신의 삶에 만족할 때 높은 수준의 주관적 웰빙을 누린다고 보았다. 이같은 주관적 웰빙을 측정할 때 4가지 측면을 고려해야 한다고 보았다. 첫째, 삶의 전반적 만족도, 둘째, 삶의 중요한 부문에 대한 만족, 셋째, 높은 수준의 긍정적 감정, 마지막으로 낮은 수준의 부정적 감정을 측정해야 한다고 보았다.

을 미시적 수준과 거시적 수준으로 구분하여 범주화 하였다. 미시적 수준은 취업이나 임금 등과 같은 개인적 조건을 의미하며, 거시적 수준은 부패나, 테러리즘과 같은 공공악; 정치적 자유, 민주주의, 법규준수와 같은 제도적 조건; 정책평가 및 만족과 같은 환경적 쾌적재; 실업률, 물가상승률, 성장률과 같은 거시경제적 조건들을 포함한다. 이외에도 BLI(Better Life Index), World Value Survey, Community wellbeing survey 등 대표적 서베이들도 행복과 함께 행복의 조건 등을 항목으로 포함하여 제시한다. 이때 이들의 조사항목 중 행복 또는 주관적 웰빙 자체를 제외한 조건들은 행복에 영향을 미치는 한, 행복의 조건으로 부를 수 있다. 구체적 예로, BLI는 웰빙의 측정지표를 삶의 질과 물질적 조건으로 구분한다. 전자는 건강 상태, 일과 삶의 균형, 교육과 기술(skills), 사회적 관계, 시민참여와 거버넌스, 환경의 질, 개인의 안전, 주관적 웰빙으로 구성되며, 후자는 소득과 자산, 일자리와 임금, 주거를 포함한다. BLI의 11개 구성요소 중 주관적 웰빙을 제외한 나머지 지표 즉, 소득과 자산, 일자리와 임금, 주거, 일과 삶의 균형, 건강 상태, 교육과 역량, 사회적 관계, 시민참여와 거버넌스, 환경의 질, 개인적 안전은 모두 행복의 조건이라 할 수 있다.

모든 조건은 행복에 영향을 미칠 잠재성이 있고 그래서 잠재적 행복이라고 할 수 있다. 그러나 모든 조건들이 동일한 정도와 경로로 행복에 유의미한 영향을 미치는 것은 아니다. 또한 행복의 조건과 행복과의 연관관계는 대상과 시기에 따라 달라질 수도 있다. 여기에서는 행복의 조건을 행복과의 개념적 구분에 초점을 두고 논의하였으나, 5장에서는 행복과의 연관관계에 초점을 두고 관련 이론과 함께 보다 자세하게 논의한다.

06 ＼ 행복의 효과

　　행복은 인생의 중요한 목적이기 때문에 중요하다. 그리하여 Bruni(2006: 19)
는 "행복은… 결코 수단이 아니다. 반대로 도구화할 수 없는 유일한 목표이
다."라고 단언하기까지 한다. 같은 입장에서 대부분의 기존 연구는 목적가치로
서의 행복에 중점을 두고 행복의 원인 규명에 관심을 집중하여왔다. 그러나 행
복은 목적가치 때문만이 아니라 개인이나 사회에 좋은 영향(outcomes)을 미치
는 도구적 가치를 갖기 때문에도 중요하다(Diener & Biswas−Diener 2019). 최근
행복의 결과에 대한 연구관심이 관심이 증대되면서 여러 연구들은 행복이 좋
은 결과를 낳는다는 사실들을 보고하고 있다.

　　행복이 가져오는 긍정적 효과는 다양한 측면에서 보고되고 있다: 건강, 수
명(Diener & Chan 2011; Veenhoven 2008a), 강한 가족과 관계(Diener & Seligman
2002), 성공과 좋은 영향(Boehm and Lubomirsky 2008; Lyubomirsky et al. 2005),
직장 생산성(Diener et al. 2017), 자선, 협동, 창의성, 혁신과 같은 친사회적 행
동(Greater Good Science Center 2018; Bao & Lubomirsky 2013), 창의성 및 적응성
(Frederickson, 1998), 자기통제 및 심리적 회복력(Fredrickson & Joiner 2002), 사
교성, 활동성, 이타심, 자신감, 타인에 대한 긍정적 인식, 유연한 사고(Diener
2003: 13−14), 지역사회 및 사회적 지원(Diener et al. 2018), 민주주의(Inglehart,
2006:2) 등. Diener & Biswas−Diener(2019) 행복의 긍정적 영향을 종합적 관점
에서 목록화를 시도하여 참고가 된다. 기대수명 연장, 안전 벨트 착용 및 운동
과 같은 건강한 행동, 면역체계 기능강화, 조직시민행동 활성화, 관리자 및 고
객의 평가 향상, 소득 향상, 결혼 생활의 지속 및 건강성 향상, 자선단체 및 자
원봉사에 대한 기부 증가, 사회문제의 해결위한 활동 증가, 스트레스 및 사고

로 부터의 회복력 증대 등이 그것이다. 이같은 행복의 효과는 개인에게만 이로운 것이 아니라 집합적 차원에서 더 좋고, 강하며, 보다 배려하는 사회의 형성에 기여한다(Bok 2010: 30; Thin 2012: 56).

행복의 순기능에 대해서 회의적 입장도 있다. 행복의 추구는 무심한 태만(apathetic easy going)과 무책임한 낙관주의(irresponsible optimism)을 확대하여 정치, 경제적 쇠퇴를 가져오며, 또한 개인주의와 이기주의를 조장하여 도덕적 자각과 사회적 연대를 약화시켜 결국 사회적 폐해의 원인이 되는 것으로 보기도 한다. 그러나 그같은 주장에 대한 증거는 많지 않으며, 오히려 긍정적 연구결과가 많다. Finucane et al.(2010)은 행복의 효과에 대하여 회의적인 예외적 연구 중 하나로 보인다. 그들은 분석대상 180명을 행복집단, 불행집단, 및 통제집단으로 나눈 연구를 통하여 행복은 각성(alerting), 방향성(orienting), 관리층의 관심 등과 같은 긍정적 행태를 유발하지 못하고, 불행은 다른 요인에는 영향을 미치지 않지만 내적 각성을 감소시킨다고 보고하였다. 이 연구결과는 기본적으로 행복 또는 불행의 효과가 제한적이라는 것을 보여주는 동시에 행복은 최소한 부정적 효과를 가져오지는 않는다는 점을 확인해준다. 이와 관련, Veenhovern(1991)의 요약적 설명은 좋은 참고가 된다. 그는 몇몇 현대 심리학 연구결과들이 긍정적 효과를 지지한다고 소개한다: 인류심리학자들은 행복이 적극적 참여, 창의성 및 양호한 대인관계로 인도한다고 보고 있고, 스트레스 이론은 행복과 같은 긍정적인 태도가 부정적인 삶의 사건의 영향을 완충한다는 것을 강조하며, 심인성(psychosomatic) 이론은 만성적인 불만이 질병과 조기 사망에 대한 취약성을 증가시킨다는 것을 지지한다. 그리고 이러한 결과는 삶에 대한 긍정적인 인식이 지각(perception)을 마비시키기보다는 확장시키는 경향이 있고, 무관심을 유발하기보다는 능동적인 삶을 장려하며, 이기적 개인주의로 인도하기보다는 사회적 접촉을 촉진하는 경향이 있음을 시사한다. 행복은 건강을 증진시킬 뿐 아니라 어느 정도 수명을 연장시키기까지 한다는 강력한 징후도 있다. 이러한 발견이 행복을 증진해야 하는지 여부에 대한 전체 논의를 결론짓는 것은 아니다. 단지 행복이 해롭다는 주장을 제거하는 것이다.

요약하자면, 최근 행복의 영향에 관한 연구들이 증가하고 있는데, 이들은 대체로 행복의 긍정적 효과에 대하여 보고하고 있다. 행복으로 인한 부정적 효과를 보고하는 연구는 찾기 힘들다. 물론 다양한 문화적 맥락에서도 동일한 인과관계가 성립되는지는 확실하지 않다. 그러나 정도의 차이는 있더라도 기본적으로 행복은 개인차원에서나 사회차원에서 상당한 정도의 긍정적 효과를 가져오는 것으로 보인다. 만일 그렇다면 행복은 좋은 결과를 낳고, 좋은 결과는 행복의 증진을 가져오는 선순환을 기대할 수 있게 된다. 목적으로든, 수단으로든 행복에 대하여 관심을 가질 충분한 이유가 된다.

CHAPTER

3

공공행복론

01 동향

1960년대 이래 실천적 측면과 학문적 측면에서 행복에 대한 관심증대가 동시에 전개되고 있는데, 이를 통틀어 beyond GDP movement라 부를 수 있다. 왜 그같은 변화가 생겨났는가? 실천적 영역에서는 국가적으로 양극화, 사회불안 등으로 성장국가, 복지국가의 한계에 직면하면서 국가적 발전문제를 새롭게 돌아보고 새롭게 정립하려는 움직임이 대두되었다. 학문적 영역에서는 소득과 행복이 비례하지 않는다는 Easterlin paradox가 행복에 대한 새로운 관심 촉발의 의미있는 계기가 되었다. 바야흐로 21세기는 행복의 시대가 되었다. 이같은 변화는 개인의 행복을 넘어 구성원의 행복에 대한 국가적 또는 집단적 차원의 관심을 촉구하는 공공행복에 대한 새로운 관심으로 해석할 수 있다. 이하에서는 실천영역과 학문영역으로 나누어 행복에 대한 관심 동향을 살펴본다.

1) 실천적 동향

행복은 개인의 문제인가? 오랜 동안 행복은 개인의 문제로 치부되어왔다. 과거, 국가들은 행복에 대한 직접적 관심 대신 법과 질서 유지, 경제성장, 그리고 한계집단에 대한 보호(즉, 복지증진)를 국가의 기본역할로서 추구하였다. 그러다가 21세기에 들어서면서 여러 국가들이 발전에 대한 재해석을 기반으로 국민행복(또는 웰빙)에 대한 관심을 갖기 시작했다(Diener 2009; Kelly 2012; Thin 2012; Bok 2010; Pfeiffer & Cloutier 2016). 종래에는 경제성장이 발전의 척도로 간주되어왔으나 경제성장이 진정한 발전이 아니라는 인식이 높아지면서 발전의 척도로서 종래의 GDP 대신 행복, 웰빙과 같은 비경제지표에 대한 모색이 보완적으로 이루어지고 있는 것이다.

Thin(2012: 81)은 이같은 움직임을 행복에 대한 공리주의적 접근에서 덕성주의로의 전환이라고 해석한다. 그에 의하면, 과거 국가들은 경제적 측면에 있어서 GDP를 추구함으로써 사실상 공리주의적 접근을 하고 있었다. 대표적 공리주의자인 Bentham은 행복의 극대화를 주장하면서 행복을 '쾌락과 고통간 차이의 합'으로 보았는데, 각 국가들은 이같은 공리주의적 입장의 연장선상에서 경제성과의 축적이 쾌락의 축적을 가능하게 한다는 데 관심을 집중한 것이다. 아울러 각 국가들은 사회정책 측면에 있어서 사회적 해악을 제거하는 데 초점을 맞춤으로써 부정적 공리주의(negative utilitarianism)의 접근을 취하였다. 이같은 접근은 범죄, 정신건강, 교육 분야 등에서 공히 나타났다. 그런데 최근 선후진국을 막론하고 보다 명시적으로 행복에 대한 관심을 보이고 있으며, 그 내용에 있어서 유모국가(nanny state)나 치료국가(therapeudic state)를 넘어서 고통의 최소화가 아닌 행복을 촉진하는 덕성국가(eudaimonic state)를 지향하고 있다는 것이다.

실천적 영역에서의 움직임에는 중앙과 지방정부, 민간은 물론이고 국제기구의 활동도 포함된다. 먼저 국가차원에서의 움직임을 살펴본다. 국가적 차원에서 행복에 대한 관심을 명시적으로 천명한 최초의 국가는 부탄이다. 부탄은 행복정책을 전면적으로 채택하고 있는 거의 유일한 국가이다. 물론 여러 국가들이 행복에 대한 정책적 관심을 표명하고 있지만 그같은 관심이 국가정책 전반으로 확대되고 있지는 않은 것과 비교된다.11) 구체적으로, 부탄의 제4대 국왕 Jigme Singye Wanchuk는 1972년 국가발전의 척도로서 국민총행복(GNH: Gross National Happiness)를 사용할 것을 국제사회에 천명하였다. GNH는 경제적 가치와 비경제적 가치의 균형을 맞추는 것에 중점을 두고 있는데, 지속가능 및 공평한 사회경제발전, 환경보전, 문화의 보전 및 창달 및 좋은 거버넌스 등 4대 영역에 대한 지표로 구성되어 있다. 그는 국민의 행복을 창조하지 못하는 정부는 존재할 의미가 없으며, 따라서 부탄의 5개년 개발계획을 추진함에 있어서 계획기간 종료시에 국민이 더 행복해지지 않는다면 그 계획은 실패한 것으

---

11) 다만, 부탄 역시 최근에는 행복정책을 명목적인 선에서 다루고 있으며 경제성장에 더 역점을 두고 높은 성장률을 보이고 있다(Thin 2012: 81).

로 간주할 것이라고 선언함으로써 발전에 대한 새로운 시각을 열었다(Bok 2010: 1). 이같은 움직임은 행복을 기본적으로 개인의 책임에서 공공의 책임으로 격상시키는 의미있는 시도였다. 그러나 고도성장과 복지국가를 구가하던 선진국에서 약소국의 자기변명과 같은 작은 외침에 귀기울이는 노력은 한동안 찾기 어려웠다. 그러던 중 마침내 2000년대에 들어서면서 선진국을 중심으로 발전에 대한 재해석을 바탕으로 경제적 성장을 넘어 비경제적 가치에 대한 관심을 갖기 시작하였다(Diener 2000; Kelly 2012; Large 2010; Thin 2012; Bok 2010). 이러한 관심은 국가적 발전목표로서 행복을 중요한 요소로 인정하고, 이를 측정하며, 행복증진을 위한 정책을 강구하는 일들을 포함한다(Pfeiffer & Cloutier 2016).

국가동향에 있어서 부탄 이외의 대표적 사례를 살펴본다. 먼저 2009년 프랑스의 Sarkozy 대통령은 Stiglitz 등 세계적 석학을 초빙하여 '경제성과 및 사회발전 측정에 관한 위원회(Commission on the Measurement of Economic Performance and Social Progress)'를 구성하여 GDP를 넘어서 새로운 국가발전지표를 개발토록 후원하였다. 동 위원회는 Stiglitz 보고서(2019)라고 널리 알려진 '글로벌 위기에 따른 국제통화 및 금융시스템 개혁보고서'를 통하여 종래의 GDP 대신 웰빙 또는 행복을 보완적으로 적극 수용할 것을 권고하였다(Stiglitz, Sen, & Fitoussi 2009). 영국에서는 Cameron수상이 기본웰빙지표(GWB: General Wellbeing Index)를 만들기 위해서 국가통계청(Office of National Statistics)으로 하여금 정기적으로 보고서를 내도록 하였고, 민간단체인 신경제재단(New Economic Foundation)은 2011년부터 지구행복지수(Happy Planet Index)를 측정하여 발표하고 있다. 캐나다에서는 보건, 민주적 참여, 지역사회 활력, 환경, 여가 및 문화, 시간사용, 교육, 생활수준 등 8가지 주요 삶의 영역을 포함하는 캐나다 웰빙지수를 수립하였다. 캐나다의 지표는 부탄, 영국, 프랑스, 호주 등 국가가 주도하고 참여하는 행복지표와는 다르게 시민 주도 운동으로 시작되었다는 것이 특징이다. 대한민국은 과거 박근혜 정부(2013 – 2017)에서 국민행복을 국정기조의 하나로 채택하면서 전 정부차원에서 행복정책을 추진한 바 있다. 이는 부탄을 제외한다면 행복정책을 국가차원의 정책기조로 채택한 예외적 사례라 할 수 있다. 그러나 대통령 탄핵으로 동 정부가 좌초되면서 행복정책은 추동력을 잃었다. 일본은 국민의 삶에 초점을 맞추어 주관적 지표와 국제기준을 나타내는 지표를 고려한 신국민생활지표를 구성하고, 국민행복의 목표를 설정하는 생활개혁지수를 만들어 발표하고 있다. 또한 2011년에는 웰빙측정위원회가 발족되어 국가적으로 행복에 대한 새로운 연구를 시작하였다. 오스트레일리아의 발전측정지표(Measures of Australia's Progress), 중국이 시진핑 체제 하에서 국가목표로 천명한 '中國夢', Arab Emirates의 행복부처의 창설 등도 중요한 사례로 들 수 있다.

이외에도 부탄, 볼리비아, 에콰도르, 일본, 미국, 대한민국 등 많은 국가들은 헌법에 행복 관련 조항을 공식적으로 포함하고 있다(Pellerin 2016). 또한 이보다 많은 수의 국가들이 행복이나 웰빙과 관련한 data를 축적하고 있다(Durand et al. 2018; Musikanski & Polley 2016; O'Donnell et al. 2014).

지방정부와 민간의 행복관련 움직임도 활발하다. 미국의 CIS(Community Indicators Consortium), 영국의 Young Foundation, 프랑스의 PEKEA(Political and Ethical Knowledge on Economic Activities Research Programme), 오스트레일리아의 태즈매니아, 빅토리아, 퀸즈랜드 등의 지역사회지표, 뉴질랜드의 주요도시 지표프로젝트, 일본의 '행복리그', 한국의 행복마을 등을 예로 들 수 있다.

미국의 CIS는 커뮤니티의 예술, 과학 및 사회운동, 삶의 질 지표연구에 참여하는 연구자들과 실무자들의 국제공동체이다(Holden & Phillips, 2009). CIS는 지역의 커뮤니티가 관심하는 바를 측정하고, 지역사회가 바람직한 방향으로 나아가고 있는지 여부를 측정하도록 돕는다. 영국의 Young Foundation은 1954년 사회연구 혁신가인 Micheal Young에 의해 설립된 커뮤니티연구를 위한 민간기구이다. 본 재단은 불평등, 장소, 청소년과 교육, 보건과 웰빙 등 커뮤니티를 발전시키기 위한 다양한 활동을 진행하는 것으로 평가되며, 삶의 질 혹은 행복연구 및 사회운동을 지역사회와 협력하여 사회적 문제를 해결하려는 시도를 한다는 특징을 갖는다. 프랑스의 PEKEA는 다양한 분야의 연구자와 지방정부들을 연결하는 개방 네트워크 역할을 수행하는 NGO이다. 구체적으로 PEKEA 지방정부클럽 프로젝트를 수행한다. 이 사업은 지방정부의 부족한 연구역량을 전문가들과 협력할 수 있도록 보완하는 사업이다. 즉, 각 분야의 전문가들을 지방정부와 연계하여 지방정부가 지역사회의 사회적 웰빙수준을 높이는 정책을 발굴·설계하는 데 도움을 준다. 현재 1,000여명 이상의 사람들이 비정부기구 PEKEA의 네트워크에 직접 연결되어 있으며, 전 세계 60개 이상의 국가에서 협회와 파트너 커뮤니티를 통해 간접적으로 수천명 이상이 연결되어 있다.

호주의 경우에는 Tasmania Together, Community Indicators Victoria, Community Indicators Queensland 등 다양한 지방정부의 행복지표 구성사례를 찾아볼 수 있다. 먼저 호주의 Tasmania Together는 논쟁적인 지역 현안을 완화시키고자 하는 주민들의 의사와 노력을 통해서 탄생된 협력체로서 주정부와 시민들이 공동으로 협력하여 사회, 경제, 환경 등의 문제를 장기적으로 실천하고자 하는 지역행동이라 할 수 있다. Community Indicators Victoria 또는 Community Indicators Queensland는 지역 수준의 커뮤니티 웰빙지표의 개발 및 활용을 추구하는 민관협력 노력이다. 대한민국의 행복마을은 마을주민이 주도하고 지자체가 지원하는 마을재생사업이다. 2010년에 시작된 이 프로젝트는 마을 차원에서 물리적, 경제적, 문화적 활력을 창출하는 것을 목표로 한다. 일본의 행복리그는 지방정부 주도의 민관협력사업이다. 2013년 6월 일본의 52개 지방정부들은 주민의 행복실감 향상을 목표로 하는 연합조직으로 행복리그 (Happiness League)를 발족한 것이다(김도형 2016). 2017년 현재 91개 지방정부로 연합참여가 확대되었다.

국가와 지방정부만 아니라 국제기구들도 적극적이다. OECD는 통계, 지식 및 정책에 관한 OECD 세계포럼 시리즈(2005~), 주관적 웰빙 측정을 위한 OECD 가이드라인 발행(2013), Better Life Index(2011) 등을 통해서 행복 측정의 중요성에 대한 관심을 국제사회에 촉구하였다. EU는 2009년부터 'beyodn GDP'라는 구호 아래 GDP의 대안을 집중적으로 찾고 있다(Weimann et al. 2015: 77). 2011년 EU는 '대안적 지표의 정책반영(BRAINPOoL: Bringing Alternative Indicators Into Policy)' 프로젝트를 만들고 최종 보고서인 'BRAINPOoL 프로젝트: GDP를 넘어서 – 측정에서 정치 및 정책'을 발간했다. 여기에는 GDP를 넘어선(beyond GDP) 지표 및 정책 틀을 사용하여 더 잘 이해 될 수 있는 문제뿐만 아니라 다양한 국가의 정책 및 실천이 포함되어 있다 (Musikanski 2014: 57).

특히 UN이 적극적이다. 2011년 7월 UN은 총회결의(Happiness: Towards a

Holistic Definition of Development)를 통하여 행복 추구가 인간의 기본적인 목적이라고 선언하면서 회원국들에게 행복과 웰빙의 측정을 정교히하여 경제 및 사회 발전을 위한 공공정책의 추진의 방향정립에 반영할 것을 권고하였다(총회 결의 65/309. https://undocs.org/en/A/RES/65/309). 이러한 결의의 배경에는 경제성장 특히 GDP로만 국가의 성장을 판단하고 강조했던 관점을 넘어서, 국민의 행복 혹은 삶의 질을 향상하는 것이 중요한 가치라는 시대적 인식의 흐름에 대한 적극적 수용이 있었다고 볼 수 있다. 아울러 UN은 행복추구가 인류의 보편적 발전목적으로서의 적합함을 인식시키기 위해 총회의 결정으로 2014년 3월 20일을 국제행복의 날(International Day of Happiness)로 선포하기까지 하였다. UN은 2012년 이래 매년 세계행복보고서(World Happiness Report)를 발간해오고 있는데, 이 보고서는 150여개국의 행복도를 측정하여 보고한다. 2018년에는 글로벌행복정책보고서(Global Happiness Policy Report)를 처음 발간하였다. 특히 후자는 행복에 대한 측정을 넘어 정책에 대하여 보다 적극적 관심을 보이는 움직임으로서 주목된다. UN은 공식적으로 웰빙을 SDGs(Sustainable Development Goals, 2016－2030)에 포함시켰다. SDGs는 MDGs(Millenium Development Goals)의 연장으로서 빈곤퇴치(MDGs의 본래 목표)를 가장 시급한 목표로 설정하면서도 사회경제적 양극화와 사회적 불평등 악화, 및 지속가능한 성장을 위협하는 환경파괴에 대처하기 위한 각 국가의 글로벌 협력의제 및 실행계획을 포함한다. 총 17개의 목표 중 행복(웰빙)은 건강과 함께 3번째 목표로 설정되어있다. 과거의 MDGs(2000－2015)는 행복을 목표로 채용하지 않았다는 것을 고려할 때, 이는 국제사회의 행복에 대한 관심변화를 보여주는 것이다.

요약하자면, 위에서 살펴본 움직임은 기본적으로 GDP로 대표되는 경제적 기준을 중심으로 접근하던 국가발전목표를 행복이나 웰빙과 같은 비경제적 요소를 포함하여 보다 총체적인 관점에서 접근하려는 패러다임 전환노력을 반영한 것으로서 이러한 노력을 통틀어 '초(超)GDP운동이라 부를 수 있다. 이같은 초GDP 운동은 GDP만큼 명료하고 매력적이면서도 발전(progress)의 환경적, 사회적 측면을 포괄하는 지표를 개발하려는 노력으로서 기후변화, 빈곤, 자원고갈, 건강과 삶의 질 등과 같은 21세기의 도전과제에 대한 대응필요와 연관된 것이기도 하다. 물론 아직까지 이같은 움직임이 GDP를 폐기하고 행복이나 웰빙을 유일한 발전목표로 대치하자는 주장에 이른 것은 아니다. GDP는 여전히 행복과 웰빙의 중요 인자이며 중요한 발전목표로 인식된다. 다만 경제가 행복이나 웰빙을 전적으로 담보하지 못하는 상황에서 'GDP only'의 한계를 극복하기 위한 목표의 다원화 요청이 나타나고 있다고 볼 수 있다.

2) 연구동향

행복에 대한 성찰은 공자, 부처, 아리스토텔레스의 사상 등으로 2500년 이상 거슬러 올라가지만, 행복에 대한 근대 연구는 18세기 계몽시대에 나타났다(Bruni and Zamagni 2007; Crum and Salovey 2013). 즉, 행복에 대한 본격적 논의는 18세기 후반, 그리스 철학의 영향을 받은 초기 계몽주의시대 학자들은 행복추구권을 기본적 인권이자 사회적 목표가 되어야 한다고 보았다. 그러나 당시에는 행복의 개념과 영향요인에 대한 지식이 매우 제한적이었으므로 행복과 관련한 용어는 다분히 언어적 슬로건으로 남는 경향이 있었다(Prycker 2010). 이같은 계몽학자들의 행복에 대한 관심은 20세기까지 지속적으로 연결되지 못하다가 1990년대에 와서 부흥하기 시작했다. 개발국에서는 자조(self-help)류의 기조가 지속되었고, 개도국에서는 식량, 정의, 평화 등의 시급한 문제에 행복이슈가 가려졌으나, 이제 많은 국가에서 그같은 문제가 완화되면서 행복에 대한 관심이 대두되기 시작한 것이다(Thin 2012: 7).

현대에 와서 행복에 대한 본격적 관심은 부와 행복의 관계에 대한 관심에서 비롯된다. 20세기 중반까지 정치경제학을 지배하는 기본가정은 물질적 풍요의 증가가 사람들에게 더 큰 행복을 가져다 줄 것이라는 것이었다. 20세기 말 경, Galbraith, Scitovsky, Georgescu-Roegen, Hirsh 및 Hirschmann과 같은 경제학자들에 의하여 소득과 웰빙 사이의 긍정적인 연관성에 의문이 제기되기 시작하였다. 그러나 이같은 비판은 주류 경제이론에 침투하지 못하였고, 대신 Richard Easterlin은 주관적 웰빙 또는 행복에 관한 자기평가 자료를 사용하여 경제성장과 웰빙 간 관계의 문제를 실증적 문제로 전환하였다(Bartolini et al. 2016: 1). Easterlin(1974)은 19개국의 서베이자료(1946-1970)를 분석하였는 바, 횡단면분석의 경우 소득과 행복은 정의 관계를 보였으나, 시계열분석의 경우

국내총생산의 증가에도 불구하고 행복수준은 유의미한 변화를 보이지 않는다고 보고하였으며, 이것이 이른바 이스털린의 역설이다. 이같은 이스털린 역설은 경제학의 논의를 넘어 경제성장이 개인의 삶을 개선시키는 수단으로 보는 현대문화의 근간을 흔드는 것으로 주목받았다(Bartolini et al, 2016: 2). 그리고 이와 같이 경제성장이 행복, 웰빙 또는 삶의 만족에 유의미한 영향을 주지 못한다고 한 이스털린의 연구는 특히 소득의 한계 효용과 행복의 관계를 기존의 시각과 다른 관점으로 제시함으로써 행복연구 발흥의 기폭제가 되었다.

주지하다시피 Easterlin paradox가 보편적으로 타당한 것은 아니다. 이스털린의 발견은 기본적으로 국가 간 소득과 행복의 관계에 관한 것이며, 국가내 소득과 행복 간 관계에 관한 것은 아니다. 즉, 적용범위의 한계가 존재하는 것이다. Graham(2011: 17)은 이를 보다 정밀하게 설명하려 한다. 그녀에 의하면, 대개의 경우 국가 내에서는 부유층이 빈곤층보다 행복하다. 즉, 소득과 행복 간 관계가 정의 관계에 있다. 단, 기본수요가 충족된 이후에는 소득 이외의 다른 요인이 점점 더 중요한 행복요인이 된다. 국가 간 비교나 시계열연구에서는 소득과 행복 간 유의미한 관계가 잘 입증되지 않는다. 대체로 부유국 국민은 빈곤국 국민에 비하여 행복한 것으로 나타난다. 그러나 일정 소득수준까지는 행복수준이 증가하지만, 일정 수준 이상에서는 행복이 증가하지 않는다. 아울러 국가집단 내(부유국 집단과 빈곤국 집단)에서도 소득과 행복 간 유의미한 관계가 발견되지 않는다. 즉, 부유국 국민들간, 빈곤국 국민들 간 행복수준은 유사한 것으로 나타난다. 이 역시 기본수요가 충족되었을 경우, 소득 이외의 다른 요인(예 기대 상승, 상대적 소득, 소득의 안정성 등)이 점점 더 중요해지는 것으로 설명된다. 이같은 Graham의 설명은 Easterlin 역설의 의미와 한계를 구체화해 준다.

다른 연구들에서도 Easterlin의 발견에 모순되거나 수정된 결과가 이어진다. 여러 연구(예 Stevenson and Wolfers 2008; Sacks et al. 2010; Kroll 2008)는 GDP가 행복의 중요 요인임을 경험적으로 보여준다. 특히 개도국의 경우에는 더욱 그러하다. 다만, 전반적으로 소득과 행복 간 관계는 시간변수에 따라 달라지는 것으로 나타난다. 일부 연구는 소득과 행복 간의 관계는 단기적으로는 긍정적이지만, 장기적으로는 이스털린 역설이 유효한 것으로 확인해 준다(Easterlin and Angelescu 2009; Easterlin et al 2010; Di Tella et al. 2001). 그러나 일부 모순된 발견과 비판에도 불구하고 이스털린의 연구는 ① 행복연구 발흥의 촉매제였고, ② 경제성장이 행복에 미치는 제한된 효과에 주의를 환기시켰으며, ③ 여러 국가에서 GDP를 넘어 발전목표를 재정립하기 위한 노력을 촉발하는 등 행복 연구의 발전을 위하여 중요한 기여를 하였다(우창빈 2014).

행복에 대한 연구는 학문분야별로 다양하게 전개되고 있다. 철학자, 심리학자, 교육자는 이미 행복연구에 관심이 있었지만, 이스털린의 연구 이후 경제학자를 포함하여 사회과학도들도 관심을 갖기 시작했다(Pugno 2009; Sacks et al. 2012; Clark 2016). 특히 행복과 관련하여, 경제성장만을 강조할 때 개인의 소득의 증가 혹은 국가의 부가 일정 수준 이상에서는 행복수준에 크게 영향을 미치지 않고 오히려 부정적 결과를 초래할 수 있다는 주장들이 나타났다(김대근, 2013; 조연상, 2013; Frijter et al. 2004; Boyce et al. 2010). 이같은 연구는 국가와 지역에 따라 여건이 다른데도 불구하고 보편적으로 경제라는 단일 척도로 행복도를 평가하던 경제학에 있어서의 기존의 경향을 수정 또는 보완하는 것이라는 점에서 의미가 있다. 또한 이러한 추세는 국가 발전 목표에 있어서 비경제적 요소에 대한 관심을 높이고, 성공적 정부와 삶의 목표의 가치를 재조명함으로써 새로운 연구시각을 제시하는 것으로 평가할 수 있다(Nettle, 2005; Mizobuchi, 2017; Oshio, 2017; Eren and Aşıcı 2016).

사회학에서는 사회적 자본과 건강, 부, 경제적 성장의 관계에 초점을 두고 연구가 진행된다. 대체로 사회적 자본이 다른 변수들을 통해 간접적으로 행복에 영향을 미치는 것으로 파악된다. 예를 들면, Helliwell & Putnam(2004)은 사회적 자본이 신체적인 건강에 긍정적인 영향을 미쳐 삶의 만족도를 증가시킨다고 설명한다. Zak & Knack(2001)은 사회적 자본이 경제성장률을 증가시키는 추진력을 제공하여 행복에 영향을 미치는 것으로, Rodrik(1999)은 사회적 자본이 외부 충격을 완화시키는 제도로 작용하여 행복에 영향을 미치는 것으로 주장한다. 반면, Ram(2010)은 사회적 자본과 행복의 직접적 관계가 별로 견고하지 않다고 주장하였다.

행복 연구에 대한 관심은 정치학, 행정학 분야에까지 확장되었다. 현재 정치요인(예정부 형태와 규모)이나 정부요인(예 정부 및 정책의 역할)과 행복 간 관계에 대한 연구가 발견된다. 예를 들면, Radcliff(2001)는 여러 정당의 이념과 복지체제의 질과 정도 등 정치적 요인이 국가적 차원의 만족도에 영향을 미친다는 것을 보여주었다. 이것은 정부가 사회정책을 통해 시민행복을 증진시킬 수 있음을 의미한다(Lapinski et al. 1998). Inglehart et al.(2008)은 민주화가 사람들의 자유 선택에 대한 인식을 증가시켰을 때 더 높은 수준의 행복으로 이어지는 것을 발견했다. Di Tella와 MacCulloch(2005)는 개인과 정부 간 이념적 일치가 행복을 증가시킨다는 당파적 사회적 행복(partisan social happiness)의 개념을 제시하였다. Dreher and Öhler(2011)는 정부 이데올로기가 행복에 영향을 미치는데, 좌파 성향의 개인은 좌파 정부에서, 우파 성향의 개인은 우파 정부에서 더욱 행복을 느낀다고 주장하였다.

정부의 규모를 행복에 대한 정치적 요인으로 본 연구들도 있다. 공리주의자들은 정부가 다수의 행복을 창조하려는 야망을 가져야 한다고 믿는다(Ott, 2013). 이같은 생각은 2000년대에 접어들어 정부가 삶의 질의 핵심 결정요인으로 부각되며 일부 학자들에게서 관심을 받았다(Coggburn & Schneider 2003; Ott 2005; Di Tella & MacCulloch 2005; Veenhoven 2005; Ho 2006; Bjørnskov et al. 2007; Cummins & Stokes 2008; Kim & Kim 2012; Zorondo-Rodríguez et al. 2014). 이 중에서 Bjørnskov et al.(2007)의 경험적 연구는 일반적으로 GDP의 백분율로 측정되는 정부지출 규모가 사람들의 삶의 만족도와 부정적인 상관관계가 있다는 것을 보여주었다. 정부의 대규모 지출로 인한 부정적 영향은 다른 연구에서도 발견되었다. Ott(2005)는 재원 이전과 보조금을 통한 정부 소비지출이 늘어날수록 행복이 줄어든다고 주장했으며, Eiji(2009)는 일본의 사례연구에서 정규모가 행복에 부정적 영향을 미친다는 것을 발견했다. 이들 양적 연구는 "작은 정부가 아름답다"라는 신자유주의자들의 믿음을 정부의 크기와 관련지어 지지하는 것이다. 반면, Kacapyr(2008)은 GDP 대비 정부지출 비율과 삶의 만족도 사이에 중요한 연관성이 없다는 연구결과를 제시하였다. 한편, 일부 연구들은 행복과 관련하여 정부규모를 고려할 때 보다 신중한 접근이 필요하다는 입장에 있다. Ott(2011)는 130여개의 국가에 대한 연구에서 정부의 규모와 평균적인 행복의 관계는 정부의 질에 크게 좌우된다는 것을 보여주었다. Coggburn & Schneider(2003)는 정부성과 측정의 기준으로는 정부지출이 아니라 삶의 질이 적합하며, 정부의 행위는 삶의 질에 직접적인 영향을 미친다고 주장했다. 이는 정부가 삶의 질에 직접적인 영향을 미치는 보건, 교육, 환경 등의 공공정책에 영향을 미치기 때문인 것으로 설명되었다.

위에서 살펴본 바와 같이 정부요인과 행복 간 관계에 대한 몇몇 연구가 있기는 하지만, 정부의 질적 또는 양적 측면과 그것이 행복에 미치는 영향을 체계적으로 조사한 연구는 거의 없는 실정이다(Kim & Kim 2012). 일부 연구를 제외하고는 정치·행정학자들의 행복연구에 대한 참여는 늦은 편이기 때문에 정부요인은 사실상 잊혀진 변수였다. 그러나 행복증진을 위해서는 행복정책이 불가결하고, 행복정책의 결정 및 집행은 정부에 의한다는 점을 고려할 때, 향후 행복연구에 있어서 정부요인에 대하여 보다 본격적 관심이 필요하다.

기본적으로, 집합적 차원에서 행복에 대하여 본격적 관심이 대두된 것이 최근의 일인 때문에 분야를 통틀어 행복관련 연구는 다른 전통적 연구분야에 비해 아직은 초창기 단계에 있다고 할 수 있다. 그러나 일천한 기간에도 불구하고 행복관련 연구는 단시간에 중요한 연구분야로 자리매김함으로써 행복국가 시대의 발흥과 관련하여 중요한 학문적 기반이 되었다.

전반적으로 볼 때 지금까지의 연구에 있어서 경제적 성과가 행복이나 웰빙을 담보하는데 한계가 있다는 주장이나 보고가 우세한 형국이다. Stiglitz et al.(2009)는 GDP와 인간 웰빙 사이의 간극이 확대되고 있다고 주장했다. Schumacher(1973), Scitovsky(1976), Carson(2002), Hirsch(2005)는 발전의 척도로서 GDP의 한계를 지적함으로써 비경제적 가치에 대한 본격적 연구관심을 관심을 보였다. 이의 연장선상에서 Easterlin(1974)을 포함하여 Stevenson과 Wolfers(2008), Kahneman과 Deaton(2010), Luttmer(2004) 등은 경제적 소득이 행복을 전적으로 결정하지 않는다는 것을 증명하려고 시도했다. 다른 연구들은 행복 또는 웰빙의 영향요인으로서 소득수준 이외의 요인들에까지 논의의 범위를 확장하였다. 예컨대, Clark & Oswald(1996), Alesina et al.(2004) 등은 불평등이, Helliwell(2006)은 사회자본이, Frey et al(2004)은 시민참여가, Welsch(2009)는 환경이 각각 행복이나 웰빙과 어떻게 연관되는지에 대하여 연구하였다. 최근에는 관련 연구가 축적되면서 행복이나 웰빙에 대한 개념화 또는 영향요인을 포함한 종합적 논의도 출간되고 있다. Brooks(2008), Diener(2009), Stiglitz, Sen

& Fitoussi(2010), Bok(2010), Halpern(2010), Layard & Layard(2011), Allin & Hand(2014) 등이 그 예이다.

이같은 행복연구는 두 가지 점에서 의미가 있다. 첫째, 과거 경제총량 중심의 발전패러다임을 재해석 내지는 재규정하여 행복패러다임으로 전환시키는 기반이 되었다. 둘째, 실천적 측면에서 행복연구는 과거 행복관련 논의의 상당수가 규범적 주장의 수준에 머물던 것을 탈피하여 보다 객관적으로 행복을 측정하고 평가함으로써 행복을 목표로 하는 공공정책의 수립 및 추진의 가능성을 높였다(Dutt & Radcliff, 2009).

그럼에도 불구하고 대다수 연구는 연구경향에 있어서 기본적으로 개인행복의 연구범주에 있으며 공공행복연구로까지 진화하지 못하고 있다. 특히 행복의 측정과 행복요인의 색출에 치중한 나머지 공공행복을 제고하기 위한 정책이나 거버넌스의 변화에 대한 충분한 논의에까지 진화하지 못하고 있다. 이같은 문제를 해소하기 위해서 향후 연구는 공공행복의 증진을 위한 공공정책과 거버넌스 문제에 대하여 보다 관심을 가질 것이 요구된다.

예외적으로 일부 연구가 행복정책에 논의의 초점을 맞추었다. 예를 들면, Layard(2005)는 소득극대화보다 행복의 극대화가 정책목표가 되어야 한다고 주장하면서, 교육과정, 정신보건, 조세정책, 복지사업 등의 개선이 필요하다고 제안하였다. Di Tella, MacCulloch, & Oswald(2001)은 행복데이타가 정부정책을 유도하는데 사용되어야 한다고 주장하였으며, Veenhoven(2004, 2010)은 정부정책을 통하여 행복증진을 위한 조건을 창출할 수 있으며, 따라서 행복을 정책목표로 정립해야 한다고 제안했다. 보다 구체적으로, Frank(1999)와 Layard(1980)는 상대적 복지가 중요하다는 전제하에 소득불균형을 축소하기 위해서는 고소득자에게 중과세가 필요하다고 주장하였고, Graham, Jesse, and Jonathan Haidt(2010)은 행복증진을 위해서 지역축제를 촉진하는 정책이 권장된다고 하였다. 행복정책 연구에 대한 비판적 입장도 없지 않다. Duncan(2005)은 행복연구 결과를 정책으로 전환하는 것이 쉽지 않기 때문에 행복연구와 행복정책이 어떻게 연결될 수 있는지에 대하여 주의 깊은 검토가 필요하다고 주장한다. 나아가서 정부에 대한 국민적 기대와 신뢰의 복잡한 요인들이 행복연구가 제안하는 공공정책의 변화에 장애요소가 되며, 이에 따라 더 행복한 사람에게 부정적 영향을 미칠 수 있다고 주장한다. 그러나 이같은 지적은 행복정책연구의 제약요인을 지적하는 것이기는 하나 행복증진과 관련한 행복정책 연구의 필요성 자체를 부정하는 것은 아니다.

이상의 논의는 다음과 같이 요약할 수 있다: 정부의 정책을 통한 공공행복의 증진은 필요하고 또 가능하다. 또한 그렇기 때문에 행복연구에서 정부와 정책을 주요 변수로 고려하는 연구가 적극적으로 수행되어야 한다. 그러나 이같은 요청과는 달리 현재까지 행복연구에서 '행복정책'과 '거버넌스'에 관한 논의가 미흡하다. 특히, 정부 구조, 정부의 레짐, 정부의 규모 등 정부요인이 행복에 영향을 미친다는 것을 밝힌 선행연구들이 여럿 있음에도 불구하고(Coggburn & Schneider, 2003) 정부의 정책이나 거버넌스 변수에 대한 연구가 충분히 이루어지지 않고 있음은 아쉬운 점이다. 본서의 집필 이유이다.

02 공공행복: 행복의 공공성

1) 공공행복의 개념

공공행복이란 무엇인가? 행복은 개인차원과 공공차원을 모두 포함한다. 일반적으로 행복이 개인 차원의 행복을 의미한다면 공공행복은 공동체(커뮤니티) 차원에서의 행복을 말하는 것이다. 여기에서 공동체는 공간, 이익, 또는 관계를 다른 구성원과 공유하는 집단(collectivity)을 말한다. 일반적으로 공동체는 집단에 비하여 공유적 속성이 보다 강한 집합체를 의미하는 것으로 이해되는 경향이 있다. 또한 집합체의 공유적 속성은 큰 단위보다는 작은 단위의 집합체에서 발현되는 경우가 많으므로 공동체는 작은 단위의 집합체를 의미하는 용어로 이해되는 경향도 있다. 다만, 그같은 차이는 명확하지 않거나 정도의 차이일 뿐이다. 이를 감안하여 본서에서는 공동체와 집단을 차별하지 않고 혼용하기로 한다. 한편, 공동체의 규모는 고정되어 있지 않으며, 규모에 따라 가족, 근린, 지방, 국가, 크게는 글로벌사회 등 지리적 단위 또는 사람을 단위로 확대될 수 있다. 이 중에서 구성원의 행복에 가장 많은 영향을 미칠 수 있는 공동체의 단위는 실효적 권력과 자원을 보유하고 있는 국가 단위이다.

보다 구체적으로, 공공행복은 공동체의 다른 구성원과 연계되어 있는 개인이 공동체 구성원으로서 향유하는 공적 차원(public domain)의 행복이다. 이는 개인행복이 공동체와 무관하게 개인으로서 향유하는 사적 차원의 행복인 것과 차이가 있다. 양자 모두 행복의 주체는 개인이지만, 분석단위, 주체의 성격, 행복의 책임, 관심문제 등에 있어서 차이가 있다. 다음 <표3-1>에서 보는 바와 같이 분석 차원에 있어서 개인행복의 경우는 개인 차원, 공공행복의 경우는 집합적 차원이다. 행복주체인 개인의 위상에 있어서 전자의 경우에는 공동체와 무관한 원자적 개인이며, 후자의 경우에는 공동체를 구성하는 집합적 개인이다. 책임의 소재에 있어서 공동체와 무관한 사적차원의 행복은 개인책임의 영역인데 비하여, 공동체 구성원으로서 누리는 행복은 개인의 책임을 넘어서 공공책임의 대상 영역이다. 관심 이슈에 있어서 개인행복의 경우에는 얼마나 행복한가라는 문제 즉, 행복의 수준이 핵심적 이슈가 된다. 반면, 공공행복의 경우에는 구성원들이 얼마나 행복한가에 더하여 구성원들이 다같이 행복한가 즉, 행복의 분포문제가 핵심이슈가 된다. 그러므로 예컨대 국가 간 행복을 비교하려 할 경우, 단순히 행복의 수준만을 비교하는 것은 공공행복의 관점에서 벗어나는 것이다. 행복의 수준과 함께 구성원 간 행복 수준의 분포를 아울러 고려하는 것이 공공행복 관점의 최소한의 요청이다.

┃ 표 3-1 개인행복과 공공행복

	개인행복(사적행복)	공공행복
행복의 분석단위	개인 차원	집합 차원
행복주체의 성격	공동체와 무관한 원자적 개인 (atomic individuals)	공동체를 구성하는 집합적 개인 (collective individuals)
행복의 책임	개인책임	개인 및 공공책임
관심 문제	행복의 수준	행복의 수준과 분포

개인차원의 행복은 개인의 정서(느낌)와 도덕감정의 영역에 관련되며, 공공행복은 공동체 구성원으로서 개인들이 누리는 그같은 개인행복의 총화이다.[12] 그러므로 공공행복 역시 구성원 개인의 정서와 도덕감정(moral sentiment)에 관련된다. 개인행복과 공공행복에 대한 명시적 언급은 찾기 어렵다. Porta & Scazzieri(2007: 95)가 예외적이다. 일단 그들은 행복을 개인차원과 사회차원으로 나눈다. 그러면서 "개인차원의 행복은 개인의 느낌과 도덕적 감정의 영역과 관련이 있다. 행복의 사회적 차원은 도덕적 감정과 (개인의 행복추구 활동을) 지

---

12) 여기에서 정서(affect) 또는 느낌(feeling)은 평가(evaluation)를 포괄하는 용어로 쓴다. 엄격히는 느낌(정서)과 평가는 구분되는 용어이지만, 행복의 구성요소 중 덕성 외의 요소를 통칭하기 위함이다. 정서와 마찬가지로 평가 역시 주관적 느낌이라는 점을 고려할 때, 용어의 통합 사용이 가능할 것이다.

지조건(enabling conditions)과 연결되어 있다."고 설명한다. 그러나 이들의 설명은 다소 혼란스럽다. 자칫 집합적 차원의 행복은 개인의 느낌과 관련없는 것으로 오해될 수 있기 때문이다. 그러나 집합적 행복도 도덕적 감정만이 아니라 정서에도 관련된다. 개인차원이든 집합차원이든 행복은 기본적으로 개인이 향유하는 것이기 때문이다. 또한 지지조건은 행복의 내용요소가 아니라 영향요인이라는 점을 지적할 수 있다.

공공행복은 공동체의 사회조건(또는 생활조건)에 관련된다[13]. 사회조건이란 행복과 관련하여 말하자면 개인의 행복추구 활동에 영향을 주는 공동체의 상황을 말한다. 이때 개인의 행복추구활동은 개인의 생활을 중심으로 이루어지므로 이를 중심으로 본다면 사회조건은 생활조건으로 표현할 수도 있을 것이다. 사회조건은 유형적, 무형적 조건을 포함한다. 유형적 조건은 사회복지, 주거, 교통, 사회적 인프라, 보조금 등과 같은 물적 조건을, 무형조건이라 함은 제도, 정책, 문화(사회자본, 사회윤리 등)와 같은 비물질적 조건을 의미한다.

이들 사회조건은 개인의 행복추구활동에 어떻게 영향을 주는가? 예외적으로 공공행복에 대하여 직접적 관심을 표명하고 있는 Porta & Scazzieri(2007)의 설명을 빌리자면, 사회조건은 (1) 구성원들이 개인의 활동목적을 상호수용하고, (2) 개인의 역량이 그같은 목적실현을 위한 실제 기능으로 전환되도록 지지함으로써 공공행복에 영향을 미친다. 환언한다면 전자는 개인의 선호에 대한 사회적 수용(social admissibility)을, 후자는 사회적으로 수용가능한 선호를 추구할 수 있는 기회의 제공을 말한다(social opportunities). 그리고 구성원의 행복성취는 개인의 가치에 대한 사회적 수용성이 높을수록, 사회적으로 수용되는 개인의 목적을 달성하기 위한 기회가 실질적으로 제공될 수록 높아지게 될 것이다.

사회조건이 개인의 행복추구활동에 미치는 영향은 양면적이다. 즉, 개인의 행복

---

13) 엄밀히는 사회조건과 생활조건은 같지 않다. 사회조건은 공동체 구성원 다수에게 일반적으로 적용되는 집합적 조건이다. 생활조건은 개인들의 삶에 관계된 조건으로서 개인차원의 배타적 조건과 사회차원의 공유적 조건을 포함한다. 즉, 사회조건은 공동체 차원의 조건으로서 개인차원의 조건을 포함하지 않으며, 생활조건은 개인차원과 공동체 차원의 조건을 포함한다. 그러나 개인차원의 조건과 사회차원의 조건은 밀접하게 관련된다. 예를 들면 개인의 소득이나 주거는 취업제도, 주택관련 제도와 같은 사회조건에 의하여 영향받는다. 그렇기 때문에 사회조건과 생활조건간 구분을 엄격히 하는 것은 바람직하지 않다. 여기에서는 양자를 혼용한다.

활동에 대한 지지조건과 저해조건을 포괄한다. 이와 관련, Porta & Scazzieri(2007)는 사회조건을 행복에 대한 지지에 초점을 두고 지지조건(enabling condtion)이라 부른다. 그러나 지지조건의 의미는 부분적이다. 물론 '지지'와 '저해'를 단일차원으로 본다면 지지에만 초점을 두는 접근도 무방하다. 적정 수준 이상의 조건은 지지요인, 적정 수준 이하의 조건은 저해요인이 될 수 있기 때문이다. 그러나 Herzberg et al(1959)의 동기-위생이론이 시사하는 바와 같이 지지요인과 저해요인이 단일 차원이 아니라 별개의 차원의 요인일 경우에는 그와 같이 지지측면만을 부각한 접근은 부분적 접근으로서의 한계를 갖는다. 이를 고려하여 여기에서는 지지요인과 저해요인을 포괄하는 중립적 용어로서 사회조건의 개념을 사용한다.

이상의 논의로부터 우리는 개인행복과 공공행복이 별개의 것이 아니라 사회조건을 매개로 하여 연결되는 행복의 차원임을 알게 된다. 즉, 사회조건은 그에 기반하여 개인들이 행복추구 활동을 지지 또는 저해하는 영향요인으로 작동함으로써 개인차원의 사적행복과 공공행복을 연계한다. 특히 개인의 행복추구에 대한 사회적 수용성은 개인 스스로 갖는 가치와 사회적 가치간 정합성 정도에 따라 개인의 행복추구 활동을 지지하거나 제약함으로써 개인행복과 공공행복을 연결하는 것이다. 물론 개념적으로는 공동체와 무관하게 사적 자원에만 기반하여 공적지지없이 행복을 추구하고, 스스로 행복에 대한 가치판단을 할 수 있다. 사회적 수용성과 무관하게 추구하는 개인의 범죄활동은 한 예이다. 그러나 그러한 활동조차 사회적 수용성에 의하여 영향받는다. 사회적 혐오가 높은 범죄활동은 그렇지 않은 범죄 활동에 비하여 결과적 행복에서 더 낮은 결과로 귀결될 것이다. 이렇듯 개인의 노력과 가치가 사회적 가치를 포함하는 사회조건과 완전히 절연되어 있는 상태는 상정하기 어렵다(이광석, 2019). 그러므로 개인행복을 공공행복과 별개의 것으로 간주하고 공공행복을 논의하는 것은 사회조건을 매개로 한 양자 간 관련성을 간과하는 것이므로 곤란하다. 그렇더라도 공공과 연결된 개인의 행복과 공공과 단절된 개인행복을 구분하기 위해서 후자를 '사적행복'으로 특정하여 지칭할 수도 있을 것이다. 다만, 사적행복이라는 용어와 함께 개인행복 개념이 통용되고 있는 현실을 감안하여 본서에서는 양자를 혼용한다.

모든 사회조건이 개인의 행복활동에 동일한 정도로 유의미한 영향을 주는 것은 아닐 것이다. 어떤 조건은 다른 조건에 비하여 보다 유의미한 영향을 줄 수 있을 것이다. 이와 관련, 사회조건 중에서 개인의 행복추구 활동에 보다 중요성이 큰 조건들의 조합을 기본조건으로 구분할 수 있을 것이다. 이와 같이 일반적 사회조건으로부터 중요성이 보다 큰 기본조건을 구분하려는 시도는 행복증진을 위한 공공정책의 효과성과 관련해서 의미가 있다. 국가가 공공행복 증진을 위하여 사회조건의 개선을 위한 정책노력을 할 때, 한정된 자원으로 모든 사회조건의 개선을 정책대상으로 하기도 어렵거니와 자원배분의 효과 측면에서 바람직하지 않을 수 있기 때문이다. 문제는 어떤 사회조건이 기본조건에 포함되어야 하는지에 대해서 사전적으로 목록을 확정할 수는 없다는 것이다. 기본조건의 목록은 사회조건의 내재된 특징으로 규정될 수 있는 것이 아니라 행복과의 연관성에 의해서 획정되어야 하기 때문이다. 또한 기본조건의 목록은 가변적일 수밖에 없다. 같은 조건이라도 시기와 지역 또는 문화윤리적 요소에 따라 사회조건이 행복성취에 미치는 영향이 달라질 수 있을 것이기 때문이다. 그럼에도 불구하고 행복정책의 수행을 위해서는 기본조건의 목록 설정을 위한 노력은 필요하다. 이와 관련, 향후 연구와 정책실천 경험의 축적과정에서 사회조건과 행복과의 관계에 대한 지식의 진보가 이루어지게 되면서 핵심적 사회조건으로서 기본조건의 목록에 대한 합의가 보다 진전될 수 있을 것으로 기대할 수 있다. 현재 시행되고 있는 다양한 행복지표 관련조사들 또는 영향요인 연구들은 다양한 사회조건의 목록 중에서 기본조건을 색출하는 노력과 연결되어있는 것이기도 하다. 유의할 것은 그렇게 함에 있어서 사회조건에 대한 문화적, 시대적 편차에 대한 이해증진을 위한 노력이 증대되어야 한다는 점이다. 기본조건의 목록 작성에 있어서 Frawley(2015), Cummins(2013) 등이 적절히 지적했듯이 서구문화와 상황에 맞춘 획일화를 넘어서 문화적, 역사적 맥락에 대한 이해의 폭을 넓히려는 노력이 요구되는 것이다. 이같은 요청은 행복관련 연구에서만 아니라 국가 간 또는 국내의 중앙과 지방 간 행복관련 정책협력에 있어서도 동일하게 적용되어야 한다.

　공공행복은 두 가지 의미를 포함한다. 첫째는 앞에서 제시한 바와 같이 분석차원에서 공동체 구성원과 무관하게 개별적으로 존재하는 원자적 개인 또는 사적개인이 아닌, 공동체 구성원으로서 타인과의 관계 속에서 존재하는 구성적 개인들의 행복의 총화를 의미한다. 둘째, 의무차원에서 공동체 구성원으로서의 개인의 행복은 공적책임의 대상이라는 의미이다. 이 두 가지 의미로부터 우리는 공공행복이 개인행복과 연결되고 개인행복의 집합적 성격을 갖지만, 그렇다고 해서 단순히 개인행복의 총합과 같은 것은 아니라는 점을 알 수 있다. 공공행복은 공동체 구성원으로서 관계를 갖는 개인들의 행복의 총화이지만, 고립된 별개의 개인이 사적으로 향유하는 행복의 총화는 아니라는 것이다. 개인의 사적 행복은 타자와 무관하게 자신의 주관적 선호와 입장에 따라 결정될 것이지만, 공공행복은 공동체 차원에서 다른 구성원과의 관계성 속에서 결정될 것이기 때문에 양자 간 차이가 있게 된다. 즉, 개인의 사적행복이 사회조건과 무관히 결정되는 것과 달리, 공공행복은 개인이 속한 공동체의 사회조건에 의해서 영향받는다. 그러므로 사회조건에 영향받는 공공행복은 단순한 개인행복의 총화보다 클 수도 작을 수도 있다. 내용적으로도 달라질 수 있다. 사회조건에 따라 정서보다 도덕적 감정이 행복에서 차지하는 비중이 더 높을 수도 낮을 수도 있는 것이다. 책임소재에 있어서 개인의 사적행복에 대해서는 공적책임이 면제될 수 있지만(또는 개입이 배제되지만), 공동체 구성원으로서의 행복에 대해서는 공공의 책임이 면제될 수 없다(또는 개입이 요구된다). 그러므로 공공행복이란 공동체의 구성원이 집합적으로 누리는 행복인 동시에 공공차원에서 지지받는 행복이라는 의미를 동시에 갖는다. 요컨대, 공공행복이란 '공공책임의 대상이 되는 공동체 구성원 행복의 총화'이다.

이렇게 정의되는 공공행복은 단순히 집단을 대상으로 하는 집단행복과는 차이가 있다. 집단행복은 단순히 구성원 개인들의 행복의 총화로서 공동체 구성원의 행복에 대한 공적책임과 무관하게 규정되는 중립적 개념이다. 반면, 공공행복은 공동체 구성원으로서의 개인의 행복을 전적으로 개인책임으로 전가하지 않고 공적책임의 대상으로 규정하는 가치지향적 개념인 데서 차이가 있다. 또한 공공행복을 국가 또는 공공단체의 행복으로 오해하지 않아야 한다. 예컨대, 국민행복(national happiness)은 국가라는 공동체를 구성하는 국민의 행복(또는 시민의 행복)이지만, 추상적 공동체로서의 국가의 행복은 아니다. 행복은 인간이 주체적으로 느끼는 것이며, 비인격적 주체인 국가 또는 어떤 단체가 행복을 향유하는 주체가 될 수는 없기 때문이다. 그러므로 국민행복이라는 말은 성립되어도 국가행복이라는 말은 성립되지 않는다. 물론 국가는 국민의 행복과 밀접한 관련이 있다. 최대의 권력과 자원을 보유한 국가는 국민행복을 진작시킬 수 있는 역량이 가장 큰 공동체로서, 국가 자체를 위해서 존재하지 않고 국민을 위해서 존재하며, 따라서 국민의 행복을 위해서 노력해야 할 의무주체이다. 이때 이같은 노력에 적극적인 국가를 행복국가라 부를 수 있다(국가행복이 아님). 이는 분석단위를 달리해도 마찬가지로 적용된다. 예컨대, 지방을 단위로 하는 공공행복을 지방행복이라고 할 때, 그것은 일정한 지역에 거주하는 주민의 행복을 의미하는 것이며, 지역의 관할 주체인 지방의 정부나 기관이 되는 것은 아니다.

아울러 국민행복과 공공행복이 반드시 같은 것도 아니다. 만일 국가가 국민의 행복에 대한 책임의식을 갖고 노력하는 행복국가일 경우, 국민행복은 공공행복의 속성을 갖게 된다. 그러나 국민행복이 단지 국민으로서의 개인행복의 총화와 같은 중립적 의미로 쓰인다면 그것은 집단행복일 뿐 공공행복은 아니다. 이는 기본적으로 공공(public)은 한편으로는 공동체를, 다른 한편으로는 공공성을 의미하는 것이기 때문이다. 그러므로 예컨대, 국가단위를 상정하고 공공행복이라고 할 때 이는 국민 개개인 행복의 총화, 그리고 그에 대한 국가의 공적책임을 동시에 의미하는 것으로 이해해야 한다. 나아가서 국가의 공적 책

▶ 그림 3-1 공공행복의 속성

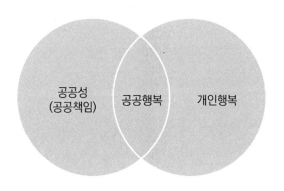

임을 인정하는 경우에 일정 정도 국민의 대응적 책임 또한 인정되어야 한다. 즉, 구성원으로서 전체 공동체의 공익을 과도히 해치지 않는 선에서 개인행복을 추구할 의무가 있다. 그러므로 사회적 규범과 법규를 넘어선 행복의 추구는 공적차원에서 제한될 수 있을 것이다. 이상에서 제시한 공공행복의 속성을 요약하면 <그림 3-1>과 같다.

2) 왜 공공행복인가: 행복에 대한 공적책임

앞에서 공공행복은 단체 구성원의 행복에 대한 공공책임이 전제되어야 한다고 하였는 바, 왜 구성원 개인의 행복에 대하여 공적책임을 인정해야 하는가에 대한 논의가 필요하다. 지금까지 행복은 기본적으로 개인차원의 문제이며, 공공행복은 개인행복을 구성요소로 하는 다수의 행복일 뿐이라는 암묵적 인식이 지배하면서 공공행복에 대한 논의가 활성화되지 않아왔다(Bruni and Zamagni, 2007). 그러나 이같은 경향은 공공행복의 관점에서 시정되어야 한다.

행복의 공공성(또는 공적책임)에 대해서 합의가 존재하는 것은 아니다. 자유주의적 관점에서는 개인의 행복은 어디까지나 개인의 사적문제로서 국가가 책임질 수도 간여해서도 안될 영역으로 본다(Frey & Stutzer, 2004; Duncan, 2010). Duncan(2008)은 행복의 공적책임의 강조는 오히려 현실 정책의 복잡성만 가중시키는 것으로 해석하였다. 특히 행복의 최대화는 공공목표이지만 정부의 의무는 아니라고 주장한다. 개인의 행복 증진을 핑계로 하여 거대정부나 과보호 국가화할 우려, 행복경찰, 행복관료라는 이름으로 과대 관료제가 출현할 우려를 제기하는 것도 이들과 같은 맥락의 주장이다(김병섭, 2015). 반면, 공동체주의적 관점에서는 개인의 행복이 공공의 조건에서 영향을 받고 개인이 공적사회의 구성원인 한 행복에 대한 공적 책임은 당연한 것으로 본다(Raz 1994). 마찬가지로 Lane(1994)은 행복한 삶, 높은 삶의 질은 인간개발 없이는 달성될 수 없는데, 이에 대한 책임을 정부가 무시할 때 정책은 실패한다고 주장하였다. Veenhoven(2004) 역시 정부가 어느 정도 권위와 통제력을 갖고 있는 사회적 요인(법치, 경제적 자유, 소수민족에 대한 관용 등)들이 국민의 행복 수준과 긍정적으로 관련이 있으며, 사회의 행복을 위해서 적절한 공공정책의 적용 및 책임이 필요하다고 하였다.

　어떤 입장을 취할 것인가. 우선 어떻게 정의하건 기본적으로 행복은 개인이 느끼는 주관적 느낌이다. 그렇다면 원칙적으로는 개인의 행복이나 불행에 대해서는 개인이 책임을 져야 한다. 이러한 판단은 같은 조건에서도 개인적 요인(특성과 노력)에 따라 행복의 수준이 다르게 나타나는 사실이 지지해준다. 이같은 측면을 강조할 경우, 당연히 행복은 개인의 문제라 규정짓게 되고, 국가가 행복을 공공목적으로 다가서는 것은 타당하지 않은 것으로 판단하는 자유주의 입장을 지지하게 된다. 그러나 행복을 전적으로 개인책임으로 돌리는 것은 문제가 있다. 행복은 개인적 요인(특성과 노력)만이 아니라 객관적 외부요인에 의하여도 상당한 영향을 받기 때문이다. 같은 조건에서 개인의 성향에 따라 행복의 수준이 다를 수 있는 것처럼, 같은 주관적 행복성향을 가진 사람도 환경에 따라 다른 행복을 느끼는 것은 오히려 당연하다. 단언하건대, 개인의 행복이 개인의 성향과 함께 외부요인으로부터 동시에 영향받는다는 것을 부인할 수는 없다. 이와 관련, 기존의 연구들은 연령, 성별, 교육수준, 결혼, 가족관계, 건강, 종교 등 인구통계학적 요인; 소득, 취업, 실업, 인플레이션, 성장률 등 경제 여건; 정치적 자유, 민주주의, 법치주의, 사회자본 등의 긍정적 사회요인; 범죄, 테러, 부패 등 부정적 사회여건; 쾌적성과 같은 물리적 환경 등 다양한 요인들이 행복에 유의미한 영향을 미치는 것으로 보고해왔다(Frey 2008, Layard, 2005, Welsch 2009, Bok, 2010 etc.).

　이처럼 외부 조건이 크든 작든 개인행복에 영향을 미친다면 최소한 그 정도만큼은 국가와 사회의 공적책임이 되며, 따라서 정부는 공공정책을 통해 행복의 기본조건을 조성하는 정책적 노력을 경주해야 한다. 그럼에도 불구하고 외부조건 개선에 대한 책임을 전적으로 개인의 의무로 규정한다면 개인이 행복목표를 추구할 잠재성이 제약받게 된다. 따라서 이러한 정책적 노력을 소홀히 하는 것은 규범적으로 부당할 뿐만 아니라, 개인이 자신의 행복추구 활동에 영향을 미치는 외부조건에 대한 개인적 대응역량에 한계가 있기 때문에 바람직하지도 않다. 더욱이 개인이 보유하고 있는 자원과 노력의 편차가 있기 때문에 행복증진을 위한 사회조건의 개선에 대한 공적책임을 소홀히할 경우, 사회적 불평등을 악화시키는 부작용이 초래된다는 점도 고려해야 한다. 기본조건의 개선을 위한 공공노력이 요청되는 또 다른 이유이다.

표면적으로는 행복에 대한 국가의 책임에 대한 입장이 자유주의와 공동체주의자들 사이에서 첨예하게 대립되는 것처럼 보인다. 그러나 양자가 전혀 반대의 입장에 있는 것은 아니다. 자유주의적 관점에서도 국가의 무한대적 개입을 경계하는 것일 뿐 개인의 재산권 보호와 같은 최소한의 국가적 개입은 인정하고 있다. 재산권 보호의 취지도 결국 개인행복을 보장하기 위한 것이라 하겠으므로 공적차원에서 국민의 행복증진을 위해 사회조건을 조성하려는 노력을 전면적으로 부인할 수는 없을 것이다. 공동체주의 관점에서도 개개인의 최종적 행복수준을 담보할 것을 주장하는 것은 아니며, 사회불평등 구조의 개선을 통하여 사회구성원이 보다 평등한 수준의 행복을 향유하게 하는데 초점을 두고 있다할 것이다. 즉, 대립적인 입장간에는 질적 차이보다는 정도의 차이가 있는 것이며, 따라서 개인이 행복을 추구하도록 지지할 수 있는 사회조건을 조성하는데 대하여 상당 부분 공감대를 이룰 부분이 있을 것으로 판단된다. 무릇 인간의 최종적 관심이 행복에 있다고 할 때(Salichs & Malfaz, 2006; Sheldon & Houser-Marko, 2001), 국민을 위해 존재하는 국가가 구성원인 국민의 행복에 대해서 무관심하다면 국가의 존재 이유가 없다 할 것이다. 이런 점에서 국민의 행복을 위한 공적노력을 요구하는 공공행복론의 근거는 명확하다.

그렇게 함에 있어서 행복에 대한 사적책임을 과장하는 관점을 경계하는 것과 마찬가지로, 행복에 대한 공적책임을 과장하는 입장에 대해서도 동일한 경계가 필요하다. 전자의 경우에 사회적 불평등이 우려되듯이, 후자의 경우에도 과대정부 또는 국가의 과보호에 대한 문제제기는 여전히 우려되는 것이기 때문이다. 이와 관련, 한편으로는 공동체 중심의 멸사봉공의 집단사고를 지양하고, 다른 한편으로 개인중심의 멸공봉사의 사고를 견제하여 양자를 조화시킴으로써 공과 사를 모두 살리는 活私開公의 이념이 필요하다는 주장은 경청할만하다(김태창, 2011). 기본적으로 행복은 개인차원과 공적차원을 모두 갖기 때문에 보다 균형적인 관점이 바람직하다.

3) 공공행복의 책임범위

공동체 구성원의 행복에 대한 공적책임을 인정한다고 했을 때, 그 책임범위는 어디까지인가. 이러한 질문은 기본적으로 행복에 대한 공적책임이 개인의 결과적 행복에 대한 책임을 의미하는가, 아니면 행복을 위한 사회조건의 조성에 대한 책임을 의미하는가에 대한 질문에 다름 아니다. 달리 표현하면 기회의 제공이냐 산출의 제공이냐 하는 것이다. 일반적으로 자유주의 관점에서는 전자를, 공동체주의 관점에서는 후자를 지지한다. 그러나 일반적 복지정책에 대한 논의가 행복정책에 대한 논의에 그대로 적용되기는 어렵다. 행복의 속성은 주관적 정서인 바, 주관적 정서에 대한 결과적 책임을 지는 것은 설혹 규범적으로 인정되는 경우라도 현실적으로 가능하지 않다는 원천적 한계가 있기 때문이다.

행복에 대한 공적책임의 범위에 대한 본서의 주장은 온건하다. 즉, 국민행복에 대한 공적책임은 개인의 최종적 행복수준이 아니라 개인의 행복활동을 지지할 수 있는 사회조건 또는 생활조건의 조성에 두어야 한다고 본다. 행복이 일정 정도 공적영역의 문제라 해도 기본적으로 개인행복은 상당 부분 개인적 특성에 의해서 좌우되기 때문에 공공행복을 위한 정책적 노력은 원천적 한계를 갖는다. 더욱이 정부의 정책노력과 개인의 행복 간 인과관계를 담보하기 어려울 뿐 아니라, 정부의 역량에는 한계가 있다. 그렇기 때문에 공공행복을 위한 정책의 목적은 개개인의 궁극적 행복수준을 담보하는 데 두기보다는 개인이 행복추구 노력을 지지할 수 있는 사회조건의 조성에 두는 것이 규범적 요청일 뿐 아니라 현실적인 한계이기도 하다. 이같은 이유로 본서는 행복에 대한 국가의 공적책임을 국민행복 증진을 위한 사회조건을 조성하고, 개인은 그 기반 위에서 개인의 행복을 실현해가는 사회를 목적으로 인식하는 것이다.

첨언할 것은 국가가 행복을 위한 사회조건의 구축 내지는 개선을 목적으로 한다는 것이 그같은 기반 구축이 종국의 목표임을 의미하는 것과 혼동되어서는 곤란하다는 점이다.[14] 물론 개개인의 최종적 행복을 국가가 담보할 수는 없

---

14) 엄격히 하자면 목표(objectives)는 목적(goals)과 구분할 수 있는 개념이다. 목표는 정량화 가능한 이정표 또는 벤치마크를 제공한다. 목표는 목적 달성을 위한 수단이다. 목적은 목

지만, 그렇더라도 최종 목적은 어디까지나 행복증진이며, 사회조건은 행복증진을 위해서 필요한 조건일 뿐이다. 그러므로 행복기반을 구성하는 조건들은 행복과 연관되는 선에서라야 의미가 있다. 그렇지 않다면, 사회조건은 종래 복지 자체를 목표로 하는 복지국가의 복지목표 목록과 차별화되지 않는다. 이는 국가가 사회조건의 구축을 위한 정책노력에 있어서 공공행복과 유의미한 관계에서 행복을 지지하는 조건을 잘 분별하여 정책대상으로 추진할 것을 요구하는 것이기도 하다.

표의 상위개념으로서 행동의 방향을 제시하지만 목표와 달리 구체적으로 행동과정을 제시하지는 않는다. 또한 일반적으로 목적에 대해서는 조작적 정의를 하는 경우가 드물지만, 목표는 효과성 측정의 수단으로 활용하기 위해서 조작적으로 정의하는 경우가 많다(박홍윤 2008; Gulati et al. 2017: 97). 그러나 목표와 목적간의 구분은 상대적인 것이다. 양자는 공히 구현하려는 바람직한 상태를 지칭하는 것으로서 구체성의 차이에 따라 목표와 수단의 연쇄관계로 파악할 수 있을 뿐이다. 여기에서는 양자 간 개념상 특정적 차이가 있지 않고 유사한 개념으로 파악하여 혼용한다.

03 공공행복의 원칙

앞에서 공적 성격과 공동체적 성격을 기반으로 하는 공공행복의 증진을 위해서 공적차원의 노력이 필요하다고 제시하였는 바, 이와 같은 요청에 따라 공공행복에 대한 담론 또는 공공행복 증진을 위한 공공정책을 추진하고자 할 때 유념해야 하는 공공행복의 주요 원칙을 제시하면 아래와 같다. 이들 원칙은 공공행복의 속성에 대한 이해의 공유를 위해서, 또는 공공정책의 효과성 제고를 위해 인지해야 하는 최소한의 목록이다.

1) 행복에 대한 공적책임

공공행복은 행복에 대한 공적책임을 요청한다. 이 원칙에 따라 정부는 공공행복을 국가의 기본목적(또는 기본목적의 하나)으로 수용하고, 이를 위한 공공정책을 입안하여 적극 추진해야 한다.

행복에 대한 공공책임은 다른 원칙에 우선하는 전제 조건이다. 또한 행복에 대한 공적책임의 의미는 이중적(twofold)이다. 하나는 공적책임에 대한 인식이며, 다른 하나는 공적책임의 대상이다. 첫째, 국가는 국민의 행복을 공공목적으로 수용하여 행복증진을 위해서 적극 노력해야 한다는 의미이다. 물론 행복은 기본적으로 개인의 주관적 정서이므로 개인차원의 심리적 요인을 국가가 좌우할 수는 없으며 개인의 노력이 중요하다. 그러나 개인의 행복에 외부요인이 상당 부분 영향을 미칠 뿐 아니라, 개인노력만으로 행복을 추구하는 데 한계가 있기 때문에 개인의 행복추구를 지지할 수 있는 조건마련을 위한 국가의 정책적 노력이 필요하다. 이때 개인행복에 대하여 국가가 어느 정도로 책임을 져야

하는가에 대해서는 이념적 패러다임에 따라 수위가 다를 것이다. 공동체주의 관점에서는 확장적이고, 자유주의나 보수주의 입장에서는 축소적일 것이다. 일각에서는 행복을 추구하는 과정에서 자칫 다른 중요한 사회적 가치(圆 성장, 자유, 평등, 정의, 안정, 평화, 민주 등)를 희생하거나, 거대정부 또는 과보호국가화할 가능성에 대한 우려를 나타내기도 한다(우창빈, 2013). 그러나 국가관여의 정도에 대한 입장차이를 인정한다 하더라도 국민에 의하여 구성되는 민주국가에서 구성원인 국민의 행복을 위한 최소한의 정책노력을 전적으로 부정하기는 어려울 것이다. 더욱이 행복을 성장, 자유, 평등과 같은 다른 목적을 대체하는 유일한 공공목적으로 해야만 하는 것도 아니다. 즉, 행복을 국가의 목적으로 수용할 때, 단일의 목적으로 할 수도 있지만, 상황에 따라 다른 목적과 병행하여 채용할 수도 있을 것이다. 이런 점에서 여기에서 제시하는 행복에 대한 공공책임은 효용과 후생을 유일의 척도로 강조하는 공리주의 내지는 후생주의와 차이가 있다(우창빈, 2014). 기본적으로 여기에서 제시하는 개인행복에 대한 공적책임은 개인행복의 최종적 수준을 담보한다는 의미보다는 국민 각자가 원활하게 행복증진을 기할 수 있도록 공적지원을 한다는 정도의 온건한 제안이다. 이러한 수준에서나마 국민의 행복에 적극적 관심을 갖지 않는 국가는 국가로서의 최소한의 품격을 상실한 것으로 보아 무방할 것이다.

한편, 공공행복에 대한 공적책임은 국가만이 아니라 개인에게도 확산적으로 적용되는 것으로 이해되어야 한다. 즉, 개인은 스스로 자신의 행복을 위한 노력을 전제로 하되 국가에 대하여 적절한 행복지원을 요구할 권리를 갖는다. 이같은 권리는 국민의 행복추구권에 포함되는 권리로서 국가가 갖는 의무에 병행하는 권리이다. 나아가서 국가 구성원으로서의 개인은 자신의 행복만 아니라 다른 구성원의 행복에도 대해서도 책임의식을 가져야 한다. 공공행복에 있어서 행복은 사적인 것인 동시에 공적인 성격을 갖는 것이기 때문이다.

둘째, 행복에 대한 공적책임은 공동체로부터 별개로 존재하는 사적개인의 행복(사적행복)에 대한 책임이 아니라, 공동체(국가, 사회, 지역)의 구성원으로서의 관계에 있는 공적개인 전체의 행복(공적행복)에 대한 책임이다. 이때 고립된 개인의 행복의 구성요소와 연관된 개인의 행복의 구성요소는 차이가 있을 수 있다. 예컨대 타인과 무관한 입장에서의 사적개인은 쾌락적 요소를 중시하는 반면, 타인과 관계하에서의 공적개인은 상대적으로 덕성적 요소를 더 중시할 수 있을 것이다. 이와 관련, 국가는 후술하는 바와 같이 양자를 연결하는 사회조건의 구축만 아니라 행복요소의 도덕감정에 대해서도 관심을 가질 것을 요청받는다.

공적책임의 주체는 누구인가? 국가를 단위로 이야기하자면 공적책임의 일차적 주체는 공공정책의 결정자인 정부라 할 것이다. 국민은 원칙적으로 공적책임의 대상이다. 그러나 행복의 공공성을 인정한다면 공공행복에 대한 공적책임은 공동체의 구성원인 개인들에게도 적용될 수 있고, 따라서 국민도 공적책임의 주체가 된다. 이미 앞에서 제시하였거니와 국민은 정부의 적극적 정책노력을 요구할 권리에 더하여 그리고 다른 구성원의 행복에 대하여 관심을 가져야 할 의무를 동시에 갖는 공공행복의 책임 주체가 되는 것이다. 이같은 인식은 공공행복 증진을 위한 정책에 대하여 중요한 의미를 갖는다. 만일 공공행복에 대한 공적책임을 국가로 한정하고, 국민은 정부정책의 수동적 수요자로만 규정한다면 어떻게 될 것인가? 한편으로는 국가가 행복지원을 위한 정책노력을 소홀히 하는 경우에 대항할 논리가 결여되는 것이며, 다른 한편으로는 사적행복만을 중시하는 행복이기주의가 만연하거나, 행복에 대한 요구가 과도히 확산될 경우 공공자원이 핍절할 우려를 해소할 논리가 취약해진다. 이같은 문제를 예방하고 공공행복을 위한 정책이 원활하게 추진되도록 하기 위해서는 정부를 일차적 주체로 인정하면서도 국민 역시 공공행복에 대한 공적책임의 주체가 된다는 점이 강조되어야 한다.

오늘날 한편으로는 정부의 실패, 다른 한편으로는 시민사회의 성장에 따라 성공적 정책수행을 위한 거버넌스의 필요성이 강조되고 있다. 거버넌스란 정책과정에서 정부와 시민 간 협력이라 할 때, 이같은 거버넌스의 요청은 일반적 정책과정에 비하여 공공행복을 위한 정책과정에서 더욱 클 것이다. 행복은 개인이 느끼는 것이며 따라서 행복주체로서 개인의견이 정책과정에 반영될 필요가 더 크고, 이를 위해서 개인의 정책참여가 더 확장되어야 할 것이기 때문이다. 이때 거버넌스의 진전에 따라 참여하는 국민의 역할은 정책의 일방적 수혜자 내지는 소비자로부터 공동생산자 내지는 생산소비자(prosumer)로 변화하게 된다. 이같은 변화는 개인의 지위가 공공정책과정에서 객체적 지위로부터 주체적 지위로 변화하는 것을 의미한다. 즉, 거버넌스 참여를 통한 행복정책의 수행 측면에서 보더라도 국민은 행복에 대한 공적책임의 주체가 된다.

2) 행복의 수준과 분포에 대한 균형적 고려

공공행복은 구성원의 행복증진을 위한 정책노력에 있어서 행복의 수준만 아니라 행복의 분포에도 동일한 관심을 요구한다. 행복의 수준과 분포 이 두 가지는 어느 하나를 소홀히 할 수 없는 공공행복의 두 얼굴로 인식되어야 한다.

개인차원의 행복과 관련해서는 행복의 수준만 고려할 수 있겠지만, 공공행복의 차원에서는 공동체 내부의 관계성 속에서 행복을 접근하기 때문에 행복의 수준만 아니라 행복의 분포를 아울러 고려해야 하는 것이다. 기본적으로 인간의 행복은 절대적 수준만 아니라 상대적 수준이 중요하다(Clark, 2016). 특히 공공행복은 공동체 구성원 모두를 대상으로 하는 것이므로, 일부의 행복수준은 높은데 다른 일부의 행복수준이 낮은 상황을 수용하지 않는다. 국가가 행복을 위한 사회조건의 구축을 통하여 국민의 행복수준을 높인다하더라도 개인 간 행복수준의 격차가 크다면 그같은 행복정책을 성공적이라 평가할 수는 없을 것이다. 특히 행복불평등은 사회불안요인으로 작용하여 결국 국민행복 전반을 해치게 될 것이다. 기본적으로 행복의 형평성을 동반하지 않는 행복수준의 증진은 공공행복의 필요조건일 수는 있어도 충분조건은 아니다. 그러므로 국가는 국민 모두가 높은 수준의, 유사한 수준의 행복을 누리는 것을 정책목적으로 해야 한다. 그럼에도 불구하고 현재 대부분의 행복에 관한 논의는 행복수준에 집중하는 대신 행복분포에 대하여는 상대적으로 관심이 소홀하다. 개인차원의 행복에 경도된 관심 경향 때문이다.

행복의 수준과 분포 중 어느 가치가 더 중요한 목적이 되어야 하는가? 다른 조건이 동일하다면 원칙적으로는 양자 간 균형을 이루는 것이 바람직할 것이다. 다만, 그 균형상태를 선제적으로 규정할 수는 없다. 그것은 사회문화적 요소, 양자 간 균형 상황 등에 따라 달라질 수 있을 것이기 때문이다. 아울러 행복의 수준과 분포에 대한 균형적 시각은 공동체간 행복을 비교하는 데 어려움을 줄 수 있다. 지금까지 대개의 행복관련 비교연구가 그랬듯이 행복의 수준만 비교하는 경우에는 공동체간 사회문화적 차이에도 불구하고 어느 정도 직접적 비교가 용인되었다. 기본적으로 인간이라면 누구나 행복을 추구하고 그 행복의 요소에 대하여도 기본적으로는 공통요소가 있다고 생각되기 때문이다. 그러나 행복의 수준과 분포 간 균형점을 사전에 획정하기 어려운 상황에서 양자를 동시에 비교하는 데는 어려움이 가중된다. 비교대상 간 기준점이 달라지기 때문이다. 그러나 시각을 달리하면, 이같은 난점은 문제이기보다는 해답일 수 있다. 비교하기 어려운 것을 획일적 기준에 의하여 비교하려는 시도 자체를 자제하거나 보다 정교하고 적실한 비교도구의 개발을 촉진할 것이기 때문이다. 예컨대, 부탄에서의 행복정책과 서구 국가의 행복기준과 정책이 같을 수 없다. 자칫 서구적 기준에 의하여 부탄의 행복기준을 정하고 수준과 분포의 균형점을 재단하게 되면, 지역실정에 맞는 자율적 행복정책을 수행하는 데 일정한 제약을 받게 될 것이다. 이 점을 인식함으로써 각 국가 또는 지역은 구체적 실정과 사회문화적 조건에 부합하는 행복정책을 추진할 수 있는 기반을 마련할 수 있게 될 것이다.

3) 적정 사회조건(생활조건)의 조성

공공행복은 개인이 스스로 행복을 위한 노력을 지지할 수 있도록 적절한 수준의 사회조건(또는 생활조건)을 구축할 것을 요구한다.

행복은 열망하거나 제어함으로써 얻어지는 심리적 목표가 아니다. 그러므로 긍정심리학을 포함하여 행복관련 교양서가 제시하는 행복해지는 방법(예 욕망을 줄여라)은 한계가 있어 보인다.[15) 행복은 심리적 상태에 따라 변동성이 있기

---

15) 긍정심리학은 Seligman(2002)의 '진정한 행복(Authentic Happiness)'에 의해서 유명세를 얻게 되었다. 긍정심리학의 원천은 William James의 건강한 정신(healthy mindedness, 1902)으로 보기도 한다. 기존의 심리학은 우울, 슬픔, 중독 등의 부정적 감정에 대해 초점을 맞추어서 이를 완화하기 위한 심리학적 연구를 진행하는 것이 대부분이었다. 그러나 셀리그먼은 인간에 대한 연구는 번영에 초점을 맞추어야 한다고 주장하면서 웰빙을 지향하는 심리학으로서 긍정심리학을 주창한 것이다. 그는 웰빙은 PERMAS-긍정정서(Positive Emotions), 몰입(Engagement), 관계(Relationships), 의미(Meaning), 성취(Accomplishment)-의 핵심요인이라고 제시하였다.

는 하지만 상당한 정도로 객관적 실체와 연관되어 있는 것이다. 이와 관련, 국가는 개인의 행복노력을 지지할 수 있는 기반인 사회조건을 마련함으로써 공공행복이 증진되도록 노력해야 한다. 사회조건은 유형적 조건(사회복지, 주거, 공공시설, 보조금 등)과 무형적 조건(제도, 정책, 문화, 윤리)을 포괄하며, 이같은 사회조건은 이를 활용하는 개인의 역량을 매개로 하여 행복에 유효한 영향을 미치게 될 것이다. 그런데 만일 국가의 공적노력이 부족하여 그같은 사회조건이 제대로 구축되지 않았을 경우, 개인의 잠재력 발휘가 어렵게 되고 이에 따라 공공행복의 증진이 저해될 것이다.

열악한 사회조건은 구성원의 행복추구활동을 제약하는 데 그치지 않으며, 행복불평등을 확대시킨다. 사회조건이 열악한 경우, 개인의 행복추구활동은 개인이 사적으로 보유하고 있는 자원의 크기에 거의 전적으로 영향받게 될 것이기 때문이다. 이 경우, 한정된 자원의 크기 때문에 개인이 성취할 수 있는 행복의 수준이 제약받게 됨은 물론, 개인들이 보유하고 있는 자원이 불평등하게 분포되어 있는 만큼 행복분포를 저해하게 될 것이다. 그러므로 행복의 수준을 높이기 위해서 뿐만 아니라 행복 불평등을 완화하기 위해서 사회조건의 확충을 위해 노력해야 한다. 그렇게 함에 있어서 사회조건의 수준을 제고하는 것뿐 아니라 형평화 요소를 아울러 고려하는 것도 필요하다.

사회조건은 개인의 행복추구활동을 지지 또는 저해함으로써 행복에 영향을 미칠 뿐 아니라 그 자체로서 개인의 행복에 직접적 영향을 미친다. 예를 들면, 교통시설, 문화시설과 같은 유형자원이나, 정치문화, 사회자본과 같은 무형자원은 그 자체로서 개인행복에 영향을 준다. 이때 그 영향은 개인의 활동을 매개로 하지 않기 때문에 직접적 영향이라 할 수 있다. 이와는 달리, 개인의 자율적 활동을 매개로 한 사회조건의 행복에 대한 영향은 간접적이다. 이와 관련, 사회조건의 직접적 효과를 중시하느냐, 간접적 효과를 중시하느냐에 따라 공공행복을 위한 정책설계에 의미있는 차이가 있게 된다.

사회조건의 직접적 효과에 초점을 맞추는 경우, 공공정책은 개인의 매개를 통한 승수효과를 상정하지 않기 때문에 조성된 사회조건 자체만으로 개인의 행복성취가 이루어지도록 해야 한다. 이 경우 한정된 자원으로 행복효과를 담보하는데 한계가 있을 뿐 아니라, 자원에 여유가 있더라도 다양한 개인의 선호를 반영하는 데 한계가 있을 수밖에 없다. 또한 개인은 사회조건의 최종적 소비자일 뿐이므로 정책추진과정에서 개인의 참여를 진작시킬 기회가 제약받고 그만큼 참여를 통한 시민성 제고의 기회 역시 제약받는다. 이같은 접근은 기본적으로 행복기반을 마련하는 것을 넘어 행복 자체를 개인에게 부여하려는 노력에 다름 아니며, 공공행복보다는 사적행복의 충족을 위한 접근의 성격을 지닌다. 반면, 간접적 효과에 초점을 맞추는 경우, 공공정책은 개인의 자율적 활동을 매개로 하는 승수효과를 전제로 하며 사회조건의 구축 만으로 개인의 최종적 행복이 성취될 것으로 가정하지 않는다. 이 경우 사회조건은 개인의 활동에 따라 승수효과를 일으킬 수 있으므로 그만큼 한정된 공공자원의 투입을 절약할 수 있고, 또한 개인의 자율적 참여활동이 전제되는 만큼 공공정책의 추진과정에서 개인의 선호를 반영하거나 참여를 촉진할 유인이 생기게 된다. 그리고 참여과정에서 시민성 제고의 기회가 생긴다.

어떤 효과에 초점을 맞출 것인가. 위에서 제시한 직접효과와 간접효과에 대한 논의와 유사한 성격을 갖는 쉬운 예로서 복지정책에 있어서 흔히 거론되는 "고기를 줄 것인가"와 "고기잡는 법을 가르칠 것인가" 간의 논쟁을 들 수 있다. 전자는 직접적 효과에 초점을 맞추는 접근이고, 후자는 간접적 효과에 초점을 맞추는 접근으로 비교될 수 있다. 일반적으로 후자의 경우가 자원절약, 개인의 자율성 보장, 효과의 지속성 측면에서 우월한 것으로 인식되고 있다. 이와 유사하게 행복정책에 있어서도 개인활동에 따른 승수효과 및 그에 따른 자원절약, 정책참여의 유인, 행복분포의 개선 기대 등을 고려할 때, 직접적 효과를 기반으로 하는 행복정책보다 간접적 효과에 기반한 행복정책에 더 많은 관심을 갖게 된다.16)

첨언할 것은 여기서 제시하는 사회조건의 조성은 기본적으로 개인의 자율적 활동을 전제로 하는 것이라는 점이다. 그러므로 사회조건의 조성을 위한 정책의 방향은 기본적으로 개인적 자율을 최대한 보장하고 개인의 자율적 활동에 대한 직접적 규제는 원칙적으로 제한되어야 한다. 그러나 행복증진 차원에서 개인 자율성에 대한 적극적 규제를 강화하는 성격의 정책을 제안하는 입장

---

16) Sen(1985)이 제시하는 역량이론은 여기에서 제시하는 사회적 기본조건의 조성을 통한 간접적 행복효과를 지지하는 주장과 관련되는 것이다.

이 있다. 예컨대, 예외적으로 행복정책의 제언에 적극적인 Layard(2005)는 행복정책 대안으로서 조세를 통한 일과 가정생활의 조화, 광고에 대한 통제의 강화, 부유세 부과를 통한 소득재배분, 지역적 이동의 제한을 통한 사회자본의 촉진, 정신과 치료 검사를 통한 정신건강 증진 등을 제시하였는데, 정책취지에는 동의한다고 하더라도, 그같은 정책의 일부는 성격상 강제성이나 직접성이 높아 개인의 자유를 과도하게 침해할 가능성이 많은 것으로 비판받을 수 있다. 특히 국가의 개입에 대해 부정적 입장에 있는 관점에서는 이같은 정책들에 대하여 국가가 개인의 행복 증진을 핑계로 하여 사적영역을 과도히 침해하는 것이라 우려를 제기할 개연성이 크다(Sugden & Teng 2016; 김병섭 2015). 여기에서 제시하는 사회조건의 조성이 개인적 자유에 대한 강제성있는 정책을 적극적으로 요청하는 것은 아니다, 어디까지나 사회조건의 조성은 개인의 행복추구활동의 자유를 전제로 하여 개인의 행복추구활동을 지지하는 조건을 개선하거나 제약하는 조건을 약화시키는 것을 목적으로 한다. 물론 Layard의 일부 강제성 있는 제안도 성격상 사회조건이며, 국민을 대상으로 하는 정책은 많은 경우 규제적 성격을 포함하고 있기 때문에 Layard의 행복제안을 여기에서 제시하는 사회조건과 구분하는데는 한계가 있을 수 있다. 그럼에도 불구하고 양자를 구분하는 기준은 분명하다. 개인의 자율이다. 기본적으로 행복은 개인의 자율적 정서이므로, 그같은 정서를 외부에서 인위적으로 조정하게 되는 상황은 제어되어야 옳다. 그러므로 행복정책의 추진에 있어서 사회조건이 개인의 행복추구활동을 진작하는 효과와 사회조건의 조성과정에서 개인자율이 침해될 우려간 상충점을 잘 이해하여 전자를 극대화하고 후자를 최소화하는 방안을 찾도록 노력해야 한다.

4) 개인의 행복가치에 대한 사회적 수용성 증대

공공행복은 개인의 행복가치에 대한 사회적 수용성(social admissibilty)이 제고될 것을 요구한다. 보다 중립적으로 표현하면 행복에 대한 개인의 인식과 사회적 인식 간 정합성(congruence)이 높을 것을 요구한다.

공공행복이 제고되기 위해서는 구성원의 행복가치(영향요인과 행복요소)에 대한 사회적 수용성이 높을 것이 요구된다. 우선, 행복의 영향요인에 대한 사회적 수용성이 높아야 한다. 물론 개인이 추구하는 행복요인이 반드시 사회적으로 용납되는 가치가 아닐 수도 있다. 극단적 예로서 개인은 마약을 사용하여 행복을 추구할 수 있다. 이렇게 함으로써 구성원의 집합적 행복수준이 향상되고 행복의 분포가 개선될 수도 있다. 그러나 그것을 공공차원에서 바람직한 것으로 수용하는 데는 한계가 있을 것이다. 나아가서 행복의 구성요소 역시 사회적으로 수용가능해야 한다. 어떤 행복요소가 바람직한 것인가. 행복을 규정함에 있어서 일각에서는 쾌락적 요소를, 다른 일각에서는 덕성적 요소를 행복요소로 강조한다. 이것은 구성요소에 기반한 개념정의이기도 하지만, 행복이 무엇인가에 대한 규범적 판단이기도 하다. 일반적으로 덕성적 요소가 쾌락적 요소보다 사회적 수용성이 높을 것으로 기대된다. 덕성적 적근은 삶 전체에 대한 의미 또는 성취를 추구하는 동시에 다양한 쾌락에 대한 사회적 수용과 도덕적 평가를 강조하기 때문이다(Thin 2012: 35).

왜 행복요인에 대한 사회적 수용성이 중요한가. 첫째, 개인의 행복증진을 위하여 필요하다. 기본적으로 인간은 공동체의 구성원으로서 다른 개인과 관계성 속에서 살아가면서 행복을 추구한다. 그런데 개인의 행복은 그것이 즐거움이든 도덕가치이든 사회적으로 인정받을 때 더 확고해진다. 이와 관련, Diener(2003:14)는 인간의 행복은 조건적(provisional)이며, 자신의 행복에 대해서 다른 사람과 대화하면서 사회적 승인을 받아야 한다고 주장하였다[17]. 그러나, 만일 개인이 추구하는 행복가치에 대한 사회적 수용성이 낮을 경우(그 반대도 마찬가지) 개인차원의 행복과 공공차원의 행복이 연계성이 저하되어 행복성취가 저하된다. 둘째, 사회의 유지발전을 위하여 필요하다. 공동체 구성원이 관계의 상호성에 입각하여 공동의 행복을 추구하면 할수록 개인의 행복요인과 사회의 행복요인의 정합성이 높아질 것이다. 그러나 만일 개인이 편협한 이기주의에 기반하여 불법 부당한 방법으로 구성원간 호혜성을 무시하고 자신의 행복만을 추구한다면 구성원간 행복의지의 충돌로 사회전체의 행복이 저하되고, 사회의 유지발전이 저해될 것임은 자명하다.

---

17) 다만, Diener(2003:14)가 사람들의 주관적 행복을 외부에서 평가하여 진정성을 부정할 수 있도록 하자는 것은 아니다. 어디까지나 행복은 주관적인 것이며 진정한 행복과 유사한 행복을 명확히 구분할 수는 없기 때문이다

셋째, 행복정책의 원활한 추진을 위하여 필요하다. 만일 개인의 행복가치와 사회적 인식간 괴리가 클 경우 행복증진을 위한 정책추진이 저해된다. 예컨대, Thomas More가 그린 Utopia에서는 행복의 쾌락적 요소에 대한 사회적 수용성이 낮을 것이다. 이 경우 행복의 쾌락적 요소의 진작을 위한 공공정책은 정당화되기 어렵다. 또한 쾌락적 요소를 중시하는 개인은 사회의 도덕감정에 의해서 행복추구 노력을 제약받게 된다. 그럼에도 불구하고 어떤 개인이 사회규범과 배치되는 행복 요인을 무리하게 추구하는 경우, 행복정책의 원활한 추진을 방해하거나 사회적 규범을 퇴행시키는 요인이 될 것이다. 그리고 그같은 부작용은 개인의 행복가치와 사회적 수용성간의 괴리가 클수록 확대될 것이다. 그러므로 개인행복과 공공행복의 연계를 통한 행복의 증진을 위해서는 개인이 추구하는 행복의 요소와 사회적 가치규범 간 부합성을 높이기 위한 정책관심이 요구된다.

이렇듯 개인의 행복가치에 대한 사회적 수용성을 제고하기 위해서는 개인의 도덕감정과 사회의 도덕감정 간의 정합성을 높이는 공적노력이 중요하다. 그러나 이를 위한 하향적, 획일적인 국가관여가 바람직한 것은 아니다. 기본적으로 도덕감정은 한 사회의 역사와 당대의 평균적 정서에 의하여 결과적으로 귀결되는 문화적 현상으로서, 국가가 권력을 바탕으로 하향적으로 조정할 대상이 아니며, 또한 인위적으로 조성하는 데 한계가 있기 때문이다. 그러므로 행복에 대한 개인과 사회의 도덕감정 간 정합성을 높이기 위한 노력은 하향적, 권위적 방식이 아니라 개인의 자율성을 기반으로 상향적, 합의적 방식에 의하여야 한다. 시민사회 내 공공담론의 장, 공공정책과정의 시민참여 확대, 시민교육, 정보제공 등은 유효한 수단이 될 수 있을 것이다. 물론 일각에서는 그같은 노력 자체가 금지되어야 한다고 주장할 수도 있을 것이다. 그러나 그런 경우에는 개인의 행복가치에 대한 사회적 도덕적 가치의 부정합성에 따른 행복저해 우려를 어떻게 해소할 것인가에 대한 질문이 남는다. 개인의 자율성이 상당 부분 보장되는 한, 시민사회의 자율적 담론, 주도적 정책참여, 일방적 교화가 아닌 시민교육, 일방적 계도가 아닌 정보제공을 부정할 필요는 없을 것이다. 같은 맥락에서 Sugden & Teng(2016)은 정부의 직접적 간여 대신 수평적 방식으로서 개인들에게 정부가 조언하거나(개인적 메시지를 통해서), 과학적 증거 들을 들어 직접 알리는 노력(사회적 메시지)이 바람직하다고 제시한다. 그러면서 도덕교육을 주장하는 Layard(2005: 199)와 같은 입장은 가부장적이라고 비판한다. 생각컨대 일방적 교화로서 도덕교육은 지양되어야 하지만, 개인의 자율성에 기반한 시민교육은 장려되어야 할 것이다.

한편, 행복가치의 사회적 수용성에 대해서는 지역 간 문화적 차이 때문에 일률적으로 보편적 기준을 적용하기 어렵다는 점이 인식되어야 한다. 특정 사회에서 수용되는 행복가치가 다른 사회에서도 동일하게 수용되리라는 보장은 없다. 예컨대, 지역에 따라 어떤 사회는 쾌락적 행복을, 어떤 사회는 덕성적 행복을 더 중시한다면, 그러한 상황에서 일률적인 기준으로 행복의 수준과 분포만으로 이질적 문화 간 비교를 하는 데는 한계가 있을 것이다. 이러한 이유로 행복논의에 있어서 사회문화적 차이에 주목하는 것이며, 그같은 필요성은 원칙적으로 국가 간이나 국가 내에서나 동일하게 적용된다.

이상에서 제시한 공공행복의 원칙을 요약하자면, 첫째, 개인행복에 대한 공적책임을 수용을 적극적으로 요구하고, 둘째, 행복의 평가는 수준뿐만 아니라 분포를 포함하며, 셋째, 행복정책은 사회조건의 조성을 목표로 하며, 끝으로 행복가치의 사회적 수용에 대한 관심이 요구된다는 것이다. 이들을 속성 측면에서 본다면 개인행복에 대한 공적책임의 확인은 공공행복 이념으로서, 행복의 수준과 분포는 행복정책의 대상으로서, 사회조건의 조성은 행복정책의 목표로서, 그리고 행복요인의 사회적 수용성은 행복규범과 관련된 것으로서 비교될 수 있을 것이다. 또한 네가지 원칙은 같은 차원의 항목이 아니며 목적과 수단 관계에 있다. 즉, 다른 항목들의 이행을 통하여 공적책임이 담보된다. 이들 관계에 대한 논의는 행복정책과 거버넌스에 대하여 기본적 지향점을 제공하므로 중요한 의미가 있다.

04 공공행복연구의 방향

여기에서는 먼저 공공행복의 관점에서 현행 행복연구를 평가하고 이를 바탕으로 공공행복연구의 방향을 제시한다.

1) 행복연구의 평가

앞에서 공공행복의 원칙을 네가지 ― ① 행복에 대한 공적책임, ② 행복의 수준과 분포 에 대한 균형적 관심, ③ 사회조건의 조성노력, ④ 행복가치의 사회적 수용성 제고 ― 로 제시하였거니와 이같은 공공행복론의 요청을 기준으로 현재의 행복연구 경향을 다음과 같이 평가할 수 있다.

개인 편향(individuality bias)

최근 대부분 행복연구의 일차적 관심은 개인행복에 있다. 개인행복에 대한 연구가 주를 이루고 공공행복에 대한 연구는 드물다. 개인행복에 관심이 있는 만큼 대부분의 연구는 분석단위를 개인으로 상정하고 있다(Campbell 1976; Pavot & Diener 1993; Esterlin & Sawangfa 2009; 신승배 2015; 박성복 2003; 윤인진 & 김상돈 2008 등). 예컨대, Pavot & Diener(1993), Esterlin & Sawangfa(2009) 등은 행복을 개인의 정서적 반응, 무의식적, 생리적 상태 등으로 설명한다. 신승배(2015: 203)는 행복감의 결정요인을 개인의 연령, 소득, 직업, 성별 등으로 설정하였고, 실증분석에서 행복감에 가장 중요한 영향을 미치는 것은 심리적 요인이라고 설명한다. 이렇듯 개인행복에 초점을 맞춘 연구에서는 공동체 구성원과의 관계나 공동체의 번영, 공동체 수준의 변수는 고려되지 않는다. 이에 대하여 Frawley(2015)는 기존 연구들이 개인적 관점을 채택하여 개인 차원의 영향 요인을 규명하는 틀 안에 머물면서 심리학이나 치료학적 연구에 국한되었으며, 심지어 개인 차원의 영향요인도 소득, 고용, 결혼 여부에 국한되어있다고 지적 하였다[18].

이같이 개인행복에 집중하는 연구경향은 행복이 다분히 개인의 주관적 판 단에 기반한 것으로서 획일적으로 규정이 가능하지 않고 또한 개인의 욕망이 무한하기 때문에 사회가 책임지는 데 한계가 있을 것이라는 점에서 어느 정도 이해된다. 그러나 행복이 사회조건 등에 불가분하게 영향을 받기 때문에 현재 와 같은 개인행복에 대한 연구편이(偏倚) 형상은 향후 공공행복연구의 정착·발 전을 위해서는 향후 보완이 필요하다. 나아가서 최근 행복연구의 발흥 배경에 는 국민의 행복증진을 추구하는 여러 국가와 국제사회의 실천적 관심이 중요 한 자리를 차지하고 있다는 점은 개인차원의 행복을 넘어 집합적 행복을 논의 하는 공공행복 관점에서의 행복연구가 확대될 것이 요청된다. 개인행복 위주의 연구만으로는 이같은 국민행복 증진이라는 거시적 목표 달성에 기여하는 데 한계가 있을 것이다.

소수의 연구들이 개인이 아니라 국가 또는 지역차원의 행복을 다룬다(eg. Bruni & Zamagni, 2007; Zamagn,i 2014; Porta & Scazzieri, 2007, Bok 2010, Thin 2012).[19] 그러나 그와 같이 집합적 차원에서 행복을 연구하는 경우에도 대개의 경우, 분석단위는 개인이며 국가 또는 지방의 공공단체를 분석단위로 하는 연 구는 예외적인 형편이다. 물론 이같은 접근이 전혀 잘못된 것은 아니다. 공공

---

18) Frawley(2015) 기존 행복연구의 한계로서 문화적 편향(cultural bias), 규범적 접근(normat ivity), 과학성 부족(bad science), 주관성 감소(diminished subjectivity) 및 개인화(individ ualization)를 제시하였다.

19) Bruni and Zamagni(2007)은 계몽주의 시대 이탈리아 학자를 중심으로 공공행복 논의의 흐 름을 조망하여 도움을 준다. Thin(2012)은 개인차원을 넘어 커뮤니티, 가족, 조직 등 중간 사회집단 차원의 행복문제를 다루어 주목된다. 다만, 국가까지 포함한 거시적 차원의 접근 은 아니다. Bok(2010)은 국가차원의 행복에 대하여 직접적 관심을 표명한 연구로서 예외적 이다. 다만 행복수준의 측정과 요인의 색출에 있어서 개인단위에 집중한 한계를 보인다. 이 외에도 몇몇 연구들(Easterlin 2013; Johns & Ormerod 2007; Frey & Stutzer 2012; Layard 2006; 김현정 2016, 구교준 외 2017 등)이 행복을 정책목표로서 적용 가능한지를 논하는 의미에서 공공행복연구에 관련된다. 그러나 대부분의 연구는 여전히 개인차원의 분석에 그 치거나 행복의 공공성에 대해서 명시적 논의를 제시하지 않고 있어 보완이 요구된다.

행복은 개인행복의 연장선상에 있는 집합적 행복의 성격을 갖기 때문이다. 그러나 개인행복의 총화가 공공행복과 같은 것은 아니다. 또한 공동체와 고립된 개인이 아닌 구성원으로서의 개인의 행복은 공동체와 연결될 때 행복의 수준은 물론, 행복의 내용도 변화할 것이다. 그러므로 공공행복을 접근할 때 분석의 단위를 개인에 초점을 맞추는 것은 한계가 있어 보인다. 향후 공동체적 관점에서 개인차원을 넘어 공공차원에서의 행복연구가 보다 많아질 필요가 있다.

평가 편향(evaluation bias)

기존연구는 행복의 평가에 있어서 국민의 평균적 행복수준의 측정에 초점을 맞춘다. 이와 같이 단순히 행복의 평균수준을 보는 것은 공공행복을 개인행복의 총화로 보는 것에 다름 아니다. 그러나 공공행복론으로 자리매김하기 위해서는 행복의 총체적 수준만이 아니라 행복의 분포를 아울러 보아야 한다. 공공행복은 개인차원의 행복이 아니라 공동체 차원의 행복이기 때문이다. 공동체 차원의 행복은 구성원의 행복수준이 높을 뿐 아니라 구성원 모두가 고루 행복할 것을 요구한다. 그럼에도 불구하고 대부분의 연구는 행복의 수준에 경도된 관심을 보이고 있다. 예를 들면 World Happiness Report(Helliwell et al. 2020)는 행복수준에 대해서는 각 국가별로 순위와 순위변화를 자세히 제시하는 반면, 행복의 분포에 대해서는 도시-농촌 간 행복격차를 총괄적으로 제시하고 있을 뿐이다.

물론 국가차원의 행복에 관심을 두는 한, 행복수준에만 관심을 두는 것도 부분적으로는 공공행복에 대한 관심이라고 할 수도 있다. 그러나 공공행복에 대한 본격적 연구라면 국민 행복의 평균적 수준에 관심을 갖는 것을 넘어서 공공행복의 두얼굴로서 수준과 분포에 대하여 동시적, 균형적 관심을 가져야 한다.

진단 편향(diagnosis bias)

21세기 들어와서 행복연구가 새롭게 발흥하였지만 그만큼 행복정책과 거버넌스에 대한 실질적 관심으로 나타나지 않고 있다. 즉, 기존의 연구들은 행복증진에 대한 정책적 관심에도 불구하고 행복수준의 측정 및 영향요인의 색출에 관심을 집중하면서 정작 행복증진에 필요한 정책혁신이나 거버넌스의 변화에 대하여는 상응하는 수준의 관심을 보이지 않고 있다. 전반적으로 발전목표는 새롭게 접근하면서 정책과 정책추진체계에 대해서는 새로운 시각의 적용노력이 미흡한 것이다.

예외적으로 일부 연구가 행복정책에 논의의 초점을 맞추었면서 정책분야별로 유용한 정책처방을 제시하고 있다. Di Tella et al(2001)은 행복데이타가 정부정책을 유도하는데 사용되어야 한다고 주장하였으며, Veenhoven(2004, 2010)은 정부정책을 통하여 행복증진을 위한 조건을 창출할 수 있으며, 따라서 소득극대화보다는 행복을 정책목표로 정립해야 한다고 주장했다. Booth et al(2012: 56)은 행복증진을 위해 정부정책이 필요한데 특히 지방과 개인의 결정을 능가할 수 있는 국가정책이 중요하다고 주장하였다. 일부 연구는 구체적으로 정책을 제안하기도 한다. 예를 들면, Layard(2005)는 소득극대화보다 행복의 극대화가 정책목표가 되어야 한다고 주장하면서, 조세를 통한 일과 가정생활의 조화, 광고에 대한 통제의 강화, 부유세 부과를 통한 소득재배분, 지역적 이동의 제한을 통한 사회자본의 촉진, 정신과 치료 검사를 통한 정신건강 증진 등의 정책제언을 하였다. Layard(2005)와 마찬가지로 Frank(1999)는 상대적 복지가 중요하다는 전제하에 소득불균형을 축소하기 위해서는 고소득자에게 부유세 부과가 필요하다고 주장하였고, Haidt et al(2010)은 행복증진을 위해서 지역축제를 촉진하는 정책이 권장된다고 하였다.

그러나 이들 연구는 많은 행복연구에 비하여 볼 때 여전히 소수에 불과하다. 대개의 연구들은 행복이나 웰빙이 발전목표로서 수용되어야 한다는 주장과 함께 일부 개별정책에 대한 단편적 정책 제언을 하는 데 그치면서 행복증진을 위한 정책전반의 기조 내지는 재정향에 대한 논의까지 확장되지 못하고 있다. 전술은 있으나 전략은 없다고 할 것이다. 생각건대 기본적으로 행복연구는 처방적 연구이슈임에도 불구하고 처방연구의 상대적 부족 및 단편성 한계로 인하여 유의미한 실천적 결과(처방)을 생산하지 못하고 있다. 인간의 행복이 다양한 요인에 의해서 영향받는 것이므로, 행복증진을 위해서는 정책전반의 재설계가 필요한 것임을 고려할 때 현재의 연구경향은 한계가 있다 할 것이다. 또한 행복은 여러 요인에 의하여 복합적으로 영향받는 것이며 따라서 일부 정책만으로 유효한 행복처방이 되기 어렵다는데서 이같은 단편적 정책연구의 한계가

지적되어야 한다.

　나아가서, 기존의 연구에서는 정책전반의 재정향에 대한 관심이 저조함은 물론 정책추진체제인 거버넌스의 재구조화 또는 혁신에 대하여는 전혀 침묵하고 있다. 정책방향이 재정향된다 하더라도 추진체계의 적절한 대응이 없으면 정책추진이 어렵다는 점에서 이같은 무관심은 특히 문제시된다.

　요컨대, 현재의 행복연구는 행복의 과학적 측정과 영향요인의 색출(즉, 진단)에 치중하는 대신 공공정책과 거버넌스의 혁신을 통하여 행복이나 웰빙을 제고시키는 실천적 노력에는 관심이 미흡한 한계를 보이고 있는 것이다. 생각컨대 현재와 같은 행복에 대한 실천적 관심의 부족 현상은 아직까지 'beyond GDP' 추세가 발현단계이기도 하거니와, 행복목표의 당위성 자체에 대한 합의 부족과 함께, 국가발전목표의 전환 움직임을 정책결정과 거버넌스에 연결시킬 필요성에 대해서 심각하게 인식하지 못한 때문으로 판단된다. 그러나 최근 행복연구의 발흥의 배경에는 행복의 증진이라는 실천적 동기가 자리잡고 있음을 고려할 때, 이같이 행복관련 정책에 대한 연구의 단편성이나 거버넌스에 대한 무관심은 의외이기까지 하다. 국가발전목표에 중대한 변화가 생겼다면 당연히 그에 걸맞게 정책체계 전반이 재정향되어야하고 아울러 정책추진도구로서의 거버넌스도 그에 걸맞게 재구조화되어야 하는 것은 당연한 요청일 것이기 때문이다. 그러므로 향후 행복연구는 행복수준의 측정과 영향요인의 검증을 넘어 공공행복의 증진을 위한 정책기조의 재정향과 거버넌스의 재구조화에 대한 적극적 관심을 기울임으로써 실천적 결과를 담보하는데 기여해야 한다.

　한편, 행복정책과 거버넌스를 연구함에 있어서 행복연구와 거버넌스이론의 접목과 지역별 실정에 맞는 진단과 처방을 위한 연구노력이 필요하다는 점이 강조되어야 한다. 기존연구는 발전목표 전환에 따른 정책과 거버넌스의 변화와 관련한 적절한 이론적 기반에 대한 논의를 결여하고 있다. 일반적으로 연구는 이론이 이끌어야 결론의 일반화가 가능하기 때문에 이론기반연구가 요구된다. 그러므로 변화되는 국가발전목표의 실천을 위한 정책과 이의 추진체계인 거버넌스의 변화를 논함에 있어서도 거버넌스 변화에 관한 이론적 기반에 대한 논의가 수반될 것이 요청된다. 그러나 기존 연구에서는 발전정책의 추진체계인 거버넌스에 관한 이론적 기반에 대한 관심이 결여되어있다. 이는 행복이슈를 정책이나 거버넌스와 연계하는 데 적극적이지 않았던 기존 연구접근의 당연한 귀결이다. 그럼에도 불구하고 그간 정책이나 거버넌스를 논할 때 전통적 관리론에 대치하여 신공공관리, 신공공서비스론 등이 유력한 패러다임으로 회자되어왔다는 점에서 이같은 이론적 무관심은 극복되어야만 한다. 행복연구가 공공행복을 지향하는 한, 거버넌스와 불가분의 관계에 있을 것이기 때문이다. 이와 관련, 행복에 대한 본격적 관심의 발흥 이후 시간이 얼마 경과하지 않은 현 시점에서 벌써 행복관련 연구가 이론적 발전에 의해 지지받는 대신 측정과 요인의 점검에 집중하는 기술적 학문분야로 전락할 위기에 봉착하고 있다는 점이 지적되어야만 한다.

맥락 편향(contextual bias)

행복은 개인이 느끼는 감정이며 필연적으로 가치내재적이다. 그런데 앞에서 제시한 바와 같이 공공행복의 증진을 위해서는 개인의 행복가치에 대한 사회적 수용성의 제고 즉, 개인의 행복가치와 사회적 가치관과의 정합성이 요구된다. 그러나 행복에 대한 개인적 가치의 사회적 수용성은 지역, 집단에 따라 다르다. 예컨대, 어떤 지역은 보다 쾌락주의적 요소를 중시하고, 어느 지역은 보다 덕성주의적 요소를 강조할 것이다. 또한 어떤 집단은 상대적으로 개인보다는 집단의 가치를, 어떤 지역은 상대적으로 개인의 가치보다는 집단의 가치를 중시할 수 있을 것이다. 이같은 상황에서 행복에 대한 획일적 가치기준을 지역, 집단과 무관하게 적용하는 데 한계가 있다. 그럼에도 불구하고 많은 연구들은 그같은 차이를 무시하는 경향을 보인다. 특히 Frawly(2105)의 지적과 같이 행복연구가 다분히 서구의 문화 및 학문적 토양에 치우쳐 발전됨으로써 비서구사회의 가치관에 대한 균형적 고려가 미흡한 상황이다. 이같은 경향은 표준문항에 의한 국가 간 행복의 비교조사에서 쉽게 확인된다. 공동체 간 차이에 대한 신중한 고려없이 주관적 지표이든 객관적 지표이든 표준화된 지표체계를 기반으로 국가 간 행복비교를 시도한다.[20] 물론 국가 간에 차이만 있는 것은

---

20) OECD의 Better Life Index는 지표항목에 대하여 사용자가 임의로 가중치를 적용하게 함으로서 이같은 문제를 완화하고자 한다. 그러나 근본적으로 표준화된 지표체계의 문제가 해소된 것은 아니며, 가중치의 임의성이 확장된 반면 가중치 적용상 참고기준이 부재한 때문

아니며 상당 부분 공통점이 있을 것이기 때문에 그같은 시도가 전혀 잘못된 것은 아니지만 일반화를 위한 구체적 타당성의 희생이라는 문제는 여전히 남는다. 생각컨대, 비교의 목적상 표준화는 불가피한 것이라도 해도 제한된 기준을 바탕으로 일반적 평가를 시도하는 데 한계가 있음을 유의해야 한다(Cummins 2013).

2) 공공행복연구의 방향

위에서 공공행복의 관점에서 현행 행복연구의 한계에 대하여 논의하였는바, 그같은 한계는 기본적으로 개인행복론에 대한 편이(偏倚)에서 비롯된다. 지금까지 대다수 행복연구는 기본적으로 공공차원에서에서 행복을 접근하기 보다는 공동체와 연결되지 않은 사적 개인차원의 행복을 중심으로 한 연구의 지평에서 크게 벗어나지 않고 있다. 그리고 이에 따라 공공행복에 대한 실천적 정책의 제안이나 거버넌스에 대한 관심이 미흡하였고, 지역이나 집단 간 문화적 차이에 대하여 소홀했던 것으로 판단된다. 향후 이같은 연구경향이 보다 공공행복에 대한 실천적 기여를 제고하는 방향으로 재정향될 것이 요구된다.

그렇다면 공공행복론의 관점은 어떠한 접근이어야 하는가? 공공행복 기반의 연구가 되기 위해서는 개인행복의 관점의 연구와 달리 다음과 같은 요청을 받게 될 것이다. 앞에서 기존 연구의 연구경향을 네 가지 편향으로 진단하였거니와 이를 기준으로 할 때, 향후 공공행복론이 지향해야 할 방향은 네 가지로 정리할 수 있을 것이다.

① 행복의 대상과 관련하여: 행복의 개인책임만이 아니라 행복의 공적책임에 대한 수용이 요구된다.
② 행복의 평가와 관련하여: 행복의 수준만이 아니라 행복의 분포에 대한 관심이 요구된다.

에 그만큼 활용도가 저하되는 문제에 대해서는 추가적 고려가 필요해 보인다.

③ **행복수단과 관련하여:** 행복의 진단(측정, 영향요인의 색출)만이 아니라 수단
　으로서의 정책과 거버넌스에 대해서 적극적 관심이 있어야 한다.
④ **행복의 맥락과 관련하여:** 집단, 지역에 적합한 행복가치에 대한 연구와 수
　용이 있어야 한다.

이같은 공공행복론 연구방향을 현행 연구의 개인행복론 경향과 항목별로
비교하여 <표 3-2>에 제시하였다.

▍표 3-2 개인행복론과 공공행복론의 비교

	개인행복론	공공행복론
대상	사적차원의 개인행복	공적차원의 개인행복
평가	수준	수준과 분포
수단	단편적 정책, 진단(측정, 영향요인 색출)	포괄적 정책, 거버넌스
맥락	가치중립적 접근	행복가치의 사회적 수용성 (가치내재적 접근)

CHAPTER

4

공공행복의 측정

01 측정의 의의

행복의 측정은 행복연구의 진전이나 행복정책의 실천을 위해서 필수적이다. 행복의 측정없이 행복연구의 과학적 논의가 어렵고, 행복증진을 위한 행복정책의 수립 및 실행이 가능하지 않기 때문이다. 문제는 행복의 측정이 쉽지 않다는 것이다. 행복의 개념이 다차원적이며, 주관적 속성을 갖고 있기 때문이다. 그러나 행복의 측정이 불가능한 것은 아니다. Anand(2016: viii)는 행복의 측정이 가능하다고 믿는 연구자 중의 하나이다. 행복은 실증적이지도 측정가능하지도 않다는 일부 비판에 대하여 그는 행복에 대한 요인이 일정한 패턴으로 존재한다고 단언한다.

> "(우리는) 인간의 번영을 측정하고 웰빙이 어떻게 형성되고 분배되는지 이해하기 위해서 결과 자료를 사용하는 데 관심이 있어 왔다. 이 분야는 지표 설계 기술에 대한 작업의 상당 부분을 끌어들이고 있고, 우리 자신의 연구는 그같은 활동을 상당히 포함하고 있지만, 나는 여기에서 좀 더 기본적이지만 동일하게 중요한 문제, 즉 인간의 웰빙이 존재하는 영역이 무엇인지, 웰빙의 동인 또는 원인은 무엇인지, 그리고 이 모든 것이 인간의 삶의 과정에서 어떻게 변화하는지와 같은 문제에 초점을 맞추고자 한다. 과학은 '가시적이고 (hard)' 측정할 수 있는 것에 초점을 맞춰야 하는데, 행복도 둘 다 아니라고 생각하는 사람들이 있어왔으나, 이제 그같은 관점은 과거와 같이 대다수의 관점으로 다가오지 않는다. 대개의 사람들에게 있어서, 좋은 삶을 살도록(또는 반대) 도움을 주는 것들에 대하여 알려주는 몇 가지 일반적 패턴이 분명히 있다."

Anand의 주장처럼 행복과 관련하여 일정한 패턴이 존재한다면 그것은 바로 행복의 측정에 대한 기대를 높이는 논거가 된다. 실제로 이같은 관점에서 많은 연구자들은 행복의 측정을 시도해왔고 그 결과 상당한 성과를 축적해오고 있다. 행복의 측정에 적용되는 주요 방법은 개인의 자기평가에 기반한 것이며 그 중심에는 다수 개인을 대상으로 하는 서베이가 자리잡고 있다. 물론 서베이 외에도 다른 방법 들도 사용된다. 예컨대, 경험표본법(ESM, Experience sampling methodology)은 실시간으로 개인의 객관적 행복을 측정하는 데 사용된다. 일상 재구성법(DRM, Day reconstruction method)은 일기 기록을 통하여 응답자의 경험을 총체적으로 측정하는 데 사용된다. 가족 구성원이나 이웃, 친구 등 대상 개인과 긴밀한 교호관계에 있는 사람의 평가를 통하여 간접적으로 대상 개인의 행복을 측정할 수도 있다. 임상면접(clinical interview), 기록의 내용분석 등도 사용할 수 있는 선택지이다(Pavot & Diener 2013, Ludwigs 2018: 8). 그렇더라도 사용 빈도에 있어서 응답자의 응답을 기반으로하는 방식이 압도적이다. 이와 같이 질문방식의 활용도가 높은 이유는 기본적으로 사람의 외적 행동으로부터 행복과 같은 심리상태를 추론하는 것이 매우 어렵기 때문이다. 당연히 이에 대해서는 자기응답의 타당도나 신뢰도에 대한 우려가 제기된다.

서베이나 면접은 기본적으로 질문기반 측정방식인 바, 그같은 방법의 한계와 가능성에 대해서 Veenhoven(1991)의 다음과 같은 정리는 좋은 참고가 된다. 첫째, 외부관찰을 통하여 행복을 측정할 수 있는가라는 문제가 있다. 기본적으로 외부로 드러난 행동에 대한 관찰을 통하여 행복을 객관적으로 측정하는 것은 어렵다. 다른 태도와 마찬가지로 행복도 사회행동에 부분적으로 반영될 뿐이다. 행복한 사람들뿐만 아니라 불행한 사람들도 적극적, 외향적, 또는 친절한 행동을 한다. 실제로 행복에 대한 외부의 평가와 자신의 평가 간 상관관계는 높지 않다. 심지어 자살의 원인도 불행하기 때문만은 아니라 문화적 및 개인적 차이가 있는 것으로 보고된다는 점을 인식해야 한다. 둘째, 질문을 통하여 사람의 생각을 측정해낼 수 있는가라는 문제이다. 행위에 대한 외부관찰을 통하여 행복평가가 어렵다면, 인터뷰나 설문조사를 통한 질문이 대안이다. 그런데 이같은 행복에 대한 자기평가의 타당도에 대해서는 회의적 시각이 크다. 우선, 사람들은 자신들의 삶의 만족에 대해서 관심이 없거나 의견을 갖고 있지 않기 때문에 질문에 대한 응답은 다른 요인을 반영한다는 비판이 있다. 실제로 일부 사람들은 행복에 관한 구체적 의견이 없어서 상황적 요인에 영향 받는다. 행복에 관하여 구체적 의견이 있는 사람도 행복에 대한 전반적 의견을 갖고 있기 때문에 세분화된 척도에 대한 구체적 응답값이 변화할 수 있다. 또한 행복에 대한 의견을 재생해내는데 불명확성도 있을 수 있다. 그러나 그같은 우려가 과장될 필요는 없다. 여러 조사에 의하면 대부분의 사람들은 적극적으로 삶의 만족에 대하여 생각한다. 그리하여 행복에 관한 질문에 대한 응답은 신속하고, 안정적이며, 무응답은 적다. 다른 한편, 응답자들은 자기방어 또는 사회적 소망성 효과로 인하여 자신들의 행복에 대해서 과장하는 경향이 있다는 비판도 있다. 그러나 이같은 비판을 지지하는 증거는 확실치 않다. 행복에 관한 질문에 대한 응답이 면접 장소, 면접 시행자, 날씨, 기분 등 다양한 상황적 요인에 관련된다는 증거도 있기는 하지만, 그같은 상황적 영향은 반복적 측정에 의하여 사라지는 무작위 오차이다. 다른 상황적 요인으로서 질문의 표현, 응답형식, 질문의 순서, 면접의 맥락 등이 체계적 오차를 발생시키지만 행복측정 노력을 무효화시킬 정도는 아니다.

실제로 행복에 대한 응답은 상당히 안정적인 것으로 파악된다. 이와 관련, Cummins(2018: 12)는 행복의 항상성(homeostasis)을 주장함에 있어서 기존의 여러 연구결과에 기반하여 행복 또는 주관적 웰빙이 0−100점 척도에서 70−90점 사이에서 표준분포를 보이는 것으로 파악한다.[21] 그가 제시한 연구들의 구체적 결과는 다음과 같다. Hartman(1934; Cummins 2018 재인용)의 연구에서 행복측정의 재조사 신뢰도는 0.7이었다. Cummins(2018: 18)가 행복에 관한 16개 population surveys 결과를 검토한 결과 평균점수는 75점, 표준편차는 2.5였다. 2014년까지 호주통합웰빙지표(Australian Unity Wellbeing Index) 프로젝트에서 시행한 31개 서베이 결과의 평균점수는 75.3, 표준편차는 0.72이었다 (Cummins 2108: 19). Anglim et al(2015)의 측정결과에서 평균점수는 75점, 표준편차는 6.60이었으며, 재조사 신뢰도는 0.76으로 나타났다.

이렇듯, 질문방식이 상당한 안정성을 갖는다는 연구결과가 축적되어 있을

---

21) 그는 주관적 웰빙을 감정을 제어한 기분의 행복(emotion−stripping mood happiness)으로 보며, 이같은 행복은 고정점을 중심으로 항상성 유지한다고 본다.

뿐 아니라, 질문방식을 대체할 수 있는 유력한 대안을 찾기 어려운 상황에서 서베이나 면접은 현재 행복측정의 유효한 도구로서 활용되고 있다. 두가지 중에서 서베이는 소요비용, 시행 환경의 제약 등으로 대상 범위가 상대적으로 제한적인 면접에 비하여, 저렴한 비용으로 익명의 다수를 대상으로 하는 방법으로서 보다 핵심적 측정도구의 위치를 차지하고 있는 바, 여러 국가에서 시행하고 있는 국가차원의 조사는 행복에 관한 광범한 자료의 측정과 수집을 통하여 행복연구와 정책발전의 중요한 기반이 되고 있다.

생각컨대, 행복은 기본적으로 개인들의 삶에 대한 자기평가라는 속성을 생각할 때, 일부 한계에도 불구하고 응답자에 대한 질문방식은 행복측정의 핵심 도구로서 필요할 뿐 아니라 타당하다. 응답자의 행동관찰에 기초한 측정은 객관성의 장점에도 불구하고 자칫 외부관찰자가 응답자를 전지적 시점에서 평가하는 과정에서 왜곡이 커질 우려가 있다. 질문방식에도 여전히 문제는 남는다. 우선 행복 개념의 모호성 내지는 다차원성 때문에 구체적으로 어떤 질문을 묻는 것이 타당하느냐에 대한 합의가 결여되어 있다. 또한 웰빙과 행복을 혼동하여 측정하거나 행복의 조건과 행복을 아울러 측정하면서 질문에 혼선이 생기기도 한다. 그 결과 질문내용과 척도에 있어서 매우 다양한 측정도구가 혼재하고 있다. 향후 행복측정을 위하여 질문방식을 활용함에 있어서 지속적 연구와 보완이 필요한 이유이다(Cummins 2018: 22).

한편, 많은 측정도구들은 주관적 질문을 포함하는 데 그치지 않고 객관적 지표를 조사표에 동시에 담고 있다. 기본적으로는 측정대상이 같으므로 주관적 항목과 객관적 항목에 대한 조사결과가 일치해야 한다. 그러나 양자 간 불일치는 필연적이며, 양자 간 관계 역시 일률적이지 않다. 객관적 지표의 수집한계로 타당성 확보가 어려울 뿐 아니라, Veenhoven(1991)이 지적한 바와 같이 주관적 지표에 있어서 응답자 의견의 외재적 표현에 있어서 불명확성이 내재되어 있기 때문이다. 그러므로 양자 간 불일치의 해소보다는 각 지표의 용도와 제한성에 유의하면서 지표체계의 개선을 위해 노력할 필요가 있다. 이와 관련하여 후술하는 바와 같이 객관지표, 주관지표를 보완할 간주관지표에 대한 관심도 필요하다.

02 행복조사

1) 주요 조사

21세기에 들어서서 행복이 중요한 발전목표로 재등장하면서 행복에 대한 학문적, 실천적 관심이 제고되었지만, 아직은 실천적 정책의 추출보다는 주로 행복측정지표의 개발에 관심을 집중하고 있는 실정이다. 행복에 관한 측정은 각종 서베이에서 일부 항목으로서 조사되거나, 지수를 산출하는 방식으로 이루어지고 있다. 널리 알려진 행복관련 조사로는 OECD의 나은 삶지수(Better Life Index, 2011), UNDP(United Nations Development Program)의 인간개발지수(Human Development Index 1990), Gallop World Poll의 웰빙분야(2005). WVSA의 세계행복조사(World Value Survey, 1981), 부탄의 국민총행복조사(Gross National Happiness Survey, 2008) 등이 있다. 이들 외에도 여러 조사들이 지역, 국가, 지방 차원에서 시행되고 있다. 지역차원에서는 Eurobarometer(1974), Afrobarometer(1999), Asiaabarometer(2000) 등이 생활조건에 대한 질문을 조사에 포함하여 시행하고 있다. 또한 미국, 영국, 캐나다, 독일, 호주, 한국. 일본 등 여러 국가에서 국가 및 지방 차원에서 행복관련 조사가 시행되고 있다. <표 4-1>은 이들 조사의 기본구성과 지표를 간략히 정리하여 제시한 것이다.

| 표 4-1 행복관련 조사의 구성과 지표

조사명	지표 성질	영역, 지표	영역, 지표의 수	주관적 웰빙의 구성요소	지표 제시 방법	측정 단위 (자료원)
World Values Survey (WVS)	주관 지표	11개 (행복, 보건, 삶의 통제, 삶의 만족, 경제상황, 식품, 안전, 의료지원, 소득, 주거, 생활수준)	다중지표	경험, 평가	지표 나열	서베이
Human Development Index (UNDP)	객관 지표	3개 (길고 건강한 삶, 지식, 품위있는 생활수준)	다중지표	–	종합 지수	하드데이타
Gallup World Poll (GWP)	주관 지표	13개 (분노, 슬픔. 스트레스, 걱정, 즐거움, 학습, 삶의 평가, 과거의 삶, 현재의 삶, 부정적 경험, 긍정적 경험, 웃음, 예우받음)	다중지표	경험, 평가, 덕성	지표 나열	서베이
WHOQOL (WHO)	주관 지표	7개 (신체적, 정신적, 자립성, 사회적 관계, 환경, 종교적·개인적 믿음, 전반적인 삶의 질)	다중영역, 다중지표	경험, 평가, 덕성	지표 나열	서베이
Better Life Index (OECD)	혼합 지표	11개 (소득과 자산, 일자리와 임금, 주거, 일과 삶의 균형, 건강 상태, 교육과 역량, 사회적 관계, 시민참여와 거버넌스, 환경의 질, 개인적 안전, 주관적 웰빙)	다중영역, 다중지표	평가	종합 지수 (가중치는 개인이 선택)	서베이, 하드데이타
Happy Planet Index (HPI)	혼합 지표	4개 (기대수명, 웰빙경험, 불평등, 생태적 발자국)	다중지표	경험, 평가	–	서베이, 하드데이타

조사명	지표 성질	영역, 지표	영역, 지표의 수	주관적 웰빙의 구성요소	지표 제시 방법	측정 단위 (자료원)
World Happiness Index (UN)	혼합 지표	7개 (행복수준, 1인당 GDP, 건강기대수명, 사회적지지, 삶의 선택의 자유, 관대함, 부패인식)	다중영역, 다중지표	경험, 평가	대표 지표	서베이, 하드데이타
Canadian Indicators of Wellbeing* (캐나다)	혼합 지표	8개 (좋은 생활환경, 건강, 지속가능한 환경, 활기찬 커뮤니티, 교육받은 대중, 균형잡힌 시간활용, 높은 민주적 참여 수준, 여가와 문화생활에 대한 참여)	다중영역, 다중지표	평가	종합 지수	서베이, 하드데이타
New Wealth Indicators (프랑스)	혼합 지표	10개 (고용률, 연구노력, 부채, 기대수명, 삶의 만족, 소득불평등, 빈곤, 학업중단, 탄소발자국, 토양개선)	다중영역, 다중지표	평가	지표 나열	서베이, 하드데이타
Indicators of Children's Well-Being (미국)	혼합 지표	7개 (가족과 사회, 경제, 건강관리, 물리적 환경, 행동, 교육, 건강)	다중영역, 다중지표	경험	지표 나열	서베이, 하드데이타
Measuring National Wellbing (영국)	혼합 지표	10개 (개인적 웰빙, 관계, 건강, 일상, 주거환경, 재무상태, 경제, 교육 및 기술, 거버넌스, 환경)	다중영역, 다중지표	경험, 평가, 덕성	지표 나열	서베이, 하드데이타
Measuring Australia's Progress * (호주)	혼합 지표	4개 (사회, 경제, 환경, 거버넌스)	다중영역, 다중지표	_**	대표 지표	서베이, 하드데이타

조사명	지표 성질	영역, 지표	영역, 지표의 수	주관적 웰빙의 구성요소	지표 제시 방법	측정 단위 (자료원)
Gross Natinal Happiness (부탄)	혼합 지표	9개 (심리적 웰빙, 건강, 시간 활용, 교육, 문화적 다양성 및 회복력, 굿 거버넌스, 공동체 활력, 생태적 다양 성 및 회복력, 생활수준)	다중영역, 다중지표	경험, 평가	종합 지수	서베이, 하드데이타
Well-being indicators (일본)	혼합 지표	5개 (주관적웰빙, 사회경제적 조 건, 보건, 관계, 지속가능성)	다중영역, 다중지표	경험	지표 나열	서베이, 하드데이타
Wellbeing in Germany Index (독일)	혼합 지표	12개 (보건, 일, 교육, 시간, 소 득, 안전, 지역, 가족과 사 회, 경제, 자연, 법, 지구적 책임)	다중영역, 다중지표	평가	지표 나열	서베이, 하드데이타
Life Quality Indicators (스페인)	혼합 지표	9개 (물질적 조건, 일, 보건, 교 육, 사회관계, 안전, 거버 넌스, 환경, 주관적 웰빙)	다중영역, 다중지표	평가	대표 지표	서베이, 하드데이타
Community Wellbeing index (한국)	주관/ 간주관 지표	6개 (인간개발, 경제환경, 인프 라, 사회, 거버넌스, 행복)	다중영역, 다중지표	경험, 평가, 덕성	종합 지수	서베이

* 제시된 지표 중, 가용한 데이터가 없는 data gap 존재함.
** 주관적 웰빙(행복)을 묻는 지표는 없음.

2) 현행 측정지표의 평가

앞에서 널리 알려진 몇몇 행복관련 측정조사에 대하여 간략히 소개하였는
바, 전반적으로 볼 때, 대개의 행복관련 조사는 지표가 망라적이고, 복잡하며,
주관지표와 객관지표를 혼용하는 경향을 보인다. 여기에서는 질문지를 염두에
두고 지표의 구성에 대해서 논의한다.

지표의 망라성

최근 확산된 행복관련 조사가 행복에 대한 새로운 관심증가에 따른 것임에도 불구하고, 행복에 집중한 조사는 찾기 어렵다. 대개의 조사들은 행복(또는 웰빙)과 행복관련 요인(원인, 결과)을 망라하여 측정항목 진열판에 나열하고 있다(Global Council for Happiness and Wellbeing 2019: 11). 예컨대, OECD(2013)는 웰빙의 범주 안에 삶의 질, 물질적 조건을 포함시키면서, 행복(주관적 웰빙)은 삶의 질의 하위범주로 포함시키고 있다. 이같은 접근은 행복을 좋은 삶과 관련한 중심개념이 아니라 좋은 삶과 관련된 여러 하위요소 중의 하나로 취급함으로써 행복 본연의 우산역할을 방해하는 문제가 있다. 이는 최근 행복에 대한 관심증대 요청을 제대로 반영하지 못하는 것이며, 단순히 측정 편이라기 보다는 잘못된 측정(measurement wrong)으로 보아야 한다. 이렇듯 행복을 중심위치에 두지 않는 대개의 조사들은 그 명칭이 어떻든 실제로는 좋은 삶에 관한 표준 조사의 성격을 갖는 것이다. 좋은 삶은 전혀 새로운 개념이 아니다. 과거의 여러 사회복지 관련 조사들 역시 좋은 삶을 염두에 두고 시행되어왔다. 즉, 현재 대다수 행복관련 조사는 개념적으로는 행복을 포함하지만 실제 지표체계는 종래의 사회복지 관련 조사와 크게 차별화되지 않고 있는 것이다. 만일 그렇다면 굳이 별도의 행복조사를 시행할 필요가 없다. 그것은 조사의 목적을 흐려 조사의 효과적 시행이나 활용을 방해하게 될 것이기 때문이다.

이와 같이 여러 조사들이 좋은 삶에 관한 망라형 지표체계를 채용하는 이유는 기본적으로 하나의 조사를 통하여 행복만이 아니라 관련된 여러 요소들을 포함하고자 하는 경제적 이유 외에, 기본적으로 행복정책에 대한 관심이 아직까지 확고하지 않고 행복 개념에 대한 통합된 이해가 확립되지 않은 때문이라 하겠다. 물론 망라형 지표체계가 전혀 잘못된 것은 아니다. 우선 행복만이 아니라 행복과 관련된 여러 요인들을 한 조사에 포함시키는 것은 자원절약을 위하여 바람직한 것일 수 있다. 또한 각 지표영역에 걸쳐서 상충관계 및 시너지 요인을 발견하는데 용이하며, 영역별로 소관 기관간 역할분담 및 평가에 유리할 수도 있다(Global Council for Happiness and Wellbeing 2019: 11).

그럼에도 불구하고, 분명한 방향성없이 행복과 유관요인을 삶의 질 또는 좋은 삶의 부분요소로 묶는 망라형 측정지표체계는 행복변인의 독자성과 유용성을 과다하게 소홀히 취급하는 것이다. 이는 행복요인에 대한 관심을 분산시키거나 부차적 요인으로 취급하게 함으로써 일관된 행복정책의 추진에 도움을 주는 것을 방해한다. 앞에서 언급한 바와 같이 행복조사와 다른 개념(웹 삶의 질, 복지, progress 등)에 대한 조사연구와 혼동을 일으킬 우려가 있음은 물론이다. 이같은 문제를 해소하기 위해서는 향후 보다 행복을 중심 위치에 두고 관련 요인과의 관계분석이 이루어질 수 있도록 조사설계가 이루어질 필요가 있다. 이와 관련 예컨대, Ludwigs(2018)의 접근은 참고가 된다. 그는 서두에서 웰빙, 객관적 웰빙, 주관적 웰빙 등 다양한 웰빙 관련 개념들을 제시하면서 그의 연구가 주관적 웰빙에 대한 연구임을 명확히하고 그에 부응하는 측정도구를 개발제안한 바 있다.

측정지표의 다양성

행복을 측정하기 위한 다양한 지표와 방법이 개발되어 적용되고 있으며, 경제성과 측정에 사용되는 GDP와 같은 단일 지표 또는 유엔에서 제시한 SDGs(Sustainable Development Goals)지표군의 경우와 같은 국가 간 합의는 없는 상태이다(Iriate &Musikanski 2019). 그러나 행복연구의 진전 또는 행복정책의 안정적 추진을 위해서는 가급적 합의된 지표의 개발 및 확산이 요구된다. 지금과 같이 다양한 지표체계가 혼재되어 있는 상황에서는 비교연구가 어렵게 될 뿐 아니라, 행복실태에 관한 일관된 정보를 제공하지 못하게 되어 안정된 정책 도출이 어렵게 된다. 그리하여 행복연구는 겉으로는 풍요하지만 실천적으로는 빈곤한 상황에서 벗어나지 못하게 될 우려가 있다.

앞에서 언급한 바와 같이 대개의 조사들은 행복만이 아니라 웰빙에 관련된 여러 요인들을 함께 측정하기 때문에 다양한 영역의 지표들을 포함하고 있다[22]. 즉, <표 4-1>에서 보는 바와 같이 조사에 따라 측정영역의 개수가 적게는 3개에서부터 많게는 12개까지 다양하게 나타나고 있다. 이는 웰빙이 다양

---

22) UNDP의 HDI는 객관적 지표만을 활용하므로 주관적 웰빙의 구성요소 기준은 적용될 수 없으며, 호주의 MAP는 설문으로 주관적인 측면(일반신뢰 등)을 측정하지만 주관적 웰빙을 직접적으로 표현하지 않는 것으로 나타났다.

한 요소를 포함하는 복합적 개념인데 따른 당연한 결과일 수 있다. 아울러 이와 같이 측정영역이 증가하는 것은 행복과 관련요인에 집중하기 보다는 좋은 삶과 관련된 요인을 망라적으로 측정항목에 포함시키는 것에도 기인한다. 한편, 대개의 조사는 측정의 타당도를 높이기 위해 영역별로 복수의 지표를 적용하며 따라서 다중 영역, 다중 지표의 형식을 띤다. 문제는 이에 따라 측정지표의 구성이 복잡해지고 문항 수가 많아져서 지표의 통합성 저하와 지표수집의 비용증가는 물론, 응답자의 부담을 증가시켜 측정결과의 신뢰도를 저하시키게 되고, 이에 따라 측정결과의 정책활용 기대를 낮출 우려가 있다는 점이다.

주관지표와 객관지표의 혼합

대개의 조사들은 좋은 삶의 관련 요인을 측정함에 있어서 객관적 지표와 주관적 지표를 병행하여 적용하고 있다(표 4-2). 즉, 객관적 조건에 대한 통계자료의 수집과 주관적 정서와 평가에 대한 서베이를 동시에 시행하고 있는 것이다. 그러므로 객관지표만을 사용하는 인간개발지수(Human Development Index)나 주관지표만을 사용하는 WHOQOL와 World Value Survey는 예외적이라 할 수 있다. 이들 지표가 언제 처음으로 시작되었었는지를 살펴보는 것은 흥미롭다. HDI, WHOQOL, World Value Survey(1981)는 각각 1990년, 1994년, 1981년에 개발된 것으로서 OECD의 Better Life Index(2011), UN의 WHI(2012)를 포함하여 대개의 웰빙 관련 조사들보다 상대적으로 이른 시기에 개발되었다. 상대적으로 나중에 개발된 지표들이 좀 더 종합적인 면모를 보이는 것을 확인할 수 있다. 이같은 현상은 2000년대 들어 행복이나 웰빙에 대한 관심이 보다 확산되면서 행복이나 웰빙 관련 요인에 대한 논의 역시 확산되었으며, 이에 따라 관련 측정방식도 보다 복합적인 방향으로 변화한 것이라고 해석할 수 있다. 그러나 복합적 방향으로의 변화가 반드시 진화적인 것은 아니다. 복합성의 증가는 지표의 발전노력으로서 그에 따른 측정 타당도의 제고 가능성에도 불구하고, 비용 증가, 측정결과의 비교분석 곤란, 정책적용 제한 등의 문제를 야기하기 때문이다.

객관적 지표로는 신체적, 경제적, 사회적, 환경적, 정치적 영역의 다양한 지표가 적용되고 있는데, 여러 조사에서 특히 강조되고 있는 지표는 건강과 기대수명(신체적 영역), 소득과 경제상태(경제적 영역), 교육 정도와 안전(사회적 영역),

민주화, 정치적 권리, 개인자유, 및 정부능력(정치적 영역) 등이며, 최근에 환경적, 생태적 조건도 많이 포함되고 있다. 객관적 지표의 적용은 기본적으로 이들 요인이 좋은 상태이면 행복이 높을 것이라는 암묵적 가정 하에 있다. 그러므로 객관적 조건은 행복의 영향요인의 성격을 갖는다. 그러나 객관적 지표에 대한 자료 수집이 반드시 행복과의 관련성하에서 이루어지는 것은 아니다. 또한 이같은 객관적인 지표들은 삶의 조건들에 대하여 구체적이고 익숙한 방식으로 측정할 수 있는 지표들로 구성되어 계량화되어 검증 및 비교분석이 가능하다는 장점을 갖는다. 그러면서도 자료 수집의 한계와 함께 물질적 조건의 측정만으로 삶의 질을 정확하게 이해하는데 부족하다는 문제가 있다(Cummins 2018: 3).

기대수명, 문해율, 국가소득 등 객관적 지표에 전적으로 집중하는 UNDP(1990)의 인간개발지수(HDI)를 예외로 할 때, 일반적으로 객관적 지표는 주관적 지표와 함께 적용된다. 주관적 지표 역시 문제가 없지 않다. 주관적 지표는 객관적 지표에 비하여 포괄적 평가자료의 획득이 가능하다는 장점에도 불구하고 응답자 개인의 주관적 평가에 따른 신뢰도의 한계가 있기 때문이다. 기본적으로 객관적 지표와 주관적 지표는 각각 가능성과 한계가 공존한다. 이와 관련, 양 지표의 개선을 위한 노력과 함께 추가적 보완노력으로서 후술하는 간주관지표에 대한 관심이 필요할 것이다.

대체로 행복과 관련한 주관적 지표는 개인의 긍정적 또는 부정적 감정, 삶에 대한 만족도, 그리고 삶의 의미에 대한 평가 등 세가지 요소를 포함한다. 이들은 크게 보아 행복에 관한 두 가지 접근(쾌락주의 및 덕성주의 접근)이 제시하는 요소들을 포괄하는 것이다. 쾌락주의적 접근은 행복을 개인의 정서적 측면과 인지적 측면을 포함하는 것으로 본다. 이들 요소는 주관적 웰빙의 개념을 도입하여 행복의 개념적 모호성을 극복하여 행복 연구의 과학화에 기여하였다는 평가를 받는 Diener(1984)에 의하여 제시되었고, 그 후 심리학자들을 중심으로 많은 조사에서 이 방식을 따르고 있다(구교준 외, 2015: 19). 개인의 정서는 긍정적 정서와 부정적 정서로 구분하여 측정되며, 개인의 정서에 대한 평가는 양 요소 간 편차에 의하게 된다. 삶의 만족의 측정은 삶 전체에 대한 만족도(overall satisfaction)를 묻는 방식과 구체적 삶의 영역별로 만족도를 묻는 방식(domain satisfaction)을 포함한다. 영역별 만족의 영역은 객관적 지표의 영역(구성요소)과 겹치지만 개인의 주관적 응답에서 정보를 획득하는 점에서 차이가 있다. 예를 들어, 경제적 조건의 '소득'에 있어, 실제 소득 수준을 측정하면 소득영역의 객관적 조건 지표가 되고, 소득 수준에 대한 만족도를 측정하면 소득영역에 대한 주관적 만족 지표가 되는 것이다. 이에 대하여 일부 학자들은 객관적 조건과 주관적 측정 결과가 상당히 일치하는 것으로 제시하고 있다(Pfeiffer & Cloutier, 2016).

행복관련 조사들은 정서와 만족과 같은 쾌락주의적 요소만이 아니라 삶의 의미와 가치에 중심을 두는 덕성주의적 접근의 행복지표들도 채용하고 있다. 덕성(eudaimonia)이란 인간은 목적, 도전, 성장 등의 경험을 통해 행복을 성취한다고 보는 개념인 바, 이에 대한 영어표현으로 흔히 번영(flourishing)이 사용된다(National Research Council, 2013). 이의 측정을 위한 지표로는 목적, 의미 또는 삶의 가치, 사회관계, 헌신, 타인 배려, 역량, 자기평가, 사회신뢰, 종교성 또는 영성, 미래에 대한 낙관, 존경받는 삶, 성취와 같은 질문항목들이 자주 사용되고 있다(Diener and Biswas-Diener 2008: 240, Huppert et al, 2011).

구체적으로 어떤 행복요소를 측정항목에 포함하는가는 조사에 따라 편차가 있다. <표 4-2>에서 예를 든다면, WHO의 WHOQOL과 영국의 MNWs는 경험(정서), 평가(인지), 덕성 요소를 모두 조사항목에 포함하는 반면, 다른 조사들은 덕성요소를 포함하지 않는다. 쾌락주의 요소에 대해서도 WHI와 GNH는 경험(정서)과 삶의 만족(인지)를 함께 포함하지만, 다른 조사들은 일부 만을 지표로 채용한다. 호주의 MAP와 같이 주관적 지표를 포함하는 경우에도 주관적 웰빙(행복감, 삶의 만족 등)에 대한 지표를 포함하지 않기도 한다. 전반적으로 볼 때, 쾌락주의 요소는 부분적으로라도 지표에 포함되고 있는데 비하여 덕성주의 요소에 대한 지표는 예외적으로 조사에 포함되고 있는 것으로 파악된다. 그 이유는 Diener가 제시하는 바와같은 주관적 웰빙으로 행복을 이해하는 경향이 큰 데다가 덕성주의 측면에 대한 지표의 개발이 상대적으로 지체된데 있는 것으로 판단된다. 그러나 행복이 쾌락주의요소와 덕성주의요소 모두를 포함하는 것으로 이해하는 통합적 관점에서 볼 때, 쾌락주의 요소만을 조사항목에 포함하는 것은 행복을 부분적으로 측정하게 되는 문제가 있다. 다행히 최근에는 통합적 관점에서 세 가지 요소를 지표에 포함시키려는 경향이 높아지고 있다(Diener and Biswas-Diener 2008, National Research Council 2013).

03 행복의 측정전략

1) 행복측정의 방향성 정립

　좋은 삶과 관련한 조사에 있어서 두 가지 점에 대한 보완적 인식이 필요하다. 첫째, 조사목표에 있어서 행복에 방향성을 두고 시행되는 조사가 증대될 필요가 있다. 즉, 좋은 삶과 관련한 조사에 있어서 행복을 중심개념으로 접근하는 조사가 많아져야 한다는 것이다. 21세기에 들어서 새삼 행복이 강조되는 이유가 그동안 정책목표에서 경시되었던 행복에 대한 관심 증가 때문이라는 점을 고려할 때, 향후 좋은 삶에 대한 조사는 객관적 삶의 조건에 집중하였던 종래의 복지관련 조사를 넘어 주관적 웰빙에 직접적으로 초점을 맞추도록 노력할 것이 요구된다. 그럼에도 불구하고 현재 대개의 조사는 앞에서 언급한 바와 같이 행복에 대한 뚜렷한 방향성없이 행복을 좋은 삶의 여러 관련 요인과 함께 확대된 목록 형식으로 제시함으로써 종래의 복지 관련 조사와 차별성을 보이지 않고 있다. 문제는 그와 같이 행복을 주변요인으로 취급하는 조사방식은 다양한 요인에 대한 측정결과의 제공 가능성에도 불구하고, 행복관련 문항의 제약, 행복과 관련 요인 간 관계에 대한 사전 고려의 부족에 따라 좋은 삶의 파악 측면에서나 행복정책의 수행에 도움을 주는 데 한계가 있다는 점이다. 반면, 행복 측정을 중심목표로 하는 조사는 보다 다양한 행복관련 문항의 적용 그리고 행복과 관련 요인 간 관계에 대한 풍부한 가설검증을 가능하게 함으로써 행복에 대한 이해증진 및 보다 실효성 있는 행복정책 수립에 기여를 할 것으로 기대된다.

　둘째, 조사설계에 있어서 행복과 행복의 조건간의 개념 구분이 이루어져야 한다(Feldman 2010: 9). 현재 대개의 조사는 행복과 행복조건을 함께 제시함으로써 혼란이 야기되고 있다. 물론 질문지에 행복요소와 행복 관련요소를 반드시 구분해서 제시해야 한다거나, 행복관련 요인을 제거한 채 행복 자체에 대한 질문만을 질문지에 포함해야 한다는 것은 아니다. 사실 응답자에게 질문지의 구조를 굳이 알려야 할 필요는 없다. 그러나 조사시행자는 조사표를 구성함에 있어서 행복과 행복조건의 구분, 행복과 관련 요인간의 가설적 관계 등에 대한 사전적 인식을 갖고 이를 조사설계에 적절히 반영하여야 한다. 질문의 구조에 대하여 사전에 충분한 고려없이 좋은 삶에 관련된 다양한 지표를 망라적으로 제시하는 것은 분석의 체계성이나 결과의 활용성에서 한계를 노정하게 되므로 한계가 있다.

2) 행복의 측정모형

행복의 측정을 위해서는 행복의 측정모형이 먼저 정립되어야 한다. 행복의 구성요소가 쾌락주의 요소와 덕성주의 요소를 포함하는 것이라고 할 때, 행복의 측정모형은 당연히 양 접근이 제시하는 요소를 모두 포함하는 통합적 접근을 채용하는 것이 바람직하다. 부분적 접근에 의해서는 행복의 복합적 실체를 파악하는 데 한계가 있을 뿐 아니라, 통합적 모형을 기본으로 채용하는 경우에도 필요와 여건에 따라 측정요소의 범위를 조정할 수 있을 것이기 때문이다.

통합적 관점에서 제시된 행복의 측정모형으로는 OECD(2013: 29)가 제시한 서베이 지침이 잘 알려져 있다. OECD는 행복(주관적 웰빙)을 측정하기에 앞서 개념의 특징과 범위를 명확히 해야 한다고 강조하면서 기존의 논의들을 종합하여 정서, 삶의 평가 및 덕성의 세가지 요소를 행복의 측정요소로 제시하였다. 정서는 순간적인 감정(emotion)과 특정 시점의 사건의 경험에 따른 느낌으로 정의되며, 긍정적 또는 부정적 느낌을 포괄한다. 삶의 평가는 자신의 삶 전체 또는 부분에 대해서 내리는 성찰적·인지적 평가로 정의되고, 순간적인 감정적 상태보다는 개인의 전반적인 판단에 의해 결정된다. 반면 덕성은 궁극적인 삶의 목표만큼이나 개인의 역량에 방점을 두는 개념으로, 자주성이나 삶의 의미와 목적 등을 포함한다(OECD, 2013). 아울러 OECD는 이의 실천적 적용을 위하여 ① 전반적 행복과 삶의 만족, ② 삶의 평가, ③ 정서, ④ 덕성, ⑤ 영역

평가, ⑥ 경험 등 6개의 모듈을 제시한다. Ludwigs(2018: 8)는 OECD의 지침이 주관적 웰빙의 측정을 위한 황금률이라 지칭하여 그 표준적 성격을 지지하고 있다.

Thin(2012: 36)은 행복의 세가지 요소를 미래, 현재, 과거와 교차시켜 보다 정교한 행복 측정모형을 제시하여 주목된다(<표 4-2>). 표에서 세가지 행복의 구성요소는 기존의 행복요소에 그대로 대응하는 것이다. 이같은 모형은 앞에서 제시한 OECD 지침을 비롯한 대부분의 측정조사가 시간 차원에 대하여 특별한 주의를 기울이지 않은 것에 비하여 진일보한 것이라 할 수 있다. 이같은 측정모형을 적용함으로써 행복과 행복의 조건과의 동태적 변화에 대하여 보다 심층적 정보를 보유할 수 있게 되고 이는 행복연구의 진전과 함께 효과적인 행복정책의 추진에 보다 많은 기여를 할 것으로 기대된다.

┃표 4-2 Thin(2012: 36)의 행복분석의 틀

	쾌락주의 경향: 좋은 느낌 vs 나쁜 느낌	삶의 평가: 만족 vs 실망	존재적 해석: 의미 형성 vs 회의와 소외
미래(기대)	낙관주의 vs 두려움	높은 기대 vs 낮은 기대	삶의 여정에 대한 일관된 상상, 삶의 목적 vs 삶의 목적 부재
현재 (현재 경험)	향유 vs 고통	현재 삶이 좋다는 믿음 vs 나쁘다는 믿음	현재의 성취 또는 목적에 대한 인지
과거 (기억과 종합)	행복한 기억 vs 불행한 기억	성취에 대한 만족도	과거의 수용도

앞에서 통합적 관점에 기반한 행복의 측정모형에 대하여 논의하였는 바, 행복에 대한 측정이 행복만을 대상으로 하는 것은 아니며, 행복과 관련있는 객관적 조건(영향요인 또는 결과)들에 대한 측정을 포함한다. 행복과 함께 행복과 관련한 조건들에 대한 측정이 이루어짐으로써 양자간 상관관계의 파악이 가능해지고 이를 바탕으로 행복의 증진을 위한 정책의 수행이나 행복증진에 따른 사회적 효과의 측정 등이 가능해질 것이기 때문이다. 행복이 외부의 조건과 인과관계에 있는 한, 그같은 객관적 조건과 무관하게 행복의 상태만을 측정하는 것은

의미가 반감되는 일이다. 이같은 요청을 감안하여, 좋은 삶과 관련하여 행복과 행복의 조건을 망라한 통합측정모형을 제시하면 <그림 4-2>와 같다.[23]

정서, 만족, 그리고 의미는 행복의 세가지 구성요소이며 행복의 측정은 이들 영역을 대상으로 한다. 정서와 만족은 쾌락주의 요소이며 의미는 덕성주의 요소에 대응한다. 측정은 기본적으로 응답자의 평가에 기반한 주관적 지표를 사용한다. 각 영역의 지표는 과거, 현재, 미래의 시간적 차원에서 세분화될 수 있다. 행복에 영향을 미치거나 행복의 영향을 받는 객관적 요인으로 삶의 조건 또는 삶의 질은 총체적 입장에서 접근할 수도 있고, 신체적, 경제적, 사회적, 환경적, 정치적 영역 등의 차원에서 접근할 수도 있다. 이들에 대한 측정은 객관적 자료에 기초하여 접근할 수도 있지만, 삶의 조건에 대한 응답자의 주관적 평가에 기초하여 측정할 수도 있다. 즉, 삶의 조건에 대한 측정방식은 고정적

▶ 그림 4-2 행복과 행복조건의 통합측정모형

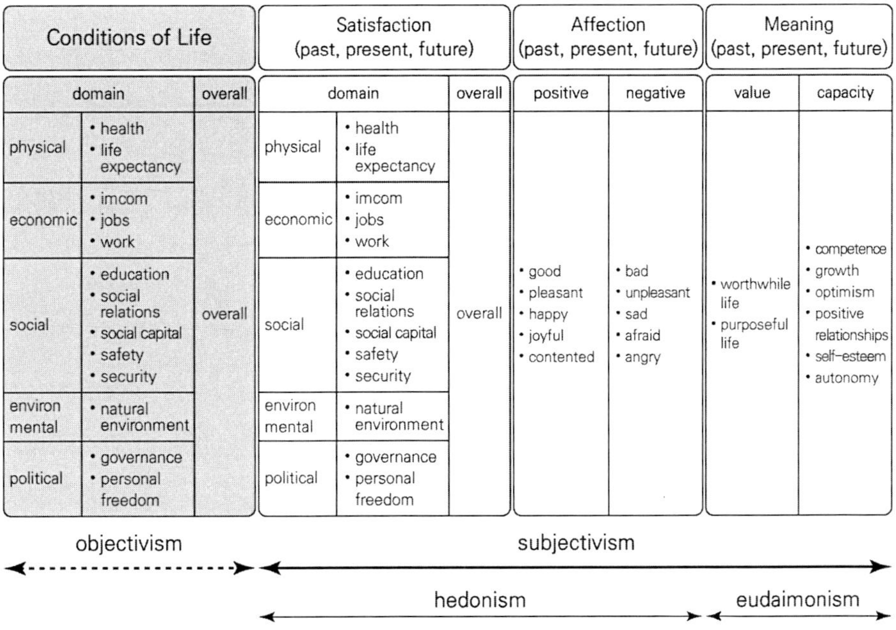

Conditions of Life			Satisfaction (past, present, future)			Affection (past, present, future)		Meaning (past, present, future)	
domain		overall	domain		overall	positive	negative	value	capacity
physical	• health • life expectancy		physical	• health • life expectancy					
economic	• imcom • jobs • work		economic	• imcom • jobs • work					
social	• education • social relations • social capital • safety • security	overall	social	• education • social relations • social capital • safety • security	overall	• good • pleasant • happy • joyful • contented	• bad • unpleasant • sad • afraid • angry	• worthwhile life • purposeful life	• competence • growth • optimism • positive relationships • self-esteem • autonomy
environ mental	• natural environment		environ mental	• natural environment					
political	• governance • personal freedom		political	• governance • personal freedom					

objectivism ◀----------▶ subjectivism ◀---------------------------------------▶

hedonism ◀-----------------------▶   eudaimonism ◀-----------▶

---

23) 이 그림의 작성은 이연경 박사의 도움을 받았다.

이지 않고 객관적 지표와 주관적 지표를 단독 또는 병합하여 사용될 수 있다. 표에서 삶의 조건과 삶의 만족에 대한 측정영역을 동일하게 표시한 것은 이를 나타내기 위한 것이다.

행복의 측정모형 정립과 관련하여 유념할 것은 국가와 지역에 따라 문화차이가 있으므로 획일적 지표적용에 한계가 있을 것이며, 따라서 문화차이를 고려하여 지표를 개발하고 적용할 필요가 있다는 점이다. 물론 어떠한 측정모형이 해당 지역에 국한하여 적용될 것을 목표로 할 경우, 문화적 차이에 대한 지적은 적절하지 않을 것이다. 그러나 어떠한 측정모형이 해당 지역을 넘어 적용될 경우 문화적 차이에 대한 고려는 필요하다. 이같은 측정상 문화적 차이 문제에 대해서 Cummins(2018: 32-38)는 주관적 웰빙조사에 있어서 응답자들의 언어해석상 차이가 있고, 행복에 영향을 주는 요인에서 차이가 있으며, 응답자들의 자기표현 방식에 있어서 체계적 차이가 있을 것이기 때문에 문화적 차이에 대한 고려가 필요하다고 강조하고 있다. 이같은 요청에도 불구하고 현재까지는 문화적 차이에 주목하기보다는 보편적 적용을 염두에 둔 지표개발 및 적용이 이루어지고 있어 문제시된다. 특히 문화적 차이를 고려하지 않고 획일적 지표체계를 적용한 결과를 바탕으로 각 국가의 행복수준을 횡단면적으로 비교 측정하는 데 있어서는 보다 신중한 접근이 필요하다.

이에 대한 보완방향은 두 가지로 생각할 수 있다. 하나는 보편적 요소를 지키는 가운데 문화적 차이를 수용하는 통합모형의 개발이다. 이를 위하여 측정항목을 적절히 수정하는 한편, 지역에 따라 지표항목이나 비중을 적절히 조정하는 융통성을 둘 수 있을 것이다. Better Life Index에서 국가별로 측정항목의 가중치를 조절하여 사용하도록 개방하고 있는 것은 그같은 시도라고 볼 수 있다. 다른 하나는 특정 문화에 적합한 추가적 측정모형을 개발하는 것이다. 모형을 통합하는 대신 새로운 대안모형을 정립하고 복수의 측정모형 간 차이를 분석함으로써 각 모형의 적실성을 제고하는 것이다. 어떠한 경우에도 비서구 지역에서의 관심 확산과 함께 서구-비서구 간 문화교차적 의사소통은 필수적이다. 현재의 상황은 주요 측정모형들이 서구에서 개발되었고 그에 따라 불가피하게 서구문화에 보다 높은 적합성을 보이게 된 데서 기인하는 부분이 있기 때문이다.

여기에서 제시하는 행복과 관련 요인에 대한 통합측정모형은 측정영역에 대한 것이며 측정방법의 제안을 위한 것은 아니다. 물론 주관적 행복의 측정을 위해서는 일반적으로 서베이나 면접 방식이 많이 사용되고, 객관적 조건의 측정을 위해서는 서베이와 함께 통계자료의 수집노력이 많이 시행된다. 그러나 그것이 적용 방법의 전부는 아닐 것이다. 이와 관련, Thin(2012: 104)은 현재와 같이 표준화된 질문에 기초한 서베이에 과도하게 의존하는 것은 문제가 있다면서 보다 인간적인, 전인적인, 흥미있는, 참여적인, 저렴한, 간단한 사회적 학습이 가능한 방식(예 스토리텔링, 표적집단, 역할극, appreciative enquiry 등)에 보다 많은 관심이 필요하다고 제시한다. 그가 제안한 바와 같이 향후 행복측정에 있어서 목적에 따라 보다 다양한 대안적 방법을 채택할 수 있을 것이다. 다만, 그같은 지적의 실제적 수용에는 한계가 있을 것이다. 행복정책의 수립에는 국가적 관심과 노력이 필요하며 이를 위해서는 다수를 대상으로 하는 서베이와 같은 방법이 보다 경제적이고 정책관심을 불러 일으키는 데 더 효과적일 수 있기 때문이다.

3) 지표의 간결성

현재 많은 조사들은 측정하고자 하는 영역이 너무 많거나 지표의 수가 많아 측정비용의 증가는 물론이거니와, 측정결과의 신뢰도를 저하시킴으로써 측정결과의 직관적 이해와 정책활용을 방해하고 있다. 또한 복잡하거나 과다한 지표는 필연적으로 쓰여지지 않을 자료를 양산하게 되는 문제를 야기할 것인 바, Thin(2012: 102)은 이같은 문제를 "데이타 무덤밭 문제"라고 지칭하면서 불필요한 서베이를 제한하고 가급적 간결하고 경제적인 측정지표를 사용할 것을 제안한다. 간결한 지표에 기반한 서베이는 불필요한 자료의 양산을 제어할 뿐 아니라 조사의 효율성과 신뢰도를 높이고, 측정결과의 정책활용도를 높이는 기대효과가 있을 것이다.

간결한 지표의 수월성에 대한 좋은 예는 대표적 경제지표인 GDP이다. GDP가 국가의 발전상태나 생산활동을 제대로 반영하지 못한다는 비판에도 불구하고 지금까지 유력한 대표 지표의 자리를 유지해오고 있는 것은 지표의 간결성이 핵심 이유인 것이다. 복잡한 지표체계를 간결화한 좋은 예도 있다. WHO의 WHOQOL의 full version은 당초에 100개의 지표를 포함하고 있었는데, 현장에서 100개의 지표를 모두 측정하는데 한계가 드러나면서 지표의 수를 축소한 WHOQOL-BREF를 개발하였다. 이는 과거의 측정방식을 간결화함으로서 지표의 효율성과 신뢰성을 높이기 위한 노력으로 평가된다.

행복 측정지표의 간결성 요구와 관련하여 Cummins(2018)의 연구를 주목할 만 하다. 그의 연구를 요약하면 아래와 같다. 그는 다음과 같은 세 개의 주관적 웰빙 측정조사를 비교한다. 질문문항이 적은 Global Life Satisfaction(GLS), 질문문항이 중간수준인 Satisfaction with Life Scale(SWLS), 질문문항이 가장 많은 Personal Wellbeing Index(PWI)이 그것이다. GLS(Andrews & Withey 1976)는 전체적 웰빙을 묻는 단일문항을 측정지표로 채용한다. 구체적으로 GLS는 '당신의 삶 전반에 대해서 어떻게 느끼십니까'라는 질문에 대한 응답을 7점 척도로 측정한다. SWLS(Diener et al. 1985)는 GLS와는 달리 총 5개의 질문을 통해 주관적 만족도를 측정한다. SWLS의 5가지 질문 역시 7점 척도를 사용하며 질문항목은 다음과 같다. ① 대부분의 경우 내 삶은 내 이상과 가깝다, ② 내 삶의 조건들은 훌륭하다, ③ 나는 내 삶에 만족한다, ④ 지금까지 나는 내 삶에서 원하는 중요한 것들을 가졌다, ⑤ 인생을 다시 살 수 있다면, 나는 현재를 바꾸지 않을 것이다. PWI(International Wellbeing Group 2013)은 7개 핵심영역의 만족도에 대한 질문에 대한 응답을 11점 척도로 측정한다. 구체적 질문은 다음과 같다: 당신은 각 항목에 대하여 얼마나 만족하는가: ① 삶의 수준, ② 건강, ③ 삶에서의 성취, ④ 개인적 인간관계, ⑤ 안전, ⑥ 공동체 소속감, ⑦ 미래의 안정, ⑧ 종교(선택사항). SWLS가 여러 개의 질문을 통해 GLS의 단일 영역(전반적인 삶의 만족도)을 측정하는 모형인 반면, PWI는 측정 범위를 단일 영역에서 복수의 separate domains로 확장하는 모형이라는 점에서 차이가 있다.

지표의 수를 기준으로 볼 때, GLS, SWLS 그리고 PWI는 각각 최소한의 지표만을 포함하는 최소지표(short list measures), 하나의 영역을 측정하기 위해 여러 개의 질문을 사용하는 중간지표(intermediate measures), 복수의 영역을 복수의 다수의 질문으로 측정하는 확장지표(expanded measures)에 대응한다. 주관적 웰빙을 측정함에 있어 각 지표체계는 장단점을 갖는다. GLS와 같은 최소지표는 간결하고, 척도의 구성방식에 따른 응답차이가 크지 않다는 장점이 있으나, 행복의 구성요소에 대한 개별평가가 불가능하고, 기분과 같은 상황요인에 민감하게 반응하며, 문화적 이질성이 큰 집단간 비교에 효율적이지 못하다는 단점이 있다. SWLS와 같은 중간지표는 최소지표에 비해 상대적으로 높은 수준의 측정 신뢰도를 얻을 수 있으나 응답자가 세부지표를 명확하게 이해하지 못 하는 경우에는 지표의 타당성이 저해될 수 있다는 단점이 있다. PWI와 같은 확장지표는 높은 수준의 측정 신뢰도를 확보할 수 있고 개별 영역의 기여도를 구분할 수 있고, 상황요인에 영향을 덜 받는 장점이 있는 반면에, 측정영역 간 상호일관성을 갖기 어렵고, GLS에 대한 영역별 설명력이 취약할 수 있다는 단점이 있다.

주목할 것은 Cummins(2018: 32)가 예시한 실증연구에 의하면 아래에 제시한 바와 같이 세 가지 지표유형은 상호 간 차이에도 불구하고 측정결과의 상관관계가 상당히 높게 나타난다는 점이다:

GLS vs SWLS: 0.77(Anglim et al. 2015), 0.66 (Beuningen 2012)

GLS vs PWI: 0.78(Anglim et al. 2015), 0.60 (Casas et al. 2009)

PWI vs SWLS: 0.75 (Anglim et al. 2015), 0.78 (Renn et al. 2009)

이같은 연구결과는 행복측정지표의 간결성 요구에 대하여 유의미한 시사점을 제공해준다. 즉, 세 가지 지표 유형이 상호 교차적으로 장단점을 갖는 상황에서 측정결과에 있어서 이들 간 상관관계가 높다면 그만큼 측정의 용이성과 비용 측면에서 유리한 지표유형에 상대적 비중을 두어야 할 것을 가르쳐 주는 것이다. 또한 행복에 대한 단일 지표(GLS)의 측정값이 상당히 안정적이고 신뢰도가 높은 편으로 100점 척도에서 70－80점의 점수를 기록한다고 보고한 Cummins(2019)는 행복지표의 간결화 요청에 대한 추가적 지지를 제공해준다. 이와 같은 결과에 근거하여 Cummins(2018: 61)는 주관적 웰빙의 측정방식은 가급적 간단하고, 문항 갯수가 적고, 신뢰도가 높은 방식이 되어야 한다고 명시적으로 제안한다. 물론 세 가지 지표유형의 장단점이 단일 차원의 성격이 아니라 각각 다른 성질의 것이므로 간결성만을 지표의 선택기준으로 삼는 데는 한계가 있다. 다만, 특별히 간결성을 부정할만한 조건이 없는 상황이라면 간결성에 대한 고려를 보다 비중있게 다루어야 할 것이다. 기본적으로 GDP와 같은 위상을 갖는 합의된 행복지표를 확보하기 위해서는 가급적 단순지표가 개발되고 합의되어야 한다. 현재 연구자나 국가마다 다른 지표체계를 사용하는 것은 기본적으로 확장지표체계를 채용하고 있기 때문이다. 이렇듯 지표가 다수인 상황에서 합의를 도출하기는 어렵다. 지표가 단순할수록 합의가 용이하다.

4) 간주관지표의 활용

필요성

행복의 측정을 위한 지표는 객관적 지표와 주관적 지표로 구분된다. 객관적 지표는 조사 대상이나 조사 주체의 의견이 반영되지 않으며 객관적 상태에 따라 제3자의 입장에서 누구에게나 동일하게 확인될 수 있는 지표이다. 예컨대 소득, 고용률, 주거여건, 사회간접자본 등과 같은 객관적 조건은 그 빈도나 양을 표준화된 방법으로 측정할 수 있는 객관적 지표이다. 전통적으로 국가발전의 척도로 활용되어온 GDP는 대표적인 객관적 지표이다. 웰빙지표 중에서는 기대 수명, 교육 기간, 1인당 GNI 등으로 구성되는 Human Development Index가 대표적인 객관적 지표이다. 객관적 지표는 물질적 요소를 측정하고 비교하는 것에는 큰 장점이 있지만, 자료 획득 가능성의 제약으로 인한 부분측정의 문제 뿐 아니라 행복과 같은 주관적 정서에 대한 측정이 어렵다는 문제가 있다. 주관적 정서에 대한 객관적 자료를 획득하는 일은 매우 어렵기 때문이다. 물론 외부로 드러난 행위에 기반하여 행복을 평가하려는 시도가 없지 않지만(Kanehmann 1999) 그같은 시도에 대한 지지는 크지 않은 편이며, 일반적으로 행복의 측정은 응답자의 주관적 평가에 의존하는 주관적 지표에 의하고 있다. 예컨대 UN의 WHI, OECD의 BLI 등은 주관적 웰빙의 관점에서 응답자가 얼마나 행복감을 느끼는지 측정하고 있다. 주관적 지표는 비단 본인의 기분이나 만족감과 같은 영역뿐만 아니라, 본인이 처한 환경에 대한 만족감의 평가에도 활용된다. 예를 들면, WHO의 WHOQOL과 같은 지표는 본인의 주변 환경(자연환경, 생활환경 등)이나 교통여건 등의 물질적인 조건에 대한 개인의 만족도를 측정한다. 주관적 지표 또한 한계가 있다. 주관적 지표는 주로 질문에 대한 응답을 측정하는 만큼, 응답자들이 공통된 배경이나 가치를 기준으로 응답하지 않는다면 그만큼 그 결과의 타당성이 저해된다. 이같은 문제는 특히 문화적 이질성을 갖는 응답자들에 대한 측정에서 심각할 수 있다. 이와 관련하여 Cummins(2018)는 주관적 웰빙이 잘 정의되고 이론적으로 견고하다면 서로 다른 문화권에서 주관적 웰빙을 타당하게 측정하는 것이 가능할 것이나, 이 과정이 현실적으로 매우 어렵다는 점을 지적한바 있다.

전체적으로 볼 때, 객관지표는 측정의 객관성을 담보하는 대신 자료획득의 한계로 인하여 측정범위의 제약이라는 문제를 갖고 있으며, 주관지표는 자료획득이 상대적으로 용이하여 측정범위의 융통성이 높은 대신, 측정의 객관성 확보에 한계가 있다. 그렇다면 양자의 장점을 살리면서 한계를 극복할 수 있는 대안적 지표는 없는가. 본서는 그같은 가능성을 갖는 유용한 대안으로서 간주관지표(intersubjective measures)를 제안한다.

간주관지표란 무엇인가

간주관 지표는 제2장에서 언급한 바 있거니와 필자가 주관한 Community Wellbeing Project에서 개인차원을 넘어 집합적 차원의 웰빙측정에 채용하여 발전시켜온 지표이다. Weeranakin & Promphakping(2018), Thin(2018) 등이 적절히 지적했듯이 대개의 웰빙 관련 연구들은 커뮤니티 차원의 웰빙을 직접 측정하기보다는 개인웰빙의 총합을 측정하여온 한계를 보였다. 커뮤니티웰빙 연구프로젝트는 이같은 경향의 한계를 보완하려는 노력으로서 커뮤니티웰빙 고유의 측정모형을 수립하고 그 적용과정에서 간주관지표를 도입하였다.

참고로 동 project의 community well-being 측정모형을 간략히 소개하면 다음과 같다(Kim & Lee 2014, Kee et al. 2014). 이 측정모형은 자본의 시각에서 커뮤니티차원의 웰빙자산을 측정하려는 점에서 특징이 있다. 구체적인 측정지표는 인간개발(교육, 보건, 복지), 경제(고용, 지역경제), 환경(물리적 및 생태적 환경), 인프라(주거, ICT, 교통, 안전), 사회(커뮤니티 관계, 시민성, 신뢰, 문화), 거버넌스 등 6개 자본영역에 걸쳐서 17개 하위영역, 그리고 총 41개의 세부지표로 구성되어있다. 이와 별도로 하위 영역별로 영역별 총괄지표 1개씩이 추가됨으로써 하위영역별로 세부지표와 총괄지표를 병렬 또는 선택적으로 활용하도록 설계되어있다. 각 지표들은 "귀하가 거주하는 지역사회를 어떻게 평가하시겠습니까? 귀하가 살고 있는 지역에 대해 개인적으로 어느 정도 만족하십니까?"라는 질문을 사용하여 응답자가 자신이 속한 커뮤니티의 생활조건에 대하여 간주관적 및 주관적 평가를 하도록 설계되었다. 각 질문에 대한 응답은 모두 10점 척도를 통해 측정된다.

간주관지표는 기본적으로 주관지표와 객관지표를 넘어 '간주관성(intersubjectivity)'에 기초하여 웰빙을 측정한다. 간주관성은 개인, 집단, 전통들에 존재할 수 있는 관점들 사이의 다양한 관계로서 인간의 사회적인 행동을 이해하는 데 필수적인 요소이다(Gillespie & Cornish, 2010). 간주관성을 강조하는 관점에서는 가치 또는 인지가 개인 수준에서만 경험되지 않고 복수의 개인 간 공유될 수 있으며, 따라서 사람들이 그들이 속해있는 공동체가 어떻게 비춰지는지에 대한 집합적인 이해가 가능하다고 본다(White, 2010). 즉, 가치와 같은 추상적인 개념을 측정할 때, 구체적이고 객관적인 정의가 반드시 존재해야 하는 것은 아니며, 특정한 맥락하에서 구성원들이 공통된 의식을 가지고 있다면 간주관적 판단은 훌륭한 대안이 될 수 있다고 본다(Burford et al., 2013). 요컨대, 간주관성은 개인이 개인차원을 넘어 집합적 차원에서 일정한 판단이나 평가를 할 수 있는 인지능력을 갖고 있음을 말하는 것으로 이해된다. 그렇다면, 주관성은 객관성과 상호 연결될 수 있는 것이며, 이같은 맥락에서 간주관성은 객관적 상태에 대한 주관적 평가를 의미하는 것으로 이해할 수 있다. 또한 간주관성은 개인의 평가라는 의미에서는 여전히 주관적이지만, 평가의 방향이 자신과 결부되지 않고 객관적 상태에 대한 구성원 전체의 평가를 포괄하는 것을 지향한다는 점에서 객관성을 방불한다고 할 수 있다.

<표 4-3>은 웰빙개념들의 특성에 따른 측정지표를 비교하여 보여준다. 물론 간주관지표가 웰빙에만 적용되는 측정지표는 아니지만 여러 웰빙개념의

측정지표들을 비교하는 것은 간주관지표의 속성을 이해하는데 도움을 줄 것이다. 제2장에서 웰빙의 관련 개념을 객관적 개인웰빙, 주관적 개인웰빙, 객관적 커뮤니티웰빙, 주관적 커뮤니티웰빙, 간주관적 커뮤니티웰빙 등 다섯가지로 정리한 바 있다(그림 2-3). 객관적 웰빙의 측정에는 개인 및 집합차원 모두에 대하여 객관적 지표와 주관적 지표가 함께 사용될 수 있다. 주관적 웰빙의 측정에는 개인 및 집합차원 모두에 주관적 지표가 사용될 것이다. 이와는 달리 커뮤니티웰빙에 대한 객관적 평가의 측정을 위해서는 간주관지표를 쓰게 된다. 이때 간주관지표는 개인-집합 차원에서는 집합 차원에 관련된 것이며, 주관-객관 차원에서는 객관성과 주관성을 동시에 추구하는 지표의 성격을 갖는다.

┃표 4-3 웰빙 관련 지표의 비교

	객관적, 개인적 웰빙	주관적, 개인적 웰빙	객관적 커뮤니티웰빙	주관적 커뮤니티 웰빙	간주관적 커뮤니티 웰빙
대상	개인의 상태(소득, 교육, 건강), 조건(주거지역)	개인의 상태, 조건에 대한 주관적만족도	커뮤니티서비스(청소), 조건(인구밀도)	커뮤니티서비스, 조건에 대한 주관적 만족도	커뮤니티서비스, 조건에 대한 객관적 평가
key word	상태, 조건	만족	상태, 조건	만족	평가
측정 방법	하드데이터, 질문지	질문지	하드 데이터, 질문지	질문지	질문지
문항 예	당신의 소득은?	당신 소득에 대하여 얼마나 만족?	당신 지역의 쓰레기수거 횟수는?	당신 지역의 쓰레기수거 서비스에 대해 얼마나 만족?	당신 지역의 쓰레기수거서비스는 어떻다고 평가?
행복 요인	개인행복 조건	개인행복	공공행복 조건	공공행복 영역	공공행복 영역
서비스 측면	공급	수요	공급	준 공급	수요

간주관지표는 측정방법에 있어 질문에 대한 개인의 응답에 기초하며, 따라서 외형상 주관지표와 유사하다. 그러나 간주관지표는 응답자에게 개인차원의 만족이 아니라 커뮤니티(집합체) 차원의 평가를 질문하는데서 차이를 보인다. 예를 들어 주관지표는 "귀하가 거주하는 커뮤니티의 웰빙수준에 만족하십니까?"와 같은 질문을 통하여 응답자 개인차원의 만족도를 측정하려 한다. 반면 간주관지표는 "귀하가 거주하는 커뮤니티의 웰빙수준을 어떻게 평가하십니까?"와 같은 질문을 통하여 응답자 개인차원의 '만족'이 아닌 커뮤니티 차원에 대한 개인적 '평가'를 측정하려 한다. 즉, 간주관지표는 주관적 형식을 통하지만 주관성을 넘어 객관성을 지향하는 것이다. 당연히 이와 같은 시도에 대해서는 동일한 응답자에게 커뮤니티 웰빙에 대한 자신의 만족(주관평가)과 제삼자적 평가(간주관평가)를 동시에 질문하고 응답하는 것이 가능한가라는 의문이 제기될 수 있다. 환언하면 동일한 응답자를 대상으로 질문결과에서 주관적 평가와 간주관적 평가 간 유의미한 차이가 있겠는가 하는 의문이다. 이에 대하여 Choi, Kim & Lee(2019)는 실증분석을 통하여 응답자들이 개인차원의 만족에 대한 주관적 질문과 커뮤니티에 대한 간주관적 질문을 구별하였음을 입증하였다. 구체적으로, 동 연구는 한국 27개 커뮤니티의 웰빙수준을 측정하기 위하여 통계자료, 서베이를 통한 주관적 만족도 자료 및 간주관적 평가자료를 수집한 후, 거리분석, 평균 비교, 상관관계 분석 등을 적용하여 비교분석한 것인데, 분석결과 간주관지표는 주관지표나 객관지표의 적용결과에서 유의미한 차이를 보인 것으로 나타났다. 이는 커뮤니티 또는 집합적 차원의 웰빙 측정에 있어서 간주관지표의 독자적 유용성을 확인해주는 것이다.

유용성

간주관적 지표는 객관적 지표와 주관적 지표의 단점을 보완할 수 있는 유용한 지표이다. 특히 공공행복과 관련하여 집합차원의 객관적 자료가 부족할 때 더욱 유용할 것으로 판단된다. 간주관 지표가 갖는 유용성을 보다 상세히 제시하면 다음과 같다.

① 객관지표의 대안지표(proxy measures): 집합적 차원에서 객관적 데이터가 존재하지 않거나(특히 신뢰, 사회자본과 같이 인식, 태도와 관련한 자료), 존재하더

라도 제한적 범위의 자료만 존재할 경우에 간주관지표를 대안지표로 사용할 수 있다. 특히 작은 커뮤니티 단위에서는 객관적 데이터가 생산되지 않는 경우가 대부분이기 때문에 간주관지표의 유용성이 클 것이다. 간주관지표를 객관적 지표의 대안지표로 활용가능하다는 것이 간주관지표가 객관지표에 비하여 저열한 지표라는 것을 의미하는 것은 아니다. 간주관지표는 측정자료의 획득 가능성이 제한적인 객관지표의 단점을 보완하여 보다 종합적 관점에서 커뮤니티 상태에 대한 평가를 가능하게 한다. 예컨대, 도서관 숫자만으로 해당 커뮤니티의 문화서비스 수준을 측정하는 데는 한계가 있을 것이다. 이 경우, 간주관지표는 일부 서비스에 한하지 않고 지역 전체의 문화서비스에 대한 평가를 질문을 통해서 얻을 수 있다. 그러므로 간주관지표는 객관적 지표의 보조적 자료가 아니라 독자적이면서 더 유용한 지표일 수 있다.

② **주관지표의 보완**: 주관지표를 통한 자료의 획득을 위하여 서베이를 시행할 경우, 커뮤니티별로 일정 수 이상의 표본할당이 필요한데 종종 이에 소요되는 비용의 확보가 어려워 필요한 조사가 잘 이루어지지 못하게 된다. 또한 커뮤니티 상태에 대한 평가에 있어서 개인 응답의 평균을 커뮤니티의 상태와 대응시키는데는 한계가 있게 된다. 예컨대 어떤 커뮤니티의 공공서비스에 대한 개인 만족도의 평균값이 그 커뮤니티의 공공서비스 수준과 같지 않을 때 전자로서 후자를 평가하는 데는 한계가 있는 것이다. 이와 관련, 간주관지표는 개인의 만족도가 아니라 개인으로 하여금 제삼자적 입장에서 커뮤니티의 상태를 평가하게 하는 것이므로 보다 적은 수의 응답자의 응답으로 개인차원의 만족이 아닌 집합차원의 평가로 확장함으로써 보다 높은 객관성을 확보할 수 있는 장점을 갖는다.

③ **정책성과의 평가지표로 활용가능**: 공공정책이 기본적으로 지역이나 집단을 단위로 시행된다고 할 때, 지역 또는 집단과 같은 커뮤니티 (또는 집합체) 단위의 평가는 공공정책의 효과적 시행을 위하여 중요한 의미를 갖는다. 이때 그같은 평가는 공급자가 아니라 수요자에 의하여 이루어지는 것이 정당하다. 공공정책은 정부를 위해서 시행되는 것이 아니라 수요자인 시민의 웰빙을 위해서 시행되는 것이기 때문이다. 그러므로 정부가 아무리 좋은 수준의 공공정책을 시행하더라도 시민이 그것을 체감하지 못한다면 그같은 정책을 좋은 정책으로

평가하기는 어렵다. 특히 시민의 주관적 평가가 중요한 행복정책에 있어서는 더욱 그러하다. 커뮤니티 차원에서의 평가를 위해서는 간주관지표가 유용하게 활용될 수 있다. 이같은 필요성은 객관지표가 존재하는 경우에도 마찬가지이다. 객관적 자료는 평가 이전의 자료이며, 간주관지표에 의한 자료는 수요자의 평가를 반영하는 지표이기 때문이다. 물론 간주관평가 대신 주관적 만족을 물어볼 수도 있을 것이다. 주관적 만족 역시 수요자의 평가이기 때문이다. 그러나, 객관성에 비중을 둔다면 주관적 지표보다 간주관적 지표에 더 관심을 갖게 될 것이다. 주관적 만족은 개인 차원의 주관적 평가인 데 비하여 간주관 평가는 공동체 차원에서의 객관적 평가이기 때문이다.

④ **시민교육 효과**: 간주관 지표는 자료획득을 넘어 시민교육이라는 부수적 효과를 가져올 수 있다. 즉, 간주관적 지표는 질문과정에서 개인차원을 넘어 공동체(지역, 집단) 차원에 대한 고려를 하게 함으로써 응답자들의 시민적 인식의 지평을 넓히는 효과가 있다. 생각컨대, 어떤 사안을 평가할 때, '내가' 어떻게 연관되느냐를 생각하는 것과 '공동체'가 어떻게 연관되는가를 생각하는 것은 인식의 범위와 수준에서 분명한 차이가 있을 것이다. 물론 서베이의 주목적이 시민교육에 있는 것은 아니지만 서베이를 통해서 시민적 인식의 범위와 수준을 확장한다면 그 자체로서 행복인식에 변화를 주어 행복정책의 수립이나 효과에 간접적 효과를 발휘하는 실천적 효과도 기대할 수 있다. 이와 관련, Thin(2012: 103)은 우리가 행복의 측정에 있어서 가설적 도구가치만을 추구할 것이 아니라 응답자에 대한 학습효과에 관심을 가져야 한다고 제시한 바 있다. 즉, 측정과정에서 측정을 통한 정보의 획득과 활용에 대한 관심을 넘어서 행복에 대한 학습기회를 장려함으로써 행복에 대한 시민적 관심과 가치변화가 일어나도록 해야 할 필요성을 주장한 것이다. 간주관지표는 그같은 행복에 대한 교육효과를 넘어서 개인의 인식의 범위와 수준 자체를 개인차원에서 공동체 차원으로 상향시키는 보편적 시민교육의 효과를 가질 것으로 기대된다. 또한 이같은 학습효과는 응답대상자뿐만 아니라 조사결과를 접하는 정책결정자의 행복에 대한 감수성을 높여 전반적으로 행복정책에 기여하는 측면이 있을 것으로 생각된다.

⑤ **공적관점의 조사도구로 활용**: 간주관지표를 채용한 간주관조사는 통상적으

로 많이 사용되고 있는 표준조사 방식과 달리 공적 관점에서 형성된 공적여론에 기초하기 때문에 공공정책의 근거로 활용하기에 보다 적합하다. 기존의 표준조사는 두 가지 한계가 있다. 첫째, 대개의 조사는 응답자가 질문에 대하여 피상적 지식을 갖고 있거나 또는 이해가 안 된 상태에서 즉흥적 응답을 하도록 되어 있다. 물론 여러 조사들은 응답자에게 '모른다'라는 선택지를 택할 수 있도록 하여 응답하기에 적합하지 않은 상태에서의 응답을 줄이려는 노력을 하지만, 그러나 피상적 응답 문제는 여전히 남는다. 아울러 질문내용에 대하여 잘 모르는 응답자가 '모른다'라는 선택지를 선택하지 않을 수도 있다. 둘째, 기존 조사는 공적관점에서의 응답자의 의견을 구하는 것이 아니라 개별(사적)이익의 관점에서의 의견(예 만족)을 묻는다. 예를 들어 어떤 지역의 교육여건에 대하여 물을 때, 그 교육여건이 공공차원에서 볼 때 적절한 상태인지를 묻는 대신, 그 교육여건에 대한 개인의 만족을 묻는 것이다. 이같은 조사는 개인의 만족도를 파악할 수는 있어도 공공차원에서의 적절성 여부를 판단하는 데는 한계를 갖는다. 개인의 응답은 어디까지나 응답자 개인의 입장에서 개인의 이익을 반영하여 응답되기 때문이다. 개별응답을 합친다고 해도 이같은 기본속성은 변하지 않는다. 개별이익의 총합 또는 평균은 응답자 전체 또는 모집단을 대표하는 것일 수는 있지만 공익을 대표하는 것은 아니기 때문이다. 그러므로 이같은 조사방식을 '여론(public opinion)' 조사라고 부르기는 하지만 이 경우에도 'public'의 의미는 다수 또는 공중의 의미일 뿐 공공성(publicness)을 의미하지 않는다. 더 정확히 말하자면 기존의 여론조사는 '개인' 또는 '대중' 의견조사라 할 것이다. 그 기본적 속성은 어디까지나 사적 선호나 만족을 측정하는 개인의견 조사이기 때문이다.

주지하다시피 응답자의 피상적, 즉흥적 응답에 기반하는 표준조사의 한계에 대한 보완노력으로 제안된 공론조사(deliberative public opinion survey)가 상당한 관심을 받아왔다(Fishkin 1991; Dryzek 1990). 공론조사는 표준조사에 부가하여 응답자로 하여금 숙의과정을 거치게 함으로써 피상적 의견이 아니라 숙의에 기반한 지적의견(knowledged responses)을 수렴할 수 있도록 고안된 조사 방식이다. 대개의 표준적 방식은 ① 일반 의견조사, ② 숙의과정(흔히 전문가의 개입이 이루어진다), ③ 일반 의견조사의 순서를 거쳐, ④ 숙의 전후의 참여자 의견의 변화를 측정한다. 이같은 공론조사는 시간과 비용이 많이 들고, 절차가 복잡하며, 전문가의 영향이 클 수 있고, 표본규모가 제한된다는 등의 한계에도 불구하고 전통적 조사의 즉흥성 내지는 피상성을 완화 또는 극복할 수 있는 대안으로서 지지를 받는다. 그러나 숙의과정 후 변화된 의견(변화 가능성과 정도에 대해서 이견이 있기는 하지만) 역시 여전히 사적입장에서 개인의 선호 또는 만족에 대한 개인의견의 성격을 갖는다는 한계가 남는다. 물론 숙의과정에서 질문 관련 사안에 대하여 보다 깊은 지식과 이해를 갖게 되면서, 응답자들이 사안에 대하여 보다 공적관점에서 접근하게 될 가능성은 있다. 숙의과정은 사안에 대한 지식의 확장만이 아니라 공적관점에서 사안을 바라볼 필요성과 같은 논의가 이루어질 수도 있기 때문이다. 그러나 그렇다고 해서 질문의 성격이 근본적으로 바뀌지 않는 한, 질문에 대한 응답시 작동하는 관점이 근본적으로 바뀌는 것은 아니며, 따라서 공론조사에서의 응답은 기본적으로 사적이익의 관점에서 제시되는 개인의견의 성격을 유지하게 될 것이다. 즉, 공론조사는 앞에서 언급한 바와 같이 표준조사가 갖는 두 가지 한계 즉, 즉흥성과 사익편향의 한계 중 전자에 대하여는 좋은 극복방안일 수 있지만, 후자에 대해서는 유효한 대안이 아니다.

반면 여기에서 제시하는 간주관조사는 사익 관점을 기반으로 한 의견조사의 성격을 갖는 전통적 조사나 공론조사와는 달리 공적 관점에서의 의견조사의 성격을 갖는다. 간주관조사는 응답자에게 개인선호나 만족이 아니라 공적차원에 대한 개인적 성찰에 기반한 공적평가를 요구하는 방식이기 때문이다. 이러한 차이는 조사결과의 공적활용과 관련해서 중요한 의미를 갖는다. 기존 두 방식의 조사결과는 개인차원의 선호나 만족을 총합한 '사적 또는 집합여론'으로서 공동체 발전을 위한 공공정책 결정과정에서 활용할 정보로서는 한계가 있다. 이에 비하여 간주관조사의 결과는 공적관점에서 형성된 평가의견에 기반한 '공적여론'이며, 따라서 공익을 추구하는 공공정책 결정과정에서 활용할 정보로서 적합성이 더 크다. 더욱이 간주관조사 방식이 정착되어가면서 응답자 시민들의 관점도 보다 공적차원에 대한 관심이 높아진 개명된 시민으로 진화해갈 것이므로 그만큼 간주관조사의 활용도는 높아질 것이다. 이와 관련, 공론조사에 있어서 숙의 후에도 사적 관점이 응답자를 지배하는 것처럼 간주관조사의 경우에도 응답자에게 작동하는 관점은 여전히 사적 관점일 것이라는 의문이 제기될 수도 있을 것이다. 그러나 간주관조사는 질문의 성격 자체가 다르다. 표준조사 또는 공론조사의 질문은 기본적으로 개인의 선호나 만족에 대하여 질문하는 반면, 간주관조사의 질문은 개인차원이 아니라 공적차원에서 공적 평가를 질문한다. 그러므로 간주관조사에 있어서 응답자를 지배하는 관점은 기본적으로 공적관점이라 할 수 있다.

다른 한편, 간주관조사는 전통적 조사의 즉흥성도 상당 부분 극복할 수 있는 대안으로도 유용하다. 간주관조사에서 응답자들은 공적관점에서 평가를 하기 위해서 내면적으로 심리적 성찰(psychological reflection)을 거쳐야 한다. 그같은 성찰과정은 본능적인 사적관점을 공적관점으로 확장하는 과정으로서 공론조사에서 응답자들이 거치는 숙의(deliberation)에 대응하는 것이다. 다만, 공론조사에서의 숙의가 집합적, 외면적 숙의인데 비하여 간주관조사에서의 숙의는 개별적, 내면적 숙고라는 차이는 있다. 그러한 차이에도 불구하고 개별적, 내면적 성찰은 집합적, 외면적 숙의와 마찬가지로 즉흥적 응답을 완화하는 효과가 있을 것으로 기대된다. 요약하자면, 여기에서 새롭게 제시하는 간주관조사는 공적관점에서 숙성된 여론을 수집하는 조사방식으로서 표준조사와 공론조사방식이 갖는 한계를 극복하고 정책활용도가 보다 높은 조사방식으로서의 잠재력을 갖고 있기 때문에 특별한 관심이 요구된다. 참고로 세 가지 조사방식을 비교하여 <표 4-4>에 정리하여 제시하였다.

▎표 4-4 표준 조사, 공론조사, 및 간주관조사의 비교

	표준 조사	공론조사	간주관조사
응답의 성격	즉흥적, 피상적	집합적 숙의	개인적 숙고
응답의 관점	개인의 선호 (사적만족)	개인의 선호 (사적 만족)	공적 평가 (공적 만족)
공공정책 활용적합성	낮음	중간	높음

한계

간주관 지표는 많은 잠재적 유용성에도 불구하고 실제 적용하는 데 있어서

응답자가 응답할 때 개인의 만족과 공동체 차원의 평가를 구분하기 어려울 것이라는 우려가 있을 수 있다. 당연히 동일한 응답자가 동일한 질문항목에 대하여, 자신의 이익관점에서의 '만족' 정도와 공공관점에서의 '평가' 정도를 구분한다는 것은 쉽지 않은 문제일 수 있다. 다행히 응답자들은 양자를 구분한다. 앞서 언급한 Community Wellbeing Project는 응답자에게 동일한 질문항목(예 커뮤니티 안전)에 대하여 개인의 주관적 만족과 간주관 평가를 동시에 질문한다. 질문자료의 분석결과 응답자의 주관적 만족과 간주관적 평가 간에는 유의미한 차이가 나타났는 바, 이는 주관적 만족과 간주관적 평가 간 혼선의 우려가 크지 않음을 확인해주는 것이다(Choi, Kim & Lee 2019).

5) 측정결과의 제시

지표를 사용하여 측정한 후 측정결과를 어떻게 제시할 것인가도 중요한 이슈이다.

지표를 작성하는 궁극적인 목적은 결국 이 지표를 활용해 국민의 행복을 증진시키는 것에 있을 것이므로, 지표를 활용할 집단(주로 정책결정자, 정책설계자 등일 것이나 일반 국민도 해당될 수 있음)에게 지표가 담고 있는 내용을 잘 전달하는 것이 중요하다(Eurostat, 2014). Shim & Lee(2016)는 삶의 질 지수를 제시하는 방법을 지표나열방식과 종합지수를 산출하는 방식으로 구분하여 설명한다. 지표나열방식은 특별한 종합지수를 산출하지 않고 단순히 모든 지표들의 상태(혹은 변화)를 순차적으로 나열하는 방식으로 영국의 국가웰빙측정(Measuring National Wellbeing)을 예로 들 수 있다. 종합지수산출 방식은 지표항목별 결과를 종합하여 하나의 숫자로 지표를 요약하는 방법으로 캐나다의 웰빙지수가 예이다. 지표나열방식은 각각의 세부 지표에 대해서 사용자들이 본인의 관심사에 따라 지표를 분석하고 활용할 수 있다는 장점이 있는 반면, 지표가 너무 많을 경우에는 직관적인 이해가 어려울 수 있다는 단점이 있다. 반면, 종합지수산출은 하나의 요약된 수치를 제공하므로 이해를 쉽게 하는 장점이 있으나, 개별 지표에 대한 가중치를 어떻게 부여하느냐에 따라서 공정성 또는 정치적 중립성 시비에 휘말릴 우려가 있다. 양자의 장단점이 뚜렷하기 때문에 이를 보완하려는 시도가 있어왔다. 대표적인 예로서 OECD의 Better Life Index는 항목별 가중치를 사전적으로 정하지 않고 사용자가 직접 가중치를 부여해 종합지수를 산출하도록 허용하는 방식을 택하고 있다. 다른 방식으로서 호주 발전의 측정지표(Measures of Australia's Progress)는 각 주제별 영역별로 세부지표의 하나를 대표지표를 선정하는 방식을 취하기도 한다. 또 다른 방식으로는 한국의 Community Wellbeing Project에서와 같이 세부지표와 함께 총괄지표를 별도로 제시하여 종합적으로 또는 선택적으로 측정결과를 산출하는 방식을 취할 수도 있다.

04 행복의 측정

1) 행복의 구성요소

행복은 앞서 논의한 바와 같이 행복에 대한 관점에 따라 쾌락적 행복요소와 덕성적 행복요소로 구분할 수 있다. 전자는 정서, 만족과 같이 단기적이고 직접적인 느낌과 평가를 중심으로 행복을 설명하는 반면, 후자는 '의미 있는 삶'과 같은 삶의 의미, 목적, 자아실현 등의 지속적인 상태에 관한 것이다. 양 관점을 종합한다면 행복의 구성요소는 정서, 삶의 만족, 덕성의 세 가지, 또는 긍정적 정서, 부정적 정서, 삶의 만족, 덕성 등 네 가지로 요약할 수 있다(OECD, 2013: 29; Diener and Biswas−Diener, 2008: 249).

이와 같은 이론적 개념분류가 경험적으로도 일치하는지를 검증하고자 이승종, 이지은(2016)은 요인분석을 시행하였다. 분석을 위해 서울대학교 행정대학원 서베이연구센터에서 실시한 정부 역할과 범위 및 삶의 질에 대한 국민인식조사(2014)의 결과자료를 활용하였다. 동 조사는 2014년 10월 2일~2014년 11월 24일(54일간) 동안 한국의 19세 이상 성인 남녀를 대상으로 총 5,940 유효표본에 대한 면접조사를 통하여 이루어졌다. 표본추출은 다단계 층화집락표본추출법을 활용하였다. 행복의 구성요소에 관한 요인분석에 활용한 설문문항은 10점 척도를 적용하였고 구체적 문항은 다음과 같다. 느낌(feeling)에 대해서는 긍정적 감정과 부정적 감정으로 나누어 다음 10가지 문항을 질문하였다: ①얼마나 즐거웠습니까?, ②얼마나 평온했습니까?, ③얼마나 걱정했습니까?, ④얼마나 슬펐습니까?, ⑤얼마나 행복했습니까?, ⑥얼마나 우울했습니까?, ⑦얼마나 화가 났습니까?, ⑧얼마나 스트레스를 받았습니까?, ⑨얼마나 피곤했습니까?, ⑩얼마나 웃거나 미소를 지었습니까?. 만족(satisfaction)에 대한 질문은 다음 두가지이다:

"귀하의 삶과 관련된 다음 각각의 질문에 대해 어느 정도 동의하시는지 말씀해 주십시오. ①내 삶의 조건들은 만족스럽다, ②내 삶에 만족한다.". 삶의 의미에 대한 질문은 다음 3가지이다: "귀하 자신과 귀하의 삶에 대하여 질문하겠습니다. ① 내 삶을 어떻게 살지에 대해 결정권이 있다, ②내가 하는 일이 의미가 있다고 믿는다, ③ 대부분 내가 한 것들에 대해 성취감을 느낀다."

행복 구성요인에 관한 요인분석을 수행한 결과, 아래 <표 4-5>에서 보는 바와 같이 총 4가지의 구성요인이 도출되었다. 첫 번째 요인은 걱정, 슬픔, 우울함, 화남, 스트레스, 피곤함 등 부정적 감정요소로 이루어졌으며, 두 번째 요인은 즐거움, 평온, 행복함, 웃거나 미소지음 등 긍정적 감정요소를 포함하였다. 세 번째 요인은 삶에 대한 결정권, 하는 일에 대한 의미, 내가 한 일에 대한 성취감 등 의미있는 삶과 관련된 요소를 포함하였다. 마지막으로 네 번째 요인은 삶의 조건에 대한 만족, 내 삶에 대한 만족과 같이 삶의 만족과 관련된 요인이다. 이같은 분석결과는 행복구성요소에 대한 접근은 쾌락주의적 접근과 덕성주의적 접근을 종합하되, 정서 요인에 있어서는 부정적 감정과 긍정적 감정을 구분하여 제시하는 것이 타당한 것임을 제시해준다.

▍표 4-5 행복의 구성요인에 대한 요인분석(이승종, 이지은 2016)

측정문항	행복			
	감정 (부정적)	감정 (긍정적)	의미 있는 삶	삶의 만족
얼마나 걱정했습니까?	0.755	-0.105	-0.037	-0.019
얼마나 슬펐습니까?	0.787	-0.177	-0.178	0.132
얼마나 우울했습니까?	0.793	-0.221	-0.160	0.050
얼마나 화가 났습니까?	0.837	-0.108	-0.089	-0.018
얼마나 스트레스를 받았습니까?	0.794	-0.037	0.091	-0.215
얼마나 피곤했습니까?	0.639	0.144	0.194	-0.385
얼마나 즐거웠습니까?	-0.147	0.800	0.163	0.308
얼마나 평온했습니까?	-0.155	0.805	0.179	0.245
얼마나 행복했습니까?	-0.147	0.795	0.218	0.179

측정문항	행복			
	감정 (부정적)	감정 (긍정적)	의미 있는 삶	삶의 만족
얼마나 웃거나 미소를 지었습니까?	-0.022	0.766	0.259	0.009
내 삶을 어떻게 살지에 대해 결정권이 있다.	-0.076	0.213	0.798	-0.004
내가 하는 일이 의미가 있다고 믿는다.	-0.061	0.201	0.845	0.206
대부분 내가 한 것들에 성취감을 느낀다.	-0.046	0.246	0.783	0.268
내 삶의 조건들은 만족스럽다.	-0.018	0.303	0.210	0.805
내 삶에 만족한다.	-0.042	0.356	0.275	0.743
Eigen Value	5.4006	3.0249	1.2521	1.0422
variance	0.2426	0.1997	0.1579	0.1145
Cumulative	0.2426	0.4423	0.6002	0.7147

2) 행복의 수준과 분포

공공행복은 개인차원을 넘어 집합적 차원에서 측정되고 추구되어야 한다. 행복은 속성상 공동체와 고립된 사적차원에서 유지될 수 없으며 집합체 구성원과의 유기적 관계 속에서 담보될 수 있기 때문이다. 국민총행복(GNH)을 주창한 Bhutan의 국왕 Khesar(2013) 가 잘 표현했듯이 "행복은 커뮤니티와 선린 관계(fraternity) 속에서 자란다". 공동체의 구성원이 같이 행복하지 않은 상황에서 개인의 행복은 존재하기 힘들며, 존재하더라도 지속될 수 없다. 공공행복은 이같은 관점에 기반한다. 그러므로 공공행복에 대한 논의는 행복수준만이 아니라 공동체 안에서의 행복의 분포에도 동일한 관심을 갖고 이루어져야 한다. 그럼에도 불구하고 대부분의 행복에 대한 관심과 논의는 행복의 수준에 과도하게 집중된다. 물론 개인의 일차적 관심은 행복수준의 증진에 있으므로 행복의 수준은 중요한 관심사가 되어야 한다. 그러나 공동체의 시각에서 볼 때, 개인이든 공동체이든 행복수준에만 관심을 갖는 것은 정당하지 않다. 구성원간의 관계성 위에 존재하는 공동체는 구성원의 행복수준의 편차에도 적절한 관심을 가져야만 한다. 기본적으로 행복의 분포와 동행하지 않는 행복의 수준은 공공행복의 필요조건일수는 있어도 충분조건은 아니다. 즉, 공공행복은 공동체의 행복수준의 제고와 분포의 균형 양자를 동시에 요구한다.

행복수준을 측정한다는 것은 실제에 있어서 각 개인의 행복값을 총합하여 평균값을 구하는 것이다. 평균값은 다양한 영역에서 어떠한 현상을 평가하고 비교분석하고자 할 때 활용되는 대표적인 지표임에 분명하다. 그러나 앞에서 논의한 바와 같이 행복의 수준을 나타내는 평균치에 집중하는 것은 한계가 있다. 우선, 평균값은 지나친 일반화 오류가 발생한다. 평균값은 공동체의 중간적 특성을 나타낼 뿐 특이자(outlier)에 대한 고려가 약하기 때문에 행복의 분포상 태에 대한 정보를 제공하지 못한다. 한 개인의 행복이 다른 개인의 행복보다 현저하게 높기 때문에 평균값이 높은지 아니면 사회 구성원 전체의 행복이 골고루 행복해서 평균이 높은지를 고려할 수 없다는 한계가 있는 것이다. 실천적 측면에서 볼 때, 평균값에 경도된 관심은 사회의 긍정적 변화를 방해하는 부작용을 초래한다. 특히 불공정한 사회의 개선을 위한 정책함의를 도출하는데 도움을 주지 못한다. 행복의 수준을 높이지만 행복의 불평등을 높이는 상충요인을 색출하는 노력을 방해하기 때문이다. 그러므로 다같이 행복한 공동체를 건설하기 위해서는 행복의 수준과 분포에 대한 관심을 바탕으로 행복의 평균치와 분포, 그리고 그들과 관련된 요인들에 대한 측정과 분석이 함께 이루어질 필요가 있는 것이다.

이러한 요청과 관련하여 이승종 외(2020)는 2008년부터 2018년까지의 세계 행복보고서(World Happiness Report)의 시계열자료를 합산하여 국가차원의 행복의 수준과 분포간 관계를 분석하였다. 먼저 <그림 4-3>은 분석기간 동안 분석대상 150여개 국가의 행복의 수준과 분포의 평균이 어떻게 변화하였는가를 개략적으로 보여준다. 그림에서 X축은 국가별 행복수준이며, Y축은 국가별 행복분포(불평등도)를 나타내는데, 그림에서 보듯이 각국의 행복수준은 2008~2010년까지 급격하게 상승하다가 2016년도까지 하락세를 보인다. 이같은 침체는 2011년 이후 전세계적으로 심화된 경제불황, 실업률 악화, 사회양극화 등의 문제를 반영한 것으로 해석된다. 이같은 침체기가 얼마간 지난 후 2017~2018년도에 걸쳐 행복수준은 다시 반등한다. 이렇듯 행복의 수준은 부침이 있는 반면, 행복의 분포 즉, 불평등도는 분석대상 전 기간에 걸쳐 지속적인 증가추세를 보인다. 이렇듯 행복의 수준과 분포간 어느 정도의 괴리가 있는 것으로 나타났는 바, 이는 행복의 수준 또는 분포 일방에 대한 관심만으로는 공공행복의 확보가 어려울 수 있음을 알게 해준다.

▶ 그림 4-3 세계의 공공행복 수준 및 분포(불평등)의 추세 (2008-2018)

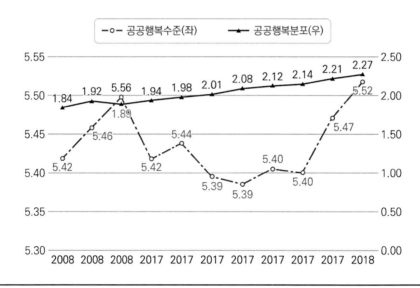

출처: 이승종 외(2020).

　다행히 행복의 수준과 분포가 전적으로 반대의 방향으로 진행하지는 않는다. <그림 4-4>에서 보듯이 행복의 수준과 분포 간 괴리가 있기는 해도 그 정도가 현저하지는 않다. 물론 행복의 분포는 안정적인데 비하여 행복의 수준은 굴곡이 있지만 전반적으로는 행복수준의 진행이 행복분포의 진행과 크게 괴리되지는 않는다. 이같은 판단은 <그림 4-4>를 통하여 좀 더 분명해진다. <그림 4-4>는 국가별로 분석대상 기간 동안의 행복수준과 분포를 전부 합산하여 나타낸 것이다. 그림에서 보는 바와 같이 국가별로 보았을 때, 행복수준과 분포는 반드시 동행하는 것은 아니지만 대체로 정의 상관관계에 있는 것으로 나타났다(r=0.44). 즉, 상관관계가 높지는 않지만 행복수준이 높은 국가가 행복 불평등이 낮은 경향이 있음을 알 수 있다. 이는 행복수준을 높이기 위한 정책과 행복의 분포를 개선하기 위한 정책간의 상충에 대한 우려를 그만큼 완화하는 긍정적 근거가 된다(cf. Ott 2005).

<그림 4-3>과 <그림 4-4>이 함께 주는 함의는 분명하다. 행복의 수준과 분포간 높은 상관관계가 존재하지 않기 때문에 공공행복을 위해서는 행복의 수준이나 분포 하나에 경도된 관심은 바람직하지 않으며, 양자를 균형있게 추진할 것이 요청된다는 것이다. 동시에 그같은 노력은 행복의 수준과 분포간에 어느 정도 긍정적 관계있는 만큼 최소한 그만큼은 양자간 상승효과에 의하여 지지받을 수 있다는 것이다.

▶ 그림 4-4 국가별 공공행복의 실태: 수준과 분포 (2008-2018)

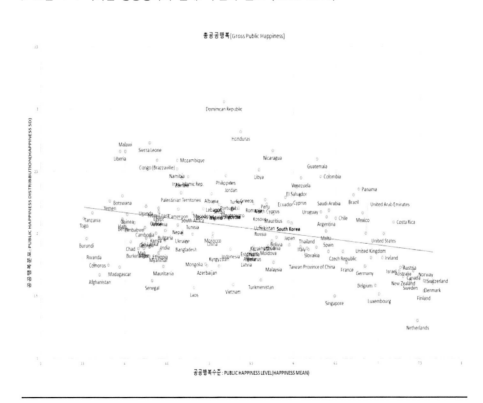

출처: 이승종 외(2020).

CHAPTER

5
공공행복의
영향요인

01 행복의 설명모형

　행복의 영향요인에 관한 설명모형은 다양하다. 그러나 크게 본다면 개인의 성격적 특성을 강조하는 적응이론(adaptation theory)과 객관적 외부환경요인을 강조하는 반응이론(reactivity theory)으로 구분할 수 있다(Sirgy 2001). 적응이론은 주로 심리학자의 접근방법으로서 객관적 조건보다는 외향성, 친화성, 성실성, 정서적 안정, 개방성 등과 같은 개인의 성격적 특성이 핵심 영향변수이다(Yeh et al. 2015; Magino 2015). 즉, 생활에서의 경험이나 공공서비스에 대한 만족은 사전에 결정된 인식에 의해서 여과되어 행복에 영향을 미치는 것이며, 객관적 조건이 개선되거나 긍정적 경험이 많아진다고 행복이 증진되는 것은 아니라고 본다. 오히려 개인의 내적성향이 여러가지 객관적 상황에 대한 정서와 평가에 영향을 미친다. 반면, 반응이론(reactivity theory)은 경제학, 사회학을 포함하여 여러 사회과학도들의 주요 접근방법으로서 소득, 연령, 성별, 결혼, 직업, 가족, 지역, 정부 등 다양한 개인차원과 사회차원의 객관적 외부환경조건에 대한 개인의 반응이 행복과 연결된다고 본다. 이때 개인의 경험과 평가는 객관적 조건에 대한 수동적 반응에 의하여 좌우되며, 따라서 객관적 조건이 행복의 중요한 영향변수가 된다(Diener 1984; 고명철 2013).

　적응이론과 반응이론은 다양한 이름으로 불리운다. 내적성향에 주목하는 적응이론은 특성이론, 성향이론, 내적요인이론, 고정점이론, 상향(확산)이론 등으로, 외적 조건에 주목하는 반응이론은 상황이론, 외부요인이론, 욕구충족이론, 하향(확산)이론 등으로 다양하게 불리운다. 이같은 다양한 명칭 중에서 하향확산접근과 상향확산접근의 구분에 대하여 약간의 추가적 설명이 필요하다. 양접근은 행복의 확산(spillover)과정에 초점을 맞춘 구분이다. 확산이란 삶의 한

영역에서의 만족이 다른 영역의 만족에 영향을 미치는 현상을 말하며, 수직적 확산과 수평적 확산으로 구분할 수 있다. 수직적 확산은 삶의 영역에 위계가 있음을 전제로 한다. 삶의 만족, 행복 또는 주관적 웰빙과 같은 전반적 삶의 영역은 최상위 영역이며, 가족, 여가, 건강, 소득과 같은 삶의 주요 영역들은 하위영역이다. 수직적 확산은 삶의 상위영역과 하위영역 간의 상호영향에 관한 것인 반면, 수평적 확산은 같은 수준의 삶의 영역 간의 상호영향에 관한 것이다(Sirgy et al. 2001). 그런데 하향접근이나 상향접근은 모두 수직적 확산 즉, 행복과 삶의 하위영역 간의 영향관계 즉, 확산과정을 설명한다. 전자는 개인의 성향에 따라 결정되는 행복이 삶의 하위영역의 만족으로 하향확산되는 과정을 설명하며, 후자는 반대로 삶의 하위영역별 만족이 상위영역인 행복으로 상향확산되는 과정을 설명한다. 양자의 구분은 행복의 결정에 있어서 개인요소가 중요한가, 환경요인이 중요한가에 대한 논의와 함께 행복의 확산방향을 파악하게 하는 도구로서의 이점이 있다. 그러나, 이같은 접근이 같은 수준의 삶의 영역 간 수평적 확산에 대해서 설명하는 것은 아니다.

이렇듯 행복요인에 관한 이론모형을 심리적 요인과 객관적 요인을 기준으로 구분하는 것은 행복증진을 위한 정책과 관련하여 중요한 의미를 갖는다. 전자는 행복의 결정에 있어서 환경보다 개인의 성향이 중요하다고 강조함으로써 그만큼 환경개선을 위한 정책노력의 의미를 희석시킨다. 후자는 행복의 결정에 있어서 개인의 성향보다는 외부환경이 중요하다고 강조함으로써 그만큼 환경개선을 위한 정책노력의 중요성을 부각시킨다. 각각의 접근이 한계가 있는 만큼 통합적 입장에서 양자를 포괄하려는 입장도 있다. 개인의 성향에 기반한 적응과 외부의 객관적 상황 또는 조건에 대한 반응을 동시에 고려하는 모형이 그것이다. 이하 각각의 모형에 대하여 논의한다.

1) 적응이론

적응이론은 생활조건 또는 사회조건이 아니라 개인의 성격적 특성 또는 성향이 행복을 결정하는 중요 요인이라고 본다. 적응이론은 전반적 삶에 대한 개인의 평가가 일정한 경향을 갖도록 광범하게 영향을 미치는 사전적 과정이 있다고 가정한다. 그같은 경향성은 개인의 성격 특징(Costa and McCrae 1980), 유전적 인자(Bok 2010), 만성적(chronic) 인지과정(Diener and Biswas-Diener, 2008) 등에서 기인하며 또한 안정적이다. 물론 일상의 경험들은 일시적 효과를 가져오지만, 개인들의 평가는 안정적인 개인성향의 작용으로 결국 원래의 고정점(set point)으로 회귀한다고 본다(Headey 2008, Pavot & Diener 2013, Magino 2015, Sugden et al, 2016, Lance et al. 1995).

적응이론은 1970년대 이래 행복 또는 주관적 웰빙에 관한 실증연구를 지배해온 이론적 패러다임의 명칭이었으나 최근에는 흔히 고정점 이론으로 불리운다(Headey 2008). 적응이론 또는 고정점 이론의 핵심주장은 성인들은 안정적 수준의 행복을 갖는다는 것이다. 적응이론의 고전적 논문의 하나인 Brickman과 Campbell(1971)은 사람들은 최고 또는 최악의 삶의 경험에 대해서도 적응을 통하여 안정적 수준의 웰빙을 경험하도록 운명지워져 있다고 주장하였다. 사건의 크기와 성격에 따라 고정점을 중심으로 한 변동은 생기지만, 그 같은 변동은 단기간에 그치고 행복수준은 과거 수준으로 회복된다. 개인의 적응력은 매우 강력하고 안정적이기 때문이다(Lykken & Tellegen 1996). 또한 개인의 적응력은 긍정적 사건이나 부정적 사건을 막론하고 동일하게 작동한다. 좋은 사건이 생겨도 개인의 행복은 유의미하게 증진되지 않는다. 열망이 상승하여 좋은 사건에 따른 효용증가를 상쇄하기 때문이다. 나쁜 사건이 생겨도 개인의 행복은 유의미하게 저하되지 않는다. 새로운 상황에 대한 적응을 통하여 부정적 사건에 따른 효용감소를 상쇄하기 때문이다. 사건만이 아니라 상태에 대해서도 적응이나 열망은 동일하게 작동할 수 있다. Graham(2009: 151)이 제시하는 가난한 농부가 성취한 부자보다 행복하다는 "행복한 농부와 불행한 백만장자의 역설(the paradox of happy peasant and miserable millionaires)"가 이를 비유적으로 잘 설명해준다. 이같은 역설이 발생하는 이유는 가난한 농부의 하향적 적응과 성취한 부자의 상향적 열망으로써 설명된다. 이렇듯 고정점 효과는 개인의 욕구에 의해서 열망이 발생하고 이것이 일정 수준에서 적응되면서 반복되는 과정이라는 특징을 갖는다(Binswanger 2006: 367). 그리고 이때 개인이 갖는 적응력은 개인의 성격적 특성이나 유전적 요인에 따른 것으로서 누구나 갖고 있는 보편적 특성으로 간주된다.

적응이론은 아무리 달려도 그만큼 발판이 반대로 움직여 사람은 제자리에 머물게 되는 트레드밀(treadmill)에 비유되기도 한다. 트레드밀에는 쾌락의 러닝머신과 열망의 러닝머신 두 가지가 있다(Bruni & Zamagni 2007: 235). 쾌락의 트레드밀은 새로운 상황에 대한 심리적 적응 때문에 행복수준이 이전 수준으로 회귀하는 것을 말한다. 예컨대, 어떤 개인이 소득이 늘어 더 좋은 차를 소유하게 되면 안락수준은 증진되지만 곧 새로운 상태에 대한 심리적 적응을 통하여 행복수준은 전과 유사한 수준으로 회귀되는 것이다. 확보된 것은 이미 새로운 것이 아니며, 결국 권태로 바뀐다. 행복에 영향을 주는 것은 새로운 것이지 안락과 권태가 아니다(Scitovsky 1976, Bruni & Zamagni 2007: 235에서 재인용). 열망의 트레드밀은 만족스러운 결과와 불만족스러운 결과를 구분하는 열망의 수준에 초점을 맞춘다. 열망이 증가하면 상황이 개선되더라도 행복은 증가할 수 없다. 동일한 만족을 유지하기 위해서 더 많은 상황개선이 요구되기 때문이다. 예컨대, 어떤 개인이 소득이 늘어 더 좋은 차를 소유했을 때, 새 차는 개인의 객관적 웰빙을 높이지만, 소득증가에 따라 좋은 차에 대한 열망이 이전보다 더 높아졌다면 객관적 웰빙의 증가는 주관적 행복을 증가시키지 못하는 것이다. 이같은 두 가지 쳇바퀴의 비유는 상황변화에도 불구하고 개인의 행복이 일정 수준을 유지하게 되는 과정을 잘 설명해준다. 그러나 심리적 적응과 열망의 변화를 별개의 것으로 접근할 필요는 없어 보인다. 양자는 독립적이지 않고 불가분의 관계에 있는 현상이기 때문이다. 앞의 예에서 소득 증대에 따라 새 차를 구매했을 때, 새 차에 대한 적응과 더 좋은 차에 대한 열망증가는 동시에 이루어진다. 새 차에 대한 적응은 새로운 상황에 대한 익숙해짐이며, 그 익숙해짐에 비례하여 새로운 열망이 증가된다. 즉, 익숙해짐은 열망의 증가이며, 열망의 증가는 익숙해짐이다. 그러므로 위의 두 가지 쳇바퀴는 적응과정에서 어느 측면을 강조하느냐의 차이가 있을 뿐이며 사실상 다른 모형은 아니다.

상당수의 연구들이 고정점 또는 쳇바퀴의 존재를 지지한다. Easterlin (2000), Larsen(2000) 등은 객관적인 삶의 조건들이 변화하더라도 곧 인간은 그러한 조건들에 적응하게 되고, 이는 새로운 열망을 만들어 결국 행복이 쳇바퀴 돌 듯 행복 수준에 큰 영향을 미치지 않는다고 설명하였다. Lykken & Tellegen (1996)은 '행복은 확률현상이다'라는 연구를 통해서 주관적 웰빙에 대한 고정점

이론을 개발했다는 평가를 받는다. 이들은 다면적 인성질문지를 개발하여 쌍둥이를 대상으로 웰빙을 측정하였는데, 개인의 정서적 안정, 삶의 사건 및 주관적 웰빙 사이의 연관성이 사회경제적 지위, 소득, 학력보다 유전적인 것에 더 많이 좌우된다는 연구결과를 발표하였다. 이 결과는 개인의 주관적 웰빙은개인의 노력이나 제도적 개선으로 바꿀 수 있는 것이 아니라 유전적 요인에 의해서 고정되어 있다는 가설을 지지하는 것이다. Pagan(2010)은 장애인 들에 대한 시계열 자료의 분석을 통하여 이들이 장애가 발생한 5년 이후에 개별적 지원이나 보호가 필요한 상황임에도 불구하고 새로운 상황에 잘 적응하여 사고 이전의 전반적 만족 수준을 회복하였다고 보고하였다. 이외에도 고정점 이론을 지지 또는 보완하는 관점에서 적응수준 이론(Brickman & Campell 1971), 주관적 웰빙의 성격이론(Costa & McCreae 1980)[24], 동적균형(dynamic equilibrium) 이론 (Headey & Wearing 1989 1992)[25], 다중불일치(multiple discrepancies) 이론(Michalos, 1985)[26], 항상성(hoemostasis) 이론(Cummins, 1995) 등 다양한 관련 이론들이 제시되어왔다.

비판적인 연구들도 있다. Lucas et al.(2003)는 독일 사회경제패널조사(German Socio-Economic Panel Study)의 자료를 기반으로 혼인상태의 변화(결혼과 같은 긍정적 변화와 배우자 상실과 같은 부정적 변화)가 삶의 만족에 미치는 영향을 분석하였다. 분석결과 평균적으로 개인은 사건에 반응한 다음 기준선 수준으로 다시 적응했다. 처음에 강하게 반응한 개인은 몇 년 후에도 여전히 기준선에서 멀었고

24) 주관적 웰빙의 성격이론은 어떤 개인의 성격특성이 외향성(extroversion, E) 또는 신경증성(neuroticism, N)인가에 따라 주관적 웰빙의 기준선이 결정될 수 있다고 본다. 내향적 사람들보다 외향적 사람들의 주관적 웰빙 기준선이 더 높기 때문에 성격에 따라서 행복점의 고정점이 다를 수 있다고 주장한다(Costa & McCrae 1980).

25) 역동적 균형이론에 따르면, 주어진 기간 동안 개인의 일상적이거나 예측 가능한 패턴의 삶의 사건만 발생한다면 주관적 웰빙은 변화하지 않는다. 사람의 주관적 웰빙은 그 사람에게 비정상적인 사건이 발생할 때만 변화한다(Headey 2007: 4). 즉, 동 이론은 일상적 상황에서는 고정점이 지지된다는 이론이다.

26) 다중 불일치 이론(Michalos 1985)은 주관적 웰빙이 자신이 갖고 있는 것과 원하는 것, 관련 있는 다른 사람들이 가진 것, 과거에 가졌던 최고의 것, 받을 자격이 있는 것으로 기대했던 것, 그리고 필요와 관련하여 받을 것으로 기대되는 것 사이의 지각된 격차의 함수라고 가정한다. 그 격차는 다른 영역들에서 관찰된다. 주관적 웰빙은 생활 조건에 의존하지 않는 개별 특성으로 간주된다.

많은 사람들은 적응이론에서 예측한 것과 반대 방향의 궤적을 나타냈다. 연구자들은 결혼생활의 변화가 만족도에 있어서 지속적 변화와 연관될 수 있다고 결론지었다. 아울러 이같은 효과는 평균적 추세만 볼 때는 간과하기 쉽다고 덧붙였다. 동일한 패널자료를 활용하여 Lucas et al.(2004)는 실업과 삶의 만족간 관계를 분석하였다. 그 결과도 유사하다. 고정점 이론에서 제시하는 바와 같이, 개인은 실업에 강하게 반응한 다음 삶의 만족도의 기준선 수준으로 되돌아갔다. 그러나 평균적으로 개인은 이전의 만족 수준으로 회복되지는 않았다. 그같은 현상은 재취업 후에도 마찬가지인 것으로 나타났다. 이 두 가지 연구는 기본적으로 쳇바퀴효과가 과장되고 있음을 지적하는 것이다.

Cummins et al.(2014: 24)은 고정점 효과에 대한 대부분의 실증연구가 삶의 사건이 일어난 후 일정 기간의 적응기간 경과 후 다시 기준선으로 회귀하는 현상을 분석하였으나 적응효과를 시간 기준만으로 분석하는 것은 한계가 있으며, 적응은 두 가지 요소의 균형에 의해서 이루어진다는 것을 인식해야 한다고 지적한다. 구체적으로, 그들은 "한 요소는 사건에 따른 심리적 도전의 강도와 지속성이며, 다른 요소는 항상성 제어(즉, 고정점)를 회복하기 위한 개인의 물질적, 심리적 자원이다. 따라서 적응을 통한 회복 시간은 매우 특이한 것이며, 그것은 도전과 자원의 균형이 매우 열악한 경우에는 발생하지 않을 수 있다."고 주장하였다. 이같은 연구는 적응에 대한 이론적 정교화가 필요함을 강하게 제시해주는 것이다. 이와 관련, Diener et al.(2009: 103)는 최근 연구결과를 바탕으로 적응이론에 대한 다음과 같은 5가지 항목을 수정사항으로 제시하고 있어 주목된다. 첫째, 개인의 고정점은 쾌락적으로 중립적이지 않다, 둘째, 개인성향에 따라서 고정점이 다르다, 셋째, 개인은 복수의 행복 고정점을 갖는 것이 가능하다, 넷째, 일정 조건하에서 고정점이 바뀔 수도 있다, 다섯째, 개인의 적응차이가 있다. 그들은 이같은 적응이론의 수정이 행복을 증진시키고자 하는 심리학자와 정책결정자에게 희망을 주는 것이라 덧붙였다.

실천적 측면에서 볼 때 적응이론이 갖는 함의는 이중적이다. 한편으로는 환경조건이 행복에 미치는 영향에 대한 기대를 희석시킴으로써 행복증진을 위한 인위적 환경개선 노력의 의미를 위축시키는 동시에, 다른 한편으로 그같은 정책노력에 소요되는 공공자원을 절약하게 하는 이론적 기반이 될 수 있다.

이론적 측면에서 볼 때, 적응이론은 행복의 역설과 관련한 이론들을 포괄하는 논리의 힘이 있다. 행복의 역설이 전통적으로 중시되어 온 소득과 재화의 소비와 행복과의 비례적 관련성에 대한 의문이라고 할 때, 고정점 효과의 핵심논리의 근간인 적응은 바로 그같은 역설을 지지하는 것에 다름 아니기 때문이다. 이같은 이론의 범용성은 특히 소비의 유형에 따라 개인에게 주는 행복의 크기와 지속성이 다를 것이라는 주장과 관련하여 주목된다. 예컨대, 과시적 소비(Veblen 1899) 또는 비교적 소비(Dusenbuerry 1949)에 있어서는 소비의 객관적 수준이 아니라 비교우위가 행복을 결정짓는다고 주장된다. 이와 같이 상대적 지위를 추구하는 소비 행태에 있어서는 객관적 편익의 크기가 아니라 비교가치가 행복을 결정짓는 역설이 발생한다(Solnick & Hemenway 1998: 375, Easterlin 1973; Sugden et al. 2016). 또한 타인과의 상호성 안에서 소비되는 관계재(relational goods)의 소비가 행복증진에 중요하다는 주장 역시 물질적 소비가 행복에 영향을 주는 데 한계가 있음을 말해주는 데서 행복의 역설과 관련된다(Bruni & Zamagni 2002: 239)[27]. 그러므로 외부조건과 행복과의 직접적 관련성을 부인하는 적응이론은 행복의 역설과 관련하여 편익재 뿐 아니라 비교재 또는 관계재에 관련된 이론에도 확장적으로 적용될 가능성이 있다. 물론 소비의 유형에 따라 적응의 수준이나 방향에서 차이를 보일 수는 있을 것이다. 이와 관련하여 Bruni & Zamagni(2007: 239)는 "적응과 열망은 가족, 애정 또는 시민관계와 같이 비경제적 영역의 소비에 덜 강하게 작용한다. 쳇바퀴 증후군은 전부가 아니며, 풍요로운 가족 및 관계적 생활은 모든 사람을 평균적으로 더 행복하게 만든다."고 주장한 바 있다. 그러나 소비유형에 따른 차이에도 불구하고 적응의 존재가 완전히 부정되는 것은 아니며, 그만큼 적응이론의 범용성은 인정된다.

기본적으로 적응이론은 적응현상이 개인의 성격적 특징에서 기인하는 것이며 모든 개인에 대하여 안정적이며 보편적이라고 가정한다. 물론 모든 사람이 단기의 변동을 거치기는 하지만 결국 같은 수준과 방향으로 적응하게 된다고 본다. 이같은 주장이 안정적으로 지지되기 위해서는 다음 두 가지 질문이 해소

---

27) 다만, 사회의 존재와 무관하게 고립된 상태에서도 적용이 될 수 있는 개인차원의 쳇바퀴와 달리 과시적 소비, 비교적 소비, 지위적 소비는 모두 비교할 상대가 있는 사회를 필요로 하는데서 사회적 쳇바퀴에 관련된 것이다(Bruni & Porta 2005: 12).

되어야 한다: 첫째, 개인의 성격적 특성은 안정적인가? 둘째, 개인의 성격적 특성 차이와 무관하게 적응 양태는 보편적인가?

① 개인성향의 안정성: 개인성향의 안정성에 대해서는 여러 연구들이 지지한다. 예를 들어 Brickman & Campbell(1971)은 인간은 다른 모든 유기체와 마찬가지로 항상성을 유지하려 노력하는 경향이 있기 때문에 행운이나 불행에 안정적으로 적응한다고 주장함으로써 개인성향의 안정성을 지지한다. Stefan(2013)은 개인들은 유전적 인자와 조기 사회화에 기반으로 하여 안정적 만족수준을 유지한다고 주장한다. 이같은 기준선은 좀처럼 변화하기 힘들다고 주장된다. 유전인자나 사회화 효과는 안정적이기 때문이다. 물론 중대한 사건이 영향을 미칠 수 있지만 이 영향은 일시적일 뿐이며, 따라서 원래 기준선으로 회복될 것이라는 주장이다. 이에 대하여 Pagan–Rodriguez (2012), Pagan(2010) 등은 "개인의 도움이나 보살핌이 필요한 경우에도 사람들의 전반적 만족도가 회복된다."고 보고함으로써 개인성향의 안정성이 상당히 견고함을 지지한다. Cummins(2018) 또한 '항상적으로 보호되는 기분이론(Homeostatically Protected Mood theory)'를 통하여 개인성향의 안정성에 대하여 지지를 보낸다. 그에 의하면 주관적 웰빙은 평가적이기 보다는 다분히 정서적이며, 정서적 요소의 주요 원천은 예민한 정서인 감정(emotion)이 아니라 만성적이고 성격과 같은 특성을 갖는 정서인 기분(mood)이다. 그런데 기분은 유전적 기반을 가지며, 개인에게 고정점을 부여한다. 실제로 기분은 측정방식과 무관하게 상당히 안정적인 것으로 보인다. 고정점의 범위에 대하여 100점 척도 기준으로 Cummins(2010: 18)에서 70–90점, Cummins et al(2014)에서 73.8– 76.7점으로 보고되었다. 또한 Anglim et al, 2015(cited in Cummins 2018: 18)의 조사에서는 행복수준이 평균 75.0점, 표준편차는 6.60으로 보고되었다. 이렇듯 고정점에 대한 실증연구결과는 상당히 견고해 보인다.

한편, Cummins는 행복수준의 안정성의 원천으로서 항상적 기분의 안정성을 주장하면서도 항상적 기분이 견고하기만 한 것은 아니며 취약성이 있다고 주장한다. 기분이 안정적이지 않고 취약한 경우는 두 가지이다. 한 가지는 유전적으로 불안정적인 사람이 있다. 다른 하나는 삶의 경험에 의해 정서의 안정성을 잃는 경우이다(예 폭행의 경험). 예외적인 경우를 논외로 한다면, 항상적 기분이론은 개인의 성격적 특징을 강조함으로써 적응이론을 지지하는 중요 논거가 된다. 다만, 그 지지의 범위는 다소 제한적이다. 그의 항상적 기분이론은 행복의 여러 요소 중 정서, 그 중에서도 보다 안정적인 기분에 집중하여 제시된다. 기분이 주관적 웰빙에 있어서 지배적인 요소로 판단하기 때문이다. 그러나 만일 주관적 웰빙이 Kozma et al.(1990)이 주장한 바와 같이 단기간에 작용하는 기분(mood)과 장기간에 걸쳐 작용하는 성향(disposition)으로 구성된다면, 개인적 특성에 기반한 적응이론에 대한 항상적 기분이론의 지지는 그만큼 위축된다.

② 개인성향의 보편성: 적응이론은 환경조건에 대하여 누구나 동일한 수준과 방향의 적응을 한다고 가정한다. 그러나 개인성향의 차이에도 불구하고 동일하게 외부환경에 반응한다는 가정은 지나치게 단순하다. 같은 상황에 대해서도 성향이 다른 사람은 다르게 반응한다. 같은 상황에서도 긍정적 성향의 개인은 보다 긍정적으로 반응하고, 부정적 성향을 가진 개인은 보다 부정적으로 반응한다. 반잔의 주스를 보며 긍정적 개인은 "반이나 남았네"라고 하고, 부정적 개인은 "반밖에 안남았네"라고 한다는 잘 알려진 교훈은 상황에 대한 반응에 있어서 개인의 성향 차이가 중요하다는 것을 쉽게 가르쳐주는 것이다. 더욱이 앞에서 언급한 바와 같이 긍정적 상황과 부정적 상황에 따라 개인의 적응수준이 다를 가능성도 있다. 그럼에도 불구하고 적응이론은 적응 결과에 과도하게 초점을 맞춤으로써 적응과정 즉, 개인의 성향과 적응경험간의 역동적 관계에 대하여 적절한 주의를 기울이지 않아 보인다. 성격적 특성의 안정성을 강조하는 반면, 성향의 개인 차이에는 주목하지 않고 있는 것이다. 그리하여 고정점 효과가 성격적 특성이 동일하고 따라서 적응양태가 동일하기 때문에 생기는 결과인지, 아니면 성격적 특성의 차이에도 불구하고 적응양태가 동일한 때문에 생기는 결과인지에 대해서 명확하게 설명하지 않는다.

이에 대한 보완적 접근은 두 가지이다. 첫째 방식은 적응이론이 경시하는 외부조건의 차이에 초점을 맞추어 적응양태의 차이를 설명하는 접근이다. 예를 들어, Lucas(2007), Lucas and Diener(2009)는 이혼, 배우자 사망, 실업, 장애와 같은 충격적 사건은 적응이론의 기대와는 달리 주관적 웰빙의 장기적 변화를 가져온다고 주장한다. 또한 적응에는 개인 차이가 있으며, 적응이 항상 일어나는 것도 아니라고 주장한다. 이와 같이 개인의 적응이 긍정적 사건과 부정적 사건에 대해서 동일하게 작동하지 않는 이유는 획득보다는 손실에 대하여 더 무게를 두는 일반적 경향 때문으로 설명된다(Schwarz and Strack 1999). 이같은 경향에 대하여 Kahneman(1979)은 "손실의 가치함수는 획득의 가치함수에 비하여 기울기가 가파르며, 손실과 획득에 대한 예민성의 차이는 손실회피로 이어진다."라고 주장한 바 있다. 그럼에도 불구하고 이같은 주장들은 적응을 전면 부인하기보다는 적응의 부분성을 주장하는 것으로 보인다. 충격적 상황에서는 적응보다는 반응이 일어나며, 일반적 상황에서는 반응보다는 적응이 일어난다고 주장하는 것이기 때문이다. 이외에도 물적조건과 관련된 삶의 영역에서는 적응이 이루어지지만, 가정 또는 건강 영역에서의 적응은 훨씬 낮은 수준에서 이루어진다고 한 Easterlin(2003)이나 Bruni & Porta(2005: 45), 질병, 장애, 또는 고령 때문에 개인적 지원과 돌봄이 요구되는 사람들에게는 기본적 인간욕구가 충족되지 않기 때문에 적응이 잘 일어나지 않는다고 보고한 Weick(2013) 등의 연구는 외부조건의 차이에 따른 적응 차이를 확인하는 접근의 예이다.

두 번째 방식은 적응이론이 명확하게 설명하지 않고 있는 성격의 유형에 따라 적응의 차이를 설명하는 접근이다. 예를 들면, Boyce & Wood(2011)는 307명의 장애인을 대상으로 한 4년 주기의 조사에서 삶의 만족은 성격유형에 따라 달라진다고 주장하였다. 그들의 조사결과에 따르면 장애인이 된 것이 장애인의 삶의 만족도에 심각한 영향을 미치지만 그 효과는 장애 전 성격에 의해 상당히 완화되었다. 또한 쾌활한 성격의 개인은 장애에 더 빠르고 완전하게 적응하는 반면, 쾌활하지 않은 성격의 개인은 적응을 위하여 추가 지원의 필요가 있어 보였다. Bruuni & Zamagni(2007, 239)는 이타적인 사람들이 자기 중심적인 사람들보다 평균적으로 더 행복하며, 정기적으로 봉사하는 사람들은 스스로 행복하다고 생각하는 동시에 다른 사람들도 그들이 행복한 것으로 여겼다고 보고하였다. 물론 이와 같이 성격 특성에 따라 적응의 차이가 있다는 주장이 성격의 불안정성을 주장하는 것과 같은 것은 아니다. 성격유형 차이에 따라 적응의 방향과 정도가 차이를 보이고 그에 따라 행복수준의 차이를 보일 것이지만 행복수준은 성격유형과 무관하게 일정 범주에 있을 수 있기 때문이다. 즉, 성격유형에 대한 논의는 고정점 이론의 핵심근거인 적응의 안정성을 전적으로 부정하지 않는다.

다만, 단순한 고정점 이론에서와는 달리 적응의 정도가 개인의 성격유형에 따라 어떠한 차이를 보이게 될 것인지에 대하여 제시하는 것이다. 만일 성격유형에 따른 적응의 차이가 크지 않다면 그만큼 고정점 이론은 상당히 타당성을 유지할 것이다(반대도 마찬가지). 그것은 실증조사의 문제이다. 그럼에도 불구하고 여전히 다양한 성격유형이 존재하는 한, 적응이론의 안정성은 그만큼 불안해진다.

2) 반응이론

반응이론은 외부의 환경조건에 따라 개인의 행복수준이 결정된다고 본다. 외부 환경에 대한 개인의 적응보다는 외부의 객관적 조건이 개인의 욕구를 얼마나 충족시키느냐하는 것이 행복의 유의미한 영향요인이 된다고 보는 것이다. 즉, 개인의 행복은 다양한 삶의 영역에서 환경에 대한 개인의 반응에 의하여 결정되는 것이다. 그러므로 환경이 긍정적으로나 부정적으로 변하면 개인의 행복수준은 그에 따라 긍정적으로 또는 부정적으로 변화한다. 개인의 외부환경에 대한 반응은 수동적이며 능동적이지 않다. 즉, 적응이론에서 개인이 독립변인인 것과 달리, 반응이론에서의 독립변인은 개인이 아니라 외부환경조건이다. 그러므로 고정점 이론에서 주장하듯이 사건 이후 행복수준은 사건 이전 수준으로 회복되지 않는다. 달라진 삶의 조건이 개인의 삶에 그대로 투사되기 때문이다. 그렇다면 고정점 이론은 틀리거나 과장된 것이다.

반응이론의 대표적 모형은 욕구가 충족될 때 행복이 증진된다고 보는 욕구충족이론이다. 대표적 이론으로는 욕구계층이론(Maslow 1943), ERG(존재, 관계 및 성장 욕구)이론(Alderfer 1972), 동기-위생이론 또는 2요인 이론(Herzberg et al. 1959), 3요인 욕구이론(McClelland 1961), 근본적 인간욕구이론(Max-Neef 1991) 등이 있다. 이들 연구들의 관점과 분류는 상이하지만, 인간의 욕구충족이 행복에 영향을 미치는 주요 요인으로 본다는 점에서 공통점을 갖는다.

가장 잘 알려진 욕구충족이론은 Maslow의 욕구단계이론이다. Maslow(1943)는 인간에게는 삶을 영위하기 위한 기본 욕구가 있다고 주장한다. 기본욕구는 하나의 목적 집합으로서 인간이 행동하고, 동기를 부여할 수 있는 요소들이다. 그같은 인간 욕구는 생리적 욕구, 안전욕구, 애정과 소속 욕구, 인정욕구, 자아실현 욕구 등 다섯개 수준의 욕구로 구성된다. Maslow는 다섯가지 단계의 욕구들을 기본욕구(baseic needs)와 존재욕구(being needs)로 나눈다. 자아실현은 기본욕구에 존재욕구, 다른 네 가지 욕구는 기본욕구에 해당된다(그림 5-1). 한가지 욕구가 적절히 충족되면 다음 단계의 욕구가 발현한다. 또한 욕구단계가 높아질수록 만족감이 커진다. 한 단계의 욕구의 만족은 다음 상위 단계로 대체되고, 이미 충족된 욕구는 동기부여의 기능은 상실하게 된다. 결국 가장 우세한 목표가 인간의 의식을 지배한다. 이같은 Maslow의 기본욕구이론은 욕구가 인간의 웰빙에 중요한 요인이라는 점을 밝힌 연구로서 중요한 의미를 갖는다. 그러나 욕구 간 단계가 있다는 주장에 대해서는 비판이 제기된다.

　　Maslow의 욕구단계설의 한계를 보완하려는 노력으로 McClelland(1961)와 Alderfer(1969)를 들 수 있다. 먼저 McClelland는 성취, 권력, 소속의 욕구가 사람들을 움직이게 하는 동기라는 욕구의 3요소이론을 제시하였다. 이 세 가지의 욕구는 인종, 성별 등의 특성을 초월하여 Malsow의 욕구단계들을 압축적으로 통합한 것으로 평가받는다. Alderfer(1969; 1972)의 ERG 이론 역시 잘 알려진 이론이다. ERG 이론은 Maslow의 5가지 단계별 욕구를 포괄하여 존재욕구(existence needs: 물리적, 신체적 안전 욕구), 관계욕구(relatedness needs: 사회관계 및 외부의 평가) 및 성장욕구(growth needs: 자존감 및 자아실현)의 3가지 욕구영역으로 단순화하였다. 이들 욕구는 욕구의 대상을 기준으로 각각 대물(존재), 대인(관계), 자신(성장)에 대한 욕구영역을 나타낸다. ERG 이론은 Maslow의 이론에 기반하면서도, 인간의 욕구가 계층적이지 않으며 따라서 한꺼번에 발현될 수 있다고 하는 점에서 다르다. 또한 Maslow의 계층적 논리 대신 만족-진보, 좌절-퇴보 및 만족-강화 간 세 가지 메커니즘이 있다고 제시한다. <그림 5-1> 은 Alderfer의 모형과 Maslow의 모형을 비교한 것이다(Estaji 2014: 27). 그림에서 보듯이 욕구단계론의 영역과 ERG의 영역이 정확히 일치하지는 않는다. 예를 들면, Alderfer의 존재욕구가 Maslow의 생리적 욕구와 함께 안전욕구의 일부(신체적 안전과 보호)를 포함하고 있는 것이다. 이같은 중복은 다른 영역 요소에 있어서도 마찬가지이다. 나아가서 그림은 각 욕구영역 들이 주관적-질적인 영역과 객관적-양적인 영역에 어떻게 상응하는 위치에 있는가를 보여준다.

▶ 그림 5-1 Maslow's 욕구단계이론과 Alderfer의 ERG 이론

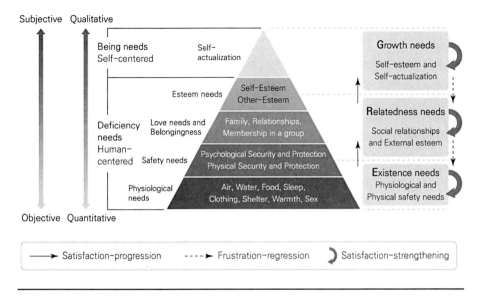

출처: Estaji(2014: 27)

　　Herzberg et al(1959)의 욕구-위생(motivation-hygiene) 또는 2요인(two factor) 이론은 욕구의 종류와 상관없이 모든 욕구의 충족이 동기부여로 연결된다고 보는 기존의 연구와는 달리, 욕구충족이 동기부여로 이어지는 동기요인(motivator)과, 욕구충족이 동기부여가 아니라 불만방지로 이어질 뿐인 위생요인(hygiene factor)으로 욕구가 구분된다고 주장한다. 동기요인은 성취감, 인정감, 직무 자체, 책임감, 승진, 성장 등을 포함하는데 이는 대체로 Maslow의 인정욕구와 자아실현욕구에 대응하는 것이다. 위생요인은 조직의 정책, 감독방식, 상사와의 관계, 근무조건, 보수, 대인관계 등을 포함하며 이는 대체로 Maslow의 생리적 욕구, 안전욕구, 애정과 소속욕구에 대응하는 것이다. Maslow의 수직적 동기론이나 Alderfer의 수평적 동기론이 욕구영역 간의 관계적 속성에 초점을 두었다면, Herzberg는 욕구차원의 분석을 넘어 동기부여 차원으로 욕구이론의 지평을 넓힌 주요 이론으로 평가된다. 이같은 이론에 의하면 외부조건의 성격에 따라 동기부여의 질적 차이가 생기고 그에 따라 행복의 성취 형태가 달라질 것으로 예정하게 된다. 즉, 만족과 불만은 동일 차원이 아

니라 독립적 차원의 성격의 것이므로 동기부여를 위한 외부조건의 조성 노력 역시 이를 고려하여 차별적으로 이루어질 필요가 있게 되는 것이다.

Ryan and Deci(2000)는 자기결정(self-determination) 이론을 통하여 인간의 성장 또는 생리적 웰빙의 증진을 위해서는 개인의 자율적 동기가 중요하며 그 동기의 발현은 외부조건에 의하여 영향받는다고 주장한다. 일반적으로 자기결정이론은 개인의 행동을 결정하는 데 있어서 외부적 동기(䄉 승진)보다 내재적 동기(䄉 성취감)가 더 중요하다고 보는 심리이론이다. 이와 관련하여 Ryan과 Deci는 자기 동기부여와 관련된 세 가지 내재적 욕구, 즉 역량, 자율성 및 관계성에 대한 욕구를 제안하였다. 그들의 주장에 따르면 이들 욕구가 충족되면 자기 동기부여와 웰빙이 향상되지만, 충족되지 않으면 동기와 웰빙이 감소한다. 또한 이들 세 가지 욕구는 보편적, 선천적, 심리적인 것으로서 개인의 심리적 웰빙에 필수적이다. 그런데 이 내재적 동기가 발현되기 위해서는 적절한 외부환경의 존재가 중요하다. 인간의 다양한 행태는 단순히 성향에 따른 결과로 나타나는 것이 아니라 사회적 환경에 대한 다양한 반응이기 때문이다. 보다 구체적으로, 사회적 맥락은 동기와 개인적 성장에 있어서 개인 내 및 개인 간의 차이를 촉진함으로써 사람들이 어떤 상황, 영역 또는 문화에서는 다른 사람들보다 더 동기가 부여되고, 활력을 얻으며, 통합되도록 한다. 요컨대, 외부환경이 인간의 동기발현을 촉진 또는 저해하고, 그에 따라 인간의 심리적 웰빙이 달라지게 된다는 것이다. Ryan과 Deci의 자기결정이론은 인간의 동기구조를 밝히는 데 초점을 두었던 기존의 동기연구를 넘어서 인간 동기의 발현에 영향을 미치는 사회조건을 밝히는 데까지 관심을 확장하였다는 점에서 의미있는 연구이다.

Max-Neef(1991: 8-33)의 근본적 인간욕구(fundamental human needs) 이론은 경제성장에 초점을 맞춘 개발주의에 대한 대항모형으로 인간척도개발을 주창하면서 제시된 욕구이론이다. Max-Neef는 과거의 연구들이 욕구에만 집중해 온 이론적 한계를 비판하면서 욕구와 욕구의 충족요인(satisfiers of needs)을 구분한다. 또한 그는 무한하고 충족 불가능한 희망(wants)과 달리 인간의 근본욕구는 유한하고, 유형화가 가능하며, 모든 문화권과 역사적 시기에 걸쳐 동일하다고 주장한다. 이같은 욕구충족요인은 조직형태, 정치구조, 사회실천, 가치와 규범, 공간, 행동과 태도 등을 포함할 수 있다. 즉, 충족요인은 외부의 객관적 조건만이 아니라 인간의 내적 요인까지 아우른다. 그는 욕구를 존재욕구(exitential needs)와 가치욕구(axiological needs)로 구분한다. 존재욕구는 존재(속성), 소유(제도, 규범 등), 행위(행위), 교호작용(위치, 환경) 등 4개 요소를, 가치욕구는 생존, 보호, 애정, 이해, 참여, 여가, 창의, 정체성, 자유 등 9개 요소를 포함한다. 이들 욕구요소를 상호교차하면 36개 충족요인 유형이 형성된다. Max－Neef는 각 충족요인 유형별로 구체적 충족요인을 예시적으로 제시한다. 다만, 제시된 충족요인이 예시적일 뿐 아니라, 개수가 많아 여기에서는 충족요인 전체를 열거하는 대신, 한 유형의 충족요인 만을 예로 제시한다: 존재－생존의 충족요인 유형은 신체적 건강, 정신적 건강, 균형감, 유머감각, 적응력 등의 충족요인을 포함하는 것으로 제시된다. 이같은 예를 포함하여 전반적으로 볼 때, 충족요인은 사회적 상황과 같은 객관적 외부조건과 적응력과 같은 내적 성향요인까지 망라한다. 이와 같이 근본적 인간욕구이론이 제시하는 충족요인은 행복의 영향요인으로서 내적요인과 외적요인을 구분하는 기존의 논의와 관련하여 양자간 경계를 희석시킬 필요성 내지는 가능성을 제시해주는 것으로서 주목할만 하다.

3) 통합이론

적응이론과 반응이론은 각각 개인성향(성격)과 외부환경(조건)이 행복에 미치는 영향에 대한 이해를 확장하는데 기여하지만, 적응모형은 상황을, 반응모형은 성향을 경시하는 한계를 보인다. 그러나 상황과 성향 모두 무시하기 어려운 행복의 요인이다. 그러므로 어느 일방만을 강조하는 모형을 넘어 양 모형을 연계하는 통합모형으로의 발전적 진화가 필요하다. 사실 기존의 연구들은 진영을 막론하고 두 요인 모두가 유효한 행복의 영향요인임을 확인하는 방향으로 전개되어왔다. 이는 적응이론의 수정 또는 비판은 외부환경요인의 수용과 연결되고, 반응이론의 수정 또는 비판은 내적성향요인의 수용과 연결되어 진화해온 데서 확인된다. 즉, 각 이론모형의 전형(prototype)을 고수하지 않는 한 결국 양자는 연계 또는 통합의 방향을 모색하여 온 것이라 할 수 있다. 널리 알려진 행복연구자인 Lucas & Diener(2009)의 주장에서 이같은 경향을 확인할 수 있다. 이들은 적응이론의 근간인 성향의 안정성을 인정하면서도 유보적 입장을 보였다. 즉, 이들은 성향은 시간과 상관없이 안정적이지만, 시간에 따라 변화한다고 하였다. 또한 행복수준의 결정에 대하여 성향이 중요하여 고정점을 형성한다고 동시에, 상황과 삶의 조건도 경우에 따라 상당한 영향요인이 된다고 하였다. 결국 성격에 기반한 적응을 인정하면서도 환경의 영향도 인정하는 입장에서 고정점 이론에 대하여 "확실히는 아니지만 어느 정도 지지된다"라고 결론짓는다. 이들이 명시적으로 언급하지는 않았지만 반응이론에 대해서도 마찬가지 논리가 적용될 수 있었을 것이다. 이와 유사하게 여러 연구들은 행복의 설명요인으로서 개인성격과 외부환경을 동시에 수용하는 통합적 관점을 지지한다(Brief et al. 1993; Lance et al. 1995; Kozma et al. 2000; Sirgy 2001; Maggino 2015 etc.). 그리고 그 가능성은 앞서 언급한 Max-Neef의 연구에서도 확인된 바 있다.

▶ 그림 5-2 적응(하향확산)과 반응(상향확산)의 통합(Brief et al. 1993: 648)

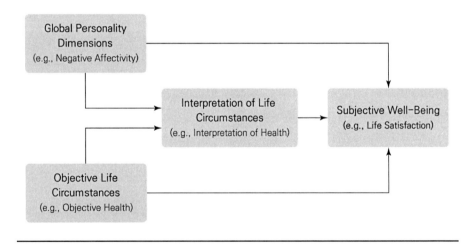

<그림 5-2>는 Brief et al.(1993: 648)이 제시한 주관적 웰빙의 결정에 관한 통합모형으로서 성격적 특성과 외부환경이 동시에 행복으로 연결되는 것을 요약적으로 보여준다. 이 모형은 객관적 생활환경과 전반적 성격 차원 모두는

주로 생활환경의 해석에 영향을 미침으로써 주관적 웰빙에 간접적으로 영향을 미친다고 가정하는 것이다. 이 모형은 375명의 남성과 여성을 대상으로 한 횡단면 및 종단면 분석에서 검증되었다. 성향은 부정적 정서(NA) 측면으로 생활환경은 건강으로 측정되었다. 검증결과는 제시된 모형을 강력하게 지지하는 것으로 나타났다. 그러나 여전히 행복의 결정과정에서 환경과 개인간의 상호작용에 대해서는 불확실한 측면이 남는다. 이를 확인하기 위해서 대안적으로 환경이 행복에 미치는 영향관계에 개인의 성향이 조절변수로 작동하는 모형, 또는 개인성향이 행복에 미치는 영향관계에 환경이 조절변수로 작동하는 모형을 추가적으로 검증할 필요가 있을 것이다.

환경과 개인성향과 행복 간의 관계경로의 규명과 함께, 또 다른 중요한 문제는 환경요인과 개인성향의 특성 차이에 따라 행복이 어떻게 달라지는가하는 것이다. 이와 관련, 여기에서는 환경과 개인의 성격 유형에 따라 개인의 적응과 반응양태가 각각 차이를 보일 것이며, 이에 따라 행복수준에 차이가 있을 것이라는 전제 하에 환경유형과 성격유형에 따른 행복의 변화방향에 대한 가설을 제시하고자 한다(표 5-1). 이러한 시도는 환경과 개인성향을 결합시킴에 있어서 개인성향의 특성과 환경특성이 행복에 미치는 차별적 효과를 감안하려는 시도로서 의미가 있다.

단순하게 말하자면, 지금까지 반응이론은 행복에 대해서 긍정적 환경은 긍정적 영향을, 부정적 환경은 부정적 영향을 미치는 것으로 일률적으로 가정하는 경향이 있어 왔다. 이같은 가정은 개인의 성향이 행복에 미치는 효과를 고려하지 않는데서 비롯된 것이었다. 적응이론도 유사한 경향을 보여왔다. 즉, 개인의 성향이 환경영향을 중화시킨다는 가정에 집중한 나머지 개인의 성향 차이에 따라 적응양태가 달라지고 이에 따라 행복에 대한 영향이 달라질 수 있다는 점에 대하여 크게 주목하지 않아 왔다. 환경이 행복에 미치는 효과를 경시했음은 물론이다. 그러나 행복에 대한 영향에 있어서 환경에 대한 개인의 반응은 개인의 성향특성과 교차할 때 일률적이지 않게 되며, 환경에 대한 개인의 적응 역시 환경특성과 교차할 때 일률적이지 않게 된다. 즉, 환경특성과 개인특성을 동시에 고려할 때, 기존의 적응이론이나 반응이론이 가정하는 행복에 대한 적응과 반응의 효과는 일률적이지 않고 보다 다양해진다. 어떻게 변화하는가?

대답을 위해서는 환경과 성격특성의 유형화가 필요하다. 먼저 환경은 간단하게 긍정적 환경과 부정적 환경으로 구분한다. 개인의 성격유형은 욕구를 기준으로 욕구상승형(불만형), 욕구통제형(금욕형), 욕구수용형(만족형)으로 나눈다. 양자를 교차함으로써 <표 5-1>이 제시하는 바와 같이 성격특성과 환경특성에 따른 행복수준의 변화방향을 가늠해볼 수 있다. 편의상 성격특성 유형을 기준으로 성격특성이 환경요인과 교차적으로 행복에 영향을 미치게 되는 가설적 관계를 설명한다.

▌표 5-1 성격과 환경특성에 따른 행복수준 변화방향

		성격유형		
		욕구상승형	욕구통제형	욕구수용형
환경	positive	행복불변	행복증가	행복불변
	negative	행복저하	행복불변	행복불변

첫째, 욕구상승형 또는 불만형 인간은 현재 상태에 만족하지 않고 더 높은 수준의 만족을 추구하는 유형이다. 공동체 안에서 다른 개인들과 일정한 연관을 갖고 생활하는 과정에서 개인들은 일상적으로 자신의 상태와 타인의 상태를 비교하기 마련이다. 문제는 비교의 형태이다. 욕구상승형 인간은 비교에 있어서 현재보다 높은 수준과의 비교 즉, 상향비교를 하며 이는 행복의 저하요인이 된다(Schwarz, Norman and Fritz Strack, 1999). 이같은 성격유형의 경우, 환경의 긍정적 변화는 그에 따른 효용증가를 상쇄하는 개인욕구의 상승으로 인하여 행복수준을 변화시키지 않을 것이다. 그러나 환경의 부정적 변화는 그에 따른 효용감소와 욕구불만이 합해져서 행복수준을 저하시킬 것이다. 즉, 좋은 환경변화는 영향이 없고 나쁜 환경변화의 영향은 증폭된다. 둘째, 욕구통제형 또는 금욕형 인간은 욕구 자체를 억제하여 남보다 낮은 수준의 욕구를 지향한다. 비교에 있어서는 하향비교를 하며, 이는 행복의 상승요인이 된다(Schwarz, Norman and Fritz Strack, 1999). 이같은 성격유형의 경우, 환경의 긍정적 변화는 그에 따른 효용증가와 함께 욕구의 억제로 인하여 행복수준을 상승시킬 것이

다. 환경의 부정적 변화는 그에 따른 효용감소를 상쇄하는 욕구억제로 행복수준을 변화시키지 않을 것이다. 셋째, 욕구수용형 또는 만족형 인간은 현실에 적응하는 유형으로서 고정점 이론이 상정하는 인간유형에 가깝다. 이솝우화에 나오는 신포도와 여우에서 찾을 수 있는 인간형이다. 이같은 유형은 자신의 현상태와 다른 타인의 상태와의 비교에 소극적이며, 따라서 비교에 따른 행복의 증감은 없게 된다. 이같은 성격유형에 있어서, 환경의 긍정적 변화는 증가한 효용을 상쇄하는 욕망의 증가 때문에 행복수준을 변화시키지 않을 것이다. 환경의 부정적 변화는 감소한 효용을 상쇄하는 적응 때문에 역시 행복수준을 변화시키지 않을 것이다. 이는 고정점 이론이 상정하는 결과에 상응하는 것이다.

지금까지 행복의 설명모형에 대하여 논의하였는 바, 어떤 입장을 수용하느냐에 따라 행복증진을 위한 정책의 필요성에 대한 평가가 달라진다. 적응이론 또는 하향이론에 근거하여 정부 역할을 설정하는데는 한계가 있을 것이며, 반응이론 또는 상향이론을 수용하는 경우에는 행복증진을 위한 외부환경의 개선을 위한 정책노력이 지지될 것이다(Veenhoven, 1991; 고명철 2013: 8). 통합적 관점에 따르면 양 요인간의 상대적 중요성 또는 양 요인간의 연계관계에 따라 행복정책에 대한 지지와 방향이 달라질 것이다.

첨언할 것은 대부분의 적응이론 및 반응이론 또는 통합모형의 논의가 대체로 정서나 만족에 초점을 맞추어 이루어지고 있다는 점이다. 그러나 행복이 이들만이 아니라 덕성 측면을 포함하고 있는 만큼 관심의 외연 확장이 필요할 것이다. 물론 기존의 연구들이 행복의 영향요인을 연구함에 있어서 행복의 구성요소를 명시적으로 망라하지 않았다하더라도 각 이론의 핵심가설은 원칙적으로 행복의 구성요소 전부에 적용될 수 있을 것으로 생각된다.

02 　 행복의 영향요인

　행복의 영향요인에 대한 논의는 행복증진을 위하여 중요하다. 그것은 환자를 치료하기 위해서는 먼저 진단이 필요한 것과 같다. 진단에는 환자의 현 상태에 대한 이해와 함께 병증의 원인분석이 필요하다. 마찬가지로 행복의 실태에 대한 측정과 함께 행복의 영향요인의 파악은 행복증진을 위한 기본적 요청이 된다. 이같은 지식은 정책결정자들에게 특히 중요하다. 행복실태와 영향요인에 대한 지식이 없다면 한정된 자원으로 자원을 낭비할 뿐만 아니라, 잘못된 정책으로 행복을 저해할 수도 있기 때문이다. 앞에서 제시한 행복의 설명이론에 대한 논의는 사실 행복의 영향요인으로서 외부환경조건과 개인의 성향간 상대적 중요성에 관한 것이다. 그러나 외부조건이 더 중요하다고 해서 내적요인을 무시해도 되는 것은 아니다(반대도 마찬가지이지만). 상대적 중요성의 차이에도 불구하고 양자는 모두 중요한 행복의 영향요인으로 논의되어왔다. 통합적 관점은 바로 이같은 인식에 기반한 것이라 할 수 있다. 그럼에도 불구하고 행복정책의 추진에 있어서는 일차적 관심의 대상이 되는 영향요인은 내적요인보다는 외부의 환경조건이다. 그 이유는 다음과 같다.

　첫째, 정책은 기본적으로 외부조건의 변화를 추구하는 것이기 때문이다. 행복정책 역시 기본적으로 외부조건의 변화를 통하여 행복에 영향을 미치려 하는 인위적 정부활동이다. 물론 내적성향이 정책의 대상이 될 수 없는 것은 아니다. 다만, 일반적으로 공공정책은 외부조건의 변화에 초점을 두고 있다. 둘째, 공공정책을 통하여 내적성향을 변화시키려는 노력은 규범적으로나 실천적으로나 한계가 있기 때문이다. 내적성향의 변화를 추구하는 정책은 일정 범위를 넘어서는 경우, 개인의 자율과 충돌할 우려가 있고, 그렇지 않은 경우라 하더라도 정책을 통한 개인 성향의 변화 가능성에 의문이 있다. 특히 적응이론에 의하면 정책을 통하여 안정적 성향이 변화될 가능성은 높지 않다. 셋째, 지금까지 개인의 성향과 행복 간 관계에 대한 논의가 진전된 것과 비교하여 외부조건과 행복과의 인과관계에 대한 증거가 부족하기 때문이다. 이같은 상황이 지속되면 정책에 투입되는 자원과 노력의 낭비가 초래된다. 그러므로 초기에 일부 시행착오가 있더라도 정책실천과정에서 외부조건과 행복 간 실천적 지식의 축적을 통하여 행복정책의 효과성을 안정화시킬 것이 요구된다. 이같은 인식에 기반하여 이하에서는 외부환경조건에 초점을 맞추어 어떠한 요인이 유의미한 행복의 영향요인인가에 대하여 논의한다.

2000년대에 들어서면서 행복에 대한 관심증가의 일환으로 행복의 영향요인에 대한 연구가 크게 증가하였다(Frey & Stutzer, 2010; Diener et al., 1993; Easterlin, 2001; Kahneman & Krueger, 2006; Hartog and Hessel, 1998; Eren & Aşıcı, 2016; Mizobuchi, 2017; Frey & Stutzer, 2000; Dorn et al., 2007; Rode, 2013; Ott 2011; Oshio, 2017 등). 행복의 영향요인은 다양한 형태로 구분된다. 주로 외부조건을 대상으로 하여 정치, 경제, 사회문화, 인구통계학 적 요인 등 요인의 성격을 기준으로 한 분류(김현정, 2016; 장승진, 2011), 소득과 소득외 요인을 기준으로 한 분류(임재영 외, 2016), 개인, 지역, 또는 국가 등 집합체의 수준을 기준으로 한 분류(Oshio, 2017; KA Eren et al, 2016; Thin, 2012) 등이 발견된다. 여기에서는 행복의 영향요인을 개인 수준과 집합적 수준의 요인으로 구분하여 살펴본다.

1) 개인차원의 영향요인

행복에 영향을 미치는 개인차원의 요인으로는 개인의 성향 외에 결혼, 가족, 친구, 사회적 관계, 커뮤니티 서비스, 자선, 고용, 인지된 건강, 종교, 봉사, 정치활동 등 다양한 외적요인이 포함된다(Bok 2010: 17). 개인차원의 행복의 영향요인으로서 우선적으로 언급할 요인은 개인의 성향이다. 앞 장의 적응이론에 대한 논의에서 살펴보았듯이 개인의 성향은 행복에 영향을 미치는 유의미한 요인이다. 적응이론의 핵심적 주장은 외부조건보다는 내적요인으로서 개인의 안정적 성향이 행복을 결정하는 중요 요인이라는 것이다. 이같은 이론은 심리학자들을 중심으로 상당한 이론적, 실천적 논의가 축적되어왔다(団 Diener 1984; Kanehman 1999; Vittersø 2013; Cummins 2018 etc.). 구체적 논의는 중복을 피하기 위하여 기존의 논의로 대체한다.

개인차원에서 행복의 영향요인으로 가장 많이 언급되는 외부조건은 소득이다. 개인의 소득이 행복에 미치는 효과에 대해서는 실질적 효과론과 제한적 효과론이 대립한다. 실질적 효과론은 소득이 행복에 대하여 유의미한 영향요인이라는 입장이다. 소득은 사람들이 원하는 것을 할 수 있는 기회를 제공하고, 필요한 재화와 서비스를 획득할 수 있게 해주며, 더 높은 사회경제적 지위를 누리게 한다. 이렇듯 욕구충족의 중요한 수단인 소득은 행복의 유의미한 영향요인으로서 널리 인식되고 있다. 또한 이같은 인식은 여러 연구에서 실증적으로 지지된다. Frey and Stutzer(2002)는 미국인을 대상으로 한 패널자료 조사(1972-74, 1994-1996)에서 두 기간 모두에서 소득과 행복은 강한 상관관계에 있는 것을 확인하였다. 소득 하위 10분위의 행복지수는 평균 1.92(1972~74년), 1.94(1994~96년), 5분위의 지수는 2.19, 10분위 이상의 지수는 2.36이었다. Di Tella 외(1999)의 Eurobarometer Survey Series(1975-91)의 분석결과에서도 비슷한 결과가 나타났다. 예를 들어 소득 상위 4분위의 88%가 자신을 "상당히 만족" 또는 "매우 만족"으로 평가한 반면, 하위 소득 분위는 66%만 비슷한 평가를 하였다. Veenhoven(1991)은 행복이 상대적이라는 주장은 진실이 아니며, 빈곤을 포함하여 전쟁이나 격리같이 열악한 생활조건은 행복저하의 직접적 원인이 되며, 행복증진을 위해서는 삶의 욕구충족을 위한 생활조건의 충족이 필요하다고 주장하였다. 그같은 조건에 소득이 포함됨은 물론이다.

반면, 소득이 행복의 유의미한 영향요인이 아니라는 입장도 있다. 경제학에서 행복연구가 발흥하는데 기폭제가 된 Easterlin(2001; 465)은 개인의 소득이 더 큰 행복을 가져올 수 있는지를 규명하는 실증연구를 수행하였다. 그는 소득 증가 초기에는 미래에 대한 기대와 함께 행복도 일시적으로 증가하지만 생애주기에 걸쳐 소득과 함께 열망이 높아져서 소득에 따른 행복증대 효과는 감소한다는 것을 입증하였다. Diener et al.(1993)는 개인 소득 수준이 웰빙에 미치는 영향분석에서 빈곤지역에서의 소득변화는 어느 정도 웰빙에 영향을 미치지만 전반적으로 볼 때 소득변화와 주관적 웰빙의 연결성은 지지되지 않는다고 보고했다. Kahneman et al(2006)은 설문지 조사결과에 기반하여 다음과 같이 주장한다: "고소득이 좋은 기분과 관련이 있다는 믿음은 널리 퍼져 있지만 대부분은 착각이다. 평균 이상의 소득을 가진 사람들은 자신의 삶에 상대적으로 만족하지만 순간 순간의 경험에서 다른 사람들에 비하여 더 행복하지 않다. 더욱이 소득이 삶의 만족도에 미치는 영향은 일시적인 것으로 보인다. … 사람들은 삶을 평가할 때 전통적인 성취에 초점을 맞추는 경향이 있기 때문에 행복에 대한 소득의 영향을 과장한다." 이외에도 Inglehart 외l(2008), Layard(2005), Luttmer(2005) 등 여러 연구도 소득의 행복증대 효과가 제한적이라고 주장한다. 이같은 주장은 적응이론 내지는 고정점 이론에 상응하는 것이다.

소득의 행복효과에 대한 논쟁에도 불구하고 소득은 크든 작든, 안정적이든 불안정적이든 행복에 대하여 긍정적 영향요인 중의 하나임은 분명하다. 실증연구에 있어서 소득과 행복 간 상관관계는 낮거나 중간 정도로 나타난다(Diener & Oishi 2000; Diener, Suh, Lucas & Smith 1999). 상관관계의 수치는 높지 않지만 (0.2 정도) 부정적으로 나타나는 경우는 찾기 어렵다. 다만, 낮은 상관관계가 나타내듯이 소득이 행복수준을 충분히 예측하게 해주는 변수는 아니다. 소득은 중요한 요인이지만, 가장 중요한 요인은 아닐 수 있다.

개인 차원에서 행복 결정요인과 관련하여 활발하게 연구되고 있는 또 다른 요인은 교육이다(Mizobuchi 2017; Eren & Aşıcı 2016; Kahneman & Krueger 2006; Hartog and Hessel 1998; Subramanian et al. 2005; Michalos 2008; 구교준 외 2014). 교육은 건강 및 소득과 함께 UNDP가 측정하는 인간개발지수(Human Development Index)'의 핵심 항목이다. 대부분의 연구에서 교육은 행복의 긍정적인 영향요인인 것으로 지지된다. 예를 들면, Hartog and Hessel(1998)는 네덜란드인들을 대상으로 자산, 교육과 건강이 행복에 미치는 영향을 분석하였는데 분석결과 교육은 건강과 함께 행복에 대하여 가장 강력한 영향요인인 것으로 나타났다. Subramanian et al.(2005)의 연구는 교육수준이 높을 수록 응답자가 더 건강하고 행복하다고 인지하는 경향이 있음을 밝혔다. 반면, 교육의 행복효과에 대하여 유보적 입장의 연구도 있다. Michalos(2008)는 교육의 긍정적 효과에 대하여 지지하는 많은 연구결과에도 불구하고 일반적으로 행복과 관련한 교육의 효과에 대한 지지는 높지 않다고 지적한다. 이와 관련 그는 Witter et al.(1984)가 90개의 미국에서의 연구를 검토한 결과, 교육 성취도는 성인의 주관적 웰빙의 1~3%를 설명한다고 보고하였음을 지적한다. 또한 "물론 교육은 개인의 소득을 높여 행복을 증진시키지만 행복에 대한 직접적인 영향은 미미하다."라고 주장한 Layard(2005: 62)를 언급한다. 그러면서도 Michalos는 인간의 전반적 웰빙에 대하여 확고한 덕성주의적 의미에서 행복이 이해된다면, 교육은 분명히 행복에 대하여 엄청난 영향을 미친다고 주장한다. 아울러, 그는 관련 연구들이 교육의 직접적 효과만이 아니라 간접적 효과에 관심을 가짐으로써 교육의 행복에 대한 효과를 보다 적절히 평가할 수 있으리라고 제안한다.

실업은 행복을 저해하는 중요한 요인이다. Clark and Oswald(1994)는 영국 가계패널조사의 분석에서 실업이 이혼이나 별거보다 더 심각한 행복저해요인이라고 보고했다. 다만, 그 영향의 정도에는 차이가 있어서 청년일수록, 실업률이 높은 지역의 근로자일수록, 장기실업자일수록 상대적으로 덜 불행한 것으로 나타났다. Winkelmann & Winkelmann(1998)은 실업이 삶의 만족에 미치는 부정적 영향이 크기 때문에 이를 상쇄하기 위해서는 소득이 7배 증가되어야 할 정도라고 주장한 바 있다.

이상에서 논의한 변수 외에도 건강, 가족 및 사회관계, 결혼, 종교, 성별, 연령 등 인구사회통계학적 요인들도 행복에 영향을 미치는 개인차원의 변수에 포함되어 논의된다(Kahneman & Krueger 2006; Eren & Aşıcı 2016; Blanchflower & Oswald 2005; Rode 2013; 신승배 2015 등). 대개의 연구들은 한가지 변수에만 집중하기 보다는 행복에 미치는 제반 요인들을 종합하여 분석대상으로 한다. 예를 들어, Kahneman & Krueger(2006)은 웃음의 빈도, 눈웃음, 친구들이 평가하는 자신의 행복도, 긍정정서의 언어표현 빈도, 사회성과 외향성, 수면의 질, 가까운 관계인 사람들의 행복, 자기가 평가하는 자신의 행복도, 준거집단 내의 임금수준, 사회경제적 지위, 종교 활동, 결혼이나 소득 증가 등 최근의 환경변화를 행복의 영향요인목록으로 제시한다. Mizobuchi(2017)은 감수성, 주거, 소득, 직업, 커뮤니티, 교육, 환경, 시민 참여, 건강, 안전, 일ー삶의 균형 등 11개의 사회 경제적 차원으로 행복 요인을 제시한다. Eren & Aşıcı(2016)은 행복의 영향요인으로 성, 교육수준, 결혼상태 및 만족도, 고용 및 만족도, 물질주의, 희망의 정도, 가구소득, 가구소득 만족도, 주거 만족도, 유대관계 만족도, 건강에 대한 자기만족, 안전감, 5년 전과의 비교, 5년 후의 기대 등 14항목을 제시하였다.

2) 집합적 수준의 영향요인

집합적 수준에서 행복의 영향요인은 정치, 경제, 사회 요인 등을 포함한다. 즉, 공동체의 구조적 요인이 구성원 개인의 행복에 영향을 미치는 것이다.

정치적 요인

행복과 관련하여 정치적 요인에 대한 연구는 경제요인이나 심리요인에 대한 연구에 비하여 활발하지 않다. 그러한 가운데 집합적 수준에서 행복에 영향을 미치는 정치적 요소로는 민주주의, 법치, 정치적 자유, 정부효율성, 정부투명성, 부패 등이 중요한 영향요인으로 제시되고 있다(Dorn et al. 2007; Veenhoven 1990; Inglehart & Klingemann 2000; Frey & Stutzer 2000; Ott 2001, Bennett & Nikolaev 2016; Helliwell & Huang 2008 등).

가장 많은 관심의 대상은 민주주의가 행복과 어떻게 연관되느냐하는 것이며, 여러 연구들은 민주주의가 발달된 국가의 국민행복 수준이 높은 것으로 보고하고 있다. 예를 들면, Inglehart & Klingemann(2000: 179－180)는 세계행복조사(the World Happiness Survey)의 데이터 분석을 통하여 민주주의적 제도의 번영이 행복과 밀접하게 관련된다고 주장하였다(r=0.78). Frey & Stutzer(2002: 143)는 스위스의 캔톤(Canton)에 있어서 민주주의와 분권화 정도가 높을수록 주민의 행복도가 높은 경향이 있다고 보고하였다. 그들에 의하면 행복수준에 있어서 민주주의 지수가 가장 높은 지역주민과 가장 낮은 지역주민 간에는 11%의 차이가, 분권화 정도가 높은 지역주민과 낮은 지역주민 간에는 3.2%의 차이가 있는 것으로 나타났다. 이들 외에도 Inglehart & Welzel(2005, 2008), Ott(2001), Veenhoven(2000), Welsch(2003), Rode(2013), Dorn et al.(2007), Haller & Hadler(2004) 등 여러 연구들은 민주주의가 국민들의 행복증진을 위한 중요 요인인 것으로 보고하였다.

다른 정치적 요인들도 행복의 중요한 영향요인으로 제시된다. 그같은 요인에는 정부 효율성, 정부 투명성, 정부규제, 부패통제(Dorn et al. 2007; Bennett &

Nikolaev 2016; Ott 2001, 2005; Frey & Stutzer 2000; Helliwell & Huang, 2008), 정치적 자유(Inglehart et al., 2008; Veenhoven 2000; Kalmijn et al. 2005; Bennett 2016), 정치적 안정, 법치, 시민참여(Kaufman et al. 2007) 등이 포함된다.

정부정책이 행복과 어떻게 연관되는가에 대한 논의들도 진행되어오고 있다. 행복정책에 대한 긍정적 입장에는 Layard(2005)가 선도적 위치에 있다. 그는 국가 차원의 행복증진을 위하여 높은 세금을 통한 재분배, 직장－삶의 균형, 광고규제, 고용보호, 사회자본 증대, 정신건강 보호 등 다양한 정책을 제시한다. 유사하게 Bok(2010)은 육아, 교육, 결혼과 가족, 여가, 고용, 의료, 퇴직 소득, 도시 통근 등과 관련한 행복정책을 제시한다. Halpern(2010)은 행복의 원인으로서 경제성장보다 시민들 간의 원만한 관계가 중요하다는 전제 하에 육아 및 돌봄기술 증진, 보조통화 지원, 시민 소비자와 정보교환, 지역 및 글로벌 환경 위협에 대한 대응, 약물 및 성 병리 퇴치, 분권과 민주주의 혁신 등과 같은 다양한 행복정책을 제안한다. 정부의 정책과 행복 간 관계에 대한 실증연구 결과들도 있다. 대부분의 연구관심은 정부의 지출에 집중되어있는 특징을 보인다. Pacek & Radcliff(2008)는 1981년부터 2000년까지 18개 산업민주주의 국가에 대한 비교 분석에서 복지국가의 관대함이 삶의 만족과 행복에 긍정적이고 중요한 영향을 미친다는 것을 발견하였다. Rothstein(2010)은 보편적 복지국가가 경제사회적 평등의 개선, 공통적 가치의 정립, 절차적 공정성의 확립 등을 통하여 국민행복과 긍정적 관계에 있다고 주장한다. Bjørnskov et al(2007) and Kacapyr(2008)은 재정분권이 행복과 긍정적 관계를 갖는 것을 발견했으며, Ram(2009)은 140여 개 국가를 대상으로 한 비교연구를 통하여 정부지출이 국민의 행복수준과 유의미하지는 않지만 긍정적 관계를 갖고 있음을 보고하였다.

정책의 행복효과에 대하여 회의적인 연구들도 있다. Kacapyr(2008)은 63개국을 대상으로 한 비교연구에서 정부지출 규모와 삶의 만족도 사이에 유의미한 연관성을 찾지 못하였다. Bjørnskov 외,(2007)는 74개국에 대한 횡단면 분석에서 정부소비는 삶의 만족도와 부정적 관계에 있음을 발견하였다. Yamamura(2011)도 정부규모가 경제성장을 저해할 때 정부 지출과 삶의 만족도 사이의 음의 상관 관계를 보인다고 보고했다.

Veenhoven(2000)은 1980－1990까지 41개국의 비교연구를 통하여 복지지출이 행복에 미치는 효과에 대하여 검증하였다. 분석결과 사회보장지출은 행복한 삶이나 웰빙의 평등과 유의미한 관계가 없는 것을 발견하였다. 그러나 그가 정책의 행복에 대한 효과를 부정하는 것은 아니다. Veenhoven(2004)은 법치와 시민권, 경제적 자유, 소수자에 대한 관용을 장려하는 사회정책들이 행복과 긍정적 관계에 있다는 것을 발견하였고, 기본적으로 적절한 행복정책이 유용하다는 입장이다.

여러 연구들은 정부정책과 행복 간 관계가 획일적으로 긍정적 또는 부정적이기 보다는 정책의 종류나 상황에 따라 다르게 나타난다고 보고하고 있다. 예를 들면, Ott(2011)는 130개 국가를 대상으로 한 비교연구에서 정부규모와 국민행복의 관계는 정부의 질에 크게 좌우된다고 보고하였다. 구체적으로, 좋고 큰 정부는 행복에 긍정적 영향을 주지만, 나쁘고 큰 정부는 그렇지 않았다. 이같은 분석결과에 기초하여 Ott(2011)는 단순규모(소비와 지출로 측정한)보다는 정부의 품질이 중요하며, 정부의 품질에서는 민주적 품질(예 참여와 책임, 정치적 안정)보다 기술적 품질(정부효과성, 규제의 질, 법치, 부패 통제)이 더 중요하다고 제시하였다. Gao & Meng(2013)은 1998년부터 2008년까지 중국 22개 성의 노인들을 대상으로 한 5차례의 설문조사의 분석을 통하여 정부규모는 전반적으로 노인의 만족에 부정적 영향을 미치지만, 그 효과는 지역특성에 따라 차별적으로 나타났음을 보고하였다. 구체적으로, 개발지역일수록 정부규모의 부정적 효과가, 저개발 지역 일수록 긍정적 효과가 더 강하게 나타났다. 김병섭 외(2015)는 지방정부의 공공서비스가 주민의 행복에 긍정적 영향을 미치지만, 그 영향의 크기는 대상 집단의 삶의 질 수준에 따라 차이가 난다는 것을 발견하였다. Bjørnskov(2005)는 유럽 9개국을 대상으로 한 3개년도(1973, 1982, 2002) 서베이 결과의 분석을 통하여 민주주의나 복지지출은 행복과 유의미한 관계가 없으며, 성장정책, 무역, 기업 또는 정부수입 억제가 행복과 관련된다고 주장했다. 이는 정책의 종류에 따라 행복효과가 다르게 나타날 수 있음을 보여주는 것이다.

전반적으로 볼 때, 공공정책은 행복과 관련한 중요한 영향변수이지만, 그 효과의 방향과 양태에 대해서는 합의된 결론에 도달하지 못하고 있다. 향후 추가적 연구의 축적에 기반하여 정책효과에 대하여 보다 명료한 실증이 필요한 상황이다. 첨언할 것은 행복정책의 필요성 자체에 대한 이견이 제기되기도 한다는 점이다. 예를 들면, Thin(2012: 84-89)은 Layard와 같은 적극적 행복정책의 제안에 대하여 행복증진을 위한 목적을 인정하더라도 정부가 그와 같은 정책을 적극적으로 추진하는 것은 과도하게 개입적인 것으로서 바람직하지 않다고 비판한다. 또한 행복정책의 적극론자들이 제안하는 정책과 행복과의 관계에 관한 가정을 지지하는 실질적 증거를 찾기 어렵다고도 지적한다. 그러면서 그는 행복을 무시하는 것과 행복을 유일한 목표로 삼는 것 사이에 광범위한 정부의 선택과 책임이 존재한다고 주장한다. 생각건대 당연히 지나친 정부의 개입은 사생활보호, 자유, 및 자율을 침해할 우려가 있다. 그러나 행복이 정부정책의 유일한 목표가 되어야만 하는 것이 아니라면, 제기되는 바와 같은 우려가 행복정책의 전면 부정론으로 인지될 필요는 없다. Thin 역시 정부의 정책 필요성을 전면 부정하는 것이 아니라 균형적 입장에서 행복정책을 접근할 필요성을 피력하는 것으로 이해된다. 문제는 과연 어떠한 수준에서 어떠한 행복정책을 추구할 것인가하는 것이다. 이에 대한 결정을 돕기 위해서는 정책과 행복 간 인과관계에 대한 연구가 보다 활성화되어야 한다. 행복정책은 다양한 분야의 정책을 포괄함에도 불구하고 관련 연구들은 대부분 정부의 지출을 중심으로 이루어져왔고, 다양한 정책제안과 행복과의 관계에 대한 검증은 아직 미흡한 상태이기 때문이다.

공공정책과 행복 간 관계의 논의에 있어서 정책은 그 자체로서 사회조건을 구성하는 요인인 동시에 다른 사회조건을 조성하는 원인이라는 점에 유의할 필요가 있다. 예컨대, 환경정책은 그 자체가 사회조건인 동시에 환경실태에 대한 영향요인이다. 즉, 정부정책의 행복에 대한 효과는 행복에 대한 직접적 영향과 다른 조건의 개선을 통한 간접적 효과를 포함한다는 것이다. 그럼에도 불구하고 정부정책과 행복과의 관계에 대한 분석에 있어서 직접효과에만 관심을 집중할 경우, 행복에 대한 정책효과의 전부를 포착하지 못하게 된다. 이같은 지적은 한편으로는 정부정책이 행복에 영향을 미치는 경로에 대한 보다 세밀한 이해가 요구된다는 점, 다른 한편 정부정책의 유용성에 대한 섣부른 방기는 금물이라는 점을 제시해준다.

기본적으로 행복정책에 대하여 제기되는 의문은 행복을 정책목표화하는 것과 행복정책의 효과와 관련한 것이다. 이에 대응하여 다음 장에서 행복정책의 필요성에 대해서 보다 자세하게 논의한다.

경제적 요인

집합적 차원에서 행복의 영향요인으로 논의되는 경제적 변수 중 핵심변수는 국민소득(GDP)이다. 국민소득이 높아지면 국민의 행복수준도 높아지는가? 행복에 대한 본격적 연구가 발흥하기 이전까지는 국가의 소득수준이 높으면 국민의 행복수준도 높으리라는 것은 당연한 상식과 같은 것이었다. 물론 이같은 상식은 국가간 행복의 비교연구가 거의 존재하지 않는 상황에서 입증된 것은 아니지만, 대부분의 행복연구들이 개별국가 내에서 부유한 사람들일수록 더 높은 행복수준을 향유한다고 보고해 온데서 암묵적으로 지지받는 가정이었다. 그런데 이같은 상식에 의문이 중요한 제기된다. Richard Easterlin(1974)이 그의 중요한 저작 "경제 성장이 인간을 향상시키는가? 일부 경험적 증거"를 통하여 평균 소득이 더 높은 국가라고 해서 더 높은 행복수준을 보이지 않는다는 것을 발견한 것이다. 이것이 잘 알려진 Easterlin의 역설이며, 이 연구를 계기로 부와 행복 간 관계에 주목한 후속 연구들이 활발하게 진행되면서 Easterlin의 가설을 지지하거나 보완을 하게 된다(예 Graham 2011; Pugno 2009; Sacks et al. 2012; Choudhary et al. 2011; Clark, 2016; Eren et al. 2016등).

그럼에도 불구하고 국민소득과 국민의 행복수준과의 관계에 대하여 긍정적 입장은 여전히 강하게 존재한다. 예를 들면, Di Tella et al.(2003)는 GDP가 국가의 행복 수준에 대한 중요한 변수라고 주장한다. Hagerty & Veenhoven (2003)는 1958년부터 1996년까지 21개 국가의 시계열분석을 통하여 소득증가와 국민행복은 긍정적 관계가 있다고 밝혔다. Veenhoven & Vergunst(2014)는 67개 국가를 40년 기간으로 분석한 결과에 기반하여 소득증가와 국민행복이 긍정적 관계에 있음을 실증하였다. 또한 Howell & Howell(2008)의 연구도 국민소득이 낮은 국가에서 소득과 행복 간 긍정적 관계가 강하게 나타남을 실증적으로 밝혔다. Stevenson & Wolfers(2013)는 보다 많은 국가를 대상으로 장기간의 자료를 분석한 결과에 기초하여 공간과 시간을 막론하고 소득은 행복의 유의미한 영향요인이라고 주장한다. 구체적으로 이들은 각국의 GDP per capita는 주관적 웰빙과 명확하게 정의 관계를 가지며, 부유한 국가에서 주관적 웰빙이 더 이상 증가하지 않게 되는 만족지점의 증거는 찾을 수 없다고 한다. 또한 국가 간 소득과 주관적 웰빙의 관계는 국가 내 관계와 유사하며, 이는 국가가 부유하거나 빈곤해지는 시점에 따라 행복수준이 달라지는 시계열적 관계와 유사하다고 한다. 이같은 주장은 행복과 관련하여 상대적 비교가 아닌 절대소득의 중요성을 강조하는 것으로서 Easterlin류의 가설을 정면으로 부정하는 것이다.[28] 이들을 포함하여 여러 후속연구들은 더 많은 대상국가에 대한 다양한 자료의 분석을 통하여 국민소득과 국민행복간 관계가 상당히 긴밀한 관계에 있는 것으로 파악하고 있다(Diener, Lucas, Schimmack & Helliwell 2009: 85).

양 입장의 상충을 해소하는 접근들도 이루어진다.[29] 예를 들면, Graham(2011: 17)은 평균적으로 부유국가는 빈곤국가에 비하여 행복하다고 주장한다(R−squared=0.498). 다만, 일정 수준의 국민소득까지는 행복수준이 증가하나 그 이상에서는 증가하지 않으며, 저소득 국가군에서조차 소득수준과 행복과의 명확한 상관관계를 발견하기 어렵다고 지적한다. Kroll(2008)은 국민소득은 중요하며 특히 개도국에서 더욱 그러하다고 주장한다. 다만, 단기적으로는 GDP와 행복 간 관계는 긍정적이지만, 장기적으로는 이스털린의 역설이 제시하는 바와 같이 양자 간 관계가 희석된다고 보고하였다. Clark 외(2008: 101)은 국민소득과 국민행복 수준 간의 관계에 대한 이스털린 역설과 개인소득과 개인행복 간 관계에 대한 일반적 연구결과의 상충을 상대소득의 개념을 통하여 해소하고자 하여 주목된다. <그림 5−3>에서 보는 바와 같이 한 국가 내에서 소득의 증가에 따른 개인행복의 증가는 국가차원의 소득증대와 행복증가에 비하여 유의미하게 나타난다. 이는 타원(eclipses) 내에서의 소득과 행복 간 관계의 기울기(점선)가 국가수준에서의 소득과 행복 간 관계의 기울기(실선)보다 더 가파른 데서 알 수 있다. 다만, 한 국가 내에서 개인의 소득과 행복 간 관계의 기울기는 국가의 평균소득이 증가할수록($t_0 \rightarrow t_1 \rightarrow t_2$) 더 평평해진다. 이는 국가가

---

28) 이외에도 Easterlin의 역설에 대해서는 적은 수의 국가를 비교대상으로 한 점, 시계열적 분석이 아닌 일회적 횡단면 분석인 점, 국가 간 비교차원에만 적용되는 것이라는 점 등에 대한 비판이 있다.

29) 행복의 결정모형과 관련하여 볼 때, 양 입장은 각각 적응이론과 반응이론에 대응하는 것으로 볼 수 있다(Graham, Chattopadhyay and Picon, 2010).

부유해지고 개인들이 상대적으로 부유해진 상태(t₂)에서는 높은 소득으로부터 오는 국가차원의 집합적 효용은 최소화되는 대신, 소득증대에 따른 지위보상(status return)이 개인의 행복을 증진시키기 때문인 것으로 해석되었다. 기본적으로 Easterlin의 역설은 개인차원에서 소득과 행복간의 일반적 관계를 부정하는 것이 아니라 국가차원에서 국민소득증대에 상응하는 행복수준의 증가가 없다는 것을 주장하는 것이다. Clark 외의 이같은 설명모형은 Easterlin의 역설과 소득과 행복 간 관계에 대한 기존의 이론적 관점과의 상충 해소에 유용한 기여를 한 것으로 평가된다.

▶ 그림 5-3 소득과 행복 간 관계: 개인차원과 국가차원(Clark et al. 2008)

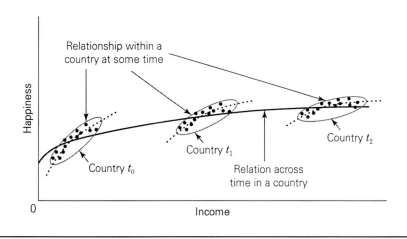

국가의 소득수준만 아니라 소득의 분포(또는 불평등)은 국민의 행복에 미치는 또 다른 중요한 영향요인이다. 그러나 소득불평등이 국민행복에 어떻게 영향을 미치는가에 대해서는 입장이 갈린다. 여러 연구들은 소득불평등과 행복은 부정적 관계에 있는 것으로 본다. Graham & Felton(2006)은 라틴바로미터 조사의 분석을 통해서 소득 불평등이 행복에 부정적 영향을 미친다는 것을 발견했다. O'Connell(2004)은 1995년과 1998년 사이에 15개 EU국가에 대해 부(1인당 GDP), 소득 평등 및 평균 만족도 사이의 상호 관계를 평가하여 절대적 소득보다 소득분포의 평등이 만족에 주는 더 영향이 크다는 것을 발견했다. 이외에도 여러 연구들은 소득불평등이 증가할수록 행복이 감소하는 것으로 보고한다(Kalmijn et al. 2005; Ott 2005; Gandelman & Porzecanski 2013; Delhey & Dragolov 2013; Hagerty & Veenhoven 2003; O'Connell 2004; Oshio & Kobayashi 2011; Oshio & Urakawa 2014; 장승진 2011).

반대로 소득불평등이 행복의 저해요인이 아니라 오히려 증가요인이라는 연구들도 있다. Clark(2003)은 1991년부터 2002년까지 영국 가구패널조사(British Household Panel Survey)의 데이터를 사용하여 지역 불평등과 삶의 만족도 간에 양의 상관 관계가 있음을 발견했다. 그는 이들 응답자에게 불평등은 기회의 징후라고 추정한다. Eggers 외(2006)는 소비에트 이후 러시아에서 주관적 웰빙에 대한 지역 실업률의 영향에 대한 연구에서, 실업률이 높은 지역의 응답자들은 취업자와 실업자를 막론하고 다른 지역의 응답자들보다 더 행복하다는 것을 발견했다. 그들은 이같은 결과가 문제가 있는 지역의 응답자들이 다른 조건이 동일한 경우, 자신의 열망 수준을 낮추고, 자신들이 더 나쁜 시기에 더 나은 나은 삶을 살고 있다고 인식한 때문에 나타나는 것으로 해석했다.

소득불평등이 행복의 긍정적이든 부정적이든 유의미한 영향요인이 아니라는 연구도 있다. Becchett et al.(2014)는 독일 사회경제패널(GSOEP) 데이터베이스를 이용하여 1992년에서 2007년 사이의 행복 불평등 증가를 분석한 결과 소득 불평등이 행복 불평등의 동인으로 간주될 수 없음을 발견했다. Haller & Hadler(2006)는 세계가치조사(World Value Survey, 1995−1997)의 데이터 분석을 통하여 국가의 경제적 부 및 소득의 분배는 행복과 연관이 있기보다는, 복지국가나 정치적 자유와 더 크게 관련된다는 것을 발견했다. Stevenson & Wolfers(2008)는 절대 소득 수준이 상대적 소득 비교보다 행복을 형성하는 데 훨씬 더 중요하다는 것을 발견했다.

소득불평등과 행복에 관한 관계는 집단특성에 따라 다르게 나타날 수 있다. Alesina, Di Tella, & MacCulloch(2004)은 개인의 소득, 성격적 특성, 년도와 주거의 효과를 통제하였음에도 불구하고 불평등이 심할 경우에 개인의 행복도가 낮아지지만, 그같은 영향은 집단에 따라 차이가 있다고 주장하였다. 그들에 의하면, 유럽에 있어서 빈곤층과 정치적 좌파의 행복은 불평등과 유의미한 상관

관계에 있지만, 미국에 있어서 빈곤층과 정치적 좌파의 행복은 불평등과 유의미한 상관관계가 없다. 그들은 이같은 차이가 기본적으로 미국인의 사회계층 이동성에 대한 기대가 유럽인의 사회계층 이동성에 대한 기대보다 큰 데서 기인하는 것으로 해석하였다. 이와 유사하게 김현정(2016)은 한국민을 대상으로 한 연구에서 전반적으로 소득불평등은 행복을 저해하는 요인이지만, 사회계층 상승에 대한 기대를 조절변수로 포함하였을 때, 사회계승상승 가능성을 높게 인식하는 집단에서는 조절효과가 나타나지 않았으나, 사회계층상승 가능성을 낮게 인식하는 집단에서는 부정적 관계가 가중되어 나타난 것으로 보고하였다.

Verme(2011)는 소득불평등과 행복에 관하여 상충하는 기존 연구의 입장을 두가지로 정리하고 이에 대한 검증을 시도하였다. 그는 복지이론을 차용할 때, 행복에 대한 소득불평등의 영향은 긍정적일 수도 있고(Hirschman & Rothschild, 1973) 부정적일 수도 있다고 전제한다(Runciman, 1966). 전자는 터널효과이론이라고도 부르는데 소득불평등은 미래의 사회이동성에 대한 개인의 기대를 상승시켜 행복에 긍정적 영향력을 미칠 수 있다고 본다. 반면, 후자는 상대적 박탈감으로 인하여 행복에 대하여 부정적 영향을 미친다고 본다. Verme는 유럽과 세계가치 조사(the European and the World values surveys, 1981 – 2004) 자료를 활용하여 대립하는 가설을 검증한 결과, 소득불평등은 표준 행복모형을 사용할 경우, 삶의 만족도에 일관되게 부정적이며 유의미한 영향을 미친다는 것을 발견했다. 그러나 Verme는 이같은 결과는 자료 세트, 국가의 수, 관찰 연도수에 따라 나타나는 다중공선성 때문에 달라질 수 있다고 보고했다. 그러면서 기존 연구에서 소득과 불평등에 관한 실증연구 결과가 상이한 것 역시 이같은 문제 때문일 것이라고 판단하였다. 결국, Verme는 상충하는 기존 연구를 명확하게 해소하는데 이르지는 못하였지만 상충 해소의 방향은 적절히 제시한 것으로 평가된다.

소득과 소득불평등 외에도 여러 연구들은 경제적 자유, 실업률, 인플레이션, 노동시장 여건, 세금 등 다양한 경제변수들이 행복에 미치는 영향에 대하여 관심을 보이고 있다(Di Tella et al. 2003; Alesina et al. 2001; Bennett & Nikolaev 2016; Frey & Stutzer 2001 등).

사회문화요인

사회문화요인도 행복의 중요한 영향요인으로 연구된다. Putnam(1993, 1995)에 의해 촉발된 사회자본에 대한 관심은 행복연구에도 확장되어 사회자본은 행복연구에서 중요한 위치를 점한다. Helliwell(2003)은 1990-1997간 세계가치조사의 세번의 조사를 사용하여 사회자본이 개인차원과 사회차원 모두에서의 웰빙과 직·간접적으로 유의하게 연결되어 있음을 밝혔다. Kroll(2008)도 세계가치조사의 자료를 활용하여 사회자본이 삶의 만족에 미치는 영향을 분석하였다. 그 결과, 인지적 사회자본(사회신뢰), 구조적 사회자본(결사체 구성원 자격과 참여). 연계적 사회자본(국가제도에 대한 신뢰) 등 세가지 사회자본 중에서 인지적 및 구조적 사회자본은 해당 국민의 삶의 만족에 긍정적이고 유의미하며 보통수준의 효과를 미쳤으나, 연계적 사회자본은 유의미한 영향을 미치지 못한 것으로 나타났다. 전반적으로는 사회자본보다 경제변수(GDP)가 더 강력한 영향요인으로 확인되었다. Eren(2016)은 터키의 행복 수준에 대한 설문조사분석에서 2004년에서 2014년까지 10년동안 터키의 GDP가 증가하였음에도 불구하고 행복수준은 거의 변화가 없었다는 사실을발견했는데 그 원인은 경제적 요소보다는 비공식적 사회적 연결망 때문이라고 주장했다.

이 외에도 여러 연구들은 사회적 관계, 시민참여, 사회내 각종 불평등 요인 등 다양한 사회문화적 요인들과 행복과의 관계에 대한 연구를 진행하여 왔다 (예 Kalmijn et al., 2005; Ott, 2005; Rode, 2013; Bennett & Nikolaev, 2016; KA Eren, 2016; Paralker et al., 2017; Welzel & Inglehart, 2008 등).

3) 종합

앞에서 개인과 집합적 차원으로 나누어 다양한 영향요인별 연구에 대하여 논의하였지만, 매우 다양한 관련 요인에 대하여 다양한 연구결과들이 제시되었기 때문에 연구진행과 결과에 대한 종합적 이해가 쉽지 않다. 이와 관련, Veenhoven(1991)의 기존연구결과에 대한 다음과 같은 요약은 관련 연구진행의 윤곽에 대한 이해에 유용한 도움을 제공해준다.

"너무 단순화할 위험이 있지만, 연구결과를 다음과 같이 특징지을 수 있다: 행복한 사람은 자유와 민주주의가 존중되고 정치상황이 안정적인 경제적으로 번영하는 국가에서 더 많이 발견될 가능성이 높다. 행복한 사람은 소수자보다 주류집단에서, 사회계층의 하부보다는 상층부에서 더 자주 발견될 가능성이 높다. 그들은 일반적으로 결혼했으며 가족 및 친구들과 잘 지낸다. 그들의 성격적 특성에 있어서 행복한 사람들은 신체적으로나 정신적으로 대체로 건강해 보인다. 그들은 활동적이고 열린 마음을 갖고 있다. 그들은 자신이 자신의 삶을 통제하고 있다고 느낀다. 그들의 열망은 돈을 버는 것보다 사회적, 도덕적 문제를 향하고 있다. 정치에 있어서 행복은 중도 보수적 경향을 갖는다."

이같은 대강의 내용적 이해와 별도로 행복의 영향요인에 관한 논의에 대하여 유의할 점 몇가지를 첨가한다. 첫째, 외부요인은 행복의 영향요인일수도 있지만 행복의 결과일 수도 있다. 그러므로 다양한 외부조건과 행복 간 인과관계에 대하여 보다 명확한 규명이 필요하다. 행복의 원인을 규명하는 일은 행복정책의 효과적 수행을 위하여 중요한 조건이기 때문에도 중요하다. 둘째, 소득이 중요한 영향요인이지만 그 외에도 다양한 정치, 경제, 사회문화적 요인이 행복에 관련된다. 그러므로 행복의 원인에 대한 폭넓은 관심이 요청된다. 셋째, 개인 차원과 집합적 차원의 요인이 동시에 행복에 관련된다. 그러나 개인차원의 변수이든 집합차원의 변수이든 외부요인이 가감없이 행복으로 전환되는 것은 아니다. 적응이론에서 제시하듯이 외부조건은 크든 작든 개인차원의 해석과정을 거칠 것이기 때문이다. 그러므로 영향요인 논의에 있어서 사람과 상황 간 교호작용에 대한 고려가 있어야만 한다(Diener et al. 1999). 넷째, 같은 영향요인이라도 대상 집단, 지역, 문화 등에 따라 영향이 달라질 수 있다. 그러므로 어떠한 조건에서 외부요인과 행복 간 연관관계가 달라지는지에 대하여 보다 세밀한 분석이 필요하다. 다섯째, 행복은 다차원적이므로 같은 영향요인이라도 행복에 미치는 영향은 행복의 구성요소에 따라 차별화되어 나타날 수 있다는 데 대한 인식이 필요하다.

다섯째 항목에 대해서는 약간의 추가적 논의가 필요하다. Diener 외(2010)

는 물질적 변수는 삶의 만족과 더 밀접한 관련이 있지만 정서와는 관련성이 약하다는 증거를 제시하였다. 그들은 소득과 주관적 웰빙의 관계를 분석함에 있어서 '행복' 전체에 대한 척도에 의존하는 것보다 주관적 웰빙의 정서적 요소와 평가적 요소를 구별하는 것이 중요하다고 주장했다. 이와 유사하게 Costa & McCrae(1980)는 개인성향이 행복에 미치는 효과는 행복의 구성요소에 따라 달라진다는 점을 발견하였다. 즉, 외향성은 긍정적 정서에, 신경과민은 부정적 정서에 각각 영향을 미치는 것으로 나타난 것이다. 요컨대, 이들 연구는 같은 요인이라도 행복의 구성요소에 따라 미치는 영향이 달라진다는 것 또는 행복의 구성요소에 따라 행복의 영향요인이 다를 수 있다는 것을 보여준다. 그러나 이들과는 달리 대부분의 행복연구는 행복의 구성요소와 무관하게 동일한 영향요인이 작동하는 것처럼 접근하여 왔다. 이같은 접근은 영향요인의 효과를 종합적으로 조망하는 장점에도 불구하고, 행복의 구성요소별 세부적 정보를 간과하는 문제가 있다. 또한 이같은 문제는 행복정책의 효과적 추진에 장애요인이 될 수 있다. 예컨대, 행복의 구성요소 중 하나인 만족을 목표로 하는 정책을 추진한다고 가정했을 경우, 만족의 영향요인 대신 행복 전체의 영향요인에 대한 분석은 영향요인과 행복 간 인과관계에 대한 추정을 왜곡시켜 효과적 정책추진을 방해할 수 있는 것이다. 그러므로 행복의 영향요인을 논의함에 있어서 Diener et al.(2010)이 제안하는 바와 같이 전체로서의 행복만이 아니라 부분적 행복과의 관련성에도 적절한 관심을 가져야 할 필요가 있다.

이와 관련하여 이승종, 이지은(2107)은 2014년도 정부역할과 삶의 질에 대한 국민인식조사(서울대학교 행정대학원 서베이연구센터)의 자료를 활용하여 지역주민들의 행복에 미치는 영향요인에 대하여 실증분석하였다. 독립변수로는 소득을 포함하여 정치, 경제, 사회변수를 포함하였으며, 종속변수로는 전체 행복과 함께, 행복의 구성요소인 느낌, 만족 및 삶의 의미를 포함하였다. 이같은 연구는 종속변수로서 행복의 구성요소를 포함함에 있어서 정서와 평가만이 아니라 삶의 의미요소까지 포괄한 점에서 이를 제외한 대부분의 기존 연구와 차별화된다. <표 5-2>에 제시한 분석결과는 독립변수의 행복에 대한 영향이 행복의 구성요소별로 달라짐을 보여준다. 소득은 전체 행복과 만족과는 유의미한 관계가 있지만, 정서와는 유의미한 관계가 없는 것으로 나타났으며, 소득불평등은 전체 행복, 정서 및 만족과는 유의미한 관계가 없고, 삶의 의미에만 관련 있는 것으로 나타났다. 그 외의 독립변수들도 전체 행복 또는 행복의 구성요소에 따라 다른 연관성을 보였다. 이같은 연구결과는 행복의 영향요인에 관한 연구에 있어서 전체로서의 행복만이 아니라 부분적 행복에 대하여 관심을 가져야 할 필요성을 재확인해준다.

▌표 5-2 행복의 구성요소에 따른 영향요인의 차별화 분석결과(Lee, S.J. & Lee, J.E. 2107)

	Overall Happiness	Satisfaction	Feeling	Life Meaning
income inequality	−0.112	−0.09	0.057	−0.247**
Average Income	0.204**	0.27***	0.030	−0.016
Localeconomy	0.055	0.02	0.137	−0.003
Density	−0.422**	−0.44**	−0.176	−0.334
TrafficSafety Level	0.030	0.04	0.028	−0.041
LocalSafety Level	−0.045	−0.04	−0.022	−0.075
WaterSupply	0.326**	0.34**	0.083	0.290*
Education	−0.178*	−0.17*	−0.100	−0.156
Culture	−0.079	−0.05	−0.118	−0.055
Medical	0.036	0.05	0.087	−0.040
Welfare	−0.191**	−0.17**	−0.170**	−0.134*
Transparency	0.176**	0.18**	0.152**	0.064
Civil servant	−0.102	−0.07	−0.311**	0.089
Financial independence.	−0.002	0.03	−0.177	0.088
Region type — Metropolitan	0.169	0.16	0.224*	0.030
Region type — Rural	0.206	0.23*	−0.057	0.202
obs.	223			

*P<0.1, **P<0.05, ***P<0.001

03 공공행복의 영향요인 분석

공공행복의 영향요인 연구에 있어서 독립변수의 색출만큼 중요한 것은 종속변수의 규정이다. 개인행복 연구와 달리 공공행복의 연구에 있어서는 행복의 수준에 더하여 행복의 분포가 연구관심에 추가적으로 포함되어야 한다. 공공행복은 고립된 개인이 누리는 행복이 아니라 공동체의 구성원과의 연계되어 누리는 행복이기 때문이다. 또한 인간의 행복에 있어서 상대적 박탈감이 갖는 의미를 고려할 때(Stouffer et al. 1949; Runciman 1966) 행복의 수준보다 분포가 더 중요한 요인일 수도 있다. Bennett(2016)은 행복의 분포에 대한 연구에 관심을 가져야 할 이유를 다음과 같이 제시한다. 첫째, 행복수준이 행복실태를 제대로 나타내지 못한다. 행복수준이 증가하는 상황에서 행복 분포가 악화되는 현상이 생길 수 있다. 둘째, 공공정책의 목표가 행복수준의 제고만이 아니라 행복분포의 개선을 포함할 수 있다. 셋째, 소득 분포만이 아니라 행복 분포가 사회적 영향을 미치는 중요 요인일 수 있다. 그러나 이같은 요청에도 불구하고 대다수 기존 연구는 행복의 수준에 경도된 관심을 보이는 가운데 일부 연구만이 행복의 분포에 대하여 연구하고 있는 실정이다.

국가 간 비교에 있어 행복의 분포에 처음으로 관심을 가진 연구는 Veenhoven(1990)이다. 그는 28개국을 대상으로 각 국가별로 행복의 불평등을 측정했다. 국가들의 행복분포는 쌍봉 형태가 아니라 단봉 형태인 것으로 나타났으며, 국가들의 행복분포 정도는 의미있는 수준에서 차이가 있었다. 보다 구체적으로, 행복의 불평등은 사회경제적으로 평등한 국가에서 더 크고, 정치적으로 민주적이고 경제적으로 부유한 국가에서 더 작은 것으로 나타났다. 그리고 행복의 불평등은 덜 부유한 국가보다 부유한 국가의 사회적 평등과 더 밀접하게 연결된 것으로 나타났다. Bennett & Nikolaev(2017)는 세계가치조사의 자료를 활용하여 조사대상국가들에 있어서 경제적 자유와 행복 불평등과의 관계를 분석하였다. 분석결과 경제적 자유는 행복불평등과 부정적 상관관계에 있었다. 즉, 경제적 자유는 행복불평등을 축소시키는 것으로 해석되었다. 행복분포의 측정은 표준편차를 포함하여 평균격차의 절대값, 4분위수, 지니계수, 변동계수 등을 적용하였으나 표준편차를 최적의 지표로 제시한 Kamiljn and Veenhoven(2005)에서와는 달리, 지표형태에 따라 경제적 자유와 행복불평등 간 관계가 유의미하게 달라지는 않은 것으로 나타났다.

Ott(2005)는 행복의 수준과 분포에 동시에 관심을 보였다. 그는 세계가치조사의 자료(1999–2001)를 활용하여 78개 대상 국가들에 있어서의 행복의 수준과 분포 간 관계를 검증하였다. 행복수준의 측정지표로는 삶의 만족도의 평균을, 행복분포의 지표로는 삶의만족도의 표준편차를 적용하였다. 분석결과 행복수준과 행복불평등 간에 부의 상관관계가 나타났다(r=−0.65). 보다 구체적으로, 부유한 국가에서의 양자 간 상관관계는 빈곤국가에서의 상관관계보다 강하게 나타났다(부유국가의 r=−0.74, 빈곤국가의 r=−0.29). 부유국가보다 빈곤국가에서 행복의 수준과 평등 간 괴리가 더 크게 나타난 것이다. 이와 함께 Ott는 행복에 관련되는 공적 조건들 14개 요인이 행복의 수준과 불평등에 미치는 영향을 분석하였다. 그 결과, 소득불평등의 경우를 제외하고는 동일한 독립변수가 행복수준이나 행복분포와 관련되는 것을 발견하였다. 이같은 결과에 근거하여 Ott는 행복의 수준과 분포 간에는 긴장보다는 조화가 지배하며, 따라서 행복수준을 강조하는 공리주의자의 입장과 행복분포에 관심을 갖는 평등주의자의 입장은 화해가 가능하다고 주장했다. 이같은 Ott의 연구는 방법론적으로는 단순상관관계 분석에 그친 한계가 있음에도 불구하고 행복의 수준과 분포를 동시에 다루었다는 점에서 예외적 연구의 하나이다. 일부 다른 연구들(예 Kalmijn & Veenhoven, 2005; Bennett 2016)도 행복의 수준만이 아니라 분포에까지 연구 관심을 확장함으로써 행복연구의 진전에 의미있는 기여를 하였다. 그러나 여전히 행복의 수준과 분포에 따라 영향요인이 어떻게 달라질 것인지, 또는 행복의 수준과 분포를 통합하여 접근하였을 때 영향요인이 어떻게 달라질 것인지와 같은 문제에 대한 본격적 분석은 제대로 이루어지지 않고 있다.

이와 관련, 이승종, 이서희(2020)는 세계가치조사(2008-2018)의 자료를 활용하여 130여 개 국가를 대상으로 행복의 영향요인을 검증하였다. 이 연구는 다수 국가를 대상으로, 10년 이상의 기간에 걸쳐, 정치, 경제, 사회문화 분야의 중요변수를 포함한 다변인 분석이다. 또한 보다 종합적 관점에서 행복의 수준과 분포, 그리고 이 둘을 결합한 총공공행복(GPH: Gross Public Happiness)을 종속변수로 설정하고, 종속변수에 따라 영향요인이 다르게 나타날 수 있다는 점을 보이고자 하였다. 종속변수 중 하나인 총공공행복은 행복의 수준과 분포(불평등도)를 결합하여 적용하였다. 이와 같이 별개의 차원일 수 있는 행복의 수준과 분포를 결합하여 총행복지수를 산출하는 데 대해서는 이견이 있을 수 있다. 그러나 수준과 분포를 결합하여 총합지수를 산출함으로써 수준과 분포를 고려하는 것을 넘어서 국가의 행복위상에 대한 간결하고 통합적 정보를 제공할 수 있는 점을 고려하였다. 독립변수로는 정치, 경제, 사회문화 영역의 변수들을 망라했다. 정치요인으로는 정부신뢰, 부패, 정치안정성, 시민참여와 책임을; 경제요인으로는 1인당 GDP, 경제불평등, 실업률을; 사회·문화요인으로는 사회적 지지, 기대 수명, 선택의 자유, 기부, 고령화를 포함하였다. 분석방법으로는 확률효과모형에 의한 패널회귀분석을 적용하였다.

▌표 5-3 행복(수준, 분포, 총행복)의 영향요인 분석

종속변수 독립변수	Model 1 공공행복수준	Model 2 공공행복분포	Model 3 총공공행복
정치요인			
정부신뢰	0.6042***	-0.1965**	1.0540***
	(0.1642)	(0.9079)	(0.2829)
부패인식	-0.1119	0.3706**	-0.9818**
	(0.2393)	(0.1350)	(0.4181)
정치안정성	0.1420**	-0.0107	0.1611**
	(0.0512)	(0.0287)	(0.0891)
시민참여	0.2076***	-0.0185	0.2258**
	(0.0752)	(0.0432)	(0.1328)

종속변수 독립변수		Model 1	Model 2	Model 3
		공공행복수준	공공행복분포	총공공행복
경제요인				
지니계수		0.2970	0.7696**	−1.7558**
		(0.5906)	(0.3399)	(1.04489)
1인당 GDP		0.3914***	−0.0091	0.3461**
		(0.0839)	(0.0490)	(0.0845)
실업		−0.0409***	0.0116***	−0.0445***
		(0.0063)	(0.0035)	(0.0063)
사회 · 문화요인				
사회적 지지		1.9294***	−0.7056***	3.4255***
		(0.3548)	(1.997)	(0.6188)
기대수명		0.0336***	0.0183***	−0.1524
		(0.0106)	(0.0062)	(0.0191)
선택의 자유		0.1174	0.4544***	−1.0178
		(0.2361)	(0.1307)	(0.4076)
기부		0.3578**	0.1259	0.0388
		(0.1788)	(0.0997)	(0.3101)
고령화		−0.0297**	−0.0135*	0.0071
		(0.0142)	(0.0082)	(0.02522)
환경요인				
인구밀도		−0.0003	−0.0001	−0.0001
		(0.0002)	(0.0002)	(0.0005)
상수		−1.8178	0.5589	97.2284
		(0.7136)	(0.4166)	(1.2728)
국가의 수		133	133	133
R 제곱	within	0.2733	0.1022	0.1928
	between	0.7912	0.2700	0.6224
	overall	0.7478	0.3332	0.6021
χ^2		584.03***	80.65***	255.28***

( )는 표준 오차임: * p<0.1, ** p<0.05, *** p<0.01

분석결과는 <표 5-3>과 같으며, 예상과 같이 종속변수에 따라 관계되는 영향요인이 달라지는 것으로 나타났다. 3개의 변수(정부신뢰, 실업, 사회적 지지)는 모든 행복 변수(수준, 분포, 총행복)에 유의미한 영향요인으로 나타났으나 다른 독립변수들은 그렇지 않은 것으로 나타났다. 구체적으로, 부패인식, 소득 불평등은 행복의 분포와 총행복에는 유의미한 관계를 보였으나 분포와는 그렇지 않은 것으로 나타났다. 정치적 안정은 행복의 수준과 총행복에는 유의미한 관계를 보였으나 분포의 영향요인은 아닌 것으로 나타났다. GDP, 시민참여는 행복의 수준과 총행복에는 유의미한 관계를 보였으나 분포와는 그렇지 않은 것으로 나타났다. 기대수명, 노령화는 행복의 수준과 분포와 유의미한 관계를 보였으나 총행복과는 그렇지 않은 것으로 나타났다. 선택의 자유는 행복의 수준에만 관련된 것으로 나타났다. 이같은 결과는 소득 불평등을 제외하고는 행복수준이나 행복분포와 관련된 영향요인이 동일한 변인이라고 보고한 Ott(2005)의 결과와는 다르다. 이같은 차이는 가설의 타당성 차이보다는 본 연구와 Ott의 연구간 분석대상 기간의 차이(단년도 vs 다년도), 분석방법의 차이(상관관계분석 vs 다변인분석), 독립변수 목록의 차이에서 기인하는 것으로 판단된다. 여하튼 이같은 연구결과는 행복의 영향요인과 행복과의 관계에 대한 논의에 있어서 영향요인만이 아니라 종속변수의 속성에 대한 고려가 적극적으로 이루어질 필요가 있음을 제시해주는 것이다. 아울러 행복의 수준과 분포만이 아니라 양자를 결합하여 보다 종합적 관점에서 행복을 평가하는 접근이 유용하다는 점도 제시해 준다.

공공행복정책

01 　행복정책의 필요성

　　초(超) GDP 운동을 통하여 여러 국가들은 새로운 관점에서 국민의 생활조건
과 웰빙을 이해하기 시작했으며, 이와 관련해서 웰빙을 측정하는 틀(framwork)
을 개발하기 시작하였다. 대표적인 예의 하나로 OECD는 2011년 경제성과 및
사회발전의 측정을 위한 위원회(Stiglitz, Sen, & Fitoussi 2009)의 권고 및 회원국
과의 협의를 통해 웰빙측정을 위한 틀을 개발하였다. 개별 국가들 또한 이러한
국제적 흐름 속에 행복 측정의 틀을 수립하는 작업을 진행하고 있다. 이러한
행복의 측정노력은 현재의 삶의 질을 평가하고 더 나은 삶을 위해 무엇이 공유
되어야 하는지를 이해하는 데 중요하다. 그러나 관련 정보의 제공만으로 국민
행복이 개선되지는 않을 것이다. 행복증진을 위해서는 행복의 측정노력을 넘어
정부의 적극적 정책노력이 요구된다.

　　행복정책이란 무엇인가. 공공목적을 달성하기 위한 정부의 일련의 인위적
활동 또는 간단하게 정부의 목적활동을 정책이라고 한다면, 행복정책은 국민의
행복증진을 위한 정부의 활동이라 할 수 있다. 공공행복은 행복증진을 위한 공
공의 책임성을 요구하는 바, 행복정책은 이같은 행복에 대한 공공성 요구에 대
응하는 것이기도 하다. 이와 관련 "공공행복은 공동선을 증진시키기 위한 정부
의 개입과 직접적으로 연결되어 있다."라고 한 Bruni(2016)의 언명은 행복정책
의 핵심적 요청을 간결하게 나타내 준다. 행복정책의 방향은 기본적으로 행복
이 정부정책을 선도하게 하는 것이다. 이는 과거 Lowi(1964)가 정치의 산출로
서 정책을 인식했던 종래의 관점을, 정치의 독립변수로서 정책을 바라보는 관
점으로 전환을 시도한 것과 비견될 수 있다. 즉, 종래에는 정책이 결과적으로
행복을 결정하는 것으로 인식되었으나, 행복정책에서는 행복이 주도적으로 정

책을 결정하는 데 관심을 갖게 되는 것이다.

　행복정책의 필요성에 대한 논의와 관련해서 두 가지 질문이 있을 수 있다. 첫째는 행복을 정부정책 목적으로 할 수 있느냐는 의문이다. 둘째는 행복을 정부정책의 목적으로 인정하더라도 정책노력을 통하여 행복수준의 변화가 있겠느냐는 의문이다. 전자는 행복의 규범적 필요성과 관련된 것이며, 후자는 행복의 실천적 필요성에 관련된 것이다. 이를 감안하여 이하에서는 행복의 필요성을 규범적 측면과 실천적 측면으로 나누어 논의한다. 행복정책의 필요성은 다음을 포함한다. ① 규범적 측면에서 국민의 공복인 정부는 국민의 기본권인 행복추구권을 보장하기 위하여 노력할 필요가 있다. ② 실천적 측면에서 행복정책의 추진이 필요하다. 실천적 필요성은 1차적 효과(직접효과)로서 행복의 증진, 2차적 효과(간접효과)로서 정책의 혁신, 그리고 긍정적 효과(유발효과)로서 행복의 효과를 포함한다. 보다 자세한 논의는 아래와 같다.

1) 규범적 필요성

　행복정책은 목적가치로서 행복의 중요성 때문에 필요하다. 첫째, 행복은 설명이 필요없는 인간의 보편적 욕구이며, 당연히 국가의 관심을 필요로 한다 (Layard 2005: 145-157). 행복추구권은 인간의 기본적 권리로 인정된다. 널리 알려진 바와 같이 행복추구권은 미국의 독립선언문, 프랑스 혁명선언문에도 포함되어 있으며, 대한민국을 포함하여 부탄, 볼리비아, 에콰도르, 일본 등 여러 국가의 헌법에도 명시적으로 보장되어 있다(Pellerin, 2016). 그러므로 이같은 권리의 보장을 위한 국가의 정책노력이 필요하다. 행복가치의 규범성에 대해서 이견이 없는 것은 아니다. 고대 그리스의 Epicurians 또는 19세기 공리주의자들에게 행복을 목적으로 추구해야 하느냐는 질문의 대상이 되지 않았다. 그들은 행복은 지고의 선이며, 따라서 행복을 추구하는 것은 당연하다고 여겼기 때문이다. 그러나 예컨대 그리스의 스토아 학파의 연장선에 있는 사람들은 고통을 중시하는 대신 삶의 즐거움의 추구는 욕망으로 인하여 자신을 파멸시킬 뿐 아니라 개인주의로 인하여 사회 공동체성을 훼손하므로 바람직하지 않다고 보았다. 안분지족(安分之足)을 지향하는 동양 철학사상도 이같은 입장과 궤를 같이 한다. 그러나 행복을 즐거움만이 아닌 삶의 의미를 포함하는 것으로 확장해서 이해하게 되면 행복에 대한 유보적 입장 역시 행복을 추구하는 입장과 크게 다르지 않게 된다. 실제로 오늘날 행복은 즐거움만 아니라 의미를 포함하는 것으로 넓게 이해되고 있다.

둘째, 개인의 행복은 개인의 성향만이 아니라 사회적 조건에도 영향을 받으므로 최소한 그만큼은 공공책임의 영역으로 보아야 한다. 사회적 조건의 영향을 개인의 책임으로 전가할 수도 없을 뿐 아니라, 개인의 능력으로 사회적 조건의 개선을 할 수도 없기 때문이다. 물론 행복증진을 위한 공적개입이 개인의 자율을 침해한다는 의견도 있다. 그러나 행복증진을 위한 정부의 개입은 개인의 행복추구를 지지하기 위한 사회조건의 개선에 초점을 두는 것으로서, 개인의 행복을 최종적으로 담보하는 것을 목표로 하지도 않고 할 수도 없기 때문에 그만큼 개인자유의 침해 우려는 완화된다. 오히려 정부의 공적개입은 개인의 가용자원을 확대시킴으로써 개인의 적극적 자유의 신장에 도움을 줄 수 있다는 점이 인지되어야 한다. 물론, 개인의 자유는 개인의 행복만큼이나 중요한 개인의 기본적 권리이기 때문에, 행복과 관련한 공적개입에 있어서 행복의 증진과 개인자율간의 균형의 확보는 필요하다. 다만, 행복의 공적책임의 인정과 개인자율의 침해가 연관된 문제이기는 하나의 가치를 위해서 다른 가치를 배제해야만 하는 것은 아니다.

셋째, Maslow(1943)의 다층욕구론 또는 Alderfer(1972)의 다중욕구론 등이 제시하듯이 인간의 욕구는 다양하며, 따라서 다양한 욕구가 충족될 때 인간은 행복하고 의미있는 삶을 살 수 있다. 다양한 욕구의 충족은 경제욕구의 충족만이 아니라 비경제적 욕구의 충족을 의미한다. 그런데 경제적 욕구의 경우도 마찬가지이기는 하지만 비경제적 욕구의 충족 역시 상당 부분 사회적 조건과 연관된 것이다. 그러므로 사회조건의 개선 역시 이같은 요청에 대응하여 경제와 비경제 부문간 균형적으로 이루어져야 한다. 이같은 요청은 시대 상황과도 부합한다. 과거 산업국가 시대에는 경제 총량의 확대가 중요했다. 복지국가 시대에도 역시 복지확충을 위한 경제성장이 중요했다. 그러나 기본적 경제 수요가 어느 정도 충족된 후기산업사회에서 국민의 삶과 관련하여 경제 총량의 중요성은 과거와 같지 않으며, 비경제적 요소의 중요성이 그만큼 높아졌다. 이같은 요청에 부응하여 사회조건의 개선을 추진하는 것은 위에서 논의한 바와 같이 공공책임의 영역이다. 그리고 그와 같이 보다 균형적 입장에서 사회조건의 개선을 추구하는 공공노력은 행복을 지향하는 정책이다.

2) 행복증진 효과(직접효과)

정부정책은 행복증진에 대하여 직접적인 효과를 갖기 때문에 필요하다. 그러나 일각에서는 행복증진을 위한 정부의 개입으로 행복수준이 유의미하게 변화할 수 있을지에 대해서 회의적이다. 외부조건의 변화에 대한 적응이나 사회적 비교의 효과를 강조하는 논자들의 입장으로서 주로 심리학자들이 중심에 선다(예 Dusenberry 1949; Frank 1985; Lykken and Tellegen 1996: Akerlof 1997; Oswald 1997; Clark et al. 2008). 회의적 입장의 논거는 몇가지로 정리할 수 있다. 첫째, 행복의 영향요인이 너무 많아서 효과적으로 정책개입하기가 어렵고, 따라서 정책과정은 합리적이기 보다는 정치적 수사에 그치거나 기존의 정책을 재포장하는데 그칠 우려가 있다고 본다(Bache et al. 2016). 이와 관련, Duncan(2010)은 행복에 대한 가치와 우선순위가 개인에 따라 다르기 때문에 행복은 일반적으로 개인보다는 집단을 단위로 추진되는 정책결정의 대상영역으로 적절하지 않다고 주장한다. 둘째, 외부조건이 개선된다고 해서 행복이 증진되는 것은 아니라고 본다. 적응이론 또는 하향적 이론에서 주장하듯이 행복은 인간의 성격적 특성이 지배하며 외부 사회조건의 변화는 행복에 유의미한 영향을 주지 못한다고 본다. 외부조건 개선의 효과는 열망의 조절이나 사회적 비교와 같은 적응기제의 작동으로 상쇄된다고 보기 때문이다. 행복과 불행은 행복-불행-행복으로 순환되는 패턴을 보이며 따라서 장기적으로 행복과 불행은 제로섬이라고 하는 주장도 같은 맥락의 주장이다. 외부조건의 변화와 무관하게 행복과 불행의 순환과정이 이어지는 것으로 보기 때문이다.

반면, 외부조건의 개선을 위한 정책개입을 통하여 행복이 증진된다고 보는 입장 또한 강하다. 다수 사회과학도들의 입장으로서 개인의 적응이나 사회적 비교보다는 외부조건이 행복에 미치는 영향에 대하여 주목한다(Veenhoven 1991; Radcliff 2001: Layard 2005; Bok 2011 등). 이들에 의하면, 인간의 행복은 적응이론에서 제시하는 바와 같이 개인적 성향에 따라 상당 정도 영향을 받을 수 있지만, 그렇다고 해서 외부조건의 영향에서 전적으로 차단되는 것은 아니다. 즉, 외부조건의 행복에 대한 영향은 상당 부분 유효하게 유지되고 따라서 행복정책이 유효하다고 본다. 예를 들면, Bok(2011)은 타고난 성격과 물질적 성공 이외에 행복을 결정하는 6가지 요인(결혼, 인간관계, 직장, 건강상태, 종교, 정부의 질)들 중 한 가지가 정부일 정도로 정부의 정책은 행복에 영향을 주는 주요수단이라고 강조한다. 같은 입장에서 Veenhoven(1991)의 다음과 같은 설명은 적절해 보인다: 기본적으로 행복은 심리적 요인보다 사회경제적 조건에 더 영향을 받는다. 사회경제적 조건과 행복과의 상관관계가 낮다고 해서 사회경제적 조건이 행복과 무관한 것은 아니다. 개인의 적응에는 한계가 있기 때문이다. 이는 사회조건이 열악한 개도국의 행복수준이 개발국의 행복수준보다 낮다는 사실에서 입증된다. 또한 외부조건은 경제조건이나 사회적 위치만이 아니라 정치체제, 문화적 특성, 시민적 네트워크 등을 포함하며 이들은 행복과 밀접한 관련을 갖는다. 개인의 지혜나 열정과 같은 내적요인은 외부조건과의 교호작용을 통해서 발휘되므로, 내적요인이 행복을 지배한다는 주장은 내적요인과 외부조건과의 상호작용을 충분히 고려하지 않는 것이다. 그는 사회적 비교에 대한 주장에 대해서도 다음과 같이 그 한계를 지적한다: 객관적 조건과 무관하게 사회적 비교가 삶의 평가에 관련되기는 하지만, 그 효과가 그리 의미있는 정도는 아니다. Michalos(1985)가 입증한 바 있는 다중불일치 이론이 제시하는 바와 같이 비교는 사회적 측면에서만 이루어지지 않고 다양한 영역에서 이루어지며, 또한 사회적 비교가 가장 중요한 영역인 것도 아니다. 전쟁, 기아, 사회적 혼란 등으로 인한 심각한 궁핍은 삶의 즐거움을 급격히 감소시킨다.

전반적으로, 적응을 강조하는 입장에서는 행복정책에 대해서 소극적이며, 반응을 강조하는 입장에서는 행복정책에 대해서 적극적이다. 이렇듯 양자의 입장이 대립되고는 있지만 앞에서 강조한 바와 같이 행복이 중요한 공공문제라고 전제할 때 행복을 개인의 성향이나 적응의 문제로 치부하여 행복정책에 대한 관심을 거두는 것은 바람직하지 않다. 그것은 행복정책을 통해 국민의 행복수준을 제고할 기회를 방기하는 것에 다름 아니기 때문이다. 효과의 크기에 대한 문제는 있을 수 있겠지만, 행복은 적절한 정책노력이 이루어진다면 유의미하게 증진될 수 있다. 물론 외부조건에 대한 적응의 존재는 널리 인정되고는 있지만 적응이 외부조건의 영향을 압도하는 것은 아니며, 적응의 정도나 양태 또한 개인 간 차이가 있으므로 적응효과를 과장할 필요는 없다. 이는 Diener et al.(2009: 103)가 적절하게 제시한 바 있는 적응이론의 수정방향과 궤를 같이 하는 것이기도 하다.

적응이론에 대한 반대증거도 상당히 축적되어온 점도 고려해야 한다. 큰 사건에 대해서는 적응이 잘 이루어지지 않는다거나(예 Lucas 2007), 성인과 달리 유아청소년기의 행복수준은 외부조건의 영향에 민감하다거나(예 Veenhoven 1991), 행복과 불행은 순환관계에 있지 않다는(예 Fordyce 1972: 151, Veenhoven 1991 재인용) 등의 연구들은 그 예이다. 또한 Duncan(2010)이 주장하는 바와 같이 행복에 대한 개인 간 가치의 차이 때문에 행복을 정책대상에서 제외해야 하는 것도 아니다. 정부정책은 자원의 효율적 사용이나 집행의 편의성 등의 고려 때문에 일정한 집단 또는 지역을 단위로 수행되는 경향이 있기는 하지만, 그렇다고 해서 개인 편차에 대한 고려가 전혀 불가능한 것은 아니기 때문이다. 예를 들면, 정책설계에 있어 개인의 자율선택 범위를 확장함으로써 개인간 가치와 우선순위의 차이를 완화할 수 있는 것이다. 즉, 행복에 대한 가치문제는 정책의 설계와 적용과 관련하여 고려할 성격의 것이지, 정책배제의 근거로 제시할 사항은 아니다.

사실 외부조건의 변화가 개인의 행복에 상당한 영향을 미치리라는 것은 굳이 입증할 필요도 없이 상식적으로 이해될 수 있는 것이다. 그렇지 않다면 많은 사람들이 소득, 지위, 명성, 건강 등 보다 나은 외부조건을 추구하는가를 설명할 방법이 없다. 문제는 외부조건의 영향 여부보다는 개인들이 외부조건의 개선을 위한 자원을 충분히 또한 균등하게 보유하고 있지 않다는 것이다. 이같은 상황에서 정부의 정책개입은 더 좋은 삶을 위하여 외부조건의 개선을 원하는 개인의 수요를 충족 또는 보완해주는 노력으로서 필요한 것으로서 인식되어야 한다. 이에 대하여 다음과 같은 Veenhoven(1991)의 요약적 주장은 경청할만 하다.

"요컨대, 인간의 행복을 증진시키려는 노력은 의미가 있다. 더 나은 생활 조건과 더 현명하고 합리적인 생활은 더 많은 삶의 즐거움에 기여할 수 있다. 모든 처방(recipe)이 작동하는 것은 아니지만 많은 개선이 가능하다. 미래 연구의 과제는 더 이상 명백한 것에 의문을 제기하는 것이 아니라 어떤 개선사항이 가장 큰 성과를 약속하는지 알아내는 것이다."

Veenhoven의 제안과 같이 바람직하기는 사회조건의 개선과 행복 간 인과관계를 명확히 밝힘으로써 정책의 필요성에 관한 불필요한 논란을 넘어서 효과적인 행복정책을 추진하는 것이다. 그러나 불행히도 아직 어떠한 사회조건이 행복에 유의미하게 지속적인 영향을 주는지에 대한 연구는 초보적 단계에 있고 따라서 관련 지식과 이해가 낮은 상황이다. 이에 대한 대응방향은 명확하다. 우선 사회조건과 행복 간 관계에 대한 보다 심층적 연구의 확산을 통하여 사회조건 개선을 위한 정책수행의 지적 토대를 마련해야 한다. 그리고 이같은 기반 위에 외부조건의 개선을 위한 행복정책을 유연하게 추진해 나가야 한다. 다만, 행복정책을 추진함에 있어 행복정책 지상주의로 경도되지 않도록 주의할 필요가 있다. 이미 언급한 바와 같이 외부조건과 행복효과 간 인과관계에 관한 진단이 아직도 일천한 단계이기도 하거니와, 행복은 개인의 적응요인이 개입되는 만큼 행복정책을 위한 투자의 효율에 한계가 있으며, 개인의 주관적 평가에 대한 과도한 개입으로 자율침해의 우려가 있기 때문이다. 이와 관련하여 Bache et al(2016)의 행복정책의 딜레마에 대한 논의를 경청할 필요가 있다. 그들은 행복정책과 관련하여 4가지 딜레마를 적시한다. 첫째는 웰빙은 적절하게 측정될 수 없기 때문에 공공정책 목적으로 의존해서는 안된다는 신뢰성(reliability) 문제이다. 둘째는 정부가 웰빙 증진을 위한 가장 적절하거나 효과적인 수단이 아니라는 책임성(responsibility) 문제이다. 셋째는 정치인은 데이터를 조작하려는 경향이 있어 웰빙 데이터를 신뢰할 수 없다는 신뢰(trust) 문제이다. 넷째는 정부의 웰빙 추구는 정부가 다른 문제를 해결하지 못하게 되는 주의분산(distraction) 문제이다[30]. 그들은 이같은 딜레마 때문에 행복정책은 부분적,

---

30) 이에 대해서는 Dalingwater(2019)가 부탄정부가 행복정책을 핑계로 경제, 실업, 교육과 같은 다른 중요한 정책과제를 소홀히하고 있다고 지적한 것이 예가 될 것이다.

임시적 접근을 취하고 최종 해결책 대신 일관된 행동을 추구하게 될 우려가 있으며, 따라서 행복정책의 추진에 있어서 보다 신중하고, 보다 전문적이며, 보다 점진적인 접근방식이 필요하다고 제언한다. 생각컨대, 이들이 제기한 딜레마는 회의론의 입장에서 제시된 것으로서 동의하기 어려운 과장들이 섞여 있음에도 불구하고, 그들의 지적과 제안은 행복정책의 필요성을 근원적으로 부인하는 것이기 보다는 오히려 행복정책의 지향에 대하여 적절한 처방을 제시한 것으로 판단된다.

추가적으로 언급할 것은 행복정책의 효과적 수행을 위해서는 행복의 측정이 가능해야 한다는 점이다. 이에 대해서는 제4장에서 논의한 바와 같이 일정한 한계에도 불구하고 행복은 과학적으로 연구되고 측정될 수 있다. 실제로 오늘날 많은 국가와 학계에서 행복의 과학적 측정노력이 이루어지고 있으며 향후 보다 신뢰도와 타당도가 높은 측정이 이루어질 수 있을 것으로 기대된다 (Sachs 2019). 이같은 행복측정의 가능성 제고는 행복정책의 필요성을 지지하는 또 하나의 요인이 된다.

3) 정책발전 효과(간접효과)

행복정책은 직접적 행복증진효과만이 아니라 정책의 추진과정에서 정책발전의 효과를 기대할 수 있기 때문에 필요하다. 지금까지 행복정책에 대한 논의는 주로 행복정책의 행복증진에 대한 효과에 관심의 초점을 맞추는 대신 행복정책에 따른 정책발전에 대한 관심은 크지 않았다. 물론 정책의 행복증진효과는 행복정책의 타당성을 확보하기 위한 기본적 논거로서 중요하다. 그러나 이와 못지 않게 중요한 행복정책의 효과는 행복정책을 추구함으로써 정책 자체의 발전을 기대할 수 있다는 점이다. 이같은 효과는 행복에 대한 직접효과 만큼이나 중요한 효과이다. 행복증진을 위한 도구로서 효과적 행복정책이 필요할 것인 바, 그같은 정책은 정책발전이 전제되어야 가능하며, 그렇지 않은 경우라 하더라도 정책발전은 그 자체로서 중요한 의미를 갖기 때문이다.

그러므로 행복정책을 지지하지 않는 사람들도 행복정책의 부가적 효과에 대하여 주목할 필요가 있다. 행복정책과 무관하게 기본적으로 정책과정의 비효율성, 무반응성, 불공정성은 시대와 국가를 막론하고 치유불가능한 공공문제로서 부각되어왔고, 그리하여 정치학, 행정학, 정책학과 같이 정부를 연구대상으로 하는 학문 분야에서는 어떻게 하면 정부의 정책과정에서 효율화, 민주화, 형평성 등과 같은 가치를 확보할 것인가를 놓고 연구관심이 높아 왔다. 그런데 행복정책을 추구함으로써 이같은 정책과정의 핵심문제의 해결에 기여할 가능성이 있다면 당연히 행복정책에 관심을 가질 필요가 있는 것이다. 그럼에도 불구하고 지금까지 행복연구에 있어서 행복증진에 대한 우선적 관심에 따라 이같은 정책발전 효과에 대해서는 적절한 연구관심이 이루어지지 않았다. 그러나 정책발전이 이루어져야 행복의 증진이 이루어질 수 있고, 그렇지 않은 경우에도 정책자체의 발전을 기할 수 있다는 점에서 이와 같은 행복정책의 부가적 효과는 높이 높이 평가되어야 한다는 것이다.

이와 관련하여 Helliwell et al(2019)은 행복정책의 추진에 따른 이점을 정책평가방식의 개선, 정부기관간 횡적 협력의 증진, 정책수혜 범위에 대한 관심확장. 및 효과적 정책성과 평가기준 제공 등 네가지 항목으로 제시한 바 있다. 간단하지만 이들이 행복정책의 정책발전에 대한 효과를 명시적으로 언급한 것은 주목할만 하다. 다만, 정책의 핵심가치가 효율성 또는 효과성 만이 아니라 민주성과 형평성을 포함하는 것이라는 것을 전제한다면(이승종 2014: 483), Helliwell et al.은 일부 효과만을 강조한 아쉬움이 있다. 보다 상세한 보완적 설명도 필요해 보인다. 이와 관련, 이하에서는 행복정책 추진을 통하여 기대되는 정책발전 효과를 효율성, 민주성(대응성), 및 형평성으로 나누어 논의한다.

정책효율화에 기여

행복정책은 기관 간 정책협력 강화, 정책평가 방식의 변화, 정책패러다임의 변화 등을 통하여 정책효율을 제고시킬 것으로 기대된다. 첫째, 행복을 기관을 관통하는 상위의 정책목표로 설정함으로써 다양한 정부기관 간 의사소통의 계기를 만들고 정부기관 간 협력증진에 기여할 수 있다. 기관이기주의에 따른 기관할거주의는 정부과정에서 가장 고질적인 병폐 중의 하나이다. 전체의 목표보다는 개별기관의 목표가 우선시되고, 기관 간 협력보다는 배타적 경쟁이 우선시됨에 따라 다양한 기관활동의 시너지가 확보되는 대신, 자원배분이 왜곡되고 총체적 정책효율의 제고가 어렵다. 이러한 현상은 넓은 의미에서 수단의 목표 대치 현상으로 파악할 수 있거니와, 이러한 상황에서 Helliwell(2019)이 제시하는 바와 같이 행복을 기관을 관통하는 공동목표로 설정함으로써 공통목표를 달성하기 위한 기관 간 협력을 촉발시킬 수 있을 것으로 기대된다. 물론 이에 대하여 행복 대신 국가발전, 자유, 평등, 인권 등과 같이 다른 공동목표를 부과할 경우에도 같은 효과를 기대할 수 있으리라는 주장도 가능하다. 그러나 다른 목적가치는 행복에 비하여 지나치게 추상적이거나(예 국가발전), 기능이 상이한 여러 기관에 공동의 목표로 부과하는 데 범용성에 한계가 있거나(예 인권), 또는 최종목표의 성격을 갖는 행복과 달리 행복의 수단적 성격을 갖기 때문에(예 자유, 평등) 행복과 같은 선상에서 논의하는 데 한계가 있어 보인다. 물론 행복을 공동의 정책목표로 책정한다고 해도 고질적 기관할거주의를 일시에 불식시킬 수는 없을 것이다. 그럼에도 불구하고 최소한 공동목표의 달성을 위한 의사소통 기반을 강화함으로써 부처간 할거주의의 완화를 기대할 수 있다. 이같은 기대는 정부과정에서 차지하는 부처할거주의의 폐해의 심각성을 고려할 때, 결코 작은 변화가 아니다.

둘째, 행복을 목표로 정책을 추진함으로써 투입 또는 과정중심의 정책패러다임(process-based policy paradigm)이 목표지향 패러다임으로 전환되고, 이에 따라 정책의 목표 관련성에 대하여 일관된 관심을 갖게 됨으로써 정책효과성이 증진될 수 있다. 막연한 상식이나 이념이 주도하는 정책이 아니라 행복과의 관련성에 대한 과학적 증거에 기반하여 목표주도정책(goal-driven policies)이 추진되게 되는 것이다. 이와는 달리 과거의 정책은 투입 중심의 과정관리가 핵심이었다. 목표와의 관련성보다는 재원, 인력, 시설, 정보 등 자원의 투입증대가 정책성과로 연결될 것이라는 암묵적 가정이 지배하였던 것이다. 그러나 투입증가가 정책성과를 보장하는 것은 아니다. 정책성과의 제고를 위해서는 정책과 목표와의 관련성에 대한 관심이 강화되어야 하며, 자원투입이나 정책평가가 목표와의 관련성의 인과관계 또는 증거기반 위에서 이루어져야 한다. 행복을 목표로 하는 행복정책의 추진은 이같은 요청에 부응하는 것이다. 물론 종래에도 정책의 목표는 제시되었다. 그러나 그 목표는 많은 경우 투입 또는 과정 목표였으며 행복과 같이 정책의 궁극적 목표인 좋은 삶을 의미하는 최종 목표가 아니었다. 그러므로 행복을 정책목표로 설정함으로써 정책투입이나 과정의 최종목표와의 관련성을 높임으로써 정책과정과 중간목표 그리고 최종목표 간 체계성이 강화되고, 정책성과의 관리가 보다 용이해지며, 행복목표와의 인과관계를 높이기 위한 창의적 정책추진의 유인이 발생하여 전체적으로 정책성과의 제고를 기대할 수 있게 된다.

셋째, 행복정책의 추진을 통하여 정책평가 방식이 개선될 수 있다. 과거의 정책평가는 다분히 비용편익분석에 기초하여 경제적 성과의 평가에 초점을 맞춤으로써 비경제적 성과의 평가에 한계가 있었다. 또한 경제적 성과와 비경제적 성과 간 비교평가도 어려웠다. 그러나 행복을 기준으로 하는 정책평가는 경제적 성과만이 아니라 보건, 사회신뢰 등 비경제적 성과도 행복에 긍정적 요인으로 기능하는 한 동일하게 평가대상으로 포함하게 된다. 성과평가 기준이 모호했던 비경제적 성과에 대한 평가가 보다 원활해지는 것이다.[31] 비용편익분석도 경제적 성과만이 아니라 비경제적 성과를 포괄하여 행복에 미치는 영향을 기준으로 분석하는 도구로 활용될 수 있다. 이와 같은 평가방식의 변화는 정책의 담당 기관과 무관하게 동일한 기준에 의하여 성과를 평가하게 함으로써 평가의 타당성을 높이게 된다. 이는 특히 평가가 어려웠던 비경제부문의 정책성과 제고에 기여하는 요인이 되고 이에 따라 정책 전반에 걸쳐 통합적 성과가 제고될 수 있다. 한편, 행복을 정책평가 기준으로 채용한다고 해도 과연 행복이 성과평가의 기준으로 작동 가능할 것인가라는 질문이 남는다. 이같은 질문은 성과평가의 난점 중의 하나가 성과기준 내지는 지표설정의 곤란성이기 때문에 중요하다. 그러나 Helliwell(2019)이 지적하듯이 삶의 만족과 같은 행복기준은 단순하고 이해가 쉬운 삶의 질 측정도구로서, GDP 또는 편린화된 사회지표의 진열대에 비하여 훨씬 간결하고, 직관적이며, 포괄적인 정책성과 지표이다. 물론 삶의 의미와 같은 일부 행복요소에 대하여는 아직 지표의 발달이 지체되고 있는 상황이지만 향후 지속적 개선이 이루어짐에 따라 평가기준으로서 행복의 활용성이 높아질 것으로 예측된다.

---

31) 예컨대, Porta & Scazzieri(2007: 99)는 가능성 조건(enabling conditions), 측정된 행복의 수준, 기회와 역량 등을 행복을 정책의 평가기준으로 적용할 것을 제안한다.

정책민주화에 기여

행복정책은 정책의 민주성 향상에 기여하게 될 것이다. 행복은 결국 시민 개개인이 주관적으로 느끼는 정서이기 때문에 정책결정자는 행복정책의 수행과정에서 시민과의 접촉 및 여론수렴을 강화해야만 한다. 과거 정책결정자는 시민과의 접촉이나 시민의 의견수렴없이도 스스로 판단해서 시민에게 좋다고 생각되는 정책을 수행하였다. 시민을 위한 정책을 시민이 무엇을 원하는지 묻거나 듣지않고 추진하는 비민주적 정책행태를 지속해온 것이다. 그러나 행복을 정책목표로 했을 때는 이같은 정책결정자의 태도가 달라지게 된다. 정책결정자로서는 정책의 목표가 시민의 행복이며 이는 시민들이 판단할 문제이기 때문에 정책과정에서 여론수렴과 시민과의 협의를 중시할 동기요인을 갖게 되는 것이다. 시민들로서도 정책과정에 대한 전문적 지식을 보유하고 있지는 않지만 정책에 대한 만족에 대해서는 적절한 의견을 형성할 수 있기 때문에 정책결정자의 여론수렴과 정책협의에 대하여 보다 효과적이고 의미있는 대응을 할 수 있다. 나아가서 정책과정에서 여론수렴과 시민과의 협력을 강조할 경우, 정책결정자와 시민간 협력은 더욱 활성화되게 된다. 또한 그같은 과정에서 시민의 주권성이 향상될 수 있다. 무릇 공공정책은 시민을 위한 것이 되어야 한다. 그러나 종래의 정책과정에서 시민은 정책의 대상이거나 귀찮은 요구자일 뿐이었다. 사실상 정책은 시민보다는 정책결정자를 위한 것이기 일쑤였다. 권위적 정권 하에서는 그 경향이 더 강하게 나타난다. 이러한 문제는 정부연구에 있어서 치유곤란한 고질병과 같은 것이었다. 그런데 행복정책의 추진으로 그같은 문제를 완화할 수 있는 계기가 마련된다. 정책결정자의 동기변화, 시민의 동기변화 그리고 양자간 접촉 증대로 비민주적 정책과정이 보다 민주적 정책과정으로 변화할 수 있을 것으로 기대되는 것이다. 행복정책의 추진으로 정부연구에 있어서 핵심적 고질병의 치유에 희망을 볼 수 있게 되는 것이다.

정책의 민주화 효과는 그 자체에서 그치지 않는다. 정책의 민주화는 정책과정에서 시민의 정치효능감을 제고시키며, 정책문제에 대한 이해를 높여 시민성을 고양시킨다. 그렇게 되면 시민은 일방적으로 정부에 대한 요구를 하는 피동적 시민에서 능동적 참여로 정책협력을 하는 공동생산자 또는 생산자시민으로 이행하게 된다. 무분별한 행복요구를 자제하고 공공에 기여하는 교양시민 또는 공공시민이 되는 것이다. 이같은 변화는 정책결정자의 행태변화와 함께 정책성과를 높이는 효과를 가져온다. 결국 행복정책에 따른 정책민주화는 민주화 효과만이 아니라 정책성과를 제고하는 효과도 가져올 것으로 기대된다.

이같은 효과에 대하여 의문이 제기될 수 있다. 예를 들면, Ormerod(2012)는 행복정책의 추진에 있어서 중앙의 전문가가 지방의 결정 또는 개인적 자유를 압도하게 될 것이라고 우려한다. 즉, 행복정책이 비민주적 또는 집권화의 폐해를 가져올 것으로 보는 것이다. 그러나 후술하는 바와 같이 행복정책을 성공적으로 추진하기 위해서는 오히려 시민과 가까운 작은 단위에서 수요자 중심의 맞춤형 정책이 추진되어야만 한다 즉, 행복정책은 속성상 민주화와 분권화에 더 친화적이다. 이는 스위스의 26개 Canton을 대상으로 한 실증분석을 통하여 민주화는 11%, 지방자치는 3.2%의 행복 증대효과를 가져왔다고 보고한 Frey and Stutzer(2002)에서 입증된 바 있다. 행복정책의 추진을 위해서는 국가주도만으로는 곤란하며, 오히려 작은 단위에서의 정책을 통한 맞춤형 또는 개별화된 정책이 강화되어야만 한다. 한국의 경우, 박근혜 정부(2013 – 2017) 기간 동안 정부3.0이라는 이름으로 행복정책을 추진하였는 바, 이 때 지방단위의 정책추진을 위하여 지방정부3.0을 병렬적으로 추진하였던 것은 좋은 예이다. 그럼에도 불구하고 만일 행복정책이 비민주적 또는 집권화의 동인으로 작동한다면, 그것은 행복정책의 추진을 위한 초기현상이거나 진성 행복정책이 아닌 가성 행복정책을 추진하면서 국가 차원의 정치적 수사(rhetoric)을 확대하는 경우에 해당할 것이다.

정책형평성에 기여

첫째, 행복정책의 추진은 정책평가 기준의 통합 및 기관 간 영향력의 균형화를 통하여 정책불평등을 완화한다. 앞에서 행복정책의 도입은 경제적 성과와 비경제적 성과를 포함하여 동일한 평가기준을 적용하여 평가의 타당성을 높이는 효과가 있다고 하였는 바, 이같은 평가방식의 변화는 경제기관보다는 비경제기관에 영향이 더 클 것이며, 이는 정부기관 간 영향력의 형평화에도 기여를 할 것으로 기대된다. 현재와 같이 경제성과 중심으로 평가가 이루어지게 되면,

자연적으로 경제기관이 상대적으로 우위의 위상을 갖게 되고 비경제기관은 상대적으로 열위의 위상을 갖게 된다. 이에 따라 기관 간 권력격차가 생기고 자원배분의 불평등이 발생하여 소속 공직자들의 사기와 업무몰입에 차별적 영향을 주고 또한 정책성과의 부문별 불균형을 발생시킬 우려가 있다. 그러나 행복을 기관을 관통하는 공통의 상위목표로 설정하게 되면, 경제부문만이 아니라 비경제부문의 정책까지 평가의 관심대상으로 확대되는 것은 물론, 행복목표의 달성도를 기준으로 비교기준이 통합됨으로써 정책간 횡적비교가 가능해지고, 정부기관간 영향력 격차가 완화되며, 다양한 정책간 균형성이 향상될 것으로 기대된다.

둘째, 행복정책을 추진함으로써 정책의 직접적 수혜자에 대한 혜택뿐만 아니라 이차적 수혜자에 대한 혜택으로까지 정책효과가 확산된다. 이같은 정책혜택의 사회적 확산은 행복이 고립된 상태에서 배타적으로 소유하는 것이기 보다는 사회적맥락에서 획득되고 확산되는 데서 비롯되는 현상이다(Helliwel, 2019). 물론 다른 정책의 경우에도 정책혜택이 직접수혜자에 한정하는 것은 아니며 외부효과를 발생한다. 예를 들면 복지급여는 수혜자의 생활을 개선하는 만큼, 복지 수혜자와의 관계에 있는 사람들의 부담을 더는 효과를 가져온다. 그러나 그와 같은 효과는 상당 부분 급부의 크기에 비례하는 제약이 있으며, 사회적 관계망 속에서 배태되는 행복의 외부효과에 비하여 제한적이다. 반면, 행복정책의 효과는 사회관계망을 매개로 증폭되어 발생하기 때문에 자원투입에 비례하여 높은 수준의 외부효과를 발생할 수 있다. 그러므로 만일 행복정책을 수행하지 않는 경우에는 이같은 이차적 효과를 정책과정에서 포착하지 못하게 될 것이라는 Helliwell et al(2019)의 지적은 타당하다. 이와 같이 행복정책에 따른 정책혜택의 확산은 정책관심의 소외대상을 정책관심의 내부고객으로 편입시킴으로써 정책형평화에 기여한다.

4) 사회적 순기능(유발효과)

제2장에서 논의하였듯이 행복은 그 자체로서 바람직할 뿐 아니라 개인차원에서는 수명, 건강, 일, 인간관계, 협력, 시민성 등에 대하여 순기능을 발휘하

고, 사회차원에서는 사회의 건강성, 호혜성, 민주성, 번영 등에 대하여 순기능을 한다. 긍정심리학에서도 행복의 추구는 삶에서 겪는 나쁜 사건의 충격을 완화하여 사회에 긍정적 기능을 하는 것으로 파악한다. 행복정책에 순기능에 대하여 일부 논란이 없지 않지만, 이에 대해서는 Bartolini et al.(2016)의 대응이 좋은 참고가 된다.

> "흥미롭게도 행복정책을 옹호하는 사람과 반대하는 사람 모두 행복이 바람직한 목표라는데 대해서는 견해를 공유하고 있는 것 같다. … 그 이유는 아마 행복은 인간의 주요 열망이기 때문일 것이다. 토론에서 제기된 정책 목표로서의 행복의 바람직함에 대한 유일한 반대는 행복과 도덕적 규범 사이의 충돌 가능성에 관한 것이다. 이 견해에 따르면 행복은 정의, 공정 또는 자유와 같은 도덕적 목표보다 우선해서는 안 된다. … 그러나 행복 연구의 가장 주목할만한 결과 중 하나는 행복과 윤리 사이에 상충 관계가 존재하지 않는다는 것이다. 행복으로 가는 길에는 시민의식, 관용, 자선, 시민 참여, 친절, 연대, 도움과 같은 친사회적 행동이 포함된다. (또 다른) 윤리적 측면은 … 세대 간 형평성의 문제, 즉 세대 간 윤리의 문제를 제기하는 데 있다. … 그러나 실증적 증거는 세대간 윤리와 행복 사이에 충돌이 없음을 보여준다. Bortolini와 Sarracino(2013)는 … 개인의 현재 웰빙은 미래에 대한 부정적인(긍정적인) 기대에 의해 예리하고 부정적인(긍정적인) 영향을 받는다는 것을 발견하였다. 이것은 지속 가능성의 문제가 인간의 세대간 탐욕이 아닌 다른 요인에 연계되어야 함을 시사한다."

이와 같이 행복이 개인적으로나 사회적 차원에서 순기능을 한다면, 결국 행복정책을 통하여 행복이 증진되고, 증진된 행복이 사회 조건과 개인적 태도에 긍정적 영향을 주어 다시 행복에 긍정적 영향을 미치는 선순환이 작동할 것으로 기대할 수 있다. 이러한 유발효과는 행복정책을 추진해야 할 또 다른 이유이다.

지금까지의 논의를 종합하자면, 행복정책은 바람직한 당위적 요구일 뿐 아니라, 일차적으로는 행복의 증진, 부차적으로는 정책발전을 위하여 필요하며, 나아가서 사회적 순기능의 확보 차원에서도 필요하다. 행복정책의 효과, 윤리적 문제 등에 대한 회의적 입장이 제기되고 있으나 행복정책의 규범적 요청이나 효과를 전적으로 부정하는 연구결과는 찾기 어렵다. 대신 행복정책의 효과를 지지하는 여러 연구들을 고려할 때, 행복정책을 통한 행복증진의 가능성을 방기할 수는 없다. 특히 행복정책이 정책발전에 대하여 갖는 잠재적 효과나 행복의 사회적 순기능을 고려할 때 행복정책의 필요성에 대한 지지는 더욱 높아져야 한다. 정책의 직접효과에만 초점을 맞추는 것은 행복정책의 전체 효과를 왜곡하여 저평가하는 것이기 때문이다. 그러므로 향후의 과제는 행복정책이 필요한가에 대한 논의를 넘어서 어떠한 방향으로, 어떠한 수준을 목표로, 어떻게 행복정책을 추진할 것인가에 대하여 더 많은 관심을 갖는 것이다. 다만, 그렇게 함에 있어서 행복정책에 대하여 유보론자들이 제기하는 윤리적 문제, 실질적 효과의 문제 등에 대한 고려를 잃지 않아야 한다. 특히 행복정책을 위한 정부개입과 개인의 자율과의 충돌문제 등에 대한 고려는 개인자율의 측면에서뿐 아니라 행복정책의 효과성 제고를 위해서도 유의할 문제이다.

02 행복정책의 목적

　행복정책이 필요하다면, 행복정책이 추구하는 기본목표는 무엇인가? 국민의 최종 행복인가? 아니면 국민이 행복하게 될 사회조건을 조성하는 것인가? 그 대답은 이미 앞에서 언급한 바와 같다. 행복정책의 기본적 목적은 최종 행복의 담보가 아니라 개인들의 행복추구 활동을 지지하는 사회조건(생활조건)의 조성에 있어야 한다(cf., Graham, 2011: 25). 이 논점에 대한 보다 자세한 논의는 국민행복지수를 예로 한 Frey(2008, ch.13)에서 찾을 수 있다. 그는 먼저 행복 자체의 증진을 정책목표로 추진할 수 있는 이유로서 국민행복지수가 행복의 비물질적 요소인 주관적 웰빙요소를 포함하는 점, GDP 개념에 포함되어있는 투입요소의 결과값을 반영하는 점, 정부의 새로운 비전을 제시한다는 점, 국민의 만족도를 기준으로 정부성과를 평가할 수 있게 해주는 점, 모든 사람의 선호에 같은 비중을 두는 점 등을 제시한다. 반면, 행복 자체의 증진을 정책목표로 하기 어려운 이유로서 국민행복지수 측정에 있어서 개인 간 효용의 비교에 대하여 논란이 있는 점, 사회후생함수는 독재와 연관된다는 점, 행복이 궁극적 목적이 아닐 수 있다는 점, 외부요인의 행복에 대한 효과가 단기적이라는 점, 행복지수에 대한 정부의 조작화 우려가 있는 점, 행복측정에 허위가 개입된다는 점 등을 제시한다. 이같은 양면성에 대하여 언급한 후, 그는 결론적으로 행복을 정부가 직접적으로 증진시키는 것은 바람직한 접근이 아니며, 행복연구에서 얻은 통찰력을 바탕으로 정책의 투입요소로 활용하는 것이 보다 바람직한 접근이라고 제시한다. 아울러 그같은 접근은 행복문제에 대한 가부장적 국가주의의 위험을 예방하는 대신 국민 스스로 자신의 행복에 대한 주체성을 갖게 하는 측면에서도 바람직하다고 제시한다.

기본적으로 행복을 목표로 하는 정책과 최종 행복을 보장하는 정책은 같은 의미가 아니다. 전자는 정부가 사회조건의 개선을 통해 개인행복 활동을 지원하고 그 결과로서 행복증진을 추구한다는 의미이지만, 후자는 정부가 직접적으로 개인행복의 증진을 추구한다는 의미이다. 전자는 최종 행복은 정부의 기여만이 아니라 개인의 기여가 중요하다는 사실에 기반하는 것이지만, 후자는 정부의 기여만으로 최종 행복을 확보할 수 있다는 가정에 기반하는 것이다. 문제는 정책을 통한 최종 행복의 담보는 이상적 목표일 수는 있어도 실현불가능하며, 따라서 현실적으로는 행복에 연결되는 사회조건의 개선을 행복정책의 목표로 하게 된다. 그럼에도 불구하고 실현불가능한 목표인 개인행복의 최종상태를 정책목적으로 할 경우에는 Frey(2008)의 우려와 같이 국민을 대상으로 하는 가부장적 권위에 입각한 교화 내지는 조종의 우려가 있을 뿐 아니라, 과도한 자원의 투입과 개인자율의 침해 우려로 행복문제 자체의 방기 가능성마저 있다. 그러므로 실현불가능한 목표를 추구하기보다는 사회조건의 개선을 행복정책의 목표로 하는 것이 현실적일 뿐 아니라 바람직하다. 속성상 이같은 행복정책은 행복 자체의 증진을 일차적 목표로 하는 직접적 방식이 아니라 사회조건의 개선을 통한 간접적 방식이며, 결과의 제공보다는 기회의 제공에 중점을 두는 방식이다. 그리고 그 효과는 행복의 영향요인에서 사회조건의 비중이 클수록, 사회조건과 행복 간 인과관계가 확실할수록 커지게 될 것이다.

　　행복정책이 사회조건의 개선을 우선적 목표로 한다고 해서 행복정책의 궁극적 목적이 행복 자체의 증진임을 부정하는 것은 아니다. 당연히 행복정책은 최종적 상태로서 공공행복의 증진을 추구한다. 즉, 공동체 구성원의 행복 수준을 높이고 행복의 분포를 형평하게 하는 것을 목표로 한다. 그러나 정책만으로 최종 행복이 담보될 것으로 가정하지는 않는다. 정책만으로 최종적 행복을 담보하는 것은 이상적 목표일 수는 있지만 실현성있는 목표는 아니라는 점을 인식한다. 같은 조건에도 불구하고 개인의 성향과 노력에 따라 개인이 누리는 행복의 수준에 편차가 있을 뿐만 아니라, 공공정책은 기본적으로 개인보다는 집단이나 지역을 단위로 하여 수행되기 때문이다. 결국 개인의 최종 행복은 정부의 기여와 개인의 기여의 합으로 결정될 수 밖에 없다. 그렇기 때문에 행복정책은 최종적 행복보다는 사회조건의 개선을 일차적(primary) 정책목표로 추구할 수밖에 없고 또 그렇게 해야 하는 것이다. 다행히 사회조건의 개선을 통한 행복추구의 기회제공은 그렇지 않았을 경우에 비하여 최종 행복에 긍정적으로 영향을 미칠 가능성이 높다. 특히 사회조건의 조성에 있어서 행복 열위층에 대한 배려를 강화함으로써 행복의 수준만이 아니라 행복의 분포에도 긍정적 기여를 할 가능성이 있다. 다만, 그같은 과정에는 여전히 개인변수(성격, 노력)가 내재되어 있기 때문에 기회의 제공이 최종적 결과로서 그대로 전환되는 것은 아니다. 이같은 이유로 인하여 행복을 목표로 한다는 말이 최종 행복을 보장한다는 말과 같지 않게 된다. 즉, 행복정책은 행복증진을 향하여 나아가지만 그 것만으로 이상적 행복의 상태를 보장할 수 있는 것은 아니다.

　요컨대, 행복정책 추진의 전제는 사회조건의 개선이 전적으로 행복을 좌우하는 것은 아니더라도 개인욕구의 상당 부분을 충족시킴으로서 행복증진에 기여하게 된다. Vanhoveen(1991)이 적절히 지적한 바와 같이 만일 행복이 적응이론이 제시하는 바와 같이 사회적 비교, 고정된 성향이나 성격적 특징, 또는 개인의 인지구조 등 수요가 아닌 요인에 의하여 결정된다면 이같은 객관적 사회조건의 개선은 별로 의미가 없게 된다. 그러나 행복은 사회적 비교나 고정된 개인의 성향에 의해 전적으로 결정되지 않는다. 기본적으로 행복은 열망함으로써 또는 제어함으로써 보장되는 심리적 목표가 아니다. 그러므로 긍정심리학을 포함하여 많은 행복관련 교양서가 제시하는 행복해지는 방법(예 "욕심을 줄여라")에는 한계가 있을 수밖에 없다. 행복은 심리적 성향에 따라 개인차가 있겠지만 기본적으로 객관적 조건으로부터 훨씬 유의미하게 영향을 받는다. 그러므로 행복이 욕구 외의 다른 요인에 의하여 일정 정도 영향을 받는다고 하더라도 욕구 충족에 의하여 상당한 수준에서 유의미하게 영향을 받기 때문에 행복기반으로서 사회조건의 개선을 정책목적으로 하는 것은 필요하고 바람직하다. 동시에 이같은 정책목표는 한정된 정부의 자원, 인간 욕망의 확장성을 고려할 때 불가피한 선택이기도 하다.

　효과적 행복정책의 추진을 위해서는 사회조건과 행복과의 인과관계에 대한 진지한 연구와 고민이 병행되어야 한다. 그같은 연관관계에 대한 진지한 고려가 결여된 상황에서 사회조건 개선을 위한 정책은 일반적 복지정책과 다르지 않다. 일반적 복지 정책도 사회조건 개선을 목표로 하기 때문이다. 문제는 그같은 인과관계에 대한 인지 실패, 적응 또는 다른 매개요인으로 인한 인과관계의 취약성, 또는 개인의 성향과 노력의 편차 때문에 사회조건과 행복 간 인과관계가 항상 확실하지는 않다는 것이다. 현재까지 여러 연구들에 의하여 소득, 고용, 결혼, 건강 등 개인적 요인과 함께 경제상황, 민주주의, 사회적 가치, 정부의 품질 등 여러가지 집합적 요인 들이 행복에 유의미한 영향을 미치는 것으로 확인되고 있다. 그러나 아직은 사회조건과 행복과의 인과관계에 대한 연구는 미진한 상태이며, 향후 관련 연구가 활성화되어가면서 행복정책의 효과성에 대한 기반이 강화될 것이 요청된다. 행복의 조건과 행복증진과의 관계에 대한 이같은 논의는 정책추진에 있어서 증거를 중시해야 함을 의미하는 것이기도 하다. 어떤 조건의 구축을 위한 자원의 투입이 과연 행복과 어떻게 연관되는가에 대한 증거를 경시한 채 이루어지는 정책은 자칫 비효율과 낭비가 될 우려가 크기 때문이다.

행복정책의 목적이 객관적 사회조건만을 대상으로 하는가 아니면 개인의 가치도 대상으로 하는가에 대한 의문이 있을 수 있다. 이같은 의문은 같은 동일한 사회조건에도 불구하고 개인의 특성 때문에 행복수준이 달라질 수 있다는데서 비롯된다. 사실 개인적 특성이 그 효과의 크기와는 별도로 정책의 효과에 어느 정도 영향을 주는 유의미한 요인이라면 그같은 개인요인의 조정을 통하여 행복증진에 기여할 가능성이 있다. 또한 규범적으로도 공공행복은 개인의 고립된 행복이 아니라 집단구성원으로서의 행복이므로 공적가치와 개인가치의 정합성을 높이기 위한 정책노력의 정당성이 인정될 여지가 충분하다. 이와 관련하여, Layard(2005)는 유해 광고의 제한, 윤리교육의 시행 등과 같은 구체적 정책대안을 제안한 바 있다. 개인의 가치관과 관련있는 정책제안이다. 그렇다면 같은 맥락에서 경제교육, 시민운동의 지원, 사회자본 형성활동, 문화활동에 대한 지원 등 유사한 정책들도 대안에 포함될 수 있을 것이다. 그러나 이같은 제안에 대하여 개인적 자율을 근거로 반대하는 입장도 강하다. 예를 들면, Sugden and Teng(2016)은 Layard가 제안하는 정책은 개인의 가치에 대한 가부장적인 이고 직접적인 개입으로서 바람직하지 않다고 비판한다. 그같은 정책은 정부가 국민보다 행복을 더 잘 안다고 의제하여 가부장적 입장에서 국민의 선택을 규제하는 것이라고 비판한다. 설령 개인의 동기가 잘못되었다고 해도 그것을 고정된 것이라고 전제하고 직접적으로 규제하는 것은 지양되어야 하며, 대신 과학적 증거에 기반하여 정부가 국민과 소통하는 것이라고 주장한다. 예를 들면 건강에 해로운 흡연에 대한 선호를 제어하기 위해서 담배세를 부과하기보다는 과학적 정보에 근거하여 흡연의 해악을 사회적 메세지로서 권고해야 한다는 것이다. 더 나아가서 앞에서 제시한 바와 같이 Duncan(2010)과 같은 학자는 행복가치의 개인 차이에 근거하여 행복정책의 적합성 자체에 의문을 제기하기도 한다.

생각컨대, 개인가치와 공공가치 간 부합은 인위적 정책 이전에 사회적 규범 내지는 사회구성원의 합의에 의하여 자연스럽게 이루어지는 것이 바람직하다는 점에서 유보적 입장이 이해될 수 있다. 그러나 개인자율의 가치를 인정하더라도 개인의 가치와 공공의 가치간 괴리를 좁히는 공적노력을 전면적으로 부정하기는 어려워 보인다. 개인가치와 공적가치간 지나친 괴리는 사회조건의 개선에 따른 행복성취 효과를 제약할 것이며, 그 자체로서 공공문제의 성격을 갖기 때문이다. 위에서 언급한 Sugden과 Teng(2016)도 공적가치와 개인가치의 괴리를 좁히는 노력 자체를 부정하지는 않는 것으로 이해된다. 뿐만 아니라, 개인의 가치관과 관련한 직접적 인위적 정책을 시행하지 않는 경우에도, 사회조건은 일정 정도 개인의 가치관에 영향을 미치고 그에 따라 개인의 가치와 공적가치간 정합성에 변화가 생기게 된다. 객관적 외부조건과 개인의 주관적 인식은 교호작용을 하기 마련이기 때문이다. 즉, 직접적이든 간접적이든 개인의 가치는 외부조건에 영향을 받기 마련이며, 그렇다면 이를 방기하기 보다는 적절하게 관리하는 노력이 더 바람직하다. 이와 관련, 개인적 가치의 공적 관련성에 대한 Thin(2012: 60)의 언명은 개인의 가치와 관련한 공공정책의 필요성에 대한 논리적 지지로서 참고할 만하다.

> "사람들은 내면을 조정하려는 노력과 외부 환경을 조정하려는 노력 사이의 상충 관계와 상대적 우선순위에 대해 항상 숙고하고 토론하여 왔다. … 우리는 동화(assimilation: 환경을 우리에게 맞도록 조정하는 것)와 조절(accomodation: 환경에 맞게 우리 자신을 조정하는 것)을 결합해야 한다. 인간으로서 우리는 환경에 대한 주요 고려 사항이 다른 사람이라는 사실을 받아들여야 한다. 그

래서 지속적인 행복 프로젝트는 개인 및 사회적 수준 모두에서 운영되어야 한다. 개인으로서 우리는 다른 사람들의 행동과 태도를 우리에게 맞도록 조정하려고 끊임없이 노력하지만, 동시에 우리를 그들에 맞게 조정한다. 집합적으로 우리는 우리의 사회적 선호도에 맞도록 비사회적 환경을 조정하고, 우리가 인간이 아닌 환경과 더 잘 상호 작용할 수 있기를 희망하여 우리 사회를 조정한다. 그러나 우리는 다른 종과 달리 사회적 환경과 인간이 아닌 환경 모두가 우리의 행복에 영향을 미치는 방식을 수정할 수 있는 독특한 능력을 가지고 있다."

이렇듯 개인의 가치관이 행복정책의 성과에 영향을 미치고, 사회조건 역시 개인의 가치관과 일정하게 관련된다면 그만큼 공공정책을 통하여 개인의 가치관과 관련된 사회조건을 점검하여 공적수요와 개인자율과의 적당한 긴장관계 속에서 행복이 확보되도록 하는 노력이 필요하다. 즉, 개인의 자율을 과도히 침해하지 않으면서 개인의 행복가치와 공적가치와의 정합성을 높이기 위한 제한적 범위 내의 정책은 추진할 만 하다는 것이다. 결국 개인의 가치관과 관련한 공공정책은 시행할 수 있느냐 아니냐의 문제라기 보다는 어느 선에서 어떻게 추진할 것이냐의 문제로 인식할 필요가 있다. 다만, 그와 같이 가치관과 관련된 정책의 시행은 다른 사회조건의 조성을 위한 정책에 우선하는 것은 바람직하지 않을 것이다. 자칫 개인 가치에 대한 과도한 개입은 기본권적 자유를 침해함은 물론, 관련 논란을 야기함으로써 행복정책 전체의 좌초를 초래하는 위험요인이 될 수 있기 때문이다.

한편, 행복을 정책목표로 수용하느냐와 유일한 정책목표로 채택할 것인가는 별개의 문제일 수 있다는 점에 대한 언급이 필요하다. 행복을 정책목표로 채택하는 데 대한 반론은 종종 행복을 유일한 최상위 정책목표로 채택하는데 대한 것이다. 즉, 행복을 최상위의 배타적 정책목표로 추진할 경우, 자유, 평등, 인권 등 다른 중요한 가치를 목표에서 제외함으로써 그들에 대한 정당한 관심을 훼손할 수 있다는 이유로 반대한다(예 Duncan, 2010; Sugden and Teng, 2016). 그러나 행복정책의 지지자들이 행복을 유일한 배타적 정책목표로 추진해야만 한다고 주장하는 경우는 많지 않다. 대체적으로 행복정책의 지지자들은 그간 규범적 지지에 비하여 실천적 노력이 미흡했던 행복을 구체적 정책목적으로 추진할 필요가 있다는 것을 주장하는 것이며, 따라서 행복 외에 자유, 평등, 인권, 안전 등 다른 적절한 가치를 병렬적으로 추진하는 것을 반대하지 않는다. 더욱이 행복정책은 행복 자체의 증진보다는 행복을 위한 사회조건의 개선을 우선적 목표로 한다. 그러므로 행복을 배타적 상위정책목표로 전제한 행복정책에 대한 비판적 의견은 한계가 있다. 나아가서 행복을 배타적 상위목표가 아니라 다른 가치와 병렬적 정책목표로 전제하는 비판론 역시 다음과 같이 이유에서 한계가 있다.

첫째, 행복을 다른 가치와 병렬적 목표로 채택할 경우 행복의 중요성에 걸맞는 정책관심을 희석하게 되는 문제가 생기기 때문이다. 행복정책에 대한 반대론자들은 행복에 대한 과도한 관심이 다른 가치에 대한 적절한 관심을 훼손한다고 비판한다. 그러나 다른 가치를 정책목표에서 제거하고 행복만을 유일한 정책목표로 하지 않는 한 그같은 비판은 근거가 약해진다. 즉, 행복을 다른 가치와 유사한 수준의 중요한 정책가치로 인식하여 병렬적 정책목표로 수용할 경우 다른 가치를 훼손한다는 이유로 행복을 목표에서 배제해야 한다는 비판이 타당하다면, 다른 가치의 목표채택 때문에 행복가치가 훼손된다는 반론 역시 타당할 것이기 때문이다. 물론 행복가치가 다른 가치보다 하위가치이거나 행복가치에 대한 부정적 의견이 편재되어있을 경우, 이같은 반론은 성립하기 어렵다. 그러나 행복정책에 대한 비판론자들에게서도 행복이 다른 가치의 하위가치이라거나 행복의 가치 차제를 부정하는 주장은 찾기 어렵다(Bartolini et al, 2016: 13). 예외적으로, 일부 연구가 행복의 정책가치에 대하여 유보적 입장을 제시하기도 한다. 예를 들면 Duncan(2010)은 "우리가 행복해지기를 원한다는 사실이 불가피하게 행복 극대화가 우리의 윤리적 지침이 되어야 한다는 결론으로 이어지는 것은 아니다. 실제로, 그렇게 해서는 안 되며, 대신 자유, 인권, 의무, 덕, 역량 또는 공정성 같은 원칙이 더 적절할 수도 있다고 주장하는 존중할만한 도덕철학 분야도 있다." 그러나 이와 같은 행복에 대한 유보적 입장은 행복을 쾌락 중심으로 보는 Bentham류의 접근을 염두에 둔 것으로 해석된다. 행복을 쾌락이나 삶의 평가를 넘어서 삶의 의미와 같은 덕성주의요소를 포함하는 것으로 접근한다면 이같은 비판은 성립하기 어렵다. 더욱이 앞에서 논의한 바와 같이 행복정책은 행복의 극대화를 추구하는 것도 아니다.

둘째, 행복을 다른 가치를 초월하는 최상위의 정책목표로 채택함으로써, 다른 가치들과 충돌하는 문제를 예방할 수 있기 때문이다. 행복을 최상위 정책목표로 할 경우, 자유, 평등, 인권, 안전 등의 가치는 행복으로 가는 여정의 중간목표적 성격을 갖게 되며, 이 경우 행복을 추구한다고 해서 다른 가치에 대한 관심이 훼손되지 않는다. 오히려 행복증진을 위하여 다른 가치에 대한 관심이 더 강화될 수 있다. 따라서 이 경우, 행복의 목표화가 다른 가치에 대한 관심을 훼손한다는 비판은 성립되기 어렵다. 문제는 과연 행복의 가치가 다른 가치에 우선하는가하는 것이다. 논란이 없지 않겠지만, 행복의 가치는 기본적으로 다른 가치에 우선하는 최상위의 궁극적 목표의 성격을 갖는다. 이는 "왜 행복이냐"라는 질문은 대답할 필요없이 또는 논리적 설명이 어려운 자명한 인간의 기본욕구이지만, 예컨대 "왜 자유냐", "왜 안전이냐" 라는 질문에는 "행복하기 위해서"라는 답변이 가능하다는 데서 이해할 수 있을 것이다. 즉, 자유나 평등 등 다른 이념적 가치들은 국민의 행복한 삶을 위한 수단적 목표가 될 수 있는 것이다. 이와 관련, Layard(2005)과 같은 선도적 행복론자는 행복이 자명하고 유일한 정책목표가 될 것을 주창하는 반면, 역량이론을 주창하는 Sen(2009)은 행복의 중요성을 인정하면서도 행복이 유일한 정책목표가 되는 것은 반대하는 입장에 선다. Sen이 그와 같은 입장에 서는 것은 이해가 된다. 그의 우선적 관심은 최종 후생에 앞서 개인의 자율적 선택을 가능하게 하는 역량에 있기 때문이다. Thin(2012: 12)은 두 학자의 입장을 대비하면서 행복에 대한 과도한 관심이 아니라 과소한 관심이 문제라고 지적함으로써 행복목표의 상위성에 무게를 둔다. 최근에서야 행복에 대한 본격적 관심의 대두된 시대적 상황을 고려한다면 Thin의 판단이 타당해 보인다.

종합적으로 볼 때, 행복을 다른 가치에 우선하는 최상위 가치로 하고 행복과 다른 가치와의 연결관계를 정책에 반영하는 것이 바람직하다. 다만, 단기간에 행복목표를 국가의 최상위 정책목표로 전환하는 일은 쉽지 않으며, 정책의 시행과 연구의 진전이 어느 정도 이루어지면서 보다 확실한 진전이 있을 것으로 판단된다. 과거 한국의 박근혜 정부의 사례는 좋은 참고가 된다. 2012년 집권한 박근혜 정부의 경우, 정부 출범 준비단계에서는 '국민행복'을 정부의 전체

정책의 기조를 통관하는 최상위의 목표로 제시하였으나, 이후 목표의 조정과정에서 다른 정책가치와 동렬의 정책목표로 하향 조정되었던 것은 좋은 참고가 된다. 그러나 행복가치가 다른 가치에 비하여 열위의 가치로 하향조정되었된 것은 아니다. 정부 출범 이후 집권기간 내내 행복정책은 그 성과와는 별도로 중앙과 지방 모두를 관통하는 정책기조로서 천명되고 적용되었기 때문이다(이승종, 오영균, 2013). 이같은 사례를 통하여 우리는 현 단계에서 행복목표의 가능성과 한계를 동시에 확인하게 된다.

행복정책의 성공요건

01 행복정책의 요청

　행복을 국가발전의 목표로 수용한다면 공공정책은 당연히 행복이 주도하는 정책으로 변화되어야 한다. 종래에는 정책의 산출로서 행복에 관심을 두었다면, 이제는 반대로 행복이라는 발전목표가 정책을 결정하는 데 관심을 두어야 하는 것이다. 그렇다면 이같은 행복정책의 성공적 추진을 위해서는 어떠한 조건들이 요구되는가? 이에 대한 대답을 위해서는 정책목표로서 행복의 특성에 대한 이해가 선행되어야 한다. 행복의 특성을 감안한 정책이라야 효과적으로 행복증진에 기여할 수 있을 것이기 때문이다. 정책목표로서 고려해야 할 행복의 특성은 <표 7−1>에서 제시한 바와 같이 ① 행복을 목표로 추구할 수 있도록 하는 정책패러다임의 전환이 필요하다는 점(기존의 정책패러다임에서는 사실상 행복을 정책목표로 추구하기 어렵기 때문에), ② 개인의 주관적 정서가 중요하다는 점(행복은 주관적 속성의 개념이기 때문에), ③ 개인 단위가 중요하다는 점(행복의 주체는 개인이기 때문에), ④ 행복증진을 위한 공적기반 조성을 위한 정부의 적극적 노력이 필요하다는 점(정부는 개인의 행복추구권을 보장할 의무가 있고, 자원이 부족한 개인의 노력만으로 행복을 증진시키는 데는 한계가 있기 때문에), ⑤ 행복증진을 위해서는 정부의 노력만으로는 부족하며 개인의 노력이 중요하다는 점(외부조건만으로 행복이 확보되는 것은 아니기 때문에), 그리고 ⑥ 정책참여자간 협력이 요구된다는 점(투입자원의 한계, 행복의 연관성 등 때문에) 등으로 요약할 수 있다.

　이같은 행복목표의 특성으로부터 행복정책의 성공적 수행을 위한 조건들을 도출할 수 있다. 그같은 조건들은 <표 6−1>에서 제시하는 바와 같이 ① 정책패러다임의 전환(과정기반에서 목표기반으로), ② 수요자 중심 정책기조의 정립(균형화, 미시화, 및 선제화); ③ 정책수행 단위의 미시화, ④ 정부역량의 강화, ⑤ 시민역량의 강화, ⑥ 거버넌스의 재구조화 등을 포함한다(이승종, 오영균, 2013: 47). 이같은 조건들은 상호연관되는 것이기는 하지만, 크게 보아 ① 정책 패러다임과 ②수요자 중심정책 기조는 대체로 '정책'과 관련된 조건들이며, ③ 정책수행단위, ④정부역량, ⑤시민역량 및 ⑥ 거버넌스는 정책추진을 위한 '거 버넌스'에 관련된 조건들이다. 이를 감안하여 이하에서는 이들 조건들을 정책 관련 조건과 거버넌스 관련 조건으로 구분하여 논의한다.

▌표 7-1 행복목표의 속성과 대응요건

정책목표로서 행복의 속성	행복정책의 성공적 수행을 위한 조건
행복지향 정책패러다임의 정립 필요	• 정책패러다임의 전환: 과정기반에서 목표기반으로

주관적 정서의 중요성	• 수요자 중심 정책 지향
	  – 경제 및 비경제 정책의 균형
	  – 정책의 미시화(맞춤형 서비스)
	  – 선제적 서비스(접근형 서비스)

개인단위의 중요성	• 정책수행단위(거버넌스 단위)의 미시화
참여자간 협력의 중요성	• 굿거버넌스의 실현

정부개입의 중요성	• 정부역량 강화
	  – 정책추진체계의 정비
	  – 공직역량(능력과 의지) 강화

개인책임의 중요성	• 시민혁신: 교양시민(역량과 덕성), 생산소비자 역할 강화

02 행복정책의 방향

1) 행복정책의 기본방향

정책패러다임의 전환: 과정기반에서 목적기반으로

행복정책의 성공적 추진을 위한 가장 기본적인 조건은 행복이 명시적 정책목표로 설정될 뿐 아니라, 정책패러다임이 그에 부응하는 방향으로 전환되어야한다는 것이다. 행복이 정책목표로 채택되더라도 과거의 정책패러다임이 지속된다면 행복은 실질적 정책목표로 추진되기보다는 명목적 정책목표 내지는 정치적 수사에 그치게 될 우려가 크다. 이같은 우려는 특히 행복목표가 주관적, 개인적, 추상적 속성을 갖고 있는 반면, 기존의 정책들은 보다 객관적, 집합적, 구체적 속성을 갖는 목표를 대상으로 추진되어왔기 때문에 양자 간 괴리가 클것이라는 점에서 증폭된다.

더욱이 지금까지 일반적인 정책패러다임은 다분히 목표보다는 과정중심의 패러다임으로 진화되어 왔다. 즉, 현재까지 지배적인 정책패러다임은 정책목표보다는 인적, 물적, 정보 자원의 관리를 어떻게 하는 것이 효율적인가하는 문제에 관심의 초점을 맞추었다. 목표에 관심을 두는 경우에도 정책의 궁극적 목적인 좋은 삶에 대한 관심보다는 중간목표적 성격으로서 민주성, 효율성, 형평성과 같은 과정가치에 우선적 관심을 두었다. 이렇듯 지금까지의 정책은 사실상 정책목표에 대한 적극적 관심보다는 정책과정에 우선적 초점을 맞춤으로써 정책의 목표에 대한 실천적 기여를 하는 데 한계가 있어왔다. 그러나 정책은 그 자체가 목적이 아니라 목표달성을 위한 수단이라는 점에서 이같은 과정기반 패러다임은 늘 보완이 필요한 접근이었다. 이같은 요청은 모든 정책일반에 대한 요청이지만 특히 행복정책의 추진에 있어서 더욱 요구된다. 이는 앞에서 언급한 바와 같이 행복정책에 있어서 정책과 행복과의 영향관계는 축적된 관련 지식의 미흡 그리고 행복에 대한 개인의 해석 개입 등으로 인하여 일반적 정책에 있어서 과정과 목적 간 관계에 비하여 불확실성이 크기 때문이다. 즉, 정책과 목표 간 영향관계가 불확실한 만큼 행복정책의 성공적 추진을 위해서는 정책을 추진함에 있어서 종래의 과정기반패러다임에서 목표기반패러다임으로의 전환이 요청되는 것이다.

수요자 중심 정책기조의 정립

기본적으로 행복은 개인차원의 주관적 만족 또는 평가에 관련되는 것으로서 이에 대응하기 위해서는 종래의 공급자 중심의 정책관점을 행복의 주체인 수요자 중심의 정책관점으로 전환할 필요가 있다. 수요자 중심의 정책기조로서 다음 세가지를 제시할 수 있다.

첫째, 경제 및 비경제 정책의 균형을 이루어야 한다. 행복은 인간의 욕구충족과 관련이 있으며, 경제측면과 비경제 측면을 아울러 다양한 욕구로 구성된다. 그러므로 경제정책만이 아니라 비경제 측면에 대한 균형적 정책관심이 요구되는 것이다. 행복을 추구한다고 해서 경제적 관심을 배척하는 것은 아니다. 경제는 여전히 중요한 행복의 영향요인이다. 그러므로 행복정책을 추진한다는 것은 경제정책을 지양한다는 것이 아니라 경제와 비경제 측면에 대한 정책균형을 요구하는 것이다.

둘째, 수요자 개인차원의 수요에 적절히 대응하기 위해서는 거시적 정책접근보다 미시적 정책접근이 중시되어야 한다. 즉, 국가 전체 또는 대규모 집단 차원에서 정책을 수립하고 추진하는 것보다 개인 차원의 수요에 대한 대응에 상대적 관심을 가져야 한다는 것이다. 아무래도 거시적 정책에서는 표준화, 일반화가 우선시되므로 미시적 정책의 경우에 비하여 국지성, 개별성에 대한 고려가 소홀할 수 밖에 없을 것이기 때문이다. 정책의 미시화는 개인차원의 개별적 수요에 대응한다는 의미에서 맞춤형 서비스(tailored service)와 동일한 의미를 갖는다. 맞춤형 서비스를 통하여 개인은 보다 높은 수준에서 욕구를 충족할 수 있게 되고 그만큼 행복수준이 향상될 수 있을 것이다. 물론 다수의 개인이나 집단을 상대로 하는 공공정책의 특성상 개인의 개별성 또는 특수성에 대한 고려가 충분히 이루어지는 데는 한계가 있겠지만 최소한 상대적 의미에서 획일적 처리를 특성으로 하는 종래의 정책관점을 보다 미시적 관점으로 전환하는 것은 가능할 일이다. 이러한 전환노력은 정보화의 진전, 정책수행단위의 조정, 공직 및 시민의 역량 강화가 이루어짐으로써 보다 원활해질 수 있을 것이다.

셋째, 정책의 선제화(preemptive policy)가 요구된다. 개인차원의 수요에 효과적으로 대응하기 위해서는 정부는 개인이 요구하기 이전에 사전적으로 개인의 서비스 수요를 파악하여 시민에 먼저 접근해서(outreach) 공공서비스를 제공하는 선제적 봉사노력을 해야 한다(cf., Denhardt & Denhardt, 2011). 이같은 선제적 서비스(또는 적극적 봉사)는 미시적 정책 또는 맞춤형 정책의 효과적 시행을 위하여 필수적으로 요구되는 요소이기도 하다. 선제적 접근없이 미시적 정책 또는 맞춤형 정책은 실현되기 어렵기 때문이다. 선제적 서비스의 핵심은 수요자의 자발적 접촉행위 이전에 정부 스스로의 적극적 접촉 노력에 있다. 정부의 능동적 시민접촉을 주문하는 이유는 시민참여는 시간, 돈, 지식, 정보가 소요되는 비용행위로서 제약요인이 내재되어 있을 뿐 아니라, 참여수요나 참여자원의 분포가 불균등할 경우 사회적 형평성에 차별화 요인으로 작동할 것이기 때문이다. 환언하자면 시민참여에 비하여 정부의 능동적 시민접촉은 참여에 소요되는 잠재적 비용의 감소, 사회적 불평등 우려의 감소, 그리고 정부와 시민간 신뢰와 협조의 축적 등에서 이점이 있기 때문에 시민참여에 우선하여 장려되는 것이다. 정부가 국민에게 먼저 다가서는 선제적 서비스는 다음 4가지 요소(C.A.R.E)를 포함할 때 실질적 선제적 정책이 될 것이다.

① 형식적 접촉이 아니라 신뢰받는 접촉이 이루어지도록 한다(credible).
② 모든 국민이 용이하게 접근 가능한 서비스 접근성을 제공한다(accessible).
③ 정책시행에 있어 지속가능성이 확보되도록 한다(responsible).
④ 신체적 이유 혹은 정보지식의 부족으로 소외가 생기지 않도록 정책의 공정성을 유지한다(equitable).

2) 행복정책의 내용

행복정책의 목록

앞에서 행복정책의 방향으로 목표중심 정책패러다임의 정립과 수요자 중심 정책기조(정책의 균형화, 미시화, 및 선제화)에 대해서 논의하였다. 여기에서는 이같은 정책기조를 전제로 하되, 보다 구체적으로 행복정책의 내용에 대하여 논의한다.

포괄적이고 체계적인 행복정책 목록의 수립을 위해서는 단편적 정책대안을 산발적으로 제시하기보다는 적절한 행복정책의 유형화에 기반한 정책대안의 개발이 바람직하다. 적절한 정책유형론은 유형론의 범위나 관점에 따라 보다 포괄적이고 체계적인 정책목록을 작성하거나, 정책대상이나 단위별로 차별화된 정책을 수립하여 추진하는 도구로 활용될 수 있기 때문이다. 행복정책의 유형론에 기반하여 정책목록을 제시한 예로서 정책단위의 크기를 범주로 하여 행복정책을 제시한 Diener et al.(2019)를 들 수 있다. 이들은 정책단위를 사회적 수준, 지방 수준, 및 개인 수준으로 구분한 뒤, 각 범주별로 구체적 정책항목을 제시하였다. 사회적 수준의 정책으로는 보건, 소득, 부패, 환경오염 등을, 지방 수준의 정책으로는 가정폭력, 정부부패, 친밀한 근린유대 등을, 그리고 개인 수준의 정책으로는 개인의 기술과 습관 등을 제시하였다. 이같은 유형화는 정책결정자로 하여금 해당 단위에 적실한 정책에 우선순위를 두고 정책을 추진하는데 도움을 줄 수 있을 것이다.

여기에서는 보다 포괄적 관점에서 행복정책의 수요와 공급측면을 기반으로 하는 정책유형론을 제시한다(<표 7-2>). 먼저 정책의 수요측면은 정책대상범위를 기준으로 하여 거시적 접근과 미시적 접근으로 나눈다. 전자는 국민 전체 또는 광역지역의 주민을 대상으로 하는 정책으로서 보편성이 강조되며, 후자는 자치단체의 주민이나 마을주민을 대상으로 하며 구체성이 강조된다. 정책의 공급측면은 정책수행 단위를 기준으로 하여 광역단위와 협역단위로 나눈다. 전자는 국가, 주(state) 또는 지역(province)를 단위로 하며, 후자는 지방, 커뮤니티를 단위로 한다. 이 두 기준을 교차함으로써 네가지 정책유형을 도출할 수 있다. A유형은 광역-거시 정책이다. 즉, 이 유형의 정책은 국가 또는 광역공공단체가 국민 전체 또는 광역지역 주민을 하나의 정책단위로 하여 시행하는 정책으로서 거시경제정책, SOC 정책 등이 해당될 수 있을 것이다. B유형은 광역－미시정책이다. 즉, 국가 또는 광역공공단체가 국가 전체 또는 광역지역 주민 개개인을 정책단위로 하여 수행하는 정책으로서 건강보험, 공적부조 등이 해당될 것이다. C유형 협역－거시정책이다. 즉, 지방 또는 커뮤니티의 공공단체가 지방 또는 커뮤니티 주민 전체를 하나의 정책단위로 하여 수행하는 정책으로서 지역위생, 커뮤니티 활동 지원 등이 해당될 것이다. D유형은 협역－미시정책이다. 즉, 지방 또는 커뮤니티의 공공단체가 지방 또는 커뮤니티의 주민 개개인을 정책단위로 하여 수행하는 정책으로서 개인심리치료 지원, 긴급 생활지원 등이 해당될 것이다. 이같은 유형론은 예시적이지만, 정책의 수행기관과 정책대상에 따라 차별화된 성격의 행복정책을 추진할 수 있는 틀로서 활용될 수 있을 것이다.

▌표 7-2 행복정책의 유형

정책수행단위 (공급측면)		정책대상 범위 (수요측면)	
		거시적 접근	미시적 접근
정책수행단위 (공급측면)	광역 (국가, 광역지역)	A. 광역-거시정책	B. 광역-미시 정책
	협역 (지방, 커뮤니티)	C. 협역-거시정책	D. 협역-미시 정책

어떤 유형의 정책에 우선할 것인가. 기본적으로 행복은 다차원적이며 따라서 다양한 사회조건은 각각 행복에 유의미한 영향을 미칠 수 있으므로 특정 유형의 정책에만 몰입하는 것은 바람직하지 않을 것이다. 그럼에도 불구하고 과거의 경제총량 중심의 정책이 상대적으로 규모의 경제나 일반적 적용성을 강조하여 A유형의 정책을 우선해왔다는 점에서 행복을 중시하는 정책의 강조점은 A유형으로부터 D유형으로 이행될 수 있을 것이다.

나아가서 각 유형별로 보다 세부적인 정책의 도출이 가능하다. 예를 들면, 앞에서 본 바와 같이 Diener & Biswas－Diener(2019)는 행복정책을 개인, 지방, 사회차원으로 유형화하고 각 범주별로 정책을 예시한 바 있거니와, 특히 개인차원의 행복에 대한 정책개입과 관련해서 긍정심리학의 제안을 바탕으로 세부 정책목록을 제시하고 있다. 즉, 이들은 <표 7-3>에서 보는 바와 같이 개인의 행복을 위한 정책개입을 더 행복한 사고, 사회적 행복, 신체적 행복, 목록 및 기록 네가지 영역으로 나누고, 다시 각 영역별로 세부정책목록을 제시한다. 첫째, 더 행복한 사고 영역에서는 심리적 개입은 정신적 질환자 만이 아니라 일반적 사람들에게도 행복증진의 효과가 있으므로, 보다 많은 사람들에게 심리치료의 기회를 확장적으로 제공하는 정책노력이 필요하다고 제안한다. 둘째, 사회적 행복 영역에서는 자선이 행복에 도움을 주므로 이같은 이타적 행동의 행복효과를 담보하기 위해서 사회분위기를 조성하는 정책노력이 필요하다고 제안한다. 셋째, 신체적 행복 영역에 있어서는 신체적 웰빙이 정신적 웰빙에 영향을 미치므로 체력단련, 건강유지를 위한 조건을 조성하는 정책노력이 필요하다고 제안한다. 넷째, 목록 및 기록 영역에서는 행운, 공감, 선행 등과 같이 긍정적인 일들을 기록하거나 인정하는 것이 행복증진에 도움이 되므로 이같은 일들이 안정적으로 발생하게 하는 정책노력이 필요하다고 제안한다.

▌표 7-3 개인차원의 행복정책 예시

사고 영역	사회적 영역	생리적 영역	목록과 기록 영역
인지적 행동 심리치료	이타주의	진정(relaxation) 기술 학습	강점 발견
명상훈련	용서와 감사	운동	서술적 기록
애정어린 친절의 명상	사회적 여가활동	수면	친절과 축복의 횟수

출처: Diener & Biswas-Diener(2019) p.100.

전반적으로 이같은 개인차원의 정책은 직접적으로 행복수준을 높이기 위한 개입으로서 심리치료에 초점을 맞추고 있으며, 사회조건의 개선을 통한 행복증진 노력에 비하여 보다 직접적이고 신속한 정책효과가 기대된다. 반면, 개인에 대한 직접적 개입과정에서 프라이버시 또는 개인자율에 대한 과도한 공적 개입의 우려가 있으므로 양자간 균형점을 찾는 노력이 필요할 것이다. 아울러 이들도 언급하고 있는 바와 같이 행복정책이 개인차원의 정책에만 국한된 것은 아니며, 사회, 지방 등 집합적 차원에서의 정책을 포괄하는 것이므로 개인심리에 집중하는 정책과 함께 포괄적 관점에서 사회조건의 개선을 위한 체계적 정책제안이 필요함은 물론이다.

전반적인 행복정책 목록의 구축은 기존의 행복관련 서베이의 조사항목으로부터 도움을 받을 수 있다. 이들은 조사항목으로서 다양한 사회조건을 망라하여 제시하고 있기 때문이다. 이와 관련하여 Better Life Index, World Values Survey, Gross National Happiness 등 기존 서베이의 조사항목에 대해서는 이미 4장에서 총괄적으로 소개하였는 바, 여기에서는 추가적으로 간주관지표에 대한 논의에서 언급한 바 있는 Community Wellbeing Index의 측정항목을 소개한다. 이 지표체계는 인간개발(교육, 보건, 복지), 경제(고용, 지역경제), 사회(커뮤니티 유대, 시민의식, 신뢰, 문화), 환경(물리적 및 생태적 환경), 인프라(주거, ICT, 교통, 안전), 거버넌스 등 6개 자본영역을 기준으로 작성되었다. <표 7-4>에서 보는 바와 같이 구체적 조사항목은 17개 영역(domain)에서 총 47개의 지표로 구성된다.

▎표 7-4 커뮤니티웰빙지표

자본	영역	지표
인간개발 자본	교육	공공 도서관 서비스
		평생교육서비스
		초중등 교육환경
	보건	의료/보건 서비스
	복지	노인 서비스
		장애인 서비스
		보육 서비스
		전반적인 교육, 보건, 복지 수준
경제 자본	고용	(지역 내) 일자리 수준
		(지역 내) 실업자 지원
	지역경제	지역경제 활성화
		지역 생활물가 수준
		전반적인 고용, 지역경제 수준

자본	영역	지표
사회 자본	지역사회단체활동	단체 활동 참여(자원봉사, 동호회, 부녀회, 학부모회, 종교모임 등)
	지역사회유대관계	지역사회 유대관계
		이웃과의 소통 및 교류
	시민의식	지역사회 문제에 대한 시민참여(공청회, 토론, 시위, 청원 등)
		시민의식
		공동체 이익 존중
	신뢰	이웃에 대한 신뢰
		시청/군청/구청에 대한 신뢰
		지방정치 신뢰
		중앙정부에 대한 신뢰
		중앙정치 신뢰
	문화 활동	여가생활 수준
	지역문화자산	문화시설 및 프로그램
		전통문화가치의 계승
		전반적인 지역사회유대, 시민의식, 신뢰, 문화의 수준
환경 자본	환경	재활용 및 쓰레기 수거 서비스
		대기의 질
		공원/녹지 공간
		하천/호수/바다의 수질
		전반적인 환경 수준
인프라 자본	주거	거주여건
		상하수도
	ICT	정보통신 서비스
	교통 시스템	대중교통
		도로 유지 및 보수
	안전	재난/안전 관리
		전염병 예방
		전염병 대응

자본	영역	지표
거버넌스 자본		치안 및 경찰 서비스
		전반적인 주거, 교통, 정보통신, 재난대응 수준
	거버넌스	시청/군청/구청의 시정 품질
		공무원의 서비스 태도
		공무원의 행정능력
		전반적인 공공서비스 수준

자료: 2020 커뮤니티웰빙 조사, 지방자치연구원.

행복정책의 추진단계

행복정책의 성공적 수행을 위하여는 행복기반의 정책패러다임을 정립하고, 수요자 중심의 정책기조를 견지해야 한다고 제시하였거니와, Helliwell 외 (2019)는 보다 구체적 수준에서 성공적 행복정책을 위한 8단계 지침을 제시하여 좋은 참고가 된다.

① **지지확보 및 목표설정**: 행복중심의 정책기조에 대하여 이해관계자의 폭 넓은 지지를 확보해야 한다. 특히 정책결정자의 지지획득이 중요하다. 아울러 자료와 자료분석에 의하여 지지되는 수용가능한 목표를 제시해야 한다.

② **행동착수 논의**: 행복정책에 대한 지지가 확보되고, 행복정책을 지지하는 자료와 분석이 확보되면 실제 행동으로의 전환이 보다 용이해진다. 혁신을 장려하거나 실천수준에서의 선도사례가 확보할 수 있어야 한다.

③ **조직내 협업 확립**: 다른 수준의 조직 구성원들간 신뢰 또는 연계자본을 구축할 수 있는 정책과정이 되어야 한다. 수직적 명령체계보다는 수평적 협력과정이 바람직하다.

④ **조직간 협업 확립**: 정부부서간 또는 전문가 할거주의를 극복하고 관련 기관과 부서, 그리고 전문성을 아우르는 연계작업이 추진되어야 한다.

⑤ **혁신의 추구**: 정책효과에 대한 실험과 평가를 바탕으로 혁신을 유도해야 한다. 초기에는 작은 범위로 시행한 후 성공사례를 확산하는 단계적 접근을 취

하는 것이 좋다.

⑥ **일관된 정책선택**: 정책선택에 있어서 일관성을 유지하는 것이 중요하며 이를 위해서는 다양한 영역의 다양한 결과에 대한 웰빙평가기준을 확보해야 한다. 그렇게 함에 있어서 웰빙분포의 불균등을 축소하도록 유의해야 한다. 또한 일부 빈곤집단의 해소에 초점을 두기보다는 전체 인구를 염두에 두고 긍정적 환경의 조성에 초점을 맞추어 정책을 추진하는 것이 좋다. 사회조건의 개선을 위한 정책이 빈곤집단에게 더 많은 이익을 줄 수 있다.

⑦ **정책추진의 연속성 확보**: 행복정책에 긍정적인 리더십이 유지되지 않으면 행복정책의 지속성이 유지되기 어렵다. 이를 위해서는 행복정책에 대한 장기비전을 명확히 하고, 행복정책의 혜택에 대한 정보를 전파하며, 리더십 유지와 육성을 위한 교육훈련를 시행해야 한다.

⑧ **결과의 보고**: 정책혁신의 확산은 자연적으로 이루어지기 어려우며, 따라서 정책결과의 확산을 위한 노력을 해야 한다. 그렇게 함으로써 행복정책의 지역간 확산을 촉진시키고, 행복정책에 대한 영감과 지식의 격차를 축소할 수 있다[32].

Helliwell 외(2019)가 제시하는 이같은 행복정책의 단계는 반드시 이 순서대로 정책이 집행되어야 하는 것은 아니지만 행복정책 추진에 있어서 유념할 사항들이 상당부분 망라되어 있는 것으로 판단된다. 이에 대하여 두 가지 사항을 첨언한다. 첫째, 행복정책에는 국민수요의 반영이 중요하다. 이를 위해서는 행복과 관련한 사회조건에 대한 우선순위 조사를 시행할 필요가 있다. 이같은 정

---

[32] 정책혁신의 확산을 위해서는 인위적인 전파노력도 중요하지만 정부구조의 개혁을 통한 자연적 정책혁신 확산기제를 강화하는 것도 필요하다. 자연적 혁신확산을 위해서는 집권적 통치구조보다는 분권적 통치구조가 유리하다. 집권적 구조에서는 정책혁신의 확산이 단기간에 이루어질 수는 있지만 혁신의 획일적 적용에 따른 비효율의 문제를 야기할 수 있으며, 집행의 모니터링의 효율성과 정책수행단위의 수용성에 따라 정책 지속성의 문제가 발생할 수 있다. 반면 수평적 분권구조에서는 혁신의 확산속도는 상대적으로 더딜 수 있지만, 분산화된 정부단위 간 정책확산의 자동조절장치가 작동하여 지역실정에 맞는 정책의 확산이 안정적으로 이루어지게 된다는 이점이 있다. 즉, 혁신정책이 하향적으로 강제되지 않는 상황에서 어느 한 정책단위에서 추진하는 좋은 정책혁신은 인접 또는 다른 단위의 자발적 수용으로 넓게 확산되지만, 좋지 않은 정책변화는 인접 또는 다른 단위의 거부 또는 무관심으로 확산이 자동적으로 차단되며 이에 따라 지역실정에 맞는 안정적 정책확산이 가능해지게 된다 (Walker 1969; Gray 1973; 이승종 2004).

보는 정책추진 상의 우선순위 결정, 자원 투입과 배분의 우선순위 결정에 필요하며, 이는 행복정책의 효과성 고양을 위한 핵심적 요소라 할 수 있다. 물론 이같은 우선순위조사는 첫번째 정책단계에서 언급한 자료나 분석에 포함된 것으로 이해할 수 있다. 그러나 국민선호의 우선순위에 대한 정보의 파악은 행복정책 추진에 있어서 가장 기본이 되는 요소 중 하나이므로 보다 명시적으로 정책단계에 포함시킬 것이 요청된다.

둘째, 정책의 평가가 추가적 단계로 포함될 것이 요청된다. 행복정책의 개선과 지속성 확보를 위해서는 정책성과의 평가를 통한 개선노력이 순환적으로 이루어져야만 한다. 이 과정은 정책의 종결지점에서 일회적으로 이루어지기 보다는 정책의 추진과정에서 반복적으로 진행되어야 한다. 이같은 정책평가에 있어서 시민과의 의사소통이 강조되어야 한다. 정책의 개선은 기본적으로 행복의 주체인 시민의 의사를 반영하는 것이어야 하기 때문이다. 앞에서 제시한 수요자 중심 정책은 이를 말하는 것이다.

셋째, 행복증진을 위한 개입노력을 정부가 독점적으로 해야 하는 것은 아니며, 정책의 추진과정에서 이해관계자간 협력이 필요하다. 행복정책의 추진은 정부의 단독노력으로만은 한계가 있으며 이해관계자간 협력에 기반한 거버넌스가 요구되는 것이다. 이에 관해서 Helliwell 외 역시 협력관계를 강조함으로써 동일한 인식을 보여준다. 구체적으로, 이들은 행복정책의 성공적 추진은 행복정책에 대한 거부를 허용하는 한편 행복정책의 소망성을 유지함으로써 협력과 협업을 확보하는 능력에 달려있다고 본다. 그러면서 행복에 대한 과도한 집착은 오히려 반발을 불러일으켜 행복정책을 저해하므로 바람직하지 않다고 본다. 여러 행복을 위한 개입의 성공사례는 정부의 독점적 정책이기보다는 상향적 또는 민간의 개입에 기반한 협력사례라고 강조하면서 정부독점이 아닌 협력관계를 강조하는 것이다. 대신, 국가는 기능과 재정 지원을 통하여 행복증진을 위한 협력관계의 유지 및 생성을 위하여 적극적 역할을 해야 한다고 주장한다. 문제는 협력관계 형성을 위해서 정부가 얼마나 적극적 역할을 할 것인가 하는 것이다. 이에 대하여 정부의 과도한 개입을 우려하고 시민의 자율성을 강조하는 입장에서는 정부의 역할을 시민의 상향적 노력을 지원하는 보조적 역할로 제한할 것을 주장할 것이다. 반면, 정부의 적극적 역할을 강조하는 입장에서는 정부가 주도적으로 정책을 입안하고 시민과의 협력관계를 유지할 것을 주장할 것이다. 외형상으로는 두 가지 형식 모두 협력관계 또는 거버넌스의 형태를 띤다. 어느 입장을 취할 것인가. 생각컨대 행복정책은 기본적으로 개인의 자원과 역량만으로 해소가 어려운 사회조건의 개선을 위한 정부의 노력인 만큼, 정책결정자의 헌신, 정부기구와 재정의 적극적 개입이 인정되어야 한다. 동시에 그같은 정부의 개입에 있어서 시민과의 의사소통과 협력이 유지되도록 해야 한다. 즉, 대립되는 입장을 균형적으로 수용할 필요가 있다. 그러나 이같은 균형적 수준을 넘어서 협력관계에 있어서 정부의 역할을 과도하게 제한하는 것은 바람직하지 않다. 그럴 경우, 자칫 정부의 행복과 관련한 책임을 상당부분 면제하게 되는 문제가 생길 수 있기 때문이다. 행복정책을 논의한다는 것은 상당한 정도는 정부의 적극적 역할을 전제로 하는 것일 수밖에 없다. 이 논의는 기본적으로 거버넌스를 어떻게 이해할 것인가하는 문제와 연관되는 것이며, 이에 대해서는 다음 장에서 보다 자세하게 논의한다.

3) 행복정책 추진상 유의점

행복정책의 내용에 관한 논의를 마무리하기 전에 행복정책의 추진에 있어서 유념할 사항 몇 가지를 첨언한다. 첫째. 행복정책에 있어서 경제정책은 여전히 중요하다는 점이다. 행복정책을 추진하는 동인이 경제만으로 인간의 행복이 보장되는 것이 아니라는 자각에서 비롯되는 것이니만큼 행복정책의 추진에 있어서 비경제적 측면에 대하여 더 많은 관심을 갖게 되는 것은 당연하다. 그렇다고 해서 행복정책이 비경제정책과 동의어로 오해되어서는 곤란하다. 행복정책을 추진하는 이유는 경제가 행복과 관련없기 때문이 아니라 경제가 행복의 결정조건의 전부가 아니라는 인식 때문이다. 경제는 여전히 행복의 중요한 요인이다. 더욱이 경제위기의 상황 또는 최근과 같이 전 세계적으로 전염병의 확산으로 경제안정이 위협받을 때 경제는 더욱 중요한 요인으로 부각될 수밖에 없다. 그러므로 행복정책의 목록에서 경제를 경시할 수는 없다. 다만, 경제에 대한 관심을 갖더라도 경제성장보다는 생활안정, 경제불평등 완화 등에 배가된 관심을 가질 것이 요구된다. 행복의 관점에서 접근할 경우, 경제요인 중에서 성장보다 안정이나 불평등 문제가 더 중요한 요인일 수 있기 때문이다. 그러므로 예를 들면 소득증대도 중요하지만 최저임금제, 기초연금제, 기본소득제, 부(負)의 소득세(negative income tax), 긴급부조, 징세구조의 개편 등과 같이 생활안정망 강화나 경제불평등 완화를 위한 정책에 대한 관심 증대가 요청된다는 것이다. 문제는 이같이 사회 분배구조에 영향을 미치는 정책은 정치이념 노선에 따라 집단 간 갈등이 심하여 합의된 정책추진이 쉽지 않다는 것이다. 그러나 이같이 내재적 갈등이 심한 정책들도 공공행복을 기준으로 접근함으로써 정치적 이념을 넘는 새로운 합의에 이르는 계기를 마련할 가능성이 있으며 이는 행복정책을 추진하는 또 다른 동기요인이 될 수 있다.

둘째, 행복정책은 개인의 심리변화를 추구하기보다는 사회조건의 개선에 일차적 목표를 두어야 한다는 점이다. 개인의 심리 또는 성향에 초점을 맞추는 정책은 개인의 행복이 개인의 심리적 성향에 일정 부분 영향을 받는다는 점에서 유효한 접근임에 틀림없다. 이같은 심리적 정책의 효과는 정책효과만 확보될 수 있다면 직접적이고 즉각적이다. 대신 사회조건의 개선을 통한 행복의 변화는 시간이 걸리고 인과관계마저 불확실한 측면이 있다. 그리하여 개인의 심리에 초점을 맞출 경우, 극단적으로는 사회조건의 개선없이 개인의 성향과 태도의 변화만으로 행복을 추구하는 정책을 택할 수도 있다. 그러나 이같은 접근은 한계가 있다. 행복정책은 기본적으로 사회조건의 개선을 통하여 그 기반 위에서 개인은 원하는 행복추구활동을 할 수 있도록 지지하는 것이라야 한다. 이같은 정책노력은 Sen(1999)의 표현을 빌리자면 개인이 행복을 추구할 수 있는 역량 또는 기회를 공급하는 일이다. 이같은 역량의 개선없이 개인의 태도 변화만으로 행복을 증진시키려는 노력은 지속적이지 않다. 이와 관련, 개인의 태도는 외부조건에 유의미하게 영향을 받는다는 점이 인식되어야 한다. 그렇다면 외부조건이 개인의 태도에 영향을 미치는 만큼 또는 외부조건이 행복에 영향을 미치는 만큼 외부조건의 개선은 중요하다. 만일 행복정책의 대상으로서 사회조건의 중요성을 간과할 경우, 사회조건을 행복과 관련하여 성찰할 사회적 동인을 약화시키거나 사회조건 개선을 위한 정부의 의지를 약화시킴으로써 행복정책을 좌절시킬 우려가 있다. 특히 행복정책에 소요되는 자원의 문제를 안고 있는 정부로서는 자칫 행복을 개인이 심리적으로 해결할 문제로서 치부할

유혹에 빠질 수도 있다. 물론 이같은 지적이 개인의 심리에 관련한 정책을 행복정책의 목록에서 제외해야 한다는 것은 아니다   . 다만, 행복정책은 개인의 심리변화에 관련된 정책을 수용하더라도 일차적으로 사회조건의 개선에 주력해야 한다는 점을 강조하는 것이다.

셋째, 행복정책이라고 해서 일반적 정책과 전혀 구분되는 별도의 정책이어야 하는 것은 아니라는 점이다. 물론 행복의 관점에서 새로운 정책개발이 필요한 경우도 있겠지만(예컨대, 개인의 심리치료 지원정책), 행복정책의 일차적 목적이 사회조건의 개선에 있다면 기존의 정책 역시 사회조건의 개선을 목표로 한다는 점에서 행복정책과 일반적 정책 간 근본적 차이가 있는 것은 아니다. 즉, 행복정책은 기존과 전혀 별개의 정책이 아니라 행복과의 인과관계를 고려하여 기존 정책의 목표와 과정을 갱신하고, 자원투입의 우선순위를 조정하며, 증거에 기반하여 정책관리를 강화하는 등의 노력을 요구하는 것이다. 그런데 이같은 행복정책의 추진은 쉬운 일이 아니다. 형태는 동일한 정책의 형태를 갖지만 내용적으로는 과거의 정책과 차이를 보일 수 밖에 없기 때문이다. 과거 성장국가의 정책은 성장의 극대화, 복지국가의 정책은 복지의 극대화를 추구하는 것으로서 충분했다. 그러나 행복국가의 정책에 있어서는 성장이나 복지의 극대화를 추구하는 것으로 충분하지 않다. 성장이나 복지가 행복과 어떻게 연관되는지에 대한 논의가 수반되지 않은 상태에서 성장이나 복지의 극대화를 정책목표로 하는 것은 곤란하기 때문이다. 즉, 행복과의 관계에서 볼 때, 성장이나 복지든 극대화가 아니라 적정화, 또는 성장과 복지간 균형, 또는 다른 사회조건의 충족이 더 중요할 수도 있기 때문이다. 결국 행복국가를 추구하는 과정에서의 정책문제는 과거의 성장국가나 복지국가에 비해서 더 어려운 과제의 속성을 갖게 된다. 더욱이 새로운 목표에 대한 정책지지의 획득, 자원투입의 제약, 정책효과의 불확실성 등은 추가적인 제약요인이다. 이러한 점에서 행복정책은 과거와 비교하여 더 높은 정책역량을 필요로 하는 새로운 도전적 과제의 성격을 갖는다. 그러므로 이제는 부강국가나 복지국가가 선진국이 아니라 이같이 어려운 행복국가에의 도전을 성공적으로 수행할 역량을 가진 국가가 새로운 선진국이 되거나 선진국으로 남게 된다.

03 굿거버넌스의 실현

1) 거버넌스와 굿거버넌스

거버넌스란 무엇인가

행복정책의 성공적 수행을 위하여는 정책수행을 위한 적절한 거버넌스 (governance) 체계가 갖추어져야 한다. 아무리 정책 방향이 옳아도 정책수행을 지지할 거버넌스 체계가 제대로 갖추어지지 않으면 정책성과는 기대하기 어려울 것이기 때문이다. 그러나 행복의 측정에 대한 풍부한 논의, 그리고 행복정책에 대한 단편적 논의 들이 있는 것과 비교하여 행복정책 추진과 관련한 거버넌스에 대해서는 본격적 논의를 찾기 어려우며 향후 이에 대한 관심이 필요하다. 행복정책의 수행체계와 관련해서 우선 강조할 것은 행복정책의 성공은 정부의 일방적 노력만으로는 한계가 있으며 정책과정에서 행복주체인 시민과의 협력작용이 요구된다는 점이다(다른 정책에 있어서도 정부와 개인과 시장을 포함한 사적행위자간 협력은 필요하다. 그러나 행복정책과 관련해서는 특히 정부와 시민간 협력이 강조되어야 한다. 왜냐하면 행복의 주체는 개인이기 때문이다. 그러므로 여기에서 거버넌스를 논함에 있어 시장요소를 배제하지 않으면서도 초점은 시민에게 맞춘다). 이와 같이 정부와 시민간 협력이 중요한 이유는 공급요인으로서 정부 보유자원의 한계와 수요요인으로서 개인욕망의 확장성 간 상충이 있어 양자 간 균형을 위한 조정이 필요하기 때문이다. 또한 정부의 사회조건 개선노력이 전적으로 행복증진으로 연결되는 것이 아니며, 개인의 해석작용에 영향을 받는다는 점도 정부와 시민의 공동노력을 요구하는 요인이 된다. 이와 같은 정부와 시민간 협력작용의 확대 필요성은 바로 거버넌스의 필요성을 의미하는 것이다[33].

거버넌스란 무엇인가. 1990년대에 이르러 한편으로는 정부의 실패에 대한 반성과 비판, 다른 한편으로는 시장과 시민사회의 성장에 따라 정부독점의 의사결정에 대한 비판이 고조됨에 따라 공공문제 해결을 위한 의사결정에 있어 상향적 내지는 수평적 결정방식으로서의 거버넌스에 대한 요구와 논의가 확산되었다. 1980년대에 등장한 국가에 대한 관심 재개도 이같은 변화에 대한 하나의 배경이 된다(Skocpol, 1985). 기본적으로 거버넌스는 공공문제 해결에 있어서 정부 이외에 민간의 역할이 증대되는 것을 의미한다. 이렇듯 정부를 넘어 민간의 참여를 포함하는 거버넌스에서는 과거에 비하여 민주적 요소의 강화 즉, 관계 집단의 참여와 합의가 강조되며, 이에 따라 정부가 독점하던 의사결정과정에 다른 비정부행위자(기업, 시민사회)의 참여가 증가된다. 사회가 정부, 시장, 시민사회로 구성되어 있다고 보았을 때, 거버넌스는 이들 간 상호작용과 협력관계를 강조하는 것으로 전통적인 정부의 개념보다 확장된 개념이다. 거버넌스는 정부와 관련한 공공 거버넌스만이 아니라 사적분야에 관련된 사적 거버넌스를 통칭하여 사용되는 용어이다. 다만, 여기에서는 행복정책의 추진과 관련하여 공공 거버넌스에 논의를 집중한다. 원래 거버넌스에 대한 관심이 국가주의의 한계에 대한 비판 내지는 신자유주의로 대표되는 시장주의의 등장에 병행하여 주로 국정운영의 새로운 방식으로 제기된 것도 그렇게 하는 또 다른 이유이다. 그렇다고 해서 공공 거버넌스에 대한 논의가 사적 거버넌스와 무관한 것은 아니다. 공공 거버넌스는 민간의 활동을 지지 또는 규제함으로써 사적 거버넌스와 밀접하게 연관되기 때문이다(cf. Bevir 2012: 1).

거버넌스에 대한 개념 규정이 명확하게 정립된 것은 아니며 논자에 따라 다양한 의미로 사용된다. 이와 관련, Rhodes(1996: 653)는 이 용어를 6가지 용례

---

33) 정부와 시민사회 간 협력에 기반한 거버넌스의 당위성에 대한 이해를 위해서는 기술민주주의(technodemocracy) 개념이 유용하다. 이상사회는 전문관료의 전문가적 판단에 의한 지배(technocracy)와 시민의 여론에 의한 지배(democracy)가 조화되는 정치체제, 이른바 기술민주주의)라 할 수 있다(De Sario & Langton, 1987). 이러한 사회는 엘리트론자들이 주장하는 제한적 민주사회도 아니고 참여민주론자들이 주장하듯 참여가 극대화된 대중영합사회도 아니다. 기술민주주의 사회에서는 전문관료의 독단적 지배나 시민의 선동적 여론 몰이가 지양되는 대신, 사회의 안정과 요구가 적절히 조화됨으로써 보다 효과적으로 공공행복을 추구할 수 있을 것으로 기대되는 것이다. 이같은 기술민주주의는 국가와 시민 간 협력에 기반한다는 점에서 협력민주주의로 부를 수 있다(이승종, 김혜정, 2018: 582).

로 구분한다: 최소국가, 기업거버넌스, 신공공관리, 굿거버넌스, 사회사이버네틱 시스템, 및 자기조직화 네트워크. Doeveren(2011)이 적절히 지적하는 바와 같이 지배적인 거버넌스 개념이 없는 상황에서 학자들은 의사결정과정이나 의사결정과정의 결과와 관련이 있는 한 임의로 거버넌스를 규정하고 있는 실정이다. 우선 거버넌스를 정부제도와 정부과정에 포괄적으로 관련된 것으로 이해하는 입장이 있다. 예를 들면, 세계은행은 거버넌스를 한 국가의 권위가 행사되는 전통과 제도로 정의하는 바, 여기에는 정부가 선택되고, 감시되며, 교체되는 과정; 건전한 정책을 효과적으로 형성하고 집행하는 정부의 능력; 그리고 경제적, 사회적 상호작용을 지배하는 제도에 대한 시민과 국가의 존중이 포함된다(Kaufmann & Kraay, 2008: 7). 이와는 달리 거버넌스가 정부와 다른 통치형태임을 강조하는 입장이 있다. 예를 들어 Peters and Pierre(1998)는 거버넌스를 정부가 아닌 네트워크, 직접 통제가 아닌 영향력 행사, 공사협동, 대안적 정책방식의 활용 등을 요소로 하는 통치방식으로 규정하며, Rhodes(1997)는 교호성, 자원교환, 게임의 규칙, 국가로부터의 자율성으로 특징지워지는 자발적인 조직간 네트워크로 거버넌스를 이해한다. 거버넌스를 "행위자의 자율성, 네트워크적 관리, 체제의 목표지향성의 특성을 포괄하는 새로운 통치운영의 방식"이라 규정하는 이종원(2002)의 입장도 이와 유사하다.

또 다른 학자들은 다양한 행위자 간의 조정 또는 협력과정에 초점을 맞춘다. 예를 들면, Campbell 외(1991)는 거버넌스를 경제적 행위자 간의 활동을 조정하는 정치 및 경제 과정으로 정의하면서 시장, 의무적 네트워크, 계층제, 모니터링, 협력적 네트워크 및 결사체 등 6가지 이상적 유형의 거버넌스 메커니즘을 제시한다. 마찬가지로, 글로벌 거버넌스 위원회(1995:2)는 거버넌스를 공공 및 민간을 막론하고 개인과 기관의 상충되거나 다양한 이해를 수용되고 협력행동이 취해질 수 있는 지속적인 과정으로 이해한다. 이 외에 "국가를 비롯한 다양한 행위자들이 자율적이고 상호의존적인 과정 속에서 토론 및 협상과정을 통해 공통의 문제를 조정 및 해결하는 정치과정"(김명숙, 2005), "다수의 참여자가 공유의 목적을 향해 함께 다스려나가는 과정"(최병대, 2002), "정부, 시장, 시민사회간 협력기제"(김석준, 2002), "공통의 문제를 해결하기 위한 사회적 조정기제"(이명석, 2002) 등도 유사한 개념정의이다.

의사결정에 초점을 맞춘 개념화들도 있다. 예컨대, Kooiman(1993: 2)은 통치(governing)는 "사회(부문 또는 측면)를 인도, 조종, 통제 또는 관리하기 위한 의도적인 노력으로 볼 수 있는 사회적, 정치적, 행정적 행위자의 활동"이며, 거버넌스는 이같은 활동에서 비롯되는 패턴이라고 설명한다. "통치 행동 또는 방식"(Lynn 2010: 671), "사회 또는 조직이 중요한 결정을 내리고, 누가 참여하고, 어떻게 책임을 부과할 것인지를 결정하는 과정(Graham et al. 2003)", "규칙을 설정하고, 적용하고, 시행하는 과정(March & Olsen 1995: 6)", "정치적 의사결정의 역동적인 과정의 모든 단계(Doeveren 2011)" 등도 같은 관점의 개념화이다.

다행히 다양한 정의에도 불구하고 이들 간 최소한의 공통점을 찾을 수 있다. 즉, 대부분의 거버넌스 개념은 거버넌스를 정부의 독점적 행위에 국한하지 않고 공동문제의 해결을 위한 정부와 민간(시장, 시민사회)과의 협력적 의사결정으로 확장해서 본다는 것이다. 그러므로 이같은 공통점을 살리면서도 불필요한 개념의 미궁을 벗어나기 위한 간결한 개념화 노력이 필요한 상황이다. 이와 관련, 본 서에서는 거버넌스를 '의사결정과정의 외연 확장'으로 간략히 규정한다. 즉, 정부가 독점하던 의사결정과정을 외부 참여자로 확산함으로써 이들 간의 교호작용을 통하여 정책이 결정되는 현상으로 규정하는 것이다.[34]

여기에서 의사결정과정의 '외연 확장'은 이중적 의미를 내포한다. 하나는 의사결정과정 '참여자'의 확장이며, 다른 하나는 의사결정 '방식'의 확장이다. 첫

---

[34] '의사결정과정(decision process)'의 외연 확장은 '정책결정과정(policymaking process)'의 외연 확장으로 표현해도 무방할 것이다. 의사결정과 마찬가지로 정책은 공공영역의 의사결정만이 아니라 사적영역의 의사결정에도 적용되는 용어이기 때문이다. 그러므로 사실 거버넌스를 규정함에 있어서 '의사결정'으로 표현하느냐 '정책'으로 표현하느냐는 기본적으로 용어선택의 문제일 뿐 내용적으로는 차이가 없다. 그럼에도 불구하고 종종 정책은 공공정책의 축약어로 이해되며, 그 경우 '정책결정'으로 표현되는 거버넌스의 개념화는 자칫 사적 거버넌스를 제외한 공공 거버넌스만을 지칭하는 것으로 오해될 수 있는 점을 고려하여, 여기에서는 일반적 용어인 '의사결정'을 사용하여 거버넌스를 규정한다. 그러나, 본서는 거버넌스 개념정의를 함에 있어서 여러 문헌들과 같이 'governing' 용어를 사용하여 거버넌스를 정의하는 것은 의도적으로 회피한다. 그와 같은 정의는 일정 부분 동어반복적 측면이 있어 보이기 때문이다. 물론 governing의 핵심이 decision making에 있으며, governing이 decision making보다 의미상 범위가 더 넓다는 점을 고려한다면 governing을 사용한 개념정의가 잘못된 것은 아니다. 양자 간 의미 차이도 크지 않다. 다만, 본서에서는 개념화의 간결성과 명확성에 초점을 두고 '의사결정' 용어를 사용하여 거버넌스를 규정한다.

째, 의사결정과정의 참여자가 확장된다는 것은 의사결정과정의 참여자의 범위가 정부를 넘어서 민간(시민, 시장)을 포함하도록 확장된다는 의미이다. 즉, 정부독점의 의사결정으로부터 민간 참여자와의 협력적 의사결정으로 이행한다는 것이다. 그러므로 의사결정 행위자를 중심으로 거버넌스를 구분한다면, 거버넌스는 정부중심 만이 아니라 시장중심, 시민사회 중심 거버넌스를 포괄하게 된다. 이와 같은 거버넌스는 정부 이외의 참여자를 포함하기 때문에 정부와 관련된 공공거버넌스만 아니라 민간 내부의 사적정책과 관련한 사적거버넌스를 포함하는 의미로 사용될 수도 있다. 또한 정부 내부에서 중앙정부와 지방정부, 기관 내외에 한정된 공공거버넌스에도 사용될 수 있음은 물론 영역을 확장하여 글로벌 거버넌스에도 적용된다. 둘째, 의사결정 방식이 확장된다는 것은 의사결정방식이 계층제로 부터 네트워크를 포함하는 방향으로 이행한다는 의미이다. 여기에서 계층제는 권위와 중앙통제에 의존하고, 시장은 가격과 분산된 경쟁에 의존하며, 네트워크는 결사체 전반에 걸친 신뢰에 의존한다(Bevir 2012: 16-30).[35]

이와 같이 개념적으로는 거버넌스의 의미를 의사결정 행위자(또는 참여자) 측면과 의사결정방식 측면으로 구분할 수 있지만, 사실 의사결정과정에서 행위자와 의사결정방식은 상호 분리되지 않고 연결된다. 정부가 주 행위자일 경우에는 관료제 중심의 계층제가 작동할 것이고, 시장이 주 행위자일 경우에는 시장기제가 작동할 것이며, 시민사회가 주 행위자일 경우에는 네트워크가 작동할 것이기 때문이다. 즉, 거버넌스의 이중적 의미는 접근과 강조점의 차이일 뿐이며, 따라서 통합적 시각에서 거버넌스를 의사결정과정 외연의 확산 또는 확장된 의사결정과정으로 정의하여 무리가 없을 것이다.

거버넌스는 의사결정의 과정을 지칭한다는 점에서 통치(governing)와 유사한 개념이지만, 동시에 정부독점의 의사결정과정의 외연 확산이라는 변화(shift)를 포함한다는 점에서 중립적 의미를 갖는 통치와 구별할 수 있다. 즉, 거버넌

---

35) Pierre & Peter(2000)는 '구조'로서의 거버넌스와 '과정'으로서의 거버넌스를 구별한다. 구조로서의 거버넌스는 다양한 제도적 장치와 새로운 상황 하에서 사회적 행위자를 포함하는 것을 의미하며, 과정으로서의 거버넌스는 구조 간의 상호작용을 의미한다. 이같은 구분은 대체로 본 서에서 제시하는 '참여자' 측면과 결정방식의 구분에 대응한다.

스는 단순히 통치를 넘어 확장된 통치의 성격을 갖는다. 또한 거버넌스는 종래의 정부(government)와도 다르다. 종래의 정부가 정치기구(political institution)에 보다 초점을 두는 것과 달리, 거버넌스는 통치과정에 보다 관심을 가진다 (Bevir, 2012:1). 그러나 양자 간 차이가 명확한 것은 아니다. 정부 역시 과정의 의미를 담고 있기 때문이다. 정부와 거버넌스의 더 큰 차이점은 정부가 정부 행위자 중심의 폐쇄적 정책과정을 가리키는 데 비하여 거버넌스는 정부 이외의 참여자를 포함한 확산적 의사결정과정을 의미한다는 데 있다.

거버넌스의 개념화와는 별도로 거버넌스의 용어 사용에 있어서 거버넌스와 뉴거버넌스간에 혼선이 있다는 점이 지적되어야 한다. 일부에서는 거버넌스와 뉴거버넌스를 구분하여 사용한다. 예컨대, Pierre(2000)는 정부와 시민사회간의 파트너십 및 네트워크가 주도적인 역할을 하는 거버넌스를 뉴거버넌스(new governance)라고 하여 정부가 주도적인 역할을 하는 구(또는 전통적) 거버넌스 (old governance)와 구분한다. 이와 유사하게 Peters et al(2012), Denhardt & Denhardt(2000), Bevir(2012) 등은 뉴거버넌스를 계층제에 덜 의존하고 시장과 네트워크에 더 의존하는 사회문제해결방식으로 특정한다. 거버넌스와 뉴거버넌스를 구분하되, 뉴거버넌스를 좀 더 좁게 보는 입장도 있다. 예를 들면 이명석(2002)은 거버넌스를 사회문제의 조정기제로 보면서, 뉴거버넌스는 네트워크에 기초하는 거버넌스에 국한하여 파악한다. 기본적으로 이들 입장은 거버넌스의 의미에 있어서 의사결정과정의 변화보다 의사결정 자체에 초점을 맞추는 것이다. 이 경우 전통적 거버넌스는 의사결정 행위자 측면에 있어서 정부중심의 의사결정과정을, 의사결정 방식 측면에 있어서 계층제 중심의 결정과정을 지칭하며; 뉴거버넌스는 행위자 측면에 있어서 시장이나 시민사회 중심의 의사결정과정을, 의사결정 방식 측면에 있어서 시장이나 네트워크 중심의 의사결정과정을 지칭하게 된다. 아울러 뉴거버넌스는 민주적 거버넌스, 참여적 거버넌스와 동일시되기도 한다.

이들과 달리 거버넌스와 뉴거버넌스를 구분하지 않고 양자를 혼용하는 학자들도 많다(예 Rosenau, 1992; Jessop, 1997; Stoker, 2000). 즉, 이들에게 있어서 거버넌스는 과거의 거버넌스와 차별되는 뉴거버넌스만을 의미한다. 이같은 입장은 거버넌스의 의미에 있어서 통치의 과정(process in governing)보다 통치의 변화(change in governing)에 초점을 맞추는 것이다. 즉, 의사결정과정의 행위자가 확장되고 의사결정 방식이 다양화되는 '변화'에 초점을 맞추어 거버넌스를 좁은 의미로 이해하는 입장이다. 이들에게 있어서 종래의 정부중심의 계층 기반의 정부는 거버넌스가 아니다. 비정부 중심의 시장 또는 네트워크에 의한 통치만만이 거버넌스로 인식된다.

용어의 사용은 옳고 그름의 문제이기 보다는 선택의 문제이다. 본서는 거버넌스를 뉴거버넌스에 국한하지 않는 보다 넓은 의미로 파악한다. 즉, 거버넌스를 전통적 거버넌스(정부)와 새롭게 제기된 뉴거버넌스를 포함하는 용어로 이해한다. 그렇게 하는 이유는 거버넌스가 뉴거버넌스만이 아니라 전통적 정부를 지칭하는 용어로도 사용되어왔다는 점, 전통적 정부도 정도의 차이는 있어도 시장과 시민과의 협업을 전적으로 배제하지는 않는다는 점, 사적 거버넌스가 아닌 한 거버넌스의 유형을 막론하고 정부는 여전히 중심적 행위자로 기능한다는 점 등을 감안한 것이다.

거버넌스의 유형

거버넌스의 개념에 대한 다양한 이해를 바탕으로 논자에 따라 다양한 거버넌스 유형론이 제기된다. 최소 국가(minimalist state), 법인거버넌스(corporate governance), 굿거버넌스, 신공공관리, 사회적 사이버네틱스체제(sociocybernetic system), 및 네트워크(Rhodes 1996); 법인거버넌스, 신공공관리, 굿거버넌스, 교호적 국제관계, 사회적사이버네틱스 체제, 신정치경제, 및 자기조직화 네트워크(Rhodes 2000); 시장모형, 참여모형, 신축모형, 및 탈규제모형(Peters(1996); 계층제, 합리적체제, 개방체제, 자치모형(Newman, 2001); 시장, 네트워크, 계층제, 감시, 결사(Campbell et al., 1991); 전통적 정부, 시장 정부, 참여적 정부, 탄력적 (flexible) 정부, 탈규제 정부(Peters, 2001); 구 행정, 신공공관리, 신공공서비스 (Denhardt & Denhardt, 2003); 계층제, 시장, 네트워크(Bevir, 2012); 정부중심형, 시장중심형, 시민사회중심형(김석준 외. 2002; 이승종, 2016) 등이 그 예이다.

대개의 유형론은 거버넌스의 행위자 또는 조정방식을 단독 또는 혼합하여 거버넌스 유형론을 제시하고 있다. 본서는 행위자에 초점을 맞추어 정부중심형, 시장중심형, 및 시민중심형으로 구분하는 유형론을 선호한다. 이같은 유형화는 거버넌스의 중요 요소로서 의사결정 행위자와 조정방식을 파악하는데 유리하다. 여기에서 정부중심형 거버넌스(government – centric governance)란 정부가 시장과 시민사회를 주도적으로 관리하는 유형으로서 권위와 중앙통제를 근간으로 하는 계층제가 운영원리이고, 시장형 거버넌스(market – centric governance)는 경쟁원리와 고객주의를 근간으로 하는 시장주의를 운영원리로 하며, 시민중심형 거버넌스(civic – centric governance)는 대의제의 한계를 보완하기 위하여 공공문제의 처리과정에서 시민의 적극적 참여를 강조하는 유형으로서 참여민주주의를 운영원리로 한다.36)

유의할 것은 거버넌스의 유형을 막론하고 현실적으로 정부의 중심성을 부정하기는 어렵다는 점이다. 정부는 공공문제 해결에 필요한 자원의 최대보유자로서 또한 의사결정의 공식적 권한의 보유자로서 공공문제 해결을 위한 조정자 역할을 하고 있기 때문이다. 이같은 사실에 근간하여 여러 논자들은 거버넌스 논의가 새로운 현상을 과장하는 것이라거나, 실제로 거버넌스가 일어나고 있는지에 대한 증거는 희박하다거나, 거버넌스에 따라 정부의 능력이 소멸하고 있는지 불분명하다거나, 거버넌스 논쟁은 순수한 학문적 논쟁에 지나지 않는다는 등의 회의적 의견을 피력한다(Kjær, 2004; 조성한, 2005; Lynn, 2010; Heinrich et al., 2010). 그러나 거버넌스가 전혀 부정될 수 있는 것은 아니다. 거버넌스의 실재에 대한 긍정론자들의 주장을 거론하지 않더라도(예 Kooiman, 1993; Rhodes, 1996; Bevir, 2012), 거버넌스가 순전히 학문적 논쟁이라는 평가는 지나쳐 보인다. Robichau(2011)가 지적하듯이 현재 거버넌스의 의사결정방식이 네트워크, 계층제, 및 시장을 포함하는 것이라는 데 대해서는 어느 정도 합의가 있는 상태인 바, 이같은 합의는 거버넌스의 실체가 전무한 상태에서는 가능하지 않은 일일 것이기 때문이다. 그렇다고 해서 거버넌스가 정부를 대체한 상황으로 볼 수는 없다. Kjær(2004)가 적절히 지적하듯이 거버넌스는 정부없이 존재하지 않는다. 그러므로 거버넌스 유형론은 상대적인 의미에서 파악되는 것이 타당하다. 예컨대, 시장중심 거버넌스 또는 시민중심 거버넌스라고 해서 정부

---

36) 시장중심형 및 시민중심형 거버넌스는 사회중심형 거버넌스로 통합해 부를 수 있다. 예를 들어 Robichau (2011)는 이 두 가지 유형을 국가중심 거버넌스와 대비하여 사회중심 거버넌스로 구분한다.

가 배제된 상황에서 시장원리나 시민사회참여가 지배하는 거버넌스로 규정하기 보다는 전통적 정부에 비하여 시장원리나 시민사회 참여를 상당한 정도로 수용하는 거버넌스 형태로 이해하는 것이 타당하다. 마찬가지로 정부중심 거버넌스라고 해서 시장원리나 시민참여를 배제한 정부독점의 의사결정형태로 이해되기 보다는 다른 거버넌스 형태에 대하여 정부의 중심성이 강화된 거버넌스 형태로 파악하는 것이 타당하다. 즉, 거버넌스의 유형화는 정부의 중심성에 관한 한 배타적 범주론이기보다는 '보다 더 또는 보다 덜(more or less)'의 구분으로 파악하는 것이 타당하다는 것이다. 이같은 요청은 특히 시민사회와 시장의 성장이 상대적으로 약한 개도국의 경우 더욱 그러할 것이다.[37]

정부의 중심성에 대한 논의와는 별도로 어떠한 거버넌스 유형이 행복정책을 위한 거버넌스로서 더 효과적인가 하는 것도 중요한 관심대상이다. 이에 대한 고정된 정답은 없어 보인다. 물론 행복정책의 특성상 행복의 주체인 시민의 의사를 적극 반영해야 할 필요성이 크다는 점을 고려한다면 기본적으로 전통적 정부보다는 보다 개방적이고 참여적인 거버넌스가 보다 효과적일 것으로

---

[37] 이같은 상대적 성격에 따라 종종 거버넌스 유형간 구분에 혼선이 초래되기도 한다. 예컨대 Denhardt & Denhardt (2003: 28)는 거버넌스를 구(전통적) 행정, 신공공관리, 및 신공공서비스로 구분한다. 이들은 각각 정부중심형, 시장중심형, 시민중심형 거버넌스에 대응하는 것이기도 하다. 각 유형은 고유의 성격을 갖는다. 구행정에 있어서 조정방식은 계층제이며, 정부의 역할은 노젓기(rowing)이며, 시민적 지위는 고객(customer)이다. 신공공관리에 있어서 조정방식은 시장이며, 정부의 역할은 방향제시(steering)이며, 시민적 지위는 고객으로 제시된다. 신공공서비스에 있어서 조정방식은 협력 또는 네트워크이며, 정부의 역할은 봉사, 시민적 지위는 시민으로 제시된다. 이같은 구분은 거버넌스의 유형간 차이를 쉽고 간명하게 이해할 수 있게 해주는 장점이 있다. 문제는 신공공관리를 시장형 거버넌스와 등치시키는데 모두가 동의하느냐하는 것이다. 기본적으로 신공공관리는 정부의 근간을 유지하면서도 시장원리에 대하여 개방적인 행정패러다임이며, 따라서 구행정과 시장중심형 거버넌스의 중간적 성격을 갖는다(유민봉, 2021: 177). 여기에서 전통적 정부에 시장주의를 도입한 것에 주목하면 시장중심형 거버넌스로, 시장주의가 접목되었지만 전통적 정부가 몸통인 것에 주목하면 정부중심형 거버넌스로서 신공공관리의 성격을 각각 다르게 이해하게 된다. 생각컨대, 시장중심형 거버넌스가 정부와 시장간 관계에 초점을 맞추는 것과 달리, 신공공관리는 정부내부의 관리문제에 초점을 맞추고 있다는 점을 고려한다면 신공공관리를 정부중심의 관리모형으로 분류할 수 있다. 그런데 거버넌스 유형을 막론하고 정부의 중심성은 상당한 정도 유지되고 있다. 그렇다면 신공공관리가 정부내부의 관리문제에 초점을 맞추고 있고, 그 기저에 정부중심의 관리적 성격이 개입되어있다 하더라도 시장중심형에 상대적으로 가까운 것으로 파악하게 된다. 이같은 논의는 기본적으로 거버넌스 유형을 막론하고 정부의 중심성이 어느 정도 유지되고 있는 데서 기인하는 것이다.

기대할 수 있다. 즉, 정부의 중심성이 과다하지 않은 거버넌스 유형이 상대적으로 효과적인 거버넌스 유형일 개연성이 있다. 그럼에도 불구하고 그 적합성 정도는 상황에 따라 달라질 것이므로 어떠한 거버넌스 유형이 더 효과적일 것이라고 일반화하여 단정하기는 곤란하다. 예컨대, 시장과 시민사회의 형성이 고도화된 서구 개발국과 상대적으로 시장과 시민사회의 형성이 미흡한 개도국에 적합한 거버넌스 유형이 같을 수는 없을 것이다. 실제로 정부의 중심성에 대해서 아시아 국가들이 상대적으로 긍정적인 것에 비하여 서구 개발국에서는 상대적으로 회의적인 것이 이를 확인해준다.

굿 거버넌스란 무엇인가

행복정책의 성공적 수행을 위해서는 형식적 또는 공식적 거버넌스를 넘어 실질적 거버넌스로서의 굿거버넌스(good governance)가 요구된다. 거버넌스의 핵심은 앞에서 규정한 바와 같이 의사결정과정의 외연을 정부독점에서 정부외부의 참여자에게로 확산하는 것을 의미한다. 이같은 거버넌스는 과거 정부독점의 의사결정에서 오는 소외와 왜곡 등의 폐해를 완화하는 현상으로 널리 환영받는다. 또한 시민의 요구를 정책과정에 더 반영하는 것인만큼 시민의 행복증진에 더 기여할 가능성도 있다. 그러나 그같은 의사결정의 외형확장만으로 자동적으로 행복정책의 추진이 원활해지고 그에 따라 시민의 행복증진이 담보될 수 있는 것은 아니다. 거버넌스 참여자의 역량이 취약할 경우, 거버넌스는 오히려 행복증진에 해악이 될 수 있다는 점이 지적되어야 한다. 예컨대, 부패한 정부와 탐욕의 기업과의 만남은 정경유착, 무능한 정부와 이기적 시민과의 만남은 대중영합주의 정책으로 귀결될 것이며 이는 행복정책을 방해하게 된다. 또한 현실에 맞지 않는 의사결정방식은 행복정책의 효과적 수행을 방해하게 될 것이다. 예컨대, 시장기능이 원활하지 않은 사회에서 시장중심의 의사결정방식의 확대는 제대로 작동하지 않을 것이다. 즉, 외형적 거버넌스는 행복정책을 성공적 수행을 위한 필요조건일 수는 있어도 충분조건은 아니며, 따라서 행복정책의 성공적 수행을 위해서는 외형적 거버넌스를 넘어 행복에 기여할 수 있는 실질적 거버넌스로서의 진화가 요구된다. 외형적 거버넌스와 실질적 거버넌스는 다르다. 외형적 거버넌스가 의사결정과정 참여자와 의사결정방식의 외연확장이라는 과정에 초점을 둔 것이라면 실질적 거버넌스는 정책목적에 대한 기여라는 거버넌스의 결과에 초점을 둔 것이다. 이같은 실질적 거버넌스는 역량있는 정부와 시민 간 협력을 요구하며, 또한 현실여건에 부합하는 의사결정 방식을 창의적으로 적용할 것을 요구한다. 이같은 거버넌스하에서라야 행복정책의 성공적 추진이 가능해 것이다. 이때 이같은 실질적 거버넌스는 행복정책의 수행 그리고 나아가서 정책의 궁극적 목적인 행복증진에 기여한다는 의미에서 굿거버넌스이다. 다만, 이같은 의미의 굿거버넌스는 기존의 굿거버넌스에 대한 이해와는 다소 차이가 있어 추가적 논의가 필요하다.

굿거버넌스개념은 세계은행이 1989년 "Long−Term Perspective Study on sub−Saharan Africa"에서 처음 사용한 것으로 알려져 있으며, 1980년대 개도국 원조와 관련하여 국가발전이나 경제발전의 실패의 원인으로 나쁜 거버넌스가 문제로 지적되면서 이에 대한 대칭적 개념으로 굿거버넌스가 관심을 받게 되었다(World Bank, 1989; Crawford, 2006). 굿거버넌스는 거버넌스가 어떠해야 하는지에 대한 이상적 방향을 제시하는 일반적 개념이지만, 그같은 이유를 배경으로 발전전략과 관련하여 좁게 사용되는 경우가 많다.

굿거버넌스는 다양하게 규정된다. 먼저 국제기구의 예를 들면, 세계은행은 나쁜 거버넌스를 권력의 개인화, 인권의 결여, 고질적 부패, 선출되지 않은 무책임한 정부로 조작적 정의를 내렸으며, 이에 따라 자연히 굿거버넌스는 반대의 성격을 갖는 것으로 규정된다(Weiss, 2000). 또한 세계은행은 굿거버넌스의 차원으로서 초기에는 공공부문 관리, 책임성, 발전을 위한 법적장치, 투명성 및 정보 등 네 가지를 제시하였으나(World Bank, 1992: 3), 몇 년 후에는 항의와 책임, 정치적 안정과 폭력의 부재, 정부의 효과성, 규제의 질, 법치, 부패 통제 등 6개의 차원으로 재정의하였다(Kaufmann et al. 2008). 이와 같은 변화에도 불구하고 1990년대 이래 세계은행의 굿거버넌스에 대한 이해는 시장친화적 기조를 유지해오고 있다. 이같은 세계은행의 시장친화적 기조는 국가기반의 동아시아의 발전성공 사례조차 시장친화적 발전으로 규정하는 일관된 태도에서 확인된다(Crawford, 2006). UN개발계획(UNDP 1997)은 굿거버넌스의 원칙으로 정당성과 항의(참여와 합의적 정향), 방향성(전략적 비전), 성과(반응성, 효과성 및 효율성), 책임성(책임성, 투명성), 및 공정성(형평성, 법치) 등 6개 항목을 제시하였다

(Graham et al., 2003). 이같은 UNDP의 굿거버넌스 요소는 시민수권(市民授權), 분권화 등 민주주의 가치에 상대적 지지를 보내는 점에서 시장주의적 관점에서 공공부문의 효율적 관리에 초점을 두는 세계은행의 굿거버넌스 접근과 차이를 보인다(Weiss, 2000; 김의영, 2011).

유럽위원회(EC 2001: 10)는 개방성, 참여, 책임성, 효과성 및 일관성 등 5가지의 굿거버넌스 원칙을 선언하였다. 국제통화기금(IMF 1996)은 굿거버넌스를 "경제가 번영할 수 있는 기반의 필수요소로서 법치의 보장, 공공 부문의 효율성과 책임성 개선, 부패의 근절을 포함하여 모든 측면에서 좋은 통치를 촉진"하는 것으로 정의하였다. 국제경제협력개발기구(OECD 2007)는 IMF의 정의를 그대로 수용하고 있다. 유럽안전보장협력기구(OSCE)는 굿거버넌스를 위해 정부, 민간부문 및 시민사회 간의 다자간 협력을 강화해야 한다면서 교육 및 인식 제고 캠페인을 통한 역량구축 지원, 기관 간 협조와 조정 촉진, 부패 등을 막기 위한 당국의 지원, 이해상충 방지를 위한 교육 실시, 반부패 전략 수립, 윤리 강령 및 자산 신고제도의 개발·시행을 통한 공공서비스의 청렴성 증진, 내부고발자 보호 및 관련 입법체계 개선, 투명성과 시민 참여 증진, 규제 개혁 및 단순화 지원 등의 전략을 제시하고 있다. 이들을 포함하여 여러 국제기구는 개발원조의 분배에 대한 고려에 있어서 굿거버넌스 기준을 적용한다.

학계에서 제시되는 굿거버넌스의 개념은 여러 국제원조기구가 시장친화적 관리를 중시하는 데 비하여 보다 포괄적 관점에서 민주적 의사결정과정을 중시하는 경향을 보인다. 예를 들면, Minogue et al,(1998)은 굿거버넌스는 효율성만이 아니라 시민사회의 역량을 증대시키고 정부를 책임성 있고 민주적으로 만드는 정부 개혁의 전략이라고 한다. Rhodes(2000)는 굿거버넌스를 감사, 투명성 보장 및 정보공개를 위한 민간기업과 정부의 공식 프로세스로 이해한다. Rothstein(2012)은 굿거버넌스는 정부의 공공재 제공에 있어서 규제의 의미를 가지며 국가역량, 정부의 품질, 공공자원과 밀접한 관련이 있다고 주장하였다. 또한 굿거버넌스는 정부의 다양한 민간부문과의 상호작용을 포함하는 것으로 정부가 단독으로 기능하는 것이 아니라 다른 조직들과의 협력을 요구한다고 보았다. 이 외에도 Lander－Mills & Serageldin(1992)은 정치적 및 관료적 책임, 결사의 자유, 객관적이고 효율적인 사법부, 정보와 표현의 자유, 효율적인 공공

기관을; Manasan et al.(1999)은 모든 시민을 위한 정치적 투명성과 참여, 효율적이고 효과적인 공공서비스, 시민의 건강과 복지, 안정적 경제 성장을 위한 유리한 환경을 굿거버넌스의 요소로서 제시하였다.

이같이 굿거버넌스의 요소에 대하여 다양한 견해가 제시되는 상황에서 Doeveren(2011)은 국제기구와 일부 연구자들이 제시한 굿거버넌스 이해에 대한 비교를 통하여 굿거버넌스에 대한 이해의 폭을 가늠하게 해준다. 그는 유럽위원회(European Commission 2001), OECD(2007; IMF 1996), and the World Bank(Kaufmann et al. 2008) and the UN(1997, 2009) 등의 국제기구, Hyden et al.(2001), Smith(2007), Weiss(2000) 등이 제시하는 굿거버넌스의 요소를 비교분석하였다. 비교분석 결과, 굿거버넌스는 복수의, 그리고 종종 모순되는 의미로서 제시되어왔다. 그러면서도 굿거버넌스의 구성요소는 ① 책임성, ② 효율성과 효과성, ③ 개방성과 투명성, ④ 참여, ⑤ 법치 등 5가지로 현저하게 수렴된다. 그러나 이들 공통점을 보이는 요소들의 세부내용은 상당한 불일치를 보이고 있으며, 또한 다른 항목들간 불일치도 작지 않은 것으로 나타났다. 이렇듯 굿거버넌스에 대한 이해가 몇몇 영역에 대하여 유사점을 보이면서도 여전히 많은 불일치를 보이는 것은 그만큼 거버넌스의 의미가 철학적 기반이나 지역 또는 시대상황에 따라 다를 수 밖에 없고, 따라서 합의된 의미의 도출이 어려움을 반영하는 것이라 하겠다.

위에서 굿거버넌스에 대한 다양한 이해를 살펴보았거니와, 굿거버넌스는 거버넌스가 지향해야 할 바람직한 방향에 대한 처방으로서 의미를 갖는다. 이같은 관점에서 볼 때, 현재 굿거버넌스에 대한 지배적 접근은 처방의 내용이 산만하고, 불일치하며, 거버넌스의 결과와의 관련성이 취약한 등 한계를 나타내고 있는 것으로 평가된다.[38] 보다 구체적으로 살펴보자면, 첫째, 거버넌스 구성요소로서 다양한 항목이 제시되고 있다. 이는 거버넌스 지향방향에 대한 다양한 가능성을 제시해주는 이점이 있다. 그러나 현재와 같이 지나치게 다양한 구성요소의 제시는 굿거버넌스의 방향지침으로 적용하는 데 혼란을 야기하는

---

38) 이와 유사하게 Doeveren(2011)은 기존의 학자들과 원조기관들이 굿거버넌스의 구성요소 또는 원칙을 제시함에 있어서, (1) 구성요소의 정의, (2) 구성요소 간의 상충점 식별, (3) 최적값의 지정, (4) 거버넌스의 결과 등에 관심을 덜 가졌다고 지적한 바 있다.

한계가 있다. 구성요소 목록을 보다 간결하게 할 필요가 있다.

둘째, 제시되는 구성요소 간 모순이 나타난다. 대체로 서구 개발국에서는 자유민주주의 거버넌스를 굿거버넌스로 이해한다. 이같은 접근은 기본적으로 서구개발국의 현상을 모델로 하는 것인 바, 이는 굿거버넌스가 서구개발국이 주도하는 국제기구의 개도국 발전전략과 연관하여 대두된 개념임을 고려하면 쉽게 이해가 된다. 다만, 구체적 내용에 있어서는 차이를 보인다. 일각에서는 경쟁선거, 책임성, 법치 등을 강조하는 대신, 다른 일각에서는 다원주의, 인권, 정치참여 등을 강조한다(Bevir, 2012: 105). 전자는 세계은행이나 OECD, 후자는 UN, EU 등이 취하는 접근이다. 기본적으로는 자유민주주의라는 같은 입장에 있으면서도 구체적 내용에 있어서 한편에서는 시장요소를 보다 강조하는 반면, 다른 편에서는 시민사회 요소를 보다 강조하는 것이다. 그리하여 Doeveren (2011)은 예컨대, 시장 자유화 정책은 세계 은행에서는 장려될 수 있는 반면, UN에서는 시민들이 의사결정과정에 참여하지 않았다는 이유로 나쁜 거버넌스로 분류될 수 있는 문제가 있다고 지적한다. 굿거버넌스 구성요소로 제시되는 항목 간 충돌은 기관 간에만 아니라 동일한 기관의 요소 간에서도 발생한다. 이에 대하여 Graham(2003)은 UNDP의 굿거버넌스 원칙(정당성과 참여, 전략적 비전, 성과, 책임성과 공정성)을 예로 들어 원칙들이 종종 중복되거나 어느 시점에서 상충하고, 사회적 맥락에 따라 실천되며, 원칙을 적용하는 것이 복잡하다고 지적한다. 굿거버넌스 구성항목 간 모순은 보다 큰 경향에서도 나타난다. 위에서 언급하였듯이 현재 지배적인 굿거버넌스 개념은 자유민주주의 거버넌스이지만, 문제는 이같은 접근의 보편적 적용에 한계가 있다는 점이다. 특히 세계은행의 시장친화적 접근은 국가가 취약한 개도국에 대한 발전처방으로 적절하지 않을 수 있다는 점에서 비판받는다. 정책을 수행하기에도 취약한 일부 개도국에 대하여 국가권력의 약화, 시장 강화, 권력분산 등의 처방은 나쁜 거버넌스의 처방이 될 수 있을 것이기 때문이다.

셋째, 현재 굿거버넌스에 대한 접근은 대체적으로 효율성, 투명성, 공정성 등과 같이 의사결정과정의 합리성에 관심을 집중한다. 이같은 경향은 시장 요소, 시민사회 요소, 국가 요소 중 어느 요소를 강조하는가와 무관하게 동일하다. 문제는 그와 같은 과정요소들이 중요한 정책가치라는 것은 분명하지만, 그같은 과정요소에 경도되어 굿거버넌스를 접근함으로써 거버넌스의 결과 내지는 목표와의 관련성을 경시하게 되면, 그만큼 거버넌스의 목표달성을 방해하는 한계가 있다는 점이다. 과정 자체가 공공정책의 목표는 아니기 때문이다. 그러므로 향후 굿거버넌스가 정책목표를 달성하도록 지지하는 도구가 되기 위해서는 의사결정과정의 합리화를 위한 요소들을 제시함에 있어서 거버넌스의 결과 또는 목표에 대한 관심에 기반하여 재접근할 필요가 있다. 즉, 시장요소의 강화, 시민사회의 강화, 국가의 약화와 같은 과정처방이 거버넌스의 목표로서 정책결과에 얼마나 기여할 수 있는가에 관심을 두고 접근되어야 한다는 것이다. 그렇게 함으로서 어디까지나 굿거버넌스는 특정 정치이념이나 고정된 발전관에 의하여 지지되는 거버넌스가 아니라 좋은 삶에 기여하는 거버넌스가 되도록 해야 한다. 물론 예컨대 자유민주주의에 입각하여 지지되는 거버넌스는 그렇지 않은 거버넌스에 비하여 바람직한 결과를 가져올 가능성이 있지만, 그럼에도 불구하고 자유민주주의 자체는 어디까지나 과정가치이며, 굿거버넌스의 목적가치는 아니라는 점이 인식되어야 한다.

이같은 논의는 법치, 의사결정역량, 정당성, 투명성, 책임성, 참여, 부패방지, 분권 등으로 과정가치에 집중하는 지금까지의 좁은 의미의 굿거버넌스가 거버넌스의 결과로서 좋은 삶 또는 웰빙에 주목하는 넓은 의미의 굿거버넌스로 변화될 것을 요구한다. 그러나 지금까지의 굿거버넌스에 대한 논의에 있어서 의사결정의 과정적 측면에 대해서는 많은 논의가 있었으나 그같은 과정의 결과 내지는 목적 측면에 대한 논의는 찾기 어려운 실정이다. 이는 기존의 굿거버넌스에 대한 이해가 기본적으로 거버넌스의 목표보다는 과정의 합리성에 초점을 맞추어 접근되고 있기 때문인 것으로 설명될 수 있다.

문제는 과정의 합리화가 거버넌스의 목적이 아님은 물론, 과정의 합리화가 좋은 결과 즉, 거버넌스의 목적에 대한 기여를 자동적으로 보장하는 것은 아니라는 것이다. 이와 관련하여 Doeveren(2011)의 지적은 참고할만하다.

"IMF 지침을 따른 결과로 아르헨티나는 건강한 경제로 돌아올 수도 있었겠지만 경기 회복 대신 심각한 경제 위기가 기다리고 있었다. 한편, 아시아의 신흥 산업 국가들은 굿거버넌스의 모든 공통원칙을 위반하는 정책으로 방대한 경제 성장을 이룩했다. 이러한 예가 보여주듯이 굿거버넌스 원칙에 부합하는 의사결정과정이 공동선을 위한 결과를 낳는다고 가정할 수는 없다."

이렇듯 아무리 거버넌스 의사결정과정이 합리화되어도 그 과정을 통하여 목적가치의 달성이 어렵다면, 그같은 거버넌스를 굿거버넌스라 하기는 어렵다. 어디까지나 굿거버넌스는 거버넌스의 결과와의 연관을 기반으로 하여 이해되고 규정될 필요가 있다.

관련하여 지적할 것은 현재 굿거버넌스에 대한 지배적 이해는 내용상 거버넌스와 혼선이 있다는 점이다. 즉, 거버넌스라고 칭하면서 굿거버넌스를 논의하고, 굿거버넌스라고 칭하면서 거버넌스를 논의하는 경우가 없지 않다. 구체적으로 말하자면, 거버넌스가 의사결정과정에서 참여자와 조정방식의 확장을 가리키는 것과 유사하게, 굿거버넌스도 거버넌스 과정의 확장적 요소(참여자와 조정 방식)를 목록화하는데 초점을 맞추고 있다. 그런데 그같은 목록화가 거버넌스와 굿거버넌스의 논의간 크게 차이가 나지 않는다는 것이다. 대체적으로 양자 모두 공통적으로 정부독점의 의사결정을 넘어서 시장과 시민의 참여로 확장되어야함을 제시한다. 군이 차이를 확인하자면 거버넌스 논의는 확장적 변화 현상에 대한 기술에 집중하는 대신, 굿거버넌스 논의는 그같은 변화를 문제해결을 위한 처방으로 제시하는 정도이다. 기본적으로 양자 모두 의사결정과정의 변화에 대하여 초점을 맞추기 때문에 혼선이 불가피해 보인다. 바람직하기는 굿거버넌스는 과정에 초점을 맞추기 보다는 과정의 결과 또는 거버넌스 목표와의 관련성에 초점을 맞출 필요가 있다. 굿거버넌스는 거버넌스의 과정을 구체화하는 것을 넘어서 거버넌스의 지향점을 제공하는 처방적 도구로서 일차적 의미가 있기 때문이다.

이상의 논의를 요약하자면, 굿거버넌스는 거버넌스에 대한 실천적 처방의 성격을 갖는 개념인 바, 이같은 굿거버넌스의 기능을 고려할 때 현재의 굿거버넌스 처방은 다음과 같은 한계를 갖는다. 첫째, 굿거버넌스를 위한 너무 많은 처방을 제시함으로써 처방이 산만한 한계를 보인다. 둘째, 구성항목 간 상충이 있어 처방이 일관되지 않은 한계를 보인다. 셋째, 과정가치에 집중하는 반면 결과와의 관련성에 대하여 소홀히 함으로써 불확실한 처방을 하는 한계를 보인다. 이같은 한계는 기본적으로 기존의 굿거버넌스에 대한 접근들이 합의하기 어려운 다수의 과정가치를 결과와 무관하게 열거하는 데서 기인하는 것이다.

2) 굿거버넌스의 요건

거버넌스의 바람직한 방향을 처방하기 위해서는 굿거버넌스를 새롭게 접근해야 한다. 어떤 거버넌스가 굿거버넌스인가? 굿거버넌스가 되기 위한 조건은 무엇인가? 그 요건은 기본적으로 거버넌스의 결과와 연관하여 모색되어야 한다. 행복정책의 거버넌스에 있어서는 행복정책의 성공적 수행을 통한 행복증진이 거버넌스의 결과이자 목표이다. 나아가서 거버넌스의 핵심요소에 주목할 필요가 있다. 앞에서 언급한 바와 같이 거버넌스는 의사결정과정의 확산적 변화로서 참여자 범위의 확장 및 의사결정방식의 확장을 두 가지 핵심요소로 포함한다. 굿거버넌스는 그같은 변화가 바람직한 방향으로 작동하기 위한 적절한 처방이어야 한다. 즉, 참여자의 확장과 의사결정방식의 확장이 바람직한 방향으로 변화되도록 하는 것이어야 한다. 이를 위해서는 참여자 측면에 있어서는 단순히 정부와 민간의 만남이 아니라 역량 정부와 교양있는 사적 행위자간의 협력적 의사결정이, 의사결정 측면에 있어서는 계층제로부터 시장이나 네트워크 방식으로의 일방향적 이행이 아니라 상황에 부합하는 의사결정방식의 신축적 적용이 요청된다. 이같은 요청이 확보되지 않을 경우, 성공적 행복정책의 수행은 어려워지고 따라서 행복정책의 목표로서 행복증진은 이루어지기 어렵게 된다. 이같은 우려는 예컨대 무책임한 정부와 탐욕적 시민의 만남이나, 현실과 괴리된 획일적 의사결정방식의 적용이 가져올 거버넌스의 결과를 예상하면 쉽게 이해될 수 있다. 이는 행복정책의 거버넌스에 대한 논의가 의사결정 참여자와 방식에 주목해야 하는 이유이다.

특히 다른 정책에 비하여 개인의 주관적 평가가 차지하는 비중이 크고, 따라서 다양한 의사결정방식의 적용이 요구되는 행복정책의 성공적 수행의 관점에서 볼 때 이같은 관점에서 굿거버넌스를 접근하는 것이 필요하다. 이같은 논의를 바탕으로 이하에서는 굿거버넌스를 위한 조건으로서 거버넌스 패러다임의 전환, 참여자(정부, 시민) 혁신, 및 거버넌스의 방법을 제시한다.

거버넌스 패러다임의 전환: 과정에서 목표로

앞에서 행복정책의 성공적 요건으로서 행복정책이 과정기반에서 목적기반
의 정책으로 전환될 필요가 있다고 하였거니와, 이의 연장선상에서 굿거버넌스
를 위해서 정책추진체계로서 거버넌스 패러다임 역시 과정기반에서 목적기반
의 패러다임으로 전환되어야 한다. 기존의 굿거버넌스 논의는 거버넌스의 목적
에 대하여 크게 관심을 갖지 않았다. 대신, 과정으로서 거버넌스가 지향해야할
합리적 가치를 제시하는데 관심을 두면서, 그 과정가치가 어떻게 목표에 연관
되는지에 대해서는 관심이 소홀하였다. 그러나 그같은 거버넌스는 목적에 대한
기여라는 기준에서 볼 때 굿거버넌스라고 부르기에 한계가 있다. 과정가치와
정책목표와의 연관이 불분명하기 때문이다. 행복정책에 있어서 굿거버넌스는
거버넌스의 결과가(행복정책의 추진을 통하여) 행복에 기여하는 것이라야 한다.
즉, 굿거버넌스이기 위해서는 거버넌스의 결과가 정책목표와 연결되어야 하는
것이다. 그리고 이같은 요청에 부응하기 위해서는 기본적으로 거버넌스 패러다
임이 과정중심의 패러다임에서 목표지향의 패러다임으로 전환되어야 한다.

현재 대표적인 거버넌스 패러다임으로는 <표 7-5>에서 보는 바와 같이
정부중심의 전통적 거버넌스, 시장중심의 신공공관리(New Public Management),
그리고 시민사회 중심의 신공공서비스론(New Pubic Service) 내지는 신거버넌
스론 등이 상충하고 있다(Pierre & Peters, 2000; Bevir, 2012; Denhardt & Denhardt,
2011).

이들 패러다임은 기본적으로 정책과정에서 행위자간 정책주도성 또는 역할
비중에 우선적 관심을 둔다. 즉, 정부, 시장, 및 시민사회 삼자 중에서 누가 정
책을 주도하느냐 또는 역할을 더 많이 하느냐가 논의의 핵심이다. 정부정책의
목표달성 여부에 대한 관심은 오히려 부차적이며 기본적으로 정책과정에서 참
여자의 범위 획정에 논의의 초점을 둔다. 정책과정 참여자의 주도성에 대한 논
의 역시 정책목표의 달성과 관계없이 획일적으로 규정되는 경향을 보인다[39].

---

39) 이와 관련, Pierre & Peters(2012)는 거버넌스 이론은 전통적인 정부 이론과 달리 어떤 사
　회적 행위자가 집단적 목표를 추구하는 데 가장 핵심 행위자인지에 대해 예단하지 않는다
　고 주장한 바 있다. 그러나 대개의 경우 거버넌스 이론은 일률적으로 정부 외의 민간 행위
　자의 역할 확대에 초점을 둔다.

정부패러다임	대표민주제정부	구(전통적) 거버넌스	시장중심형 거버넌스 (신공공관리)	뉴거버넌스 (네트워크, 신공공서비스)
시기	19세기	20세기초	20세기말	20세기말
정부역할	민주적 대표	노젓기(rowing)	방향잡기(steering)	파트너, 서비스
정부에대한 시민의 태도	무시(neglect)	적극적 충성	이탈, 수동적 충성	항의(voice)
핵심가치	선거책임성	책임성, 전문성, 정치적 중립성	능률 (개방, 분산)	민주 (참여, 협력, 분권)
한계	파당주의, 온정주의	냉담성	사적이익 지배	책임소재 모호
시민의 속성	유권자	수혜자	고객	시민, 파트너
핵심 행위자	정치인, 유권자	관료	시장, 정부	정부, 이해관계자 (시민포함)
결정방식	민주적 상향식통제, 대표	계층제, 권위	시장, 경쟁	네트워크, 호혜성

출처: Denhardt and Denhardt(2003: 28), Bevir(2012: 17)을 참조하여 작성한 것임. Denhardt and Denhardt는 구행정(old public administration), 신공공관리(NPM), 및 신공공서비스(NPS)로 구분하고, Bevir는 계층제, 시장, 및 네트워크로로 구분하는데 양자를 대응시켰다.

그리하여 정부가 주도자이면 관료제적 계층제에 의해서, 시장이 주도자이면 시장기제에 의해서, 시민이 주도자이면 참여와 네트워크에 의해서 정책이 추진되리라 가정한다. 그렇게 함에 있어서 일반적으로 정부가 정책과정을 주도해 왔기 때문에 논의의 초점은 정부의 주도성 내지는 독점성을 얼마나 완화하느냐에 집중된다. 또한 그 연장선상에서 정책과정이 민주인가 효율적인가, 참여인가 배제인가와 같은 방법론적 이념에 연관된 논의가 중심 주제가 된다. 이렇듯 기존의 거버넌스 패러다임은 정책과정에 집중하는 대신 정책목표의 달성에 대한 관심은 상대적으로 소홀해 보인다. 그리하여 어떤 정책정향이 행복친화적일 수는 있지만 그것은 어디까지나 결과적이며 우연적이다.

전반적으로 볼 때, 이들 패러다임은 강조하는 행위자의 상대적 역할비중 또한 의사결정방식에 있어서 차이를 보이지만, 목표와 상관없이 의사결정과정에 초점을 맞추는 과정기반 패러다임(process based paradigms)으로서의 공통점을 갖고 있으며, 발전이라는 목표를 지향하는 거버넌스 패러다임으로서 일정한 한계를 갖는다. 행복으로의 국가목표전환은 행복정책의 추진체계로서 거버넌스가 공공행복을 목표로 하여 재정향될 것을 요구하기 때문이다. 즉, 정책이 목표주도로 재정향된다면 정책수행체계인 거버넌스도 당연히 그에 맞추어 목표기반 패러다임으로 재정향되어야 하는 것이다.

목표기반 거버넌스 패러다임에서는 종래의 과정기반 패러다임에서와는 달리 거버넌스 행위자의 역할비중을 사전적으로 예정하지 않고, 목표달성(goal achievement)에 대한 기여가능성을 기준으로 참여자간 역할비중을 달리하는 것을 수용한다. 목표기반 패러다임에서는 거버넌스 참여자간의 역할 주도성보다는 거버넌스 목표 달성에 우선적인 관심을 두기 때문에 누가 거버넌스 과정의 주도자가 되느냐는 오히려 부차적 관심대상이다. 목표달성에 도움이 된다면 그것이 전통적 거버넌스이던, 신공공관리이던, 신공공서비스이든 개의치 않는다. 과정기반 거버넌스 패러다임에서는 전통적 패러다임보다 다른 패러다임을 우월한 것으로 간주하는 경향이 있는 것과 달리 목적기반 패러다임에서는 거버넌스 패러다임간에 우열을 사전적으로 예정하지 않는 것이다. 그러므로 거버넌스 형태의 상대적 우월성은 상황에 따라 달라질 수 있다. 예컨대, 정부의 정책주도성을 축소하는 상황에서 위기나 갈등이 심각한 새로운 상황에 처하게 되었을 때, 정책목표의 달성을 위하여 정부의 주도적 역할을 수용할 수 있게 된다. 이같은 논의는 거버넌스 참여자에 대해서만 아니라 거버넌스에서의 의사결정방식 측면에 대해서도 동일하게 적용된다. 즉, 목표기반 패러다임에서는 거버넌스에서의 의사결정방식을 사전적으로 예정하지 않고, 목표달성에 대한 기여가능성을 기준으로 의사결정방식을 달리하는 것을 수용한다. 이는 거버넌스에서 참여자의 범위와 의사결정방식이 밀접하게 연결되어있기 때문이다.

의사결정과정에서 다양한 행위자와 결정방식의 조합이 가능하겠지만 기본적으로 목표기반패러다임은 의사결정과정 자체보다는 정책목적이 정책과정을 결정하게 하는데 우선적 관심을 갖는다. 정책과정 참여자간 역할관계에 관심을 갖는 경우에도 행위자간 주도권보다 목표달성에 집중하기 때문에 행위자간 참여나 배제보다는 연계와 협력을 우선하게 된다. 의사결정방식의 결정에 있어서도 마찬가지이다. 이는 권력연구의 관심이 '권력 위상(power over)'으로부터 '권력 기능(power to)'으로 전환이 이루어진 것과 같이, 거버넌스 논의에 있어서 '거버넌스 참여자(governance with)'으로부터 '거버넌스 목적(governance for)'로의 변환을 요구하는 것이라 할 수 있다. 요컨대, 공공정책의 궁극적 목표가 공공행복 증진에 있다면 목표를 소홀히 한 채 전개되는 과정론적 거버넌스 패러다임에는 근원적 한계가 있다. 정책과정 자체의 합리화도 중요하겠지만, 어떤 정책과정과 방식이 공공행복 증진에 효과적인지에 대하여 명시적 관심을 기반으로 바람직한 거버넌스를 구축해나가야 한다. 아울러 여기에서 제시하는 목표기반 거버넌스 패러다임은 모형의 융통성을 통하여 기존 패러다임의 상충을 해소하는 한편, 새로운 발전목표로서 공공행복을 추진하는 정책과 거버넌스에 대하여 보다 거시적 차원에서의 방향을 제시하는 기반이 될 수 있을 것으로 기대된다. 참고로 지금까지 논의한 과정기반 거버넌스 패러다임과 목표기반 패러다임을 요약 정리하면 <표 7-6>과 같다(이승종, 2016).

┃ 표 7-6 과정기반 거버넌스패러다임과 목표기반 거버넌스패러다임의 비교

	과정기반 거버넌스 패러다임	목표기반 거버넌스 패러다임
핵심가치	정책과정의 속성	정책목표의 달성
행위자 간 관계	행위자 간 역할비중(power over)	행위자 간 연계(power to)
관심의 초점	정책주체의 획정(참여 또는 배제)	정책주체 간 연계(경쟁 또는 협력)
정책이념	효율, 민주, 참여	효과성
상대적 취약점	성과 미확정(결과적)	과정 미확정(성과의존적)
평가기준	과정적 성과	목표달성도

참여자 역량 강화

거버넌스 참여자가 공식참여자인 정부와 비공식 참여자인 시장과 시민사회를 포괄한다고 했을 때 거버넌스의 효과적 작동 즉, 굿거버넌스의 시현을 위해서는 이들 거버넌스 참여자의 역량이 담보되어야 한다. 역량있는 참여자간 협력작용이 일어나면 굿거버넌스가 이루어지겠지만, 그렇지 않을 경우에는 빈약한 또는 나쁜 거버넌스로 귀결될 것이기 때문이다. 정책과정에 있어서 정부와 민간의 협력을 예정하는 거버넌스가 굿거버넌스의 필요조건이라면, 역량있는 정부와 민간의 협력은 충분조건이라 할 수 있다. 이같은 지적은 의사결정과정 참여자의 확산으로 요약되는 거버넌스가 자동적으로 바람직한 결과로 이어지지 않는다는 점을 말하는 것으로서, 거버넌스를 넘어서 굿거버넌스를 논의해야 하는 이유이다. 이같은 요청은 행복정책을 위한 거버넌스에도 그대로 적용된다. 즉, 행복증진을 위해서는 굿거버넌스가 담보되어야 하고, 굿거버넌스가 이루어지기 위해서는 거버넌스 참여자의 역량이 담보되어야 하는 것이다. 그럼에도 불구하고 기존의 굿거버넌스에 대한 논의에서는 굿거버넌스를 위한 요건으로서 참여자간 역할관계에 관심을 갖는 대신, 참여자의 역량(capability)에 대한 관심은 상대적으로 미흡하다. 세계은행(1994)이 예외적으로 다른 과정가치와 함께 관료의 질, 시민의 질에 대하여 언급하고 있지만 많은 경우, 거버넌스 참여자의 역량에 대해서 크게 관심을 기울이지 않는다. 향후 굿거버넌스 실현을 위한 핵심요건으로서 참여자(정부와 민간)의 역량강화를 위한 혁신노력에 대한 본격적 관심이 요구된다.

정부역량 강화

굿거버넌스를 위해서는 일차적으로 공식적 정책결정자인 정부의 역량강화를 위한 노력이 중요하다. 공공행복은 공공정책의 결과로서만 아니라, 정부역량에 대한 국민적 평가(이미지)로부터도 영향받기 때문이다(Bok, 2010: 179). 이와 관련, Löffler(2009, 229-230)는 굿거버넌스가 있으려면 좋은 정부가 있어야 한다고 제안한 바 있다. 역량이란 무엇인가. 역량 개념에 대해서는 McClelland (1973)의 소개 이후 다양한 정의가 제시되어 왔으나 대체적으로 조직의 전반적 자원과 능력을 의미하는 물적역량과 개인의 내적특성을 의미하는 인적역량을 포함하는 것으로 이해된다(이승종, 윤두섭 2005). 역량의 개념은 초기에는 개인의 내적 특징인 인적역량으로 한정되어 있었으나(McClelland 1973; Boyatzis 1982; Mirabile 1997), 이후 관련 연구의 진전에 따라 조직의 전반적 자원과 능력을 의미하는 물적 역량을 포함하는 것으로 확장되었다(Sparrow 1996). 그러므로 정부역량은 정부를 구성하는 공직자의 인적역량과 정부의 조직과 자원으로서의 물적역량을 포함하는 것으로 규정할 수 있다.[40]

정부역량을 강화하기 위한 과제는 무엇인가. 첫째, 공직역량 강화를 위한 노력이 요구된다. 공직역량은 인적측면의 역량으로서 공직자의 능력과 의지를 포함한다. 이때 능력 측면의 전문성도 중요하지만, 인식측면에서 국민 개개인의 행복 증진에 기여하고자 하는 적극적 의지가 요구된다. 이같은 요구는 공직자에 대하여 수동적 정책수행에서 적극적 정책수행으로의 인식전환을 요구하는 것에 다름 아니다. 앞에서 논의한 바 있는 선제적 서비스 또는 Denhardt & Denhardt(2002)가 강조하는 서비스(Serving)는 적극적 정책수행의 범주에 포함된다. 이같은 서비스의 적극성은 행복정책의 경우, 단순히 정책의 시행을 넘어서 그 정책이 개인의 주관적 행복을 얼마나 충족시키는가에 대한 관심이 필요하기 때문에 특히 중요하다. 그러나 정책의 추진을 넘어서 그 정책의 결과와 행복과의 연관성에 대한 고려를 하는 적극적 정책은 필연적으로 공직자에게 추가적 업무 부담으로 다가온다. 집단을 단위로 하는 정책을 넘어서 개개인의 수요와 반응을 고려해야 하기 때문이다. 또한 그같은 정책의 수행을 위해서는 일상적 정책수행에 비하여 보다 개방적 태도와 봉사의지가 요구된다. 행복정책의 수행을 위한 공직자의 역량과 관련해서 전문성만 아니라 적극적 인식을 강조하는 이유이다. 사실 모든 공공정책의 수행과정에서 정부의 역할이 편재한 만큼 이같은 공직자의 적극적 인식은 거버넌스의 효과적 수행을 위한 중요한 요인이다. 아울러, 적극적 정책의 수행을 위해서는 자원소요가 증가하며 따라서 자원의 제약이 추가적 한계요인으로 작동할 수 있다. 이때 공직역량의 강화

---

[40] 역량을 가리키는 용어로는 competence와 capacity가 혼용된다. 사전적인 의미로 competence는 일을 효과적으로 수행할 수 있는 능력을, capacity는 능력의 용량을 말하는 것으로 구분할 수 있으나 양자 간 구분이 항상 명확하지 않은데다 구분의 실익 또한 크지 않다.

는 이같은 자원제약을 극복하게 하는 요인으로 기능할 수 있기 때문에 중시되어야 한다.

　문제는 그같은 공직역량을 어떻게 확보할 수 있겠는가하는 것이다. 간단한 문제는 아니겠지만, 공직자에 대한 통제와 교육훈련의 강화, 평가체제의 합리화 등의 노력이 필요할 것이다. 이같은 노력에 있어서 통제에 있어서는 유인과 처벌과 같은 통제제도 외에 정보공개, 자율규제 등의 유연한 방식이 적극 개발되어야 한다. 교육훈련에 있어서는 전문성의 제고에 앞서 민주적 개방의식, 봉사의식과 같은 공직덕성의 고양에 우선할 필요가 있다. 평가체제는 과정평가보다 결과에 기반한 평가체제의 확립이 필요하다.

　둘째, 정부기구와 정책을 행복정책의 필요에 맞추어 정비하여야 한다. 행복정책을 관리하는 통제기구(control tower)의 구축을 포함한 정부조직의 혁신, 행복정책 관리 및 평가제도의 도입 등의 조치가 필요할 것이다. 서비스전달에 있어서 다양한 대안적 방식의 활용도 필요하다. 대안적 방식의 활용은 정부독점의 서비스전달을 민간의 참여를 제고하는 방향으로 확산하는 것인 바, 이는 거버넌스 요구에 부합하는 서비스 전달방식이다. 다만, 행복정책의 입장에서 볼 때 시민의 주관적 만족을 제고하는 제고하는 차원에서 시장기반의 민간화 방식만이 아니라 시민참여에 기반한 서비스전달방식의 개발과 활용에 대한 관심 증대가 필요할 것이다. 나아가서 행복정책추진에 필요한 물적자원의 확보도 필요하다. 이를 위해서는 정부의 물적자원의 우선순위 조정이 필요하다.

　셋째, 행복정책에 대한 확신을 바탕으로 행복정책을 선도하는 리더십이 확립되어야 한다. 행복정책은 정책방향의 전환, 조직의 정비, 자원 동원, 지지획득 등 혁신적 조치를 요구하는 것으로서. 리더십의 강력한 지지없이 지속되기 어렵기 때문에 리더십은 행복정책의 성공적 추진을 위한 중요한 요건이다.[41]

---

41) 이같은 노력들을 통틀어 정부혁신 노력으로 표현할 수 있다. 정부혁신은 다양하게 정의된다. 예를 들면, Berry(1994)는 정부혁신을 "정부정책 및 행정 관련 문제를 인지하고 정보 또는 지식을 발굴, 생산하여 새로운 행정 프로그램이나 정책을 채택하는 일련의 과정"이라고 정의하였다. Osborne, Plastrik & Miller(1998)는 정부혁신을 공공조직의 효과성, 능률성을 증진시키기 위해 정부조직이나 공공서비스 체계를 근본적으로 개혁하는 것을 의미한다고 보았다. 이들에 따르면 정부혁신은 정치체제상의 변화-예컨대 선거운동, 의회개혁 등-에 대한 것이 아니며, 정부조직의 개편이나 축소만을 의미하지도 않는다. 또한 행정낭비의 철폐나 능률적 정부를 의미하는 것도 아니며, 민영화와 동일한 것도 아니라고 보았다.

시민역량 강화

거버넌스가 정부, 시장 및 시민사회의 협력기제라 했을 때 굿거버넌스의 실현을 위해서는 각 영역 행위자의 역량이 담보되어야 한다. 이 같은 전제조건이 충족되지 않았을 때 거버넌스는 제대로 작동하지 않거나 일부 영역의 독점적 통치에 의하여 파행적 통치형태로 전락하고 말 것이다. 정부역량 강화만으로는 부족하다. 정부와 함께 거버넌스의 동반자로 시민을 자리매김할 수 있도록 하기 위한 시민역량 강화를 위한 노력이 요구된다.

시민역량(civic competence)이란 정치공동체의 구성원으로서 시민이 갖는 자질 즉. 시민성 또는 시민적 자질(citizenship)을 말한다. 보다 구체적으로, 시민역량은 법적, 윤리적 차원에서 시민으로서의 권리와 의무를 다하는 것과 함께, 정치공동체의 구성원으로서 공공문제에 참여하고 제언할 수 있는 능력과 의지를 의미한다. 예컨대, 시민역량 강화를 위하여 요구되는 바는 이른바 '좋은 시민'에 요구되는 바와 크게 다르지 않다. 예를 들어 좋은 시민의 덕목으로서 적극적 정치참여, 윤리적 · 도덕적 책임감, 국가의 권한에 대한 수용, 정치지식, 사회질서, 사회결속(social solidarity) 등이 제시되는데(Dalton, 2008: 24 – 26), 이러한 덕목들은 일반적으로 시민성과 관련하여 흔히 제기되는 항목들이다. 시민은 정치체제의 구성원으로서 소속 정치체제에 대하여 특정한 권리와 책임을 지닌다. 이같은 시민의 역량 즉, 시민적 자질은 전통적으로 개인과 국가간의 공식적 관계에서 정치 · 사회 · 경제 분야에 규정된 권리와 의무의 연속으로 정의할 수 있다(Ghose 2005).

여기에서 논의의 초점은 행복정책의 거버넌스와 관련해서는 어떠한 시민성이 요구되는가 하는 데 있다. 일단 지적할 것은 시민에게 요구되는 바람직한 시민역량 또는 시민적성에 대해서 합의된 목록은 없으며 다양한 덕목이 제시된다는 것이다(이승종, 김혜정 2018: 181 – 184). 예를 들면, Stivers는 바람직한 시민성으로서 단순한 판단에 의거한 공적의사결정에의 권위적 참여, 공익에 대한 고려, 정치학습, 및 정치공동체의 구성원으로서의 상호관계 유지 등의 네 가지

정부혁신은 정부의 구조, 인력, 기능, 정책과정 등의 의미 있는 변화를 포함하여 전반적으로 정부의 역량을 강화하는 노력으로서 이해되어야 한다.

속성을 포함하는 적극적 시민성을 제시한다(Stivers, 1989). Ghose(2005) 또한 유연한 시민성(flexible citizenship)이라는 이름으로 수동적인 시민성에서 적극적인 시민적 행동으로의 이동이 필요하다고 하였다. Schachter(1965)는 고객(client) 중심적 관점에서 소유자(owner) 관점으로의 시민의식 패러다임 전환을 제시하면서, 두 가지 중에서 보다 효율적인 시민성은 소유자 관점의 시민성으로 보았다. 이러한 의식을 지닌 시민은 자신이 주인인 정부의 발전을 위해 변화를 달성하기 위한 노력을 기꺼이 기울일 것이라는 점이 그 이유로 제시되었다. Gyford(1991)는 시민은 정치과정의 객체적 지위를 탈피하여 정치과정에 대한 주권적 지위를 갖도록 노력할 것이 요청된다고 하면서, 보다 구체적으로 시민들은 종래의 납세자에서 주주로, 고객에서 소비자로, 투표자에서 시민으로 변모되어야 한다고 주장하였다. 자유주의적 덕목에 대해서는 이견이 노출된다. 예를 들어 Galston(1989)은 자유주의적 덕목이 중요하다는 전제 하에 타인의 권리에 대한 분별력 및 존중노력, 입후보의 재능과 성격에 대한 판단력, 국가 능력 이상의 공공서비스를 요구하지 않으려는 의지 및 수혜에 대한 대가의 지불의지, 그리고 공공담화에의 참여의지 등을 바람직한 시민의식으로 제시하였다. 그러나 Conover(1991)가 지적하듯이 자유시민이 반드시 민주시민인 것은 아니다. 자유주의적 요소를 지나치게 강조하게 되면 시민은 정치에 참여하지 않아도 되고, 공익을 위하여 사익을 희생할 필요도 없으며, 다수의 합의를 수용할 필요도 없어지게 되어 결국 공익증진에 저해가 될 위험이 있다.

이렇듯 바람직한 시민성의 항목은 다양하여 일률적으로 규정하기 어렵다. 여기에서는 행복을 추구하는 거버넌스의 관점에서 요구되는 시민성으로서 참여의식, 공익의식, 시민교양, 및 시민적 절제를 제시한다. 첫째, 거버넌스에 대한 시민적 의무로서 참여의식이 강조되어야 한다. 참여의식이란 공익을 위하여 공동체의 의사결정에 능동적으로 참여하는 의지이며, 거버넌스 유지를 위하여 필요하다. 참여의식은 쉽게 조성되지 않는다. 그 이유는 ① 인간은 이기적이고, 수동적이며, 공공문제에 관하여 무관심한 경향이 있을 뿐만 아니라, ② 고대 그리스의 도시국가와는 달리 현대의 국민국가 규모는 시민의 능동적 참여를 곤란하게 하는 점, ③ 현대사회에서는 이익집단의 활동이 보편화되어 일반시민의 참여를 압도하는 점, 그리고 ④ 사회안정과 관련하여 적극적인 참여에 부정적인 시각도 만만치 않은 점 등이 시민의 참여의지를 위축시키는 요인으로 작용하기 때문이다(Stivers, 1989). 그럼에도 불구하고 굿거버넌스의 요소로서 참여의식의 확립은 중요하다. 고대 그리스 아테네에서는 모든 사람들이 직접 민회(eclesia)에 나가 공동의 의사결정을 함으로써 '모든 시민에 의한 정치'를 추구하였다. 이러한 과정에서 시민성이 강조되었는데, 이때의 시민성은 남에게 간섭받지 않을 권리와 자유를 향수할 수 있다는 소극적 의미가 아닌, 의무와 권리로서 공공의사결정과정에 참여해야 한다는 적극적 의미로 인식되었다고 한다(Greenberg 1983). 어원적으로 볼 때, 시민은 정치공동체의 법적 구성원을 의미하며, 법적 구성원으로서의 시민은 당연히 참여와 같은 정치공동체에 대한 권리와 의무를 수반하는 것으로 간주된다(Barbalet 1988). 이같은 의식은 행복정책과 관련하여 의미가 크다. 즉, 행복을 개인의 영역문제로 치부하지 않고, 공동체 구성원으로서 공동체 전체의 행복을 추구하는 인식기반이 되기 때문이다.

둘째, 거버넌스에 참여하는 각 시민이 공익의식을 소유할 것이 요청된다. 대체적으로 공익의식이란 "공동체 전체의 이익에 대한 집합적 관심"(Ranson 1988), 또는 평등성을 공익의 중요요인으로 강조하여 "정책으로 영향을 받는 모든 사람을 균등한 방법으로 대우하는 것"이라고 규정할 수 있다(Barry, 1967). 공익의식을 갖는다는 것이 사익추구를 경원시해야 함을 의미하는 것은 아니다. 일반적으로 공익은 개인의 이익(사익)과 반드시 충돌하는 것은 아니다. 사익을 무시한 공익이 시민을 위한 것이 될 수 없으며, 반대로 공익을 무시한 사익이 시민을 위한 것이 될 수는 없다. 이는 공동체의 발전 없이 구성원으로서의 시민의 발전이 있을 수 없으며, 구성원의 발전없이 공동체의 발전이 있을 수 없다는 점을 생각하면 쉽게 이해가 된다. 양자는 상호 관련된 것이며 공익은 사익의 집합과 같은 것은 아니지만 상당한 유사성을 보일 것이다. 일응 이러한 의미의 공익의식은 공자나 아리스토텔레스도 추구해야 할 덕목으로서 제시한 이른바 '중용'의 덕과 통한다. 중용이란 과대와 과소의 양극의 어느 한 쪽에도 치우치지 않고 올바른 중간(mesotés)의 입장을 취하는 것을 말한다. 이 같은 중용은 대립되는 제 가치의 포기를 의미하는 중립과는 다르다. 오히려 중용이란 기본적으로 대립되는 제 가치의 각각에 대한 이해와 수용을 전제로 하여 이들 가치의 발전적 합일을 추구하는 태도를 의미한다. 그리하여 중용에 대한 의식을 갖는 시민은 공익을 추구하되 사익을 무시하지 않으며, 사익을 추구하되 공익을 배려함으로써 공동체의 유지·발전에 기여할 수 있을 것이다. 이같은 의식은 개인차원의 행복을 공공의 문제로 인식하여 접근하는 행복정책의 수행에 중요한 인식자산이 된다.

셋째, 굿거버넌스를 위해서는 참여의식과 공공의식에 더하여 시민교양(civic dignity)이 요구된다. 시민교양은 공공문제에 대한 지식을 바탕으로 한 참여의식과 공공의식 양자에 대한 균형적 의식을 의미한다. 이같은 균형의식이 필요한 이유는 참여의식만을 강조할 경우 참여의 양적 확대에만 치중한 나머지 참여의 내용과 결과 측면이 간과될 우려가 있고, 공익의식만을 강조할 경우 자칫 참여가 위축될 우려가 있기 때문이다. 이러한 관점에서 시민교양은 거버넌스 참여의 양적 확대와 함께 질적 제고, 그리고 참여 결과에 대한 책임을 공유한다는 점에서 새로운 시민의식을 형성하는 요소가 된다. 교양시민(dignity citizen)은 참여함에 있어서 개인적 요구만을 앞세우기보다는 사회문제의 공동해결을 지향함으로써 굿거버넌스의 형성에 기여한다. 행복정책과 관련해서는 행복증진을 위한 스스로의 적극적 노력과 함께 공공의 행복과 정책에 대한 이해를 바탕으로 공생의 행복을 추구한다. 그러나 참여의식이나 공공의식이 낮은 시민의 참여는 부분적 이익에 기반한 요구만을 앞세워 사회의 혼란를 가중시킴으로써 굿거버넌스의 형성을 방해하고 행복증진에 저해요인이 될 수 있다. 이와 관련, 대표적 참여론자인 Barber(2006)는 시민사회의 공적담론이 야만적이 될 가능성이 있음을 지적하여 참고가 된다. 이와 같이 정부와 시장의 실패만큼이나 시민사회 역시 실패할 수 있으며(김석준 외, 2002: 15), 따라서 시민참여를 무조건 옳다고 간주하기 보다는 역량있는 시민의 참여를 강조할 필요가 있다. 여기에서 말하는 시민교양이 높은 교육수준과 물적자산의 보유를 말하는 것은 아니다. 그러므로 시민교양에 대한 논의는 과거 성별, 재산, 지식의 보유에 따라 참정권을 제한한 사례와는 무관한 것이다.

넷째, 행복정책과 관련해서 시민적 절제(civic temperance)를 시민역량의 독립적 항목으로 강조할 필요가 있다. 시민적 절제가 참여의식이나 공공의식만큼 시민적 자질의 덕목으로 자주 거론되는 항목은 아니지만, 시민적 절제는 중요한 시민적 덕목으로 인식된다. 일찍이 Thomas More는 Utopia에서 시민적 절제의 이상을 제시한 바 있다. 가상이긴 하지만, Utopia의 시민은 금이나 보석을 수치나 유치함의 징표로 여기는 대신, 실생활에 필요한 수요 이상의 사치를 추구하지 않는 모습을 보인다. Galston(1989)은 민주시민이 소유해야 할 정치적 덕목으로 타인의 권리에 대한 분별력 및 존중노력, 공공담화에의 참여의지와 함께, 시민적 절제를 중요 덕목으로 제시한 바 있다. 그는 구체적으로 국가능력 이상의 공공서비스를 요구하지 않으려는 의지 및 수혜에 대한 대가의 지불 등이 요구된다고 제시하였다. 개인의 행복과 관련해서 Seligman(2002)은 자기통제력, 신중함, 겸손으로 정리되는 절제가 행복의 실현, 번영(flourishing)에 이를 수 있는 덕성으로 제시한 바 있다. 시민적 절제는 개인의 행복추구를 넘어 공공차원에서 행복정책을 추진함에 있어서 특히 요구되는 시민적 자질이다. 행복정책은 기본적으로 인간의 욕망과 관련있는 것인데, 인간의 욕망에는 한계가 없으며, 한정된 정부의 역량으로 국민 개개인의 무한한 욕구를 충족시킬 수는 없을 것이기 때문이다. 더욱이 시민욕구 중에는 정부가 충족시키지 않아도 되거나, 또는 충족시키지 않아야 할 욕구도 있다. 개인의 평균적 수준을 넘는 과도한 욕구(에 사치)나 불법부당한 욕구(에 마약)가 그 예이다. 이러한 상황에서 시민적 절제가 확보된다면, 한정된 공공자원으로 보다 많은 시민의 욕구충족이 가능하며, 공동체 구성원 모두가 보다 공평한 수준의 행복을 누릴 가능성이 높아질 것이다. 이러한 이유에서 공공의식, 적극적 의식에 더하여 시민적 절제를 시민적 덕목에 포함하는 것이다.

이상에서 굿거버넌스가 요구하는 시민역량 내지는 시민적 자질에 대해서 논의하였거니와, 시민역량을 지나치게 강조하면 거버넌스 참여에서 소외 내지는 불평등 문제가 발생할 수 있다. 그렇다고 해서 시민역량과 무관하게 인기영합주의적 거버넌스 참여를 지지하기는 어렵다. 굿거버넌스를 방해하기 때문이다. 시민역량의 요구는 차별을 위한 것이 아니며, 행복정책의 수행을 위한 굿거버넌스의 작동요건으로 요청되는 최소한의 요구로 이해되어야 한다. 이같은 요청은 Osborne & Gaebler(1992)가 신공공관리적 관점에서 정부재창조(reinventing government)를 제시한 것에 대응하여 Schachter(1995)가 시민재창조(reinventing ourselves)를 제시한 것과 맥을 같이 한다. 그녀는 시민이 과거의 수동적인 고객형 시민모형에 상응하는 시민으로부터 능동적 주인형 시민모형에 부합하는 시민으로 재창조되어야 한다고 주장하였는 바, 이같은 시민모형은 거버넌스하에서 요구되는 시민적 자질을 잘 드러내는 것으로 판단된다. 과연 주인형 시민의식을 소유한 시민은 공공문제에 대한 지식과 이해를 바탕으로 서비스의 일방적 수혜자를 벗어나 생산소비자(prosumer)의 역할을 할 수 있을 것으로 기대된다. 또한 결과적으로 공공자원의 한계와 인간욕망의 속성의 균형점으로 작용하여 행복정책의 굿거버넌스에 기여할 수 있을 것으로 기대된다.

어떻게 시민역량을 강화할 것인가? 시민의 거버넌스 역량을 제고하기 위해서는 시민교육이 강화되어야 한다. 시민교육은 광의로는 시민적 자질의 육성, 협의로는 정치체제 안정을 목표로 하는 교육활동이다(이승종, 김혜정 2018: 190). 시민교육은 학교교육만 아니라, 지역사회, 직장 등에서의 평생교육 등 다양한 방법에 의하여 이루어질 수 있으나, 최고의 시민교육수단은 참여활동 자체라는 인식에 기반하여 참여기회의 확대에 대한 관심증대가 요구된다. 이것은 거버넌스 개념 자체가 포함하는 것이기도 하다. 참여를 통한 시민교육의 방식으로서 토의(숙의)민주제(deliberative democracy)에 주목할 필요가 있다. 일반적으로 토의민주제는 간접민주제와 직접민주제의 장점을 조화시킨 유효한 민주정치제도로서 논의되고 있으나(Mathews 1999), 동시에 토의에 참가한 시민에게는 참여의지와 공공문제에 대한 식견을 높이고, 공직자에게는 시민참여에 대한 수용성을 높이는 유용한 교육기제로 작용할 것으로 기대된다(Carson & Hartz-Karp, 2005). 특히 토의과정에서 시민과 정책결정자를 접촉시킴으로써 시민교육의 효과성을 높임은 물론, 거버넌스의 효과성까지 높일 수 있을 것으로 기대된다.

참여를 통한 시민교육이 효과적이라면, 참여는 국가 또는 광역차원보다는 지방 또는 커뮤니티 차원에서 보다 용이하게 이루어질 수 있다. 또한 후술하는 바와 같이 행복의 거버넌스에서는 국가나 광역지역보다는 지방이나 커뮤니티와 같이 보다 작은 단위에서의 거버넌스의 중요성이 높아진다. 이와 관련하여 커뮤니티 차원에서 서비스 공급활동과 교육활동을 연결시키는 현장 중심의 새로운 교육방식으로서 봉사학습(service learning)이 주목받고 있다. 봉사학습은 20세기 초 John Dewey의 실용주의 철학의 영향과 1960년대 시민권 운동으로 대학과 커뮤니티 기반조직의 증대를 배경으로 한다. 또한 봉사학습은 지역사회의 풀뿌리 조직을 기반으로 학교의 지식교육과 지역사회의 실천을 연계시키고자 하는 진화적 혁명이다(Stanton et al. 1999). 구체적으로, 학생들은 지역사회의 서비스 제공활동에 참여함으로써 자신의 지식을 실제에 적용하고 통합하는 방법을 배우고, 자신의 지식 및 방법을 평가할 기회를 얻게되며(Duley, 1981), 적극적 시민의식이 요구되는 정치사회적 활동에 대한 기술과 이해를 체득하게 된다(Stanton, 1983). 봉사학습은 대체로 정규교육기관의 학생들을 대상으로 하는 시민교육 방식이지만, 성인을 대상으로 한 실천적 시민교육의 방식을 확장이 가능해 보인다. 예컨대, 자원봉사활동과 시민교육을 연계할 수 있을 것이다.

위에서 효과적 시민교육의 도구는 참여의 실천이라 하였는 바, 참여가 이루어지기 위해서는 기본적으로 참여기회의 확장이 필요하다. 그런데 참여기회는 시민자신의 노력과 요구에 의하여 창출되기도 하지만, 기본적으로는 정부에 의하여 조성되어야 한다. 문제는 시민에 대한 불신으로 정부가 참여기회의 실질적 확장에 적극적이지 않다는 것이다. 동시에 정부에 대한 시민의 신뢰 역시 약하여 시민은 참여에 냉소적이 되거나 파행적 참여행태를 보이게 된다(cf., Nye et al. eds, 1998). 결국 양자 간 불신으로 참여기회의 확장이나 참여의 실질적 확대도 잘 이루어지지 않게 되는 것이다. 이 같은 악순환은 시민에 대한 정부의 신뢰증진을 기반으로 전환될 가능성이 있다. 시민에 대한 정부의 신뢰는 시민참여에 대한 정부의 수용성을 높이고 이에 따라 시민참여가 확장될 가능성이 있기 때문이다(Yang, 2005). 물론 시민에 대한 정부 신뢰만이 아니라 정부에 대한 시민 신뢰의 증진도 참여에 대한 정부의 수용성을 높여 선순환 효과를 기대할 수 있을 것이다. 그러나 가능성 면에서 볼 때 분산되어 존재하는 시민보다는 통합된 집단인 정부의 신뢰확보가 더 용이할 것이므로 정부의 신뢰를 우선적으로 강조하게 된다(이승종, 김혜정 2018: 488). 이때 이같은 요청은 공직역량 강화를 위한 노력에 포함된다.

끝으로, 시민역량과 관련하여 NGO의 역량으로서 도덕성이 강조되어야 한다는 점을 첨언한다. NGO는 시민참여가 활발하지 않은 상황 하에서 그 자체가 종종 시민사회로 등치될 정도로 시민사회를 대표하는 집합체이며, 그만큼 굿거버넌스를 위한 NGO의 기여 잠재성은 크다. NGO는 정부, 시장, 시민 삼자간 권력관계에서 균형자 역할을 담당함으로써 사회 전체의 발전에 기여하는 것을 기본 사명으로 한다. 이같은 역할은 정부나 시장이 시민과의 관계에서 우월적 자원을 기반으로 착취적 권력(exploitive power)으로 작동하고, 이에 대응한 시민의 저항권력(defensive power)은 편린화된 자원의 취약성 때문에 제어당하기 일쑤인 상황에서 양자간 권력의 틈새를 메꾸는 매개적 권력(intervening power)으로 중요하다(Mott 1993). 많은 경우, NGO들은 희생적 봉사자들의 참여로 그같은 역할을 적극적으로 담당한다. 그러나 일부 NGO들은 이같은 역할 기대에 제대로 부응하지 못하여 비판받는다. 이와 관련, Knight et al(2002)이 영국연방 국가의 10,000명을 상대로 한 조사의 응답결과는 주목할 만하다. 이 조사에서 응답자들은 NGO들이 시민적 이익을 위해서 봉사하기 보다는 자기 조직의 생존을 위하여 봉사한다고 생각하고 있으며, 그리하여 NGO보다는 오히려 신뢰하지 않는 정부가 시민적 이익을 봉사할 것으로 기대한다는 역설적 응답을 한 것으로 나타난 것이다. 이와 같이 오늘날 일부 NGO들은 시민적 이익이 아니라 자기 조직에 봉사한다거나, 관료화되었다거나, 정부나 기업에 포획되어 본연의 역할을 제대로 감당하지 못하면서 균형자적 입장에서의 도덕성을 상실해가고 있는 것으로 비판받는다. 물론 NGO에 대한 비판은 실제 NGO의 파행적 행태보다는 NGO에 대한 중립적 기대수준이 높은데 따른 반작용에서 비롯된 부분도 있다. 그러나 그같은 긍정적 편견을 폄훼할 필요는 없다. 정부, 시장, 시민 간 균형자적 입장의 역할수행을 위해서는 보다 높은 도덕적 수준이 요청되는 것이 당연하기 때문이다. 이같은 이유에서 거버넌스에서 시민사회 영역의 중요 행위자인 NGO의 도덕성이 강조되는 것이다. 이를 위해서는 한편으로는 NGO 내부에서의 자정 노력, 시민단체에 대한 정부나 기업의 ad hoc 보조금 대신 시민과 공공자원의 일반적 지원의 확대와 함께, 일반 시민에 의한 주민조직의 활성화 등이 필요하다.

시장 역량 강화

굿거버넌스를 위해서는 거버넌스 참여자(공식적 정책결정자인 정부와 정책참여자인 민간)의 역량강화가 요구된다. 민간은 시민과 시장을 포함하므로 시민만이 아니라 시장의 역량도 강화되어야 한다. 시장은 장소가 아니며, 공급자와 수요자간 상품과 재화가 교환되는 영역이며, 가격과 경쟁이 기본적 작동원리이다(Bevir 2012: 22; Kooiman 2003: 160). 굿거버넌스와 관련해서 시장에 대한 관점은 차이를 보인다. 신자유주의 또는 신고전파 경제학의 지지자들은 시장친화적이다. 굿거버넌스와 관련하여 보이는 세계은행의 입장이 대표적이다. 그러나 시장은 Adam Smith가 제시한 완전경쟁시장이 아니며 그만큼 시장실패의 가능성이 존재한다. 그리하여 굿거버넌스와 관련하여 시장친화적 입장에 유보적 입장이 제기된다. 예컨대, Kiely(1998)는 한국, 타이완 등 동아시아 국가의 발전과 관련한 연구에서 World Bank의 시장친화적 해석과 처방이 타당하지 않다고 비판하면서 다음과 같이 결론짓는다: "물론 국가는 사회주의적 맥락과 자본주의적 맥락 모두에서 비효율적이고 억압적일 수 있다. 그러나 국가가 반드시 비효율적인 것은 아니다. 반면에 시장은 불평등하고 위계적이며 국가의 존재없이는 작동할 수 없다." 즉, 시장의 거버넌스 참여가 자동적으로 굿거버넌스를 담보해주는 것은 아니며, 굿거버넌스를 위해서는 시장 행위자의 역량 강화가 요구된다.

어떠한 역량이 요구되는가? 이와 관련, Campbell et al.(1991; Kooiman 2003, 162 재인용)은 시장 작동에 영향을 주는 추동력으로서 능률성, 기술, 통제, 문화, 공평한 국가정책 등을 제시하고 있는 바, 이같은 요인에서의 바람직한 변화는 굿거버넌스에 유의미한 영향을 줄 수 있을 것이다. 다만, 여기에서는 행복정책을 위한 굿거버넌스와 관련하여 시장 행위자에게 요구되는 덕목에 초점을 맞추어 논의한다. 첫째, 거버넌스에 참여하는 기업 또는 기업인에게 기업가적 역량이 요구된다. 기업가적 역량은 공급자로서의 기술역량만이 아니라, 새로운 수요에 대한 창의적, 도전적 태도를 포함한다. 예를 들어, 공공서비스 공급에 있어서 전통적 정부공급 방식 외에 계약, 증서, 프랜차이즈, 보조금 등 시장의 역량을 활용하는 다양한 공공서비스 전달방식을 확장하는 것이다(Stein, 1990, 49). 이같은 정책방식이 효과적으로 적용되기 위해서는 새롭게 참여하는 시장 행위자의 창의적 기업가적 역량이 요구된다. 이에 더하여 4차산업 혁명, 환경위기, 팬데믹 등 시대적 도전에 대한 능동적 대응이 요구된다. 이같은 요청에는 기업과 같이 기존의 공급자로서의 시장행위자는 물론, 새롭게 공급자 역할을 하는 생산소비자로서의 시민도 포함된다. 전반적으로, 기업가적 역량은 시장의 활성화를 위한 기본요건으로서 행복증진을 위한 가용자원의 증대를 위하여 필요하다. 가용자원은 행복수준에 영향을 주기 때문이다.

둘째, 기업의 과도한 사익추구 행위가 절제되어야 한다. 물론 기업은 이윤 창출을 핵심적 존재이유로 한다. 그러나 행복의 거버넌스 관점에서 볼 때 공공 의사결정에 참여하는 기업이 지나치게 이윤추구만을 하는 것은 문제가 있다. 그것은 시장행위자간 협력적 거버넌스 기반을 침해하는 부작용을 낳는다. 그러므로 기업의 자본축적 기능 뿐 아니라 사회적 정당화 기능도 동시에 강조되어야 한다(O'Conner 1973: Offe 1984). 후자와 관련해서 기업의 사회적 책임에 대한 관심이 필요하다. 이같은 요구는 열악한 시장과 소득불평등이 심한 개도국에서 특히 요구될 것이다(Azma & Coghill 2005). 전반적으로 시장에서의 경쟁만이 아니라 협력이 병행되어야 한다. 이를 위하여 시장의 자율과 경쟁원리를 보장하면서도 공공행복의 증진을 위하여 최소한의 적절한 규제가 필요하다.

셋째, 거버넌스 과정에서 정부, 시민사회와의 수평적 협업 및 기여에 관심을 갖는 개방성이 요구된다. 이같은 개방성은 공급자와 소비자간 수평적 의사소통의 확대를 포함한다. 이같은 수평적 의사소통 확대의 필요성은 거버넌스가 전통적 정부의 폐쇄성을 보완하는 노력의 성격을 갖고 있는 것과 맥락을 같이 한다. 즉, 정부가 민간에 의사결정의 외연을 확장하는 것과 마찬가지로, 기업 역시 수요자와의 관계에서 공급자로서의 일방적 의사결정 행태를 지양하고 협력적 의사결정으로 이행해나갈 것이 요청된다.

넷째. 수요자의 역량 또한 강화되어야 한다. 이에 대해서는 위 시민역량에 대한 논의에서 제시하였거니와 일방적 수요자의 입장을 탈피하여 수요자 주권을 높임으로써 공동생산자 또는 생산소비자로 이행해나가야 한다.

3) 거버넌스 방식의 신축성/융통성

거버넌스는 의사결정방식의 확장을 포함한다. 일반적으로 과거 전통적 거버넌스에서의 계층제를 넘어 시장과 네트워크가 추가적 의사결정방식으로 제시되고 있는 것이다. 어떤 의사결정방식을 우선할 것인가는 <표 7-5>에서 본 바와 같이 거버넌스 패러다임에 따라 다르다. 정부중심의 전통적 거버넌스에서는 하향식 통제(계층제), 시장중심의 거버넌스에서는 시장기제, 그리고 시민사회 중심의 거버넌스에서는 네트워크나 참여가 기본 의사결정양식으로 제시된다. 그러나 굿거버넌스를 위해서는 앞에서 언급한 바와 같이 상황과 무관하게 어떤 방식을 사전적으로 예정하지 않아야 한다. 다양한 의사결정 방식을 주어진 상황에 맞추어 선택하거나 조합하는 융통성이 요구된다. 이와 관련, Bob Jessop(1997, 2002)이 제기한 메타거버넌스(meta-governance)에 대한 논의를 주목할 필요가 있다. 그는 네트워크를 관리할 뿐 아니라 계층, 시장 또는 네트워크와 같은 다양한 접근 중에서 선택할 수 있도록 '메타 거버넌스'를 명명했다. 즉, 상황에 따라 통치전략을 달리하는 메타거버넌스가 필요하다는 것인 바, 이는 바로 굿거버넌스가 요구하는 의사결정방식에 다름 아니다. 첨언할 것은 앞에서 논의한 바와 같이 거버넌스 유형을 막론하고 그 기저에는 상당한 정도 정부가 주도적 역할을 한다는 것이다(Pierre & Peters, 2012). 그러므로 정부의 유의미한 개입없는 순수한 시장지배형 또는 시민지배형 거버넌스는 없다고 보아야 한다. 그렇다면 거버넌스 방식의 신축성에 대한 논의는 정부와 다른 참여자 간의 역할비중을 조정하는 정도와 범위로 이해되는 것이 타당하다. 그리고 메타거버넌스에 대한 이해 역시 다양한 맥락에 맞추어 민간과의 협력의 범위와 방식을 조정하는 것으로 이해되어야 한다.

이같은 의사결정방식의 신축성에 대한 논의는 기존의 굿거버넌스가 제시한 다양한 목록, 예컨대, 정치적 안정, 규제의 질, 법의 지배, 시민권력 강화(civic empowerment) 등의 획일적 적용에 대하여 보다 신중할 필요가 있음을 알려준다. 물론 대개의 목록은 행복정책의 효과적 수행을 위한 조건으로서 긍정적 기여를 할 가능성이 있다. 그러나 상황과 거버넌스 참여자 역량에 따라 각 항목의 실질적 기여는 달라질 수 있다. 그러므로 일차적으로는 거버넌스 패러다임의 정립, 거버넌스 참여자의 역량 강화에 우선순위를 두면서 굿거버넌스 의사결정방식의 적합성에 대한 판별을 병행하는 것이 바람직하다.

4) 거버넌스 단위의 미시화

성공적 행복정책의 수행을 위해서는 거버넌스 단위(또는 정책수행 단위)의 미시화가 요구된다. 행복은 기본적으로 개인차원의 문제로서 개인 차원의 개별적 수요에 효과적으로 대응하기 위해서는 개인과 근접한 작은 거버넌스 단위가 유리할 것이다. 큰 거버넌스 단위에 비하여 작은 거버넌스 단위가 개인수요를 보다 잘 파악할 수 있으며 개인수요에 보다 능동적으로 대응할 수 있을 것임은 당연하다. 이는 행복정책의 수행을 위해서는 집권체제보다 분권체제가 우월하다는 것을 의미하는 것으로서, 정책을 수행하는 공공단위의 중심이 중앙에서 지방으로, 지방에서 커뮤니티로 이행할 것을 요구한다. 이같은 거버넌스 단위의 미시화는 주민의 정부 접근성을 높여 정책과정에 주민의사의 투입을 높이기 위한 조치로서도 중요하다. 작은 거버넌스 단위일수록 주민참여가 용이하고 따라서 주민의사의 정책과정 투입이 보다 원활해지게 된다. 그리고 이에 따라 정부정책과 주민수요간 정합성이 높아지고 정책의 행복기여가 더 높아질 수 있게 된다.

거버넌스 단위 또는 정책수행 단위의 미시화는 앞에서 제시한 '정책의 미시화'와 긴밀하게 연결된다. 위에서 제시한 바와 같이 정책의 미시적 접근은 개별화된 수요에 효과적으로 대응하기 위한 것인 바, 작은 거버넌스 단위가 큰 거버넌스 단위에 비하여 미시적 정책의 수행에 있어서 더 우월할 것이기 때문이다. 즉, 중앙정부나 광역정부보다는 지방정부가, 지방정부보다는 지역사회 단위의 공공단체가 미시화된 수요에 대응하는데 있어서 더 유리할 것이다. 기본적으로, 행복정책에 관한 한 작은 것이 아름답다고 할 수 있으며, 집권화 편향은 지양되어야 한다. 다만, 그 단위가 무한정 작아질 수는 없다. 거버넌스는 일정한 행정단위(서비스 전달단위)에서 이루어지기 때문이다. 또한 최소한의 규모의 경제나 통솔의 범위 등도 고려 요인이 되어야 한다. 그러므로 현실적으로 작동하는 공적 최소 행정단위가 행복정책의 핵심 수행단위가 될 것이다.

이와 같이 작은 거버넌스 단위에서 개별화된 수요에 더 효과적으로 대응할 수 있을 것이라는 개연성에 대해서는 Suttles(1969)의 기념비적 관찰연구, "슬럼의 사회질서: 도심 속 인종과 영토"가 좋은 통찰을 제공해준다. 그의 연구는 미국 시카고 서부 인근지역인 Addams에 대한 사례연구로서 종족과 영토가 도심의 사회질서를 관통하는 중요한 요인임을 제시한 연구이지만 그 과정에서 Addams 거주민들이 동일 지역에 거주하면서도 혼합되지 않고 인종별로(이태리인, 멕시코인, 푸에르토리코인, 및 흑인) 다른 문화를 유지하며 사는데 이는 마을 자체의 사회조건에서 기인하는 것이라는 관찰을 보고한다(p. 227). 이같은 관찰은 좁은 지역단위에서 조차 주민수요가 다양하다는 것을 보여줌으로써 다양한 주민수요를 큰 거버넌스 단위에서 획일적 정책으로 대응하는 것이 쉽지 않은 일이라는 것을 가르쳐준다. 거버넌스 단위가 커질수록 포함된 지역이 확대되고 이에 따라 주민수요는 더욱 다기화될 것이지만, 구체적 수요에 맞추어 대응할 수 있는 거버넌스 역량은 한정될 것이기 때문이다. 편린화된 다양한 주민수요에 지방정부가 체계적으로 정책대응하는 것이 매우 어렵다고 지적한 Yates(1977)의 "통치불능의 도시"역시 다양한 주민수요에 대응하기 위해서는 작은 거버넌스 단위가 상대적으로 효과적일 것임을 지지해준다. 행복이 정서에 기반한 순간적 행복을 넘어 번영에 기반한 장기적, 지속적 행복이 되기 위해서는 가족, 친구, 의미있는 행동과 같은 것이 중요하기 때문에 정책결정자들의 국지적 이해(local understanding)가 요구된다고 한 Diener et al(2019)의 주장 역시 거버넌스 단위의 미시화의 필요성을 지지한다. 국지적 이해는 지방 거주민과 실질적 접촉이 가능한 작은 거버넌스 단위에서라야 확보가능할 것이기 때문이다. 이외에도 시민의 참여가 확대된 거버넌스가 민주적 가치의 충족만이 아니라 효과적이라고 제시한 Bevir(2012:117), 대도시 거버넌스에 있어서 단핵(monocentric) 거버넌스보다 다핵(polycentric) 거버넌스가 효과적이라고 주장한 노벨상 수상자 E. Ostrom(2000)도 거버넌스 단위의 미시화 주장과 연관된다. 이렇듯 정책의 미시화와 거버넌스 단위(정책수행 단위)의 미시화는 상호 밀접하게 연관되는 요구이며, 따라서 행복정책의 성공적 수행을 위해서 정책과 정책수행체계로서의 거버넌스 모두에 있어서 동시적으로 미시화가 진행되어야 한다.

5) 요약

지금까지 제시한 행복정책의 요건들은 정책의 혁신(정책패러다임의 전환, 수요자 중심 정책의 지향)과 거버넌스의 혁신(정책수행단위의 미시화, 거버넌스패러다임 변화, 거버넌스 참여자 역량 강화, 거버넌스 방식의 융통성) 두 가지로 종합할 수 있다.

공공행복의 증진을 위해서는 우선 행복이 명시적 정책목표로 설정되어야 하고, 정책패러다임이 과정기반에서 목적기반으로 전환되어야 한다. 정책은 목표달성을 위한 수단이며 그 자체가 목적은 아니기 때문이다. 행복정책의 추진을 위한 도구로서 거버넌스가 구축되어야 한다. 행복정책의 목표달성을 위해서는 정부만의 노력으로는 부족하며 민간과의 협력이 요청된다. 거버넌스는 정부와 민간과의 협력체제이다. 그런데 정부와 민간을 연계시킨다고 행복정책의 목적이 자동적으로 달성되는 것은 아니다. 목표달성에 기여하는 실질적 거버넌스는 단순히 정부와 민간의 만남인 형식적 거버넌스를 넘어서 역량있는 정부와 역량있는 민간부문과의 결합을 요구한다. 그같은 거버넌스를 굿거버넌스라 할 때, 정부와 민간과의 협력은 굿거버넌스의 필요조건이며 역량정부와 역량 민간의 결합은 굿거버넌스의 충분조건이 된다. 그러므로 굿거버넌스의 실현, 그리고 그를 통한 행복증진의 목표달성을 위해서는 거버넌스 참여자인 정부와 민간의 역량 강화 노력이 중요하다. 한편, 공간적 측면에서 거버넌스가 실효적으로 발생하는 단위는 상대적으로 작은 공간단위이며, 따라서 행복정책의 거버넌스를 위해서는 중앙 또는 광역차원보다는 지방차원이나 커뮤니티차원에서의 거버넌스가 더욱 중요하다. 행복증진을 위한 굿거버넌스 모델을 구축함에 있어서 지방 또는 커뮤니티차원의 거버넌스 모델구축에 초점을 두어야 하는 이유이다. <그림 7-1>은 이같은 요약적 논의를 나타낸 것이다.

▶ 그림 7-1 굿거버넌스의 조건

에필로그

모든 국가에 있어서 국민 개개인은 행복을 추구할 권리를 갖고, 국가는 국가 공동체 구성원으로서의 국민의 행복을 위해 노력할 의무를 갖는다. 이와 같이 공동체의 구성원으로서의 개인의 행복을 개인차원의 문제를 넘어서 공적관심과 책임의 대상으로 보는 것이 공공행복의 기본전제이다. 이같은 행복의 공공성 또는 공적책임은 기본적으로 국민 개인이 국가 공동체와 분리되지 않고 구성원으로서 존재하며, 개인의 행복이 개인의 능력과 자원에 전적으로 좌우되지 않고 공공조건에 일정 정도 영향을 받는다는 사실에 기반한다. 또한 그렇기 때문에 공공행복은 개인차원의 행복과 달리 국민들이 적절한 수준의 행복을 누릴 뿐 아니라 다같이 고른 수준의 행복을 누릴 것을 요구한다.

　공공행복증진을 위해서는 행복정책 그리고 정책의 추진체제인 거버넌스에 대한 적극적 관심이 요청된다. 그럼에도 불구하고 지금까지 대부분의 행복연구는 공공행복보다는 개인행복에 경도된 관심을 기울이는 가운데, 행복측정지표의 개발과 측정, 행복요인의 색출, 또는 단편적 정책에 집중된 연구관심을 보이는 대신 정책전반이나 거버넌스 문제에 대해서는 상대적으로 관심이 소홀하였다. 이와 관련하여 필자는 국민행복을 증진시키기 위해서는 행복의 측정, 행복의 결정요인 파악, 편린화된 정책처방을 넘어 전반적인 정책기조를 재정립하고 그 기반이 되는 거버넌스 체제를 구축하는 노력이 필요하다고 제시하였다.

　그같은 정책노력에 요구되는 바의 핵심은 세가지 전환요구로 요약할 수 있을 것이다. 첫째, 정책패러다임이 종래의 과정기반 정책패러다임에서 목적기반 패러다임으로 전환되어야 한다. 둘째, 정책우선순위가 거시적, 국가차원, 보편적 정책으로부터 미시적, 지방적, 맞춤형 정책으로 이행되어야 한다. 셋째, 정부와 민간을 아우르는 거버넌스를 구축함에 있어서 형식적 거버넌스로부터 굿거버넌스로 이행해야 한다.

　유념할 것은 공공행복이 개인행복과 전혀 별개의 것은 아니라는 점이다. 집단차원의 행복이 별개로 존재하는 것이 아닌 다음에야 공공행복은 개인행복을 기반으로 하거나 개인행복과 연결되기 때문이다. 그리하여 본서는 공공행복을 집단을 구성하는 개인행복의 수준과 분포로서 접근하였다. 이는 행복은 개인이 주관적으로 느끼는 정서이며, 따라서 행복정책 역시 거시적 정책보다 미시적 관심을 우선해야한다고 하는 논의와 통하는 것이기도 하다. 이렇듯 개인행복이 공공행복의 기초가 된다는 점은 중국의 사상가이며 공자의 손자로 알려진 자사(子思)의 저서, 대학(大學)에 잘 나타나 있다. 대학은 이상사회로 가기 위한 이념으로 3강령과 8조목을 제시하고 있는데, 8조목의 일부인 수신제가치국평천하(修身齊家治國平天下)라는 친숙한 어구는 개인의 활동이나 태도가 공공행복과 긴밀하게 연결되어 있음을 잘 가르쳐준다.[42] 이 구절은 개인 자신을 스스로 잘 다스리는 기초 위에서 가정, 국가, 나아가서 세계가 평화로와 질 수 있다는 의미인 바, 행복에 대입해서 표현하면 개인행복의 기초 위에서 가정의 행복, 국민의 행복, 사회의 행복이 이루어질 수 있다는 것이다. 즉, 공공행복에 대한 논의는 개인행복을 배제하는 것이 아니라 오히려 개인행복과 긴밀하게 연관되는 것이다. 마찬가지로 개인행복에 대한 논의 역시 공공행복과 연관된다. 앞의 대학에 대한 논의에서 언급했듯이 개인행복은 더 큰 단위의 행복의 기초로서 공공행복과 연관된다. 그럼에도 불구하고, 개인행복을 공동체의 행복과 무관한 것으로 규정할 경우, 개인의 행복은 전적으로 개인책임으로 치부되어 공적지원 없이 개인의 노력만으로 이루어져야 하게 되는 것이며, 그에 따라 개인행복이 위협받게 되고 개인행복간 불평등이 악화되는 문제가 발생하는 문제가 생긴다. 그러므로 행복논의에 있어서 개인행복과 공공행복을 상호연관시키는 접근이 필요하다. 이와 같이 개인행복과 공공행복간 연관성을 전제로 하여, 행복에 관하여 필자가 느끼는 두 가지 단상을 본 서의 결론삼아 제시한다. 하나는 행복정책의 목표, 다른 하나는 행복의 구성요소에 관한 단상이다.

행복정책의 목표에 대한 단상

행복의 수준을 높이는 것은 행복정책의 중요한 목표가 된다. 물론 공공행복의 관점에서 볼 때, 행복의 수준과 함께 행복분포의 개선이 중요하지만 행복수준이 낮은 상황에서 분포의 개선은 그만큼 의미가 반감된다. 그러므로 행복의 분포에 대한 관심의 끈을 놓지 않는 것을 전제로 하되, 어느 정도 수준에서의 행복을 추구하느냐에 대한 논의가 필요하다. 과연 정책이 목표하는 행복수준은

---

42) 3강령은 명명덕(明明德), 친민(親民), 지우지선(止于至善)이며, 8조목은 격물(格物), 치지(致知), 성의(誠意), 정심(正心), 수신(修身), 제가(齊家), 치국(治國), 평천하(平天下) 등이다. 여기에서 평천하는 세상을 행복하게 하는 것으로 이해된다.

높을수록 좋은 것인가. 여기에 의문을 가질 필요가 있다.

필자가 스페인에서 산티아고가는 길을 잠시 걸었던 경험을 되돌아본다. 산티아고가는 길(Camino de Santiago)! 세계 각지에서 많은 사람들이 찾아가는 길로서, 많은 사람들이 버킷 리스트에 넣는 길이다. 지인 중에 꼭 가봐야 한다고 누차 들었던 길인터에 기회가 닿아 한 2년 전 초여름에 약 2주간 배낭을 메고 350여km를 걸었다. 산티아고가는 길은 프랑스 국경 또는 스페인 남부 지방에서 산티아고 데 콤포스텔라(Santiago de Compostela)를 목적지로 하는 순례길인데 여러 루트가 있지만 필자가 걸은 길은 반드시 지정된 루트를 따른 것은 아니지만 대체로 북부 루트였다. 북부 루트는 중부루트보다는 낫지만 그래도 한낮 더위와 장거리 걸음으로 인한 불편은 마찬가지였으리라 생각된다. 걸어보니 기본적으로 매일 매일 무거운 배낭메고 걷는 것 자체가 쉬운 일이 아니다. 풍광 좋은 곳도 있지만 지정된 루트를 따라가지 않아서 그랬는지 몰라도 지나가는 차량 매연 속에 한참을 걸어야 하는 길도 꽤 있다. 뜨거운 햇볕아래 통행차량이 지나다니는 아스팔트 갓길을 걷는 일은 쾌적하지 않았다. 내 나라에도 좋은 길 많은데 왜 멀리 남의 나라까지 와서 고생하며 걷고 있나하는 생각도 문득 문득 들었지만, 그래도 예정했으니 가는데까지 가본다는 심정으로 하루 하루 걸었다. 한참을 걸으면서 생각해본다. 왜 걷지? 걸으면 무엇이 좋지? 무엇이 좋아서 사람들은 산티아고 가는 길을 고통이 아닌 행복으로 이야기하지? 시간 관계상 Santiago 최종 목적지까지 가지도 않았고, 중간에서 되돌린 길이지만 나름대로 걸으면서 들었던 생각을 정리해 본다.

짐. 일단 무거우니 짐을 줄였다. 워낙 가져간 물품이 많지 않았기 때문에 애초에 덜어낼 짐이 많지는 않았다. 그래도 배낭은 무겁고 무엇인가 버려야만 했다. 우선 무게가 나가는 책을 버렸다. 읽으면서 메모해 놓은 것은 사진으로 찍어 저장하고 책을 버렸다. 책은 나중에 다시 사야하고 메모한 것을 저장장치로 옮기거나 프린트해야 하는 불편함이 있겠지만 일단 가벼움을 선택하기로 했다. 상당히 무게가 나가는 노트북을 버릴까도 생각했지만 계속 사용해야 하니 들고 가기로 했다. 생필품은 최대한 줄였다. 심지어는 몇십 그램 줄인다고 일부 속옷까지 버렸다. 버릴 때 새것과 헌 것 차이는 없다. 무게가 유일한 기준이 되었다. 이래 저래 버리니 배낭이 꽤 가벼워진 것 같았다. 배낭마저 버리고 홀홀 가벼운 몸으로 가고 싶은데 그래도 최소한의 물품은 필요했다. 배낭마저 버려야하지 않나라는 생각에 이르렀다는 것은 버릴 수 있는 것은 최대한 버렸다는 뜻 아니겠는가. 그런데 버린 것 아까운 생각보다는 가벼워진데서 즐거움이 있었다. "가벼운게 최고야!" 버리고 비운 후에 오히려 행복해졌다.

옷. 아는 사람도 없고, 봐줄 사람도 없는데 특별히 옷을 잘 입을 필요가 없었다. 불필요한 여벌 옷은 버렸다. 남긴 옷은 최대한 가볍고 세탁 후 빨리 건조되는 속건 제품이지, 디자인 좋은 멋있는 옷이 아니었다. 남에게 멋있게 보이는 것, 중요하지 않았다. 그것 다 허식이라 생각되었다. "편한 옷이면 최고야!" 좋은 옷 버리고 편한 복장으로 바뀐 후에 오히려 행복해졌다.

신발. 오래 걷는데 신발만큼 중요한 게 있을까. 그래서 떠나기 전에 이 신발 저 신발 골랐었다. 그런데 막상 걸어보니 녹녹치 않은 게 신발이다. 기능만 아니라 모양도 좋다고 가져간 신발이 편하지 않아 발이 아팠다. 결국 노중에서 편한 것을 새로 사서 신었다. "신발 모양이 무슨 소용이야. 발 편한 신발이 최고야!" 디자인 욕심 버리고 편한 신발로 갈아 신은 다음 오히려 행복해졌다.

음식. 처음에는 이국에서 별미를 먹고 싶었다. 그런데 그게 항상 가능하지 않았다. 때를 맞추치 못하면 식당조차 찾기 어려울 때가 있다. 음식을 갖고 다니자니 무거워서 그럴 수도 없다. 식당은 아무 때나 열지 않는다. 결국 끼니 때가 되어 식당이 발견되면 무조건 들어가서 있는 것 중에서 먹었다. 음식 주권을 포기하기로 했다. 적당히 먹을만 하고 잠시 휴식을 취할 수 있으면 그것으로 좋았다. "그래 배고프지 않으면 최고야!" 미식 욕구 버리고 주어지는 대로 먹기 시작한 후 오히려 행복해졌다.

풍경. 산티아고 가는 길은 풍광 좋기로 널리 알려져 있다. 그런데 소문만큼 풍광이 좋아보이지는 않았다. 그래도 그렇게 알려진 것은 다녀온 사람들이 우호적 눈으로 보았기 때문인 듯했다. 때로는 풍광이 좋았지만, 때로는 매연, 아스팔트. 험한 고갯길이 섞여 있었다. 쾌적하지 않은 구간도 꽤있는 것 보면서 평가가 다소 과장되어있다는 느낌을 받았다. 어쨌든 가급적 풍광 좋은 길을 가는 것이 인지상정일 것이다. 그러나 걷다보면 힘이 들고, 힘이 들면 풍광은 부차적 관심이 되었다. "경치야 다 그게 그거지. 굳이 굽이굽이 돌아가는 풍광루트를 갈 필요가 없지. 풍광이 좀 떨어져도 편하고 빠른 길이 최고야!" 좋은 경치 구경할 욕심 버리고 그저 걷기 시작한 후 오히려 행복해졌다.

숙소. 알베르게(albergue)라는 공동숙소가 꽤 잘 갖추어져있다. 물론 상당한 거리를 걸어가야 하고, 늦게 가면 여석이 없다고 한다. 더욱 두려운 것은 친구가 이야기해준 벼룩(bed bug)의 공포. 그래서 공동숙소 대신 가급적 호텔을 찾기로 했다(나중에 알고 보니 bed bug의 공포는 과장된 것이었다). 그런데 걷다 보니 항상 호텔이 있는 것이 아니었다. 숙소는 멀고 해가 질 무렵이면 숙소에 대한 걱정이 앞섰다. 아니 숙소 걱정은 아침부터 시작이었다. 숙소있는 곳을 목적지로 정하고 출발해야 했다. 그런데 실제로 체력을 걱정하면 해지기 전까지 어디까지 갈수 있을지 미리 정하기가 곤란하였다. 그러니 숙소에 대한 꿈을 접어야 했다. 가다가 그치고 싶을 때 근처에 있는 숙소에 가야 했다. 가급적 풍광 좋고 가성비 좋은 숙소가 적당한 시간에 적당한 위치에 있으면 좋으련만 그게 항상 가용하지 않았다. 가용하다 해도 하룻밤 자고 곧 떠날 텐데 굳이 비싼 숙소를 억지로 찾아 헤맬 이유도 없었다. 적당히 편하게 잘 수 있는 곳이면 되었다. "그래, 깨끗하고 싼 숙소가 최고야!" 숙소에 대한 욕심을 버린 후에 오히려 행복해졌다.

돌이켜 보니 결국 모든 것을 조금씩 덜어내니 행복해졌던 것 같다. 짐을 덜어내고, 욕심을 덜어내고…. 예정된 일정이 다 차서 약 2주간의 걷기를 멈추고 출발점으로 돌아가기로 결정했다. 그렇게 결심하고 들어서는 작은 항구도시에서 광채가 났다. 지금까지 지났던 여느 마을과 크게 다르지는 않지만, 그래도 사람들 모여사는 곳이라 숙소, 식당, 가게가 웬만큼 갖추어져 있었다. 그곳에는 멀리 걷지 않아도 먹고, 입고, 자는 일이 편하게 해결되었다. 풍부하지는 않아도 내 소요에 맞는 최소한의 것들이 획득 가능하였다. 걷는 동안 다소 절박했던 수요가 충족이 되고, 소박함에서 오는 행복을 느꼈다[43]. 물론 풍요로 돌아가면 더 좋을 수도 있었겠지만, 소박함의 즐거움을 안 상황에서는 풍요로움이 크게 필요치 않았다. 풍요, 이제 그것은 절제가 없는 구차한 사치이다. 걷는 동

---

43) 원래 소(素)는 색을 칠하지 않은 바탕이며, 박(樸)은 대패나 칼을 대지 않은 원래의 나무이다. 그러므로 소박(素樸)함이란 꾸밈이 없이 수수한 자연적인 것을 의미할 것이다. 이는 과욕과 상치되는 말이다(노자 2007: 97). 知足者富(족함을 아는 자가 부자이다) 또는 知足常樂(족함을 아는 자가 항상 즐겁다)이라는 경귀는 소박함에 통하는 행복관이라 할 수 있다(야오간밍 2018).

안 나는 결핍의 해소로 충분했다. 내게 있어서 필요한 것은 소박함이었지 풍요가 아니었다.

그렇다. 행복은 풍요에서도 오지만 '소박함'에서 더 크게 올 수 있다. 그러나 소박함과 결핍은 다르다. 가볍고 편함을 위하여 여러 가지를 버린 산티아고 노정이었지만 여전히 생존을 위한 최소한의 필요는 충족되어야 했다. 결핍의 상태에서 걷기를 지속하기는 어려운 노릇이었다. 어느 정도 견딜 수는 있었겠지만 지속가능하지 않았을 것이다. 결핍상태에서 행복하기는 어렵다. 결핍은 절박감을 가져와 행복을 저해할 것이다. 나의 걷기 여정이 힘들기는 했어도 결핍의 상태라고 하기에는 무리가 있다. 최소한으로 줄이기는 했지만 여전히 생존에 필요한 물 한 병과, 땀을 닦을 수건도 지니고 있었다. 가끔 식당이 나오면 음식도 먹고 휴식도 취할 수 있었다. 새로운 풍경과 사람들 모습을 보는 즐거움도 있었다. 그러나 여유는 없었다. 결핍은 아니더라도 결핍에 가까운 상황에서 종종 절박하였다. 그러나 걷기 여정을 마감하면서 작은 항구도시에 들어섰을 때 나는 절박함에서 벗어나 소박함에서 오는 행복을 찾는다. 크지 않은 그 항구도시는 풍요롭지는 않지만 그야말로 소박한 장소로 보였다. 소박한 음식, 숙박시설, 상점 등을 갖추고 있었다. 거기에서 나는 여유를 찾고 행복을 찾는다.

결핍이 절박함과 관련된 만큼, 소박함은 여유와 관련된다. 더 정확히 말하자면 소박함은 결핍을 넘은 약간의 여유이다. 그러나 소박함이 내포하는 작은 여유와 풍요로운 사치와는 거리가 있다, 걷는 동안 때로 절박했지만 내가 원한 것은 소박한 여유였지, 풍요로운 사치는 아니었다. 어느 정도 가벼우면 되었고, 편하면 되었고, 주리지 않으면 되었고, 깨끗하면 되었다. 소박함. 그것은 욕심을 줄이는데서 온다. 그래야 한 끼 식사, 한 잔의 커피, 한 밤 포근한 잠에 만족할 수 있게 된다. 소박함은 사회의 불필요한 형식의 굴레를 버리는 것과도 연관될 것이다. 배낭멘 여행자는 사회의 형식을 과도하게 신경쓰지 않아도 된다. 또한 주변 사람들도 여행자에게 불필요한 기대를 하지 않는다. 그러나 우리가 속해 있는 사회에서는 소박한 생활조건을 넘는 과다한 요구들을 상호부과하며 그 배낭짐에 눌려 힘들게 산다. 불필요한 굴레를 찾아 하나 하나 정리해나간다면, 그래서 소박한 사회가 된다면 다같이 행복해질 수 있다.

풍요와 소박함. 행복으로 가는 두 가지 다른 길이다. 물론 두 가지가 다 중요할 수 있다. 문제는 지금까지 우리는 풍요만을 강조하여 소박함을 잊고 살았다는 것이다. "더 많은 것이 좋고, 더 많은 것이 더 많은 것이다"라고만 생각하여 풍요를 추구해왔다. 그런데 짧은 걷기 장정을 통해서 나는 "더 적은 것이 더 좋고, 더 적은 것이 더 많다"일 수 있다는데 대한 인식을 새롭게 갖는다. 얼마 걷지도 않고 이같이 생각을 새롭게 한다는 것이 과하다는 느낌을 지울 수 없지만, 생각을 정리하기 위해 반드시 많이 걸어야만 하는 것은 아닌 것 같다. 많이 걷지 않고서도 이런 생각을 하게 된 것은 내게는 행운같은 것이다. 물론 어떤 생각을 정리하기 위해서 걸어야만 하는 것은 아니다. 걷기와 상관없이 누구라도 이같은 생각을 공유할 수 있다. 어떻든 나는 걸으면서 이같은 생각이 확실해졌다. 그리고 이같은 생각은 행복정책의 성공적 수행을 위하여 의미있는 것이라는 생각도 하게 되었다. 행복정책을 추진함에 있어서 핵심적 문제 중 하나는 인간의 욕망에는 한계가 없고, 이의 충족과 지지를 위한 공공자원에는 한계가 있다는 것이다. 이와 관련, 풍요 일변도가 아닌 소박함의 의미를 인식한다는 것은 그같은 문제를 극복하는 중요한 기반이 될 수 있을 것이다.

이같은 인식과 관련하여 동서양의 행복관을 비교하는 것이 도움이 된다. 동양에서는 자연과 사회환경으로부터 인간이 취득할 수 있는 것에 한계가 있으므로 인간욕구를 최소한으로 제어함으로써 행복에 이를 수 있다는 종교적, 정신문화적 접근이 우세하다. 서구에서는 인간의 욕구 제어가 불가능할 뿐 아니라 그같은 억제는 오히려 인간의 존엄 즉, 자유와 이성을 훼손하는 것이라 보고 환경으로부터의 획득을 극대화함으로써 행복을 달성하려는 세속적 물질적 접근이 우세하다. 즉, 동양적 행복관의 근저에는 욕구의 최소화가, 서양적 행복관의 근저에는 성취의 극대화가 자리잡고 있다. 그 결과 동양은 종교, 윤리적 문화의 건설에는 성공했지만, 상대적으로 물질적 빈곤에 처하게 되었다. 반면 서양은 과학기술의 발전, 산업화, 정치 민주화, 물질문명을 구가하였지만 지구환경의 지속가능성을 훼손하였다. 이상은 한영환(2000: 45), 최항순(2006, 73) 등의 진단을 요약한 것이다. 생각컨대, 이같은 진단은 동서양의 행복패러다임의 비교를 위하여 단순화된 측면이 있어 보이지만, 대체로 동양에서는 욕구의 자제를, 서구에서는 자원의 확대를 강조하는 상대적 경향을 갖고 있다는 진단만

큼은 무리가 없어 보인다. 바람직하기는 양 관점의 균형조화를 통하여 각각의
장점을 살리고 단점을 보완하는 것이다. 그 방향은 당연히 무한한 인간욕구와
자원투입의 한계를 균형조화시키는 것이다. 이때 양자를 균형조화시키는 열쇠
는 '소박함'에 있다. 욕구와 자원의 조화는 욕구와 자원의 조절을 필요로 하는
바, 소박함은 욕구의 절제를, 그에 따른 자원투입의 절약을 가능하게 하기 때
문이다. 소박함은 동서양을 막론하고 사람들의 일상적 생활의 거울이 되어야
한다. 물질을 우선하든 정신을 우선하든 일상을 크게 넘지 않는 소박함에 초점
을 두는 접근은 동서양의 행복에 대한 관점 차이를 해소하는 단초가 되는 것이
기도 하다.

행복의 구성요소에 대한 단상

다수 학자들이 행복의 구성요소를 정서, 삶의 만족 또는 평가, 덕성 등 세가
지로 파악하는 가운데(OECD, 2013: 29–32), 일부 학자들은 정서를 긍정적 정서
와 부정적 정서로 구분하여 행복요소로 제시한다. 예컨대, Diener et al(1985)
는 긍정적 정서, 부정적 정서, 그리고 삶의 만족(평가)을 행복의 세가지 구분되
는 구성요소로 제시한다. 이와 같은 접근은 긍정적 정서와 부정적 정서를 상호
독립적인 차원의 개념으로 이해하는 것이다(Diener and Emmons 1985). 이러한
인식의 연장선상에서 Diener et al.(2010)은 긍정적 정서와 부정적 정서를 구분
하면서 양자간 차이를 행복측정지표로 제시한다. 행복점수는 긍정점수에서 부
정점수를 빼서 계산한다. 이같은 생각은 일찌기 Jeremy Bentham(1789,
Veenhoven 2015, 재인용)이 행복을 쾌락과 고통의 합이라고 보았던 전통과 맥을
같이 하는 것이다. 그런데 긍정적 느낌과 부정적 느낌의 점수 차이를 직접 차
감한다는 것은 긍정적 느낌은 언제나 행복의 긍정요소이고, 불쾌한 느낌은 언
제나 행복의 부정요소로 간주하는 것이다. 그렇기 때문에 양자 간 점수차를 계
산하여 순 행복(net happiness)을 측정하는 것이다. 전문가나 일반인을 막론하
고 대부분의 사람의 행복에 대한 이해는 이와 같다.

그런데 과연 그러한가? 과연 긍정적 느낌과 부정적 느낌은 서로 독립된 요
인인가? 여기에 의문을 가질 필요가 있다. 우선 인정할 것은 행복은 즐거움에
서 온다는 것이다. 그런데 즐거움에 있어서 '소박한' 즐거움에 주목할 필요가

있다. 소박한 즐거움이란 누구에게나 일상에서 일어나는 작은 사건으로 부터 일어나는 행복이다. 일상의 작은 긍정적 즐거운 일들이 행복의 원천이라는 것은 별도의 설명이 필요없다. 큰 즐거움은 어떠한가? 당연히 큰 긍정적 사건은 더 큰 즐거움을 가져다 줄 것이다. 그러나 큰 즐거움은 일상적으로 자주 일어나는 일이 아니며, 그야말로 사건적이다. 큰 사건에 따른 큰 즐거움(희열)의 상태는 지속되기 어려우며, 경우에 따라서는 큰 즐거움이 불행의 원인이 될 수도 있다. 소박한 즐거움이야 친구와의 교제와 같이 일상적으로 일어나는 일이며, 작은 노력으로 누리기 쉬운 것들이지만, 거액의 복권당첨과 같은 큰 즐거움은 일상적으로 일어나는 일도 아니고, 자신이 노력한다고 해서 획득되는 것도 아니다. 원하지만 획득되지 않을 때 그 때문에 불행해질 수 있다. 또한 획득하였을 때라도 획득의 결과가 기대에 못미치거나 새로운 상황에 대한 적응에 실패할 때 불행해 질 수 있다. 복권 당첨자 중에 적지 않은 사람들이 불행을 겪는다는 사실은 흔히 접할 수 있는 이야기이다. 즐거움이 컸던만큼 상실의 타격도 클 것이다. 기대하였거나 기대하지 않았거나 큰 즐거움은 그것이 항상 가능한지도 의문이거니와, 얼마나 지속될 것인지도 의문이다(Brickman et al., 1978). 이는 일정 기간이 지나면 감정상태가 원래의 상태로 되돌아온다고 하는 고정점 이론에서 강조하는 핵심 사항이기도 하다. 물론 고정점 이론이 전적으로 지지받는 것은 아니다. 사건에 따라 일상 상태로 되돌아가는데 걸리는 기간이 다를 것이며, 기간이 짧은 경우에도 그 동안의 긍정적 감정이 의미가 있을 수 있다. 그렇더라도 대개의 경우 고정점 이론이 제시하는 적응효과는 상당 부분 작동하는 것으로 인지되고 있다. 그렇다면 행복의 안정적 유지를 위해서는 어떤 일회성의 큰 즐거움보다 일상의 조건(사건이나 상태)으로 부터 비롯되는 소박한 즐거움이 연속되는 것이 중요하다.

이같은 생각으로 나는 내 자신에게도 주변 사람에게도 권한다. 소박한 즐거움을 위해 푼 돈 아끼지 말라고. 맛있는 커피 한 잔, 읽고 싶은 책 한 권, 재미있는 영화 한편, 지인과 간식, 작은 적선…. 푼돈으로 즐거움을 누리라고 말한다. 많은 경우, 푼돈은 소유를 위한 물적재의 소비에 비하여 경험과 기억을 위한 소비이거나(최인철, 2018: 117), 사람간의 관계유지를 위한 관계재(Bruni & Zamagni, 2007: 239) 일 경우가 많다. 그같은 소비는 물질재의 소비에 비하여 행복효과에 있어서 크기와 지속성에서 유리하므로 나의 권유가 틀린 것은 아닐 게다. 반면, 나는 푼 돈 아껴 큰 돈 모으는 것은 권하지 않는다. 큰 돈은 모으려한다고 해서 모아지는 것도 아니며, 모으려고 애쓰는 과정이 힘든데다가, 성취되지 않아 좌절하기 십상이다. 큰 돈 모아 크게 쓴다고 해서 그것이 인생에 안정적 행복을 가져다 주는 것도 아니다. 그러므로 어쩌다 있을 수도 있고 없을 수도 있는 큰 즐거움보다는 일상적으로 일어나는 작은 즐거움 그것이 행복의 요체로서 중시되어야 할 것 같다. 이러한 시각에서 볼 때, 행복은 긍정정서나 부정정서의 강도가 아니라 빈도에 좌우된다고 한 Diener et al(1991)의 연구는 기본적으로 타당해 보인다.

즐거움이 행복을 가져다 준다면 부정적 정서(또는 불쾌한 느낌)은 불행의 요소라 할 것이다. 그러나 사실은 그렇지 않다. 행복은 근심의 부재를 의미하지 않는다(최인철, 2018: 45). 물론 큰 근심은 불행의 요소가 아닐 수 없다. 지인의 죽음, 실직, 중병 등을 겪으면서 행복할 수는 없는 노릇이다. 게다가 그같은 부정적 사건의 영향은 오래 지속된다(Brickman et al., 1978). 그러나 소박한 근심은 다르다. 소박한 근심은 소박한 즐거움만큼이나 행복의 요소이다 . 근심을 한다 함은 근심의 상황을 벗어나고자 하는 욕구가 발현되는 것이다. 근심해야 할 상황을 벗어나고자 한다 함은 삶에 대한 의욕이 있다는 것을 말한다. 그러므로 일상에서 소박한 근심마저 없다면 삶에 관심이 없는 것이며, 살아있으나 죽은 것과 마찬가지라 할 것이다. 소박한 즐거움이 좋은 삶을 누리고자 하는 욕구에서 비롯되는 것과 마찬가지로 소박한 근심 역시 좋은 삶을 누리고자하는 욕구에서 비롯되는 것이다. 양자 모두 존재의 활력이라는 점에서 다르지 않다. 차이가 있다면 전자는 주어진 상태를 누림으로써, 후자는 주어진 상태를 극복함으로써 좋은 삶을 추구하고자 하는 차이가 있을 뿐이다. 소박한 즐거움과 소박한 근심이 동시에 행복요소인 것은 예컨대, 운동을 할 때, 피곤하면서도 즐겁다는 사실에서 미루어 알 수 있다. 다른 측면에서 보면, 행복은 일과 삶의 균형(work-life balance)라 할 수 있다. 일반적으로 일과 삶의 균형은 직장의 삶과 직장 밖의 삶의 균형을 의미한다. 양자 간에는 직장과 직장 밖 사이에 경계를 가정한다. 그러나 진정한 의미에서의 일과 삶의 균형은 직장의 삶과 직장 밖의 삶 사이에 장벽이 없어야 한다. 순간 순간 매일 매일의 삶에서 직장과 직장 밖의 경계와 무관하게 일과 삶의 균형이 이루어진다면 그것이 진정한 일과 삶의 균형일 것이다. 그와 같이 통합되고 균형된 삶이 행복한 삶이다. 운동하면서 피곤함(부정적 느낌)과 즐거움(긍정적 느낌)이 동시에 갖게 되는 것처럼 행복한 삶은 소박한 즐거움과 소박한 근심이 일상에서 잘 조화되어 누리고 극복되는 삶이다. 이렇게 볼 때, 앞에서 언급한 Diener et al(1991)의 연구에서 행복은 긍정정서 대 부정정서의 강도가 아니라 빈도에 좌우된다고 한 주장은 전적으로 맞는 말이 아님을 알아 차리게 된다. 일단 행복은 정서의 강도보다 빈도에 좌우된다고 하는 것은 타당해 보인다. 행복은 일회적 큰 사건보다는 소박한 일상에 의하여 좌우될 것이기 때문이다. 그러나 행복은 긍정적 정서와 부정적 정서의 차이에 의하여 좌우되는 것이라는데 대해서는 동의하기 어렵다. 소박한 즐거움만큼이나 소박한 근심 또한 행복의 요소이기 때문이다. 그러므로 행복을 긍정적 정서와 부정적 정서간 차이로 보는 접근은 수정되어야 한다.

이론적으로는 즐거움만 있는 삶이나 근심만 있는 삶이 있을 수도 있다. 그러나 그같은 삶은 인생의 일상적 모습이 아니다. 즐거움과 근심이 교차하는 삶이 인생의 일상적 모습이며, 누구나 즐거움과 근심을 일상적으로 겪으면서 산다. 과연 즐거움과 근심은 형제와 같이 우리 곁에 나란히 있다. 한 요소가 완전히 결여된 채, 매일 즐거움 또는 근심 속에 있는 삶은 존재하기도 힘들거니와, 존재한다 해도 여기서 이야기하는 소박한 즐거움과 소박한 근심의 삶은 아니다. 기본적으로 변화하는 감정을 가진 불완전한 인간이 변화하는 세상의 조건과 무관하게 일관되게 항상적 즐거움이나 근심의 상태에 있을 수는 없다. 그러므로 긍정적 및 부정적 느낌을 대척점에 놓고 보기보다 양자 모두 삶을 구성하는 중요한 요소이며, 근심이 있어서 즐거움의 가치가 커지고 또한 즐거움이 있어서 근심이 덜어진다는 인식을 가질 필요가 있다. 또한 중용의 행복관을 새롭게 돌아 볼 필요가 있다. 주지하다시피 과하지도 부족하지도 않은 중간 상태 또는 적절한 상태를 의미하는 중용은 동양철학이나 Aritoteles의 도덕관에서 공히 강조하는 덕목으로서 소박함이 현실적 요청일 뿐 아니라 규범적으로도 타당한 삶의 덕목임을 알게 해준다. 이같은 생각은 지금까지 긍정적 정서는 행복한 삶에 도움이 되고, 부정적 정서는 행복한 삶에 해가 된다는 전통적 인식에 문제를 제기하는 것이다. 즉, 긍정적 정서나 부정적 정서 모두 행복에 긍정적 요인일 수 있다는 점이 행복 연구와 실천에서 고려되어야 필요가 있다. 물론 이같은 생각은 정서 만이 아니라 행복의 다른 요소인 삶의 만족이나 의미에도 동일하게 적용될 것이다. 그같은 요소들 역시 개인의 느낌이기 때문이다.

작은 즐거움과 작은 근심이 교차하는 소박한 삶이 행복의 원천일 수 있다는 생각은 풍요만을 우선시하는 관점에 의문을 제기한다. 일반적으로 좋은 생활조건(사건, 상태)은 즐거움을 가져다 주지만, 열악한 생활조건은 근심의 원인이 되고 이는 행복을 저해한다는 인식이 지배적이며, 따라서 개인과 국가를 막론하고 좋은 생활조건의 축적에 진력한다. 좋은 생활조건일수록 더 좋다고 보는 것이며, 이같은 생각은 바로 풍요우선주의에 기반하는 것이다. 그러나 작은(소박한) 즐거움이 행복의 원천이며, 작은 근심과 작은 즐거움이 교차되는 삶이 행복한 삶일 수 있다는 인식을 갖게 될 때, 오히려 소박한 생활조건의 구축이 바람직할 수 있다는 생각을 하게 된다. 즉, 생활조건(또는 사회조건)의 극대화가 행복의 조건이 아니라 적정한(소박한) 생활조건이 행복의 조건일 수 있다는 것이다.

소박함, 그리고 행복정책

지금까지 행복에 관한 단상 두가지를 이야기하였는 바, 이 둘을 관통하는 나의 생각은 소박함(simplicity)에 있다. 큰 즐거움이나 큰 근심도 행복과 관련한 중요한 요소이겠지만 보편적으로 모든 사람에게 일상적으로 일어나는 작은 즐거움이나 작은 근심에서 비롯되는 행복에 관심을 둘 필요가 있다는 것이다. 소박함. 그것은 일상적이고, 누구에게나 관련된 것이다. 그리하여 일반 다수에게 관련된 소박함은 개인행복의 기반요소가 되고, 그것이 공공행복에 연관된다. 소박함은 한국의 중세 전통학자들로부터 강조해 온 안분지족(安分知足)과 통하는 것이다. 안분지족이란 크게 욕심부리지 않고 만족하는 삶을 말하는 바, Leo Tolstoy(1886)의 단편소설, "인간은 얼마나 많은 땅을 가지려하는가?"에서 좀 더 많은 땅을 차지하려는 욕심 때문에 결국 목숨을 잃고 마는 주인공 Pahom의 삶과 대비되는 삶의 태도이다.

이와 같은 소박함에 대한 인식은 행복정책의 방향성과 관련하여 중요한 의미를 갖는다. 이미 언급한 바와 같이 21세기에 들어서면서 실천적, 학문적 측면에서 행복에 대한 새로운 관심이 발흥하였다. 이같은 변화는 기본적으로 발전을 경제중심으로 보던 관점을 비경제적 측면으로 전환 또는 보완하려는 움직임이며, 'GDP를 넘어서(beyond GDP)' 운동으로 특징지을 수 있다. 속성상 이같은 변화는 발전의 질적 측면에 관련된 것이며 이에 대해서는 비교적 많은 논의가 이루어져왔다. 반면 발전에 대한 새로운 관심에 있어서 발전의 양적측면에 대해서는 적절한 논의가 이루어지지 않고 있다. 왜 그런가. 과거 경제중심의 발전관에 있어서는 양적측면에 대해서는 별도의 논의가 불필요하였다. 경제가 발전의 기준이라면 당연히 경제총량은 클수록 좋은 것으로 간주되었다. 예컨대, GDP는 클수록 좋은 것이며, 작은 것은 좋지 않은 것이다. 이는 경제불평등에 대한 논의에 있어서도 마찬가지이다. 경제불평등에 대한 논의 역시 큰 소득 수준에서 작은 격차를 지향하는 것이지 작은 소득 수준에서 작은 격차를 지향하는 것은 아니기 때문이다. 그러나 이제 발전관이 소득이 아닌 행복에 대한 관심증대로 전환되는 상황에서는 당연히 행복의 총량 역시 클수록 좋은 것인가에 대한 논의가 있어야 한다.

이같은 요청에도 불구하고, 지금까지 GDP로부터 행복으로의 이행이라는 질적변화에 대해서는 상대적으로 많은 논의가 이루어졌으나 정작 행복 자체의 양적변화에 대해서는 아직까지 본격적 논의가 이루어지지 않았다. 대신, 암묵적으로 과거 경제중심으로 총량을 보던 관점이 그대로 적용되어 행복 역시 클수록 좋다고 간주되어왔다. 행복수준의 국가 간 비교를 통하여 순위를 발표하고 이에 대해서 주목하는 것이 그 단적인 증거이다. 그러나 과연 행복 역시 경제총량처럼 클 수록 좋은 것인가에 대한 의문을 가질 필요가 있다. 이와 관련, 소박한 즐거움과 소박한 근심에 대한 논의, 또는 좋은 삶에 대한 중용의 시각이 타당하다면 그만큼 행복의 극대화는 정답이 아닐 수 있다.

기본적으로 행복의 극대화는 추구할 목표로서 한계가 있다. 우선 앞에서 언급한 바와 같이 인간욕망의 무한성과 자원의 한계를 고려할 때 행복의 극대화는 실현불가능하다. 또한 고립된 개인 차원이 아니라, 행복의 수준과 함께 행복의 분포를 아울러 감안하는 공공행복의 차원에서 볼 경우, 행복 총량의 극대화는 최선일 수 없다. 행복의 수준과 분포는 정확히 비례하지 않기 때문이다. 뿐만 아니라 끝없는 행복 추구는 개인과 정부의 역량을 소진시키고, 즐거움과 근심의 균형에 바탕을 둔 행복의 가능성을 간과하게 한다.

즉, 행복의 증진은 좋은 것이지만, 행복의 극대화는 가능하지도 바람직하지도 않은 목표인 것이다. 그보다는 인간의 무한한 욕망과 자원의 한계를 균형조화시키는 행복의 적정화가 보다 실현성이 높고 보다 바람직한 행복추구의 방향이다. 또한 행복정책의 효과성을 높이기 위해서도 실현불가능한 행복의 극대화 대신 행복의 적정화를 추구할 것이 요청된다.

행복의 적정화란 무엇인가. 첫째, 행복의 수준과 관련하여 앞에서 논의한 작은 것(소박함)에 대한 고양된 관심이다. 결핍을 해소하되 사치를 배제하는 수준의 사회조건과 관련되는 행복의 증진이다. 둘째, 공동체 구성원간 누리는 행복의 고른 분포가 확보되는 것이다. 즉, 행복의 적정화란 적정수준의 행복과 행복의 균형이다. 전자는 후자의 기초가 된다. 작은 것에 대한 고양된 관심이 행복을 골고루 같이 누릴 수 있는 여건을 제공하기 때문이다. 만일 행복의 극대화를 추구할 경우, 무한한 욕구와 자원의 한계로 인하여 소박하게 같이 누리는 행복은 실현되기 어렵다. 반면, 행복의 적정화를 기함으로써만 소박하지만 함께 누리는 통합적 행복을 실현할 수 있게 된다. 공적관점에서 볼 때, 행복은 자원의 한계를 무시하고 끝없이 추구할 탐욕의 대상이 되어서는 안된다. 행복은 외부조건에 수동적으로 순응하는 포기의 대상이 되어서도 안된다. 행복은 외부조건에 대한 적극적 적응과 반응에 기반한 향유(enjoyment)의 대상이어야 한다. 행복은 풍요의 추구와 결핍의 해소간 균형점으로서 소박함을 추구함으로써 얻어지는 것이라는 인식이 있어야 한다. 그리고 행복정책은 이같은 소박함의 행복을 지지하는 기반 위에서 추진되어야 실천적으로 공공행복에 기여할 수 있다는데 대한 인식이 필요하다.

앞 장에서 언급한 바와 같이, 행복정책의 궁극적 관심은 행복 자체의 증진에 있지만, 그 일차적 목적은 사회조건의 개선을 통해 개인의 행복추구활동을 지지하는 것이다. 이때 과연 어느 수준의 사회조건을 목표로 추구할 것인가는 중요한 질문이다. 지금까지의 논의를 바탕으로 이에 대한 방향을 몇가지로 정리한다.

첫째, 행복정책은 국민의 절박함 해소를 최소한의 목표로 포함해야 한다.

절박함은 결핍에서 비롯된다. 결핍은 인간존엄을 유지하는 최소한의 생존조건이 부족한 상태를 의미하며, 이 같은 상태에서 인간이 행복을 누리기는 어렵다. 그러므로 행복정책은 결핍의 해소를 우선적이면서도 최소한의 목표로 해야 한다.

둘째, 행복정책은 결핍의 해소를 넘어 소박한 사회조건의 확보를 목표로 해야 한다. 소박한 수준은 풍요로운 사치의 수준과 절박한 결핍의 수준과의 균형점에서 약간의 여유를 구가할 수 있는 수준이다. 이같은 목표는 개인욕구의 무한성과 자원동원의 제약을 고려할 때, 실현성 차원에서 설정할 수 있는 적정한 정책목표이다. 소박한 사회조건의 추구가 행복을 낮은 수준으로 억제하는 것은 아니다. 행복수준이 사회조건의 수준에 정비례하는 것은 아니기 때문이다. 이에 대해서는 외부조건에 우선하여 개인성향을 강조하는 고정점 이론에서 일관되게 강조하여 온 것이다. 기본적으로 외부조건이 행복으로 연결되는 과정에는 개인의 성향과 외부조건에 대한 대응이 개입되기 때문에 양자간 일관된 상관관계가 성립되지 않을 것임은 분명하다. 물론 결핍 수준의 사회조건은 행복에 부정적 영향을 미치겠지만, 일정 수준의 문턱(threshold)을 넘어선 사회조건이 행복에 미치는 영향은 크지 않을 것이라는 점도 인지되어야 한다. 이는 사회조건이 행복에 대하여 갖는 성격은 Herzberg et al(1959)가 제시한 바 있는 동기－위생 요인 중에서 위생요인의 성격의 클 것이라는 점에서 설명이 가능하다. 즉, 결핍된 수준의 사회조건은 행복의 저해요인으로 작동하지만, 결핍이 해소된 수준에서 사회조건의 높고 낮음이 행복에 미치는 영향은 유의미하지 않을 수 있다는 것이다. 앞서 논의한 바와 같이 외부조건이 소박하다고해서 낮은 수준의 행복만이 가능한 것이 아니다. 오히려 소박함으로 인하여 행복의 풍요를 누릴 수 있다. 소박한 사회조건은 작은 즐거움과 작은 근심의 교차하는 균형적이고 안정적인 행복으로 이어지기 때문이다. 내가 산티아고가는 길은 걸었을 때 조건이야 소박했지만 무척 행복할 수 있었다. 기회가 되면 또 같은 길은 걷고 싶은 나의 심정은 소박함이 가져다 주는 행복의 풍요에 대한 하나의 예증일 수 있다. 이렇듯 소박한 수준의 사회조건의 구축은 충분히 행복정책의 적절한 목표가 될 수 있다.

셋째, 행복정책이 풍요로운 사회조건의 확보를 목적으로 할 수 있는지에 대해서는 신중한 접근이 필요하다. 풍요는 소박함을 넘는 수준의 사회조건을 의미한다. 그러나 행복정책이 풍요를 우선적 목표로 추구하는데는 분명한 한계가 있다. 풍요로운 조건의 조성은 현실적으로 가능하지 않을 뿐 아니라 바람직하지 않은 측면이 있기 때문이다. 우선 인간욕구의 무한성과 자원의 한계라는 현실적 제약요인을 고려할 때, 풍요를 목표로 하는 것은 실현 가능성이 낮고 정치적 수사에 그칠 가능성이 크다. 아울러 사회적 불균형이 존재하고 일부 집단의 심각한 결핍이 문제가 되는 사회에서 풍요를 우선하여 추진하는 것은 차별적 정책이 될 위험이 크기 때문에 규범적으로도 문제가 있다. 풍요추구의 과정에서 과도한 정부의 개입에 따라 자원배분의 왜곡이나 개인 자율침해의 우려도 있다. 기본적으로 개인의 자발적 노력이나 절제없이 풍요로운 사회조건이 행복을 결정하기를 기대하는 사회는 바람직하지 않다. 그렇기 때문에 행복정책을 추진함에 있어서 풍요에 우선하여 소박함을 지향하는 것은 현실적이기도 하고 규범적이기도 한 것이다. 물론 행복정책이 소박함을 지향해야 한다고 해서 풍요를 전적으로 배제해야 하는 것은 아니다. 소박함은 과다한 욕구의 절제의 요청에 대응하는 측면도 있지만 자원의 제약에 따른 불가피한 측면도 있기 때문이다. 그러므로 모두가 풍요를 요구하고, 자원이 풍부하다면 풍요로운 생활조건의 구축을 행복정책의 목표로 추진할 수도 있을 것이다. 문제는 풍요로운 조건의 성취도 어렵지만, 풍요를 달성한다고 하더라도 풍요조건에서의 행복수준이 소박한 조건에서의 행복수준보다 의미있는 수준으로 높지 않을 개연성이 있다는 점이다. 외부조건과 행복 간 연계의 불확실성에 더하여 풍요에서 오는 행복이 일회적이고 예외적일 수 있기 때문이다. 그렇다면 의미있는 수준의 차별적 행복효과가 기대되지 않은 상황 하에서 결핍의 해소나 소박한 수준의 사회조건에 우선하여 풍요를 추구하는 행복정책은 진정성을 의심받을 수도 있다. 강조하건대, 기본적으로 행복의 증진을 위하여 사회조건의 극대화를 목표로 해야만하는 것은 아니라는 데 대한 인식이 필요하다. 어디까지나 정부는 국민 모두가 안정적으로 행복을 누릴 수 있는 최소한의 사회적 기반으로서 소박한 사회조건을 조성하는데 행복정책의 초점을 맞추어야 한다.

자칫 소박함을 지향하는 행복정책이 열악한 사회조건의 개선노력을 소홀히 하기 위한 핑계로 치부되어서는 곤란하다. 소박함의 추구는 결핍 조건을 방기하거나 추구하는 것을 의미하지 않는다. 소박함은 결핍과는 다르며, 오히려 여유(과도하지 않은)와 연결된다. 소박한 사회조건이란 공동체 구성원으로서의 개인이 행복을 추구하기에 적절한 생활조건, 과도하지도 열악하지도 않은 품위있는 수준의 사회조건의 조성을 추구하는 것으로 이해되어야 한다. 품위는 무한 욕망의 표현이나 결핍의 절망이 아닌 절제와 향유가 적절히 균형된 상태를 의미한다. 그러므로 소박한 사회조건의 추구는 시민적 품위의 회복과 연결된다. 아울러 이같은 정향을 갖는 행복정책은 국가 전체 또는 광역적 범위를 단위로 하는 거시적 차원의 경제정책이나 물적기반의 구축만큼 또는 그 이상으로 시민의 삶의 터인 지방 또는 커뮤니티에서의 일상적 삶에 세밀한 관심을 기울이는 미시적 정책에 관심을 갖게 될 것이다. 이 또한 근접거리에서 정부와의 관계에서 존중받고 소통하는 시민적 품위의 회복과 연관된다. 소박함. 그것은 종래 경제중심의 정책과 달리 행복을 지향하는 정책을 지지하는 중요한 인식기반이 되어야 한다.

참고문헌

강준호. (2013). 벤담의 공리주의에서 "자유" 개념에 대하여. 철학연구, 100, 103-129.

고명철. (2013). 공공서비스 만족도, 정부성과, 그리고 삶의 질 간 영향관계 분석: 상향확산식 접근을 토대로. 한국행정학보, 47(2), 1-30.

구교준·임재영·최슬기. (2014). 소득과 삶의 역량에 따른 행복 결정요인 연구. 한국행정학보, 48(2), 317-339.

구교준·임재영·최슬기. (2015). 행복에 대한 이론적 고찰. 정부학연구, 21(2), 95-130.

구교준·임재영·최슬기. (2017). 무엇이 우리를 행복하게 하는가?. 서울: 집문당.

김대근. (2013). 지역발전 차원에서의 박근혜정부의 국민행복 증진의 정책적 방향. 한국균형발전연구, 4(2), 39-63.

김도형. (2016) "일본 지자체의 행복한 지역발전을 위한 주민행복도 지표 개발 및 측정: 도쿄도 아라카와구와 구마모토현 사례를 중심으로" 한국정책학회보 25/3: 133-177.

김명숙. (2005). 로컬 거버넌스와 주민의 정치참여. 한국사회와 행정연구, 16(3), 325-347.

김병섭·강혜진·김현정. (2015). 지방정부서비스가 주민행복에 미치는 영향: 주거영역 삶의 질의 조절효과에 대한 검증을 중심으로. 행정논총, 53(3), 29-56.

김석준 외. (2008). 거버넌스의 이해. 서울: 대영문화사.

김승권·장영식·조흥식·차명숙. (2008). 한국인의 행복결정요인과 행복지수에 관한 연구. 서울: 한국보건사회연구원.

김영정·정원규. (2003). 밀 『공리주의』. 철학사상, 16(별책 2권 제9호), 1-95.

김윤태. (2009). 행복지수와 사회학적 접근법. 한국사회학회 심포지움 논문집, 75-90.

김의영. (2011). 굿 거버넌스 연구 분석틀: 로컬 거버넌스를 중심으로. 한국정치연구, 20(2), 209-234.

김현정. (2016). 소득불평등 인식이 행복에 미치는 영향 - 계층상승 가능성의 조절효과를 중심으로-. 한국정책학회보, 25(2), 559-587.

노자(연대미상), 노자, 이강수 역ㅋ(2007). 도서출판 길.

박성복. (2003), 삶의 질의 개념과 비교방법. 한국정책과학학회보, 7(3), 57-80.

박성호. (2012). 매킨타이어가 옹호한 아리스토텔레스의 목적론. 철학논총, 67, 133-144.

박홍윤. (2008). 공공조직을 위한 전략적 기획론. 서울: 대영문화사.

신승배. (2015). 한국인의 행복감 결정요인. 사회과학연구, 41(2), 183-208.

심수진, 이희길 (2016). 삶의 질 측정: 국제동향과 통계청의 대응. 조사연구, 17(2), 185-205.

야오간밍 (2018). 노자강의, 손성하 역 (2010). 김영사.

우창빈. (2013). 행복을 추구하는 행복정책은 가능한가?: 행복을 목표로 하는 공공정책의 이론, 논란, 가능성과 조건들. 행정논총, 51(2), 283-318.

우창빈. (2014). 대안적 글로벌 개발협력의 이론 모색: 행복론의 이론적 근거와 정책적 함의. 한국사회와 행정연구, 24(4), 411-434.

우창빈. (2014). 바람직한 거버넌스(good governance)가 국민의 행복에 미치는 영향: 기술적(technical) 거버넌스가 민주주의보다 우선하는가?. 행정논총, 52(1), 219-246.

유민봉(2021), 한국행정학, 7판, 박영사,

윤인진·김상돈. (2008). 사회경제적 지위와 주관적 계층의식이 생활만족에 미치는 영향 -고급여가활용의 매개효과분석-. 도시행정학보, 21(2), 153-185.

이광석, 행정학사(行政學史)의 전개와 정립에 관한 연구: 행정과학과 행정철학 및 인문주의와의 상호관계를 중심으로, 한국행정학보, 53권 3호: 211-242.

이명석. (2002). 비평논문: 거버넌스의 개념화:"사회적 조정" 으로서의 거버넌스. 한국행정학보, 36(4), 321-339.

이승종, 기영화, 김윤지, & 김남숙. (2013). 커뮤니티웰빙 지표에 대한 공무원과 전문가의 평가비교연구. 한국행정학보, 47(2), 313-337.

이승종. (2004). 지방차원의 정책혁신 확산과 시간: 지방행정정보공개조례의 사례 연구. 한국지방자치학회보, 16(1), 5-25.

이승종. (2014). 지방자치론. 서울: 박영사.

이승종. (2016). 서문: 과정패러다임에서 목표패러다임으로. 한국행정학보, 50(4),

1 – 10.)

이승종 · 김혜정. (2018). 시민참여론. 박영사.

이승종 · 오영균. (2013). 국민행복과 정부3.0: 이해와 적용. 학지사.

이승종 · 윤두섭. (2005). 지방정부의 역량에 관한 개념화 연구. 한국지방자치학회보, 17(3), 5 – 24.

이승종 · 이서희 · 조창덕. (2020). 공공행복 수준과 분포의 차별적 영향요인에 관한 연구. 한국행정학보, 54(1), 171 – 197.

이종원. (2002). 정부형성과 거버넌스:이론적 연결고리의 탐색 및 지방 거버넌스에서의 적용. 정부학연구, 8(1), 3 – 91.

이진우. (1998). 공동체주의의 철학적 변형. 철학연구, 42, 243 – 273.

임재영 · 구교준 · 최슬기. (2016). 불평등과 행복: Sen의 역량이론의 관점에서 본 불평등의 작동 메커니즘. 행정논총, 54(3), 175 – 198. ㄴ

장승구. (2017). 다산, 행복의 기술. 서울: 커뮤니케이션북스.

장승진. (2011). 행복의 정치경제학. 한국정당학회보, 10(2), 43 – 66.

정지욱. (2018). 부와 철학: 동양전통사상의 눈으로 바라본 부와 행복. 세창미디어.

조성한. (2005). 한국적 거버넌스 패러다임의 모색: 거버넌스의 논리와 적실성; 거버넌스 개념의 재정립. 한국행정학회 동계학술발표논문.

조연상. (2013). 경제성장정책 패러다임 전환 연구. 재정정책논집, 15(4), 213 – 238.

주희(연대미상). 대학, 중용, 김미영 역(1999). 홍익출판사.

최병대. (2002). 거버넌스와 시민참여, 김석준 외, 거버넌스의 이해, 대영문화사. 246 – 252.

최인철. (2018). 굿 라이프. 파주: 21세기북스.

최항순. (2006). 발전행정론. 서울: 신원문화사.

한영환. (2000). 발전행정론. 성남: 아세아문화사.

Adler, A., Boniwell, I., Gibson, E., Metz, T., Seligman, M. E. P., Uchida, Y., & Xing, Z. (2017). Definitions of terms. In Centre for Bhutan Studies and GNH (Ed.), Happiness: transforming the development landscape. (pp. 21 – 38).

Thimphu: The Centre for Bhutan Studies and GNH.

Akerlof, G. A. (1997). Social distance and social decisions. Econometrica, 65(5), 1005－1027.

Alderfer, C. P. (1969). An empirical test of a new theory of human needs. Organizational Behavior and Human Performance, 4(2), 142－175.

Alderfer, C. P. (1972). Existence, relatedness, and growth: Human needs in organizational settings. New York: Free Press.

Alesina, A., Di Tella, R., & MacCulloch, R. (2004). Inequality and happiness: are Europeans and Americans different? Journal of Public Economics, 88(9－10), 2009－2042.

Alexandrova, A. (2005). Subjective well－being and Kahneman's 'objective happiness'. Journal of Happiness Studies, 6(3), 301－324.

Alexandrova, A. (2012). Well－being as an object of science. Philosophy of Science, 79(5), 678－689.

Allardt, E. (1993). Having, loving, being: An alternative to the Swedish model of welfare research in M. Nussbaum, & A. Sen (Eds.), The Quality of Life (pp. 88－95). Oxford: Clarendon.

Allin, P., & Hand, D. J. (2014). The wellbeing of nations: Meaning, motive and measurement. Hoboken: John Wiley & Sons.

Anand, P. (2016). Happiness explained: What human flourishing is and what we can do to promote it. Oxford: Oxford University Press.

Andrews, F. M., & Withey, S. B. (1976). Social indicators of well－being: Americans' perceptions of life quality. New York: Plenum Press.

Anglim, J., Weinberg, M. K., & Cummins, R. A. (2015). Bayesian hierarchical modeling of the temporal dynamics of subjective well－being: A 10 year longitudinal analysis. Journal of Research in Personality, 59, 1－14.

Australian Bureau of Statistics. (2013). Measures of Australia's progress 2013: Is life in australia getting better? Canberra: Australian Bureau of Statistics.

Australian Bureau of Statistics. (2019). http://www.abs.gov.au

Azmat, F., & Coghill, K. (2005). Good governance and market－based reforms: A study of Bangladesh. International Review of Administrative Sciences, 71(4), 625－638.

Bache, I., Reardon, L., & Anand, P. (2016). Wellbeing as a wicked problem: Navigating the arguments for the role of government. Journal of Happiness Studies, 17(3), 893－912.

Barbalet, J. M. (1988). Citizenship Minneapolis: Minneapolis: University of Minnesota Press.

Barber, B. R. (2003). Strong democracy: Participatory politics for a new age. Berkeley: University of California Press.

Barber, B. R. (2006). A place for us: How to make society civil and democracy strong. New York: Hill and Wang.

Barry, B. (1967). The Public Interest. In A. Quinton. (Ed.), Political philosophy (pp. 112－126). Oxford: Oxford University Press.

Bartolini, S., & Sarracino, F. (2013). Twenty－five years of materialism: do the US and Europe diverge? (No. 689). Department of Economics, University of Siena.

Bartolini, S., Bilancini, E., Bruni, L., & Porta, P. L. (Eds.), (2016). Policies for happiness. Oxford: Oxford University Press.

Becchetti, L., Massari, R., & Naticchioni, P. (2014). The drivers of happiness inequality: Suggestions for promoting social cohesion. Oxford Economic Papers, 66(2), 419－442.

Bennett, D. L. & Nikolaev, B. (2017). Economic freedom and happiness inequality: Friends or foes? Contemporary Economic Policy, 35(2), 373－391.

Bennett, D. L. (2016). Subnational economic freedom and performance in the United States and Canada. Cato Journal, 36(1), 165－185.

Bennett, D. L., & Nikolaev, B. (2016). Factor endowments, the rule of law and structural inequality. Journal of Institutional Economics, 12(4), 773－795.

Bentham, J. (1789). An introduction to the principles of morals and legislation. London: Printed for T. Payne and son.

Berry, F. S. (1994). Innovation in public management: The adoption of strategic planning. Public Administration Review, 54(4), 322－330.

Bevir, M. (2012). Governance: A very short introduction. Oxford: Oxford University Press.

Binswanger, M. (2006). Why does income growth fail to make us happier?: Searching for the treadmills behind the paradox of happiness. The Journal of Socio−Economics, 35(2), 366−381.

Bjørnskov, C. (2005). Life satisfaction: is there a role for policy? EEI Policy Paper No. 6. Brussels: European Enterprise Institute.

Bjørnskov, C., Dreher, A., & Fischer, J. A. (2007). The bigger the better? Evidence of

the effect of government size on life satisfaction around the world. Public Choice, 130(3), 267−292.

Blanchflower, D. G., & Oswald, A. (2005). Happiness and the Human Development Index: The Paradox of Australia. Australian Economic Review, 38(3). 307−318.

Boehm, J. K., & Lyubomirsky, S. (2008). Does happiness promote career success? Journal of Career Assessment, 16(1), 101−116.

Bok, D. (2010). The politics of happiness: What government can learn from the new research on well−being. Princeton: Princeton University Press.

Bok, S. (2011). Exploring happiness: From Aristotle to brain sciences. New Haven: Yale University Press.

Booth, P. (Ed.). (2012). ⋯ And the pursuit of happiness−wellbeing and the role of government. London: Institute of Economic Affairs.

Bovaird, T., E., & Löffler, E. (Eds.). (2009). Public management and governance. London: Routledge.

Boyatzis, R. E. (1982). The competent manager: A model for effective performance. New York: John Wiley & Sons.

Boyce, C. J., & Wood, A. M. (2011). Personality prior to disability determines adaptation: Agreeable individuals recover lost life satisfaction faster and more completely. Psychological Science, 22(11), 1397−1402.

Boyce, C. J., Brown, G. D., & Moore, S. C. (2010). Money and happiness: Rank of income, not income, affects life satisfaction. Psychological Science, 21(4), 471−475.

Bradburn, N. M. (1969). The structure of psychological well−being. Chicago: Aldine Publishing Company.

Brickman, P., & Campbell, D. T. (1971). Hedonic relativism and planning the good society. In M. H. Appley (Ed.), Adaptation−level theory (pp. 287−305). New York: Academic Press.

Brickman, P., Coates, D., & Janoff−Bulman, R. (1978). Lottery winners and accident victims: Is happiness relative?. Journal of Personality and Social Psychology, 36(8), 917−927.

Brief, A. P., Butcher, A. H., George, J. M., & Link, K. E. (1993). Integrating bottom−up and top−down theories of subjective well−being: the case of health. Journal of Personality and Social Psychology, 64(4), 646−653.

Brooks, A. C. (2008). Gross national happiness: Why happiness matters for America and how we can get more of it. New York: Basic Books.

Bruni, L. (2006). Civil happiness: economics and human flourishing in historical perspective. London: Routledge.

Bruni, L. (2016). Public happiness and relational goods. In S. Bartolini, E. Bilancini, L. Bruni, & P. L. Porta (Eds.), Policies for happiness (pp. 263−282). Oxford: Oxford University Press.

Bruni, L., & Porta, P. L. (Eds.). (2005). Economics and happiness: Framing the analysis. New York: Oxford University Press.

Bruni, L., & Zamagni, S. (2007). Civil economy: Efficiency, equity, public happiness. Oxford: Peter Lang.

Burford, G., Hoover, E., Velasco, I., Janoušková, S., Jimenez, A., Piggot, G., ··· & Harder, M. K. (2013). Bringing the "missing pillar" into sustainable development goals: Towards intersubjective values−based indicators. Sustainability, 5(7), 3035−3059.

Campbell, A., Converse, P. E., & Rodgers, W. L. (1976). The quality of American life: Perceptions, evaluations, and satisfactions. New York: Russell Sage Foundation.

Campbell, J. L., Hollingsworth, J. R., & Lindberg, L. N. (1991). Governance of the American economy. Cambridge: Cambridge University Press.

Canadian Index of Wellbeing. (2012). https://uwaterloo.ca/canadian−index−wellbeing/.

Carson, L., & Hartz−Karp, J. (2005). Adapting and combining deliberative designs: Juries, polls, and forums. In J. Gastil, & P. Levine (Eds.), The deliberative democracy handbook: Strategies for effective civic engagement in the twenty−first century (pp. 120−138). San Francisco: Jossey−Bass.

Carson, R. (2002). Silent spring. Boston: Houghton Mifflin Harcourt.

Casas, F. et al. (2009). Satisfaction with spirituality, satisfaction with religion and personal well−being among Spanish adolescents and young university students. Applied Research in Quality of Life, 4: 23−45.

Choi, N., Kim, J., & Lee, S. J. (2020). The usefulness of intersubjective community wellbeing as a community development indicator: Evidence from comparing three approaches to measuring community wellbeing. International Journal of Community Well−Being, 3(2), 173−192.

Choudhary, M. A., Levine, P., McAdam, P., & Welz, P. (2012). The happiness puzzle: Analytical aspects of the Easterlin paradox. Oxford Economic Papers, 64(1), 27−42.

Clark, A. E. (2003). Inequality−aversion and income mobility: A direct test. DELTA Working Paper 2003−11. https://worlddatabaseofhappiness−archive.eur.nl/hap_bib/freetexts/clark_ae_2003.pdf.

Clark, A. E. (2016). Adaptation and the Easterlin paradox. In T. Tachibanaki (Ed.), Advances in happiness research (pp. 75−94). Tokyo: Springer.

Clark, A. E., & Oswald, A. J. (1994). Unhappiness and unemployment. The Economic Journal, 104(424), 648−659.

Clark, A. E., & Oswald, A. J. (1996). Satisfaction and comparison income. Journal of Public Economics, 61(3), 359−381.

Clark, A. E., Frijters, P., & Shields, M. A. (2008). Relative income, happiness, and utility: An explanation for the Easterlin paradox and other puzzles. Journal of Economic Literature, 46(1), 95−144.

Coggburn, J. D., & Schneider, S. K. (2003). The relationship between state government performance and state quality of life. International Journal of Public Administration, 26(12), 1337−1354.

Conover, P.J. (1991). Political socialization: Where's the politics? Political science: Looking to the future. 3, 124−52.

Costa, P. T., & McCrae, R. R. (1980). Influence of extraversion and neuroticism on subjective well−being: happy and unhappy people. Journal of Personality and Social Psychology, 38(4), 668.

Crawford, G. (2006). The World Bank and good governance: Rethinking the state or consolidating neo−liberalism?. In A. Paloni, M. Zanardi (Eds.), The IMF, World Bank and policy reform (pp. 109−134). London: Routledge.

Crum, A. J., & Salovey, P. (2013). Emotionally intelligent happiness. In S. A. David, I. Boniwell, & A. Conley Ayers (Eds.), Oxford handbook of happiness (pp. 73−87). Oxford: Oxford University Press.

Cummins, R. A. (2005). The domains of life satisfaction: An attempt to order chaos. In A. C. Michalos (Ed.), Citation classics from social indicators research (pp. 559−584). Dordrecht: Springer.

Cummins, R. A. (2010). Subjective Wellbeing, Homeostatically Protected Mood and Depression: A Synthesis. Journal of Happiness Studies, 11, 1−17.

Cummins, R. A. (2013). Measuring happiness and subjective well−being. In S. A. David, I. Boniwell, & A. Conley Ayers (Eds.), Oxford handbook of happiness (pp. 185−200). Oxford: Oxford University Press.

Cummins, R. A. (2018). Measuring and interpreting subjective wellbeing in different cultural contexts: A review and way forward. Cambridge: Cambridge University Press.

Cummins, R. A. (2019). ACQol Bulletin Vol 3/21: 230519. Resource document. Australian Centre on Quality of Life Bulletin Archive. http://www.acqol.com.au/publications.

Cummins, R. A., Li, N., Wooden, M., & Stokes, M. (2014). A demonstration of set−points for subjective wellbeing. Journal of Happiness Studies, 15(1), 183−206.

Dalingwater, L., Costantini, I., & Champroux, N. (2019). Wellbeing: Political Discourse and Policy in the Anglosphere. Introduction. Revue Interventions économiques. Papers in Political Economy, 62, 1−15.

Dalton, R. J. (2008). The good citizen: How a younger generation is reshaping American politics. Washington, D.C.: CQ Press.

Daly, M. (Ed.). (1994). Communitarianism: A New Public Ethics. Belmont, CA: Wadsworth.

David, S. A., Boniwell, I., & Ayers, A. C. (Eds.), (2013). Oxford handbook of happiness. Oxford: Oxford University Press.

De Sario, J., & Langton, S. (1987). Citizen participation and technocracy. In J. De Sario, & S. Langton (Eds.), Citizen participation in public decision making (pp. 3−18). New York: Greenwood Press.

Delhey, J., & Dragolov, G. (2014). Why inequality makes Europeans less happy: The role of distrust, status anxiety, and perceived conflict. European Sociological Review, 30(2), 151−165.

Denhardt, J. V., & Denhardt, R. B. (2001). The new public service: Serving, not steering. New York: M. E. Sharpe.

Denhardt, R. B., & Denhardt, J. V. (2000). The new public service: Serving rather than

steering. Public Administration Review, 60(6), 549−559.

Denhardt, R. B., & Denhardt, J. V. (2003). The new public service: An approach to reform. International Review of Public Administration, 8(1), 3−10.

Dewey, J. (1963). Liberalism and social action. New York: Putnam Sons.

Di Tella, R., & MacCulloch, R. (2005). Partisan social happiness. The Review of Economic Studies, 72(2), 367−393.

Di Tella, R., MacCulloch, R. J., & Oswald, A. J. (1999). How do macroeconomic fluctuations affect happiness. Harvard Business School, mimeo.

Di Tella, R., MacCulloch, R. J., & Oswald, A. J. (2003). The macroeconomics of happiness. Review of Economics and Statistics, 85(4), 809−827.

Di Tella, R., MacCulloch, R., & Oswald, A. (2001). Preferences over inflation and unemployment: Evidence from surveys of happiness. The American Economic Review, 91(1), 335−341.

Diener, E. (1984). Subjective well−being. Psychological Bulletin, 95(3), 542-575.

Diener, E. (2000). Subjective well−being: The science of happiness and a proposal for a national index. American Psychologist, 55(1), 34−43.

Diener, E. (2006). Guidelines for national indicators of subjective well−being and ill−being. Journal of Happiness Studies, 7(4), 397−404.

Diener, E. (Ed.). (2009). Assessing well−being: The collected works of Ed Diener. Dordrecht: Springer.

Diener, E., & Biswas−Diener, R. (2008). Happiness: Unlocking the mysteries of psychological wealth. Oxford: Wiley−Blackwell.

Diener, E., & Biswas−Diener, R. (2019). Well−Being interventions to improve societies. In J. Sachs, R. Layard, & J. F. Helliwell (Eds.), Global happiness and wellbeing policy report 2019 (pp. 95−110). New York: Sustainable Development Solutions Network.

Diener, E., & Chan, M. Y. (2011). Happy people live longer: Subjective well−being contributes to health and longevity. Applied Psychology: Health and Well−Being, 3(1), 1−43.

Diener, E., & Emmons, R. A. (1985). The independence of positive and negative affect. Journal of Personality and Social Psychology, 47(5), 1105−1117.

Diener, E., & Oishi, S. (2000). Money and happiness: Income and subjective well−being across nations. In E. Diener, & E. M. Suh (Eds.), Culture and subjective well−being (pp. 185-218). Cambridge, MA: The MIT Press.

Diener, E., & Scollon, C. (2003). Subjective well−being is desirable, but not the summum bonum. Paper to be delivered at the University of Minnesota Interdisciplinary Workshop on Well−Being, Minneapolis.

Diener, E., & Seligman, M. E. P. (2002). Very happy people. Psychological Science, 13(1), 81−84.

Diener, E., & Seligman, M. E. P. (2004). Beyond money: Toward an economy of well−being. Psychological Science in the Public Interest, 5(1), 1−31.

Diener, E., & Suh, E. (1997). Measuring quality of life: Economic, social, and subjective indicators. Social Indicators Research, 40(1), 189−216.

Diener, E., Emmons, R. A., Larsen, R. J., & Griffin, S. (1985). The Satisfaction with Life Scale, Journal of Personality Assessment, 49(1), 71-75.

Diener, E., Heintzelman, S. J., Kushlev, K., Tay, L., Wirtz, D., Lutes, L. D., & Oishi, S. (2017). Findings all psychologists should know from the new science on subjective well−being. Canadian Psychology/Psychologie Canadienne, 58(2), 87−104.

Diener, E., Lucas, R., Schimmack, U., & Helliwell, J. (2009). Well−Being for public policy. Oxford: Oxford University Press.

Diener, E., Ng, W., Harter, J., & Arora, R. (2010). Wealth and happiness across the world: Material prosperity predicts life evaluation, whereas psychosocial prosperity predicts positive feeling. Journal of Personality and Social Psychology, 99(1), 52-61.

Diener, E., Sandvik, E., & Pavot, W. (1991). Happiness is the frequency, not the intensity, of positive versus negative affect. In F. Strack, M. Argyle, & N. Schwarz (Eds.), Subjective well−being: An interdisciplinary perspective (pp. 213−231). Elmsford: Pergamon Press.

Diener, E., Sandvik, E., Seidlitz, L., & Diener, M. (1993). The relationship between income and subjective well−being: Relative or absolute? Social Indicators Research, 28(3), 195−223.

Diener, E., Seligman, M. E. P., Choi, H., & Oishi, S. (2018). Happiest people revisited. Perspectives on Psychological Science, 13(2), 176−184.

Diener, E., Suh, E. M., Lucas, R. E., & Smith, H. L. (1999). Subjective well−being: Three decades of progress. Psychological Bulletin, 125(2), 276−302.

Dolan, P., Layard, R., & Metcalfe, R. (2011). Measuring subjective wellbeing for public policy: Recommendations on measures. Centre for Economic Performance, Special Papers 23, 1−20.

Dorn, D., Fischer, J. A., Kirchgässner, G., & Sousa−Poza, A. (2007). Is it culture or democracy? The impact of democracy and culture on happiness. Social

Indicators Research, 82(3), 505−526.

Dreher, A., & Öhler, H. (2011). Does government ideology affect personal happiness? A test. Economics Letters, 111(2), 161−165.

Dryzek, J. S. (1990). Discursive democracy: Politics, policy, and political science. Cambridge: Cambridge University Press.

Duesenberry, J. S. (1949). Income, saving, and the theory of consumer behavior. Cambridge, MA: Harvard University Press.

Duesenberry, J. S. (1949). Income, saving, and the theory of consumer behavior. Cambridge, MA: Harvard University Press.

Duley, J. S. (1981). Field experience education. In A. W. Chickering (Ed.), The modern American college: Responding to the new realities and a changing society (pp. 600−613). San Francisvo: Jossey−Bass.

Duncan, G. (2005). What do we mean by "happiness"? The relevance of subjective wellbeing to social policy. Social Policy Journal of New Zealand, 25, 16−31.

Duncan, G. (201). Should happiness−maximization be the goal of government? Journal of Happiness Studies, 11(2), 163−178.

Durand, M. (2018). Countries' experiences with well−being and happiness metrics. Global Happiness. In J. Sachs, R. Layard, & J. F. Helliwell (Eds.), Global happiness policy report 2018 (201−227). New York: Sustainable Development Solutions Network.

Dutt, A. K., & Radcliff, B. (Eds.). (2009). Happiness, economics and politics: Towards a multi−disciplinary approach. Cheltenham: Edward Elgar Publishing.

Easterlin, R. A. (1973). Does money buy happiness? The Public Interest, 30(3), 3−10.

Easterlin, R. A. (1974). Does economic growth improve the human lot? Some empirical evidence. In P. A. David, & M. W. Reder (Eds.), Nations and households in economic growth (pp. 89−125). Cambridge, MA: Academic Press.

Easterlin, R. A. (2000). Income and happiness: Towards a unified theory. The

Economic Journal, 111(473), 465−484.

Easterlin, R. A. (2003). Explaining happiness. Proceedings of the National Academy of Sciences, 100(19), 11176−11183.

Easterlin, R. A. (2013). Happiness, growth, and public policy. Economic Inquiry, 51(1), 1−15.

Easterlin, R. A., & Angelescu, L. (2009). Happiness and growth the world over: Time series evidence on the happiness−income paradox. IZA discussion papers No. 4060. Institute for the Study of Labor.

Easterlin, R. A., & Sawangfa, O. (2009). Happiness and domain satisfaction: New directions for the economics of happiness. In A. K. Dutt, & B. Radcliff (Eds.), Happiness, economics and politics (pp. 70−94). Cheltenham: Edward Elgar Publishing.

Easterlin, R. A., McVey, L. A., Switek, M., Sawangfa, O., & Zweig, J. S. (2010). The happiness-income paradox revisited. Proceedings of the National Academy of Sciences, 107(52), 22463−22468.

EC (European Commission) (2020). Beyond GDP. https://ec.europa.eu/environment/beyond_gdp/background_en.html.

Eggers, A., Gaddy, C., & Graham, C. (2006). Well−being and unemployment in Russia in the 1990s: Can society's suffering be individuals' solace? The Journal of Socio−Economics, 35(2), 209−242.

Eiji, Y. (2009). The Influence of government size on economic growth and life s atisfaction: A case study from Japan. Resource document. Munich Personal ReP Ec Archive MPRA Paper No. 17879. https://mpra.ub.uni−muenchen.de/18439/.

Eren, K. A., & Aşıcı, A. A. (2016). The determinants of happiness in Turkey: Evidence from city−level data. Journal of Happiness Studies, 17, 1−23.

Eren, K. A., & Aşıcı, A. A. (2018). Subjective Well−Being in an Era of Relentless Growth: The Case of Turkey Between 2004 and 2014. Journal of Happiness Studies, 19(5), 1347−1371.

Estaji, H. (2014). Flexible spatial configuration in traditional houses, the case of Sabzevar. International Journal of Contemporary Architectur. "The New ARCH", 1(1), 26−35.

European Commission (2001). European Governance—A White Paper. http://eur−lex.europa.eu/LexUriServ/site/en/com/2001/com2001_0428en01.pdf.

Eurostat. (2014). Getting messages across using indicators: A handbook based on experiences from assessing Sustainable Development Indicators. Luxembourg: Publications Office of the European Union.

Feldman, F. (2010). What is this thing called happiness? Oxford: Oxford University Press.

Finucane, A. M., Whiteman, M. C., & Power, M. J. (2010). The effect of happiness and sadness on alerting, orienting, and executive attention. Journal of Attention Disorders, 13(6), 629−639.

Fishkin, J. S. (1991). Democracy and deliberation: New directions for democratic reform. New Haven: Yale University Press.

Fordyce, M. W. (1972). Happiness, its daily variation and its relation to values. ProQuest Dissertations Publishing, United States International University. https://www.proquest.com/docview/302583798?pq−origsite=gscholar&fromope nview=true.

Forgeard, M. J., Jayawickreme, E., Kern, M. L., & Seligman, M. E. P. (2011). Doing the right thing: Measuring wellbeing for public policy. International Journal of Wellbeing, 1(1), 79−106.

Fowers, B. J., Mollica, C. O., & Procacci, E. N. (2010). Constitutive and instrumental goal orientations and their relations with eudaimonic and hedonic well−being. The Journal of Positive Psychology, 5(2), 139−153.

Frank, R. H. (1985). Choosing the right pond: Human behavior and the quest for status. New York: Oxford University Press.

Frank, R. H. (1997). The frame of reference as a public good. The Economic Journal, 107(445), 1832−1847.

Frank, R. H. (1999). Luxury fever: Why money fails to satisfy in an era of excess. New York: Free Press.

Frawley, A. (2015). Happiness research: A review of critiques. Sociology Compass, 9(1), 62−77.

Fredrickson, B. L. (1998). What good are positive emotions? Review of General Psychology, 2(3), 300−319.

Fredrickson, B. L., & Joiner, T. (2002). Positive emotions trigger upward spirals toward emotional well−being. Psychological Science, 13(2), 172−175.

Frey, B. S. (2008). Happiness: A revolution in economics. Cambridge, MA: MIT press.

Frey, B. S., & Stutzer, A. (2000). Happiness, economy and institutions. The Economic Journal, 110(466), 918−938.

Frey, B. S., & Stutzer, A. (2001). Beyond Bentham−measuring procedural utility. CESifo Working Paper Series 492. https://www.cesifo.org/DocDL/cesifo_wp492.pdf.

Frey, B. S., & Stutzer, A. (2002). What can economists learn from happiness research? Journal of Economic Literature, 40(2), 402−435.

Frey, B. S., & Stutzer, A. (2010). Happiness and economics: How the economy and institutions affect human well−being. Princeton: Princeton University Press.

Frey, B. S., & Stutzer, A. (2012). The use of happiness research for public policy. Social Choice and Welfare, 38(4), 659−674.

Frey, B. S., Benz, M., & Stutzer, A. (2004). Introducing procedural utility: Not only what, but also how matters. Journal of Institutional and Theoretical Economics (JITE)/Zeitschrift für die gesamte Staatswissenschaft, 160(3), 377−401.

Frey, B., & Stutzer, A. (2002). Happiness and economics: How the economy and institutions affect human well−being. Princeton: Princeton University Press.

Friedman, J. (1994). The politics of communitarianism. Critical Review, 8(2), 297−340.

Frijters, P., Haisken−DeNew, J. P., & Shields, M. A. (2004). Money does matter! Evidence from increasing real income and life satisfaction in East Germany following reunification. American Economic Review, 94(3), 730−740.

Galston, W. A. (1988). Liberal virtues. American Political Science Review, 82(4),

1277−1290.

Gandelman, N., & Porzecanski, R. (2013). Happiness inequality: How much is reasonable? Social Indicators Research, 110(1), 257−269.

Gao, S., & Meng, X. (2015). The Impact of Government Size on Chinese Elders' Life

Satisfaction: 1998–2008. In F. Maggion (Ed.), A new research agenda for improvements in quality of life (pp. 135−161). Cham: Springer.

Ghose, R. (2005). The complexities of citizen participation through collaborative governance. Space and Polity, 9(1), 61−75.

Gillespie, A., & Cornish, F. (2010). Intersubjectivity: Towards a dialogical analysis. Journal for the Theory of Social Behaviour, 40(1), 19−46.

Global Council for Happiness and Wellbeing. (2019). Global happiness and wellbeing policy report 2019. New York: Sustainable Development Solutions Network.

Global Happiness Council. (2019). Global happiness and wellbeing policy report 2019. New York: Sustainable Development Solutions Network.

GNH Centre Bhutan. (2020). http://www.gnhcentrebhutan.org/what−is−gnh/.

Graham, C. (2009). Happiness around the world: the paradox of happy peasants and miserable millionaires. Oxford: Oxford University Press.

Graham, C. (2011). The pursuit of happiness: An economy of well−being. Washington, D.C.: Brookings Institution Press.

Graham, C., & Felton, A. (2006). Inequality and happiness: insights from Latin America. The Journal of Economic Inequality, 4(1), 107−122.

Graham, C., Chattopadhyay, S., & Picon, M. (2010). The Easterlin and other paradoxes: Why both sides of the debate may be correct. In E. Diener, J. F. Helliwell, & D. Kahneman (Eds.), International differences in well−being (pp. 247–288). Oxford: Oxford University Press.

Graham, J., & Haidt, J. (2010). Beyond beliefs: Religions bind individuals into moral communities. Personality and Social Psychology Review, 14(1), 140−150.

Graham, J., Bruce, A., & Tim P. (2003). Principles for good governance in the 21 st century. Policy Brief No.15. https://www.academia.edu/2463793/Principles_fo r_good_governance_in_the_21st_century.

Gray, V. (1973). Innovation in the states: A diffusion study. American Political Science Review, 67(4), 1174−1185.

Greater Good Science Center (2018). The science of happiness. https://ggsc.berkeley.edu/what_we_do/event/the_science_of_happiness.

Greenberg E. S. (Ed.). (1983). The American political system: A radical approach. Boston: Little, Brown & Co.

Gulati, R. Mayo, A., & Nohria, N. (2017). Management: An integrated approach. Boston: Cengage Learning.

Gyford, J. (1991). Citizens, consumers, and councils: Local government and the public. London: MacMillan Education Ltd.

Hagerty, M. R., & Veenhoven, R. (2003). Wealth and happiness revisited-growing national income does go with greater happiness. Social Indicators Research, 64(1), 1−27.

Haller, M., & Hadler, M. (2006). How social relations and structures can produce happiness and unhappiness: An international comparative analysis. Social Indicators Research, 75(2), 169−216.

Halpern, D. (2010). The hidden wealth of nations. Cambridge: Polity.

Hartmann, G. W. (1934). Personality traits associated with variations in happiness. The Journal of Abnormal and Social Psychology, 29(2), 202-212.

Hartog, J., & Oosterbeek, H. (1998). Health, wealth and happiness: why pursue a higher education? Economics of Education Review, 17(3), 245−256.

Haybron, D. M. (2016). Mental state approaches to well−being. In M. D. Adler, & M.

Fleurbaey (Eds.), The oxford handbook of well−being and public policy (pp. 347−378). Oxford: Oxford University Press.

Headey, B. (2008). The set−point theory of well−being: Negative results and consequent revisions. Social Indicators Research, 85(3), 389−403.

Headey, B., & Wearing, A. J. (1989). Personality, life events, and subjective well−being: Toward a dynamic equilibrium model. Journal of Personality and Social psychology, 57(4), 731.

Headey, B., & Wearing, A. J. (1992). Understanding happiness: A theory of subjective well−being. Melbourne: Longman Cheshire.

Heinrich, C. J., Lynn Jr, L. E., & Milward, H. B. (2010). A state of agents? Sharpening the debate and evidence over the extent and impact of the transformation of governance. Journal of Public Administration Research and Theory, 20(suppl_1), i3−i19.

Helliwell, J. F. (2003). How's life? Combining individual and national variables to explain subjective well−being. Economic Modelling, 20(2), 331−360.

Helliwell, J. F. (2006). Well-being, social capital and public policy: what's new? The Economic Journal, 116(510), C34−C45.

Helliwell, J. F. (2019). Measuring and using happiness to support public policies. National Bureau of Economic Research. doi: 10.3386/w26529.

Helliwell, J. F. et al. (2019). How to Open Doors to Happiness. In J. D. Sachs, A. Adler, A. B. Bishr, dN. Jan−Emmanuel, M. Durand, E. Diener, J. F. Helliwell, R. Layard, & M. Seligman. Global happiness and wellbeing policy report 2019 (9−26). New York: Sustainable Development Solutions Network.

Helliwell, J. F., & Huang, H. (2008). How's your government? International evidence linking good government and well−being. British Journal of Political Science, 38(4), 595−619.

Helliwell, J. F., & Putnam, R. D. (2004). The social context of well−being. Philosophical Transactions of the Royal Society of London Series B Biological Sciences, 359(1449), 1435−1446.

Helliwell, J. F., Layard, R., & Sachs, J. (Eds). (2013). World happiness report 2013. New York: Sustainable Development Solutions Network.

Helliwell, J. F., Layard, R., & Sachs, J. (Eds). (2015). World happiness report 2015. New York: Sustainable Development Solutions Network.

Helliwell, J. F., Layard, R., & Sachs, J. (Eds). (2016). World happiness report 2016. Update (Vol. I). New York: Sustainable Development Solutions Network.

Helliwell, J. F., Layard, R., & Sachs, J. (Eds). (2017). World happiness report 2017. New York: Sustainable Development Solutions Network.

Helliwell, J. F., Layard, R., & Sachs, J. (Eds). (2020). World happiness report 2020. New York: Sustainable Development Solutions Network.

Helliwell, J. F., Layard, R., & Sachs, J. (Ends). (2012). World happiness report 2012. New York: Sustainable Development Solutions Network.

Herzberg, F., Mauser, B., & Snyderman, B. (1959). The motivation to work. New York: John Wiley & Sons.

Hirsch, F. (2005). Social limits to growth. London: Routledge.

Hirschman, A. O., & Rothschild, M. (1973). The changing tolerance for income inequality in the course of economic development: With a mathematical appendix. The Quarterly Journal of Economics, 87(4), 544−566.

Holden, M., & Phillips, R. (2010). Best research from the Community Indicators Consortium 2009: Introduction to the special issue. Applied Research in Quality of Life, 5(4), 261−272.

Howell, R. T., & Howell, C. J. (2008). The relation of economic status to subjective well−being in developing countries: a meta−analysis. Psychological Bulletin, 134(4), 536.

Huppert, F. A., & So, T. T. (2013). Flourishing across Europe: Application of a new conceptual framework for defining well−being. Social Indicators Research, 110(3), 837−861.

Huta, V., & Waterman, A. S. (2014). Eudaimonia and its distinction from hedonia: Developing a classification and terminology for understanding conceptual and operational definitions. Journal of Happiness Studies, 15(6), 1425−1456.

Hyden, G., Court J. (2002). Governance and development: Sorting out the basics. World Governance Survey Discussion Paper 1. https://cdn.odi.org/media/docu ments/4094.pdf Accessed 2 May 2020.

IMF (1996), Communiqué of the Interim Committee of the Board of Governors of the International Monetary Fund. Press release no. 96/49 (September 29).

Inglehart, R. (2009). Democracy and happiness: what causes what? Resource doc ument. Notre Dame University. https://www3.nd.edu/~adutt/activities/documen ts/InglehartHappinessandDemocracy1.pdf.

Inglehart, R., & Klingemann, H. D. (2000). Genes, culture, democracy, and happiness. In E. Diener, & E. M. Suh (Eds.), Culture and subjective well−being (pp. 165-183). Cambridge, MA: The MIT Press.

Inglehart, R., & Welzel, C. (2005). Modernization, cultural change, and democracy: The human development sequence. Cambridge: Cambridge University Press.

Inglehart, R., Foa, R., Peterson, C., & Welzel, C. (2008). Development, freedom, and rising happiness: A global perspective (1981-2007). Perspectives on Psychological Science, 3(4), 264−285.

International Wellbeing Group. (2013). Personal Wellbeing Index: 5th Edition. http://www.acqol.com.au/instruments#measures.

Iriarte, L & Musikanski, L. (2019). Bridging the Gap between the Sustainable Development Goals and Happiness Metrics. International Journal of Community Wellbeing, 1(2), 115−135.

Jessop, B. (1997). The governance of complexity and the complexity of governance: Preliminary remarks on some problems and limits of economic guidance. In A. Amin, & J. Hausner (Eds.), Beyond market and hierarchy: Interactive governance and social complexity (pp. 95−128). Northampton, MA: Edward Elgar.

Jessop, B. (2002). Governance and meta−governance in the face of complexity: On the roles of requisite variety, reflexive observation, and romantic irony in participatory governance. In H. Heinelt, P. Getimis, G. Kafkalas, R. Smith, E. Swyngedouw (Eds.), Participatory governance in multi−level context (pp. 33−58). Wiesbaden: VS Verlag für Sozialwissenschaften.

Johns, H., & Ormerod, P. (2007). Happiness, economics and public policy. London: Institute of Economic Affairs.

Kacapyr, E. (2008). Cross−country determinants of satisfaction with life. International Journal of Social Economics, 35(6), 400−416.

Kahneman, D. (1999). Objective happiness. In D. Kahneman, E. Diener, & N.

Schwarz (Eds.), Well-being: The foundations of hedonic psychology (pp. 3-25). New York: Russell Sage Foundation.

Kahneman, D., & Deaton, A. (2010). High income improves evaluation of life but not emotional well-being. Proceedings of the National Academy of Sciences, 107(38), 16489-16493.

Kahneman, D., & Krueger, A. B. (2006). Developments in the measurement of subjective well-being. Journal of Economic Perspectives, 20(1), 3-24.

Kahneman, D., & Tversky, A. (1979). Prospect theory: An analysis of decision under risk. Econometrica, 47(2), 263-291.

Kahneman, D., Krueger, A. B., Schkade, D., Schwarz, N., & Stone, A. A. (2006). Would you be happier if you were richer? A focusing illusion. Science, 312(5782), 1908-1910.

Kalmijn, M., De Graaf, P. M., & Janssen, J. P. (2005). Intermarriage and the risk of divorce in the Netherlands: The effects of differences in religion and in nationality, 1974-94. Population Studies, 59(1), 71-85.

Kalmijn, W., & Veenhoven, R. (2005). Measuring inequality of happiness in nations: In search for proper statistics. Journal of Happiness Studies, 6(4), 357-396.

Katarzyna, d. L., & Singer, P. (2017). Utilitarianism: A very short introduction. Oxford: Oxford University Press.

Kaufmann, D., & Kraay, A. (2008). Governance indicators: Where are we, where should we be going?. The World Bank Research Observer, 23(1), 1-30.

Kaufmann, D., Kraay, A., & Mastruzzi, M. (2007). Governance matters VI: Aggregate and individual governance indicators, 1996-2006. Policy Research Working Paper No. 4280. http://info.worldbank.org/governance/wgi/pdf/gov matters6.pdf.

Kaufmann, D., Kraay, A., & Mastruzzi, M. (2008). Governance matters VII: Aggregate and individual governance indicators, 1996-2007. Policy Research Working Paper No. 4654. http://hdl.handle.net/10986/6870.

Kee, Y., Kim, Y., & Philips, R. (2014). Community well-being: Learning in communities. Springer Briefs Series, forthcoming.

Kelly, A. (2012, December 1). Gross national happiness in Bhutan: The big idea from a tiny state that could change the world. The Guardian

Kesebir, P., & Diener, E. (2008). In pursuit of happiness: Empirical answers to philosophical questions. Perspectives on Psychological Science, 3(2), 117−125.

Khesar, J. (2013). Happiness experienced: The science of subjective well−being. In S. A.

David, I. Boniwell, & A. Conley Ayers (Eds.), Oxford handbook of happiness. (pp. 7−9). Oxford: Oxford University Press.

Kiely, R. (1998). Neoliberalism revised? A critical account of World Bank conceptions of good governance and market friendly intervention. International Journal of Health Services, 28(4), 683−702.

Kim, S., & Kim, D. (2012). Does government make people happy? Exploring new research directions for government's roles in happiness. Journal of Happiness Studies, 13(5), 875−899.

Kim, Y., & Lee, S. J. (2014). The development and application of a community wellbeing index in Korean metropolitan cities. Social Indicators Research, 119(2), 533−558.

Kjær, A. M. (2004). Governance. Cambridge: Polity.

Knight, B., Ghigudu, H., & Tandon, R. (2002). Reviving democracy − Citizens at the heart of governance. London: Earthscan Publications.

Kooiman, J. (2003). Governing as governance. Thousand Oaks, CA: Sage.

Kozma, A. Stone, S., Stones, M. J., Hannah, T. E., & McNeil, K. (1990). Long− and short−term affective states in happiness: Model, paradigm and experimental evidence. Social Indicators Research, 22(2), 119−138.

Kraut, R. (1979). Two conceptions of happiness. The Philosophical Review, 88(2), 167−197.

Kroll, C. (2008). Social capital and the happiness of nations: The importance of trust and networks for life satisfaction in a cross−national perspective. Frankfurt: Peter Lang.

Lance, C. E., Mallard, A. G., & Michalos, A. C. (1995). Tests of the causal directions of global—Life facet satisfaction relationships. Social Indicators Research, 34(1), 69−92.

Landell−Mills, P., & Serageldin, I. (1991). Governance and the external factor. In Proceedings of the World Bank Annual Conference on Development Economics. Washington, D.C.: World Bank.

Lane, A. M., & Terry, P. C. (2000). The nature of mood: Development of a conceptual model with a focus on depression. Journal of Applied Sport Psychology, 12(1), 16−33.

Lane, R. D., Reis, H. T., Peterson, D. R., Zareba, W., & Moss, A. J. (2009). Happiness and stress alter susceptibility to cardiac events in Long QT Syndrome. Annals of Noninvasive Electrocardiology, 14(2), 193−200.

Lane, R. E. (1994). Quality of life and quality of persons: A new role for government? Political Theory, 22(2), 219−252.

Lapinski, J. S., Riemann, C. R., Shapiro, R. Y., Stevens, M. F., & Jacobs, L. R. (1998). Welfare state regimes and subjective well−being: A cross−national study. International Journal of Public Opinion Research, 10(1), 2−24.

Large, J. (2010, April 22). The new pursuit of happiness. The Seattle Times.

Larsen, R. J. (2000). Toward a science of mood regulation. Psychological Inquiry, 11(3), 129−141.

Layard, P. R. G., & Layard, R. (2011). Happiness: Lessons from a new science. London: Penguin UK.

Layard, R. (1980). Human satisfactions and public policy. The Economic Journal, 90(360), 737−750.

Layard, R. (2005). Happiness: Lessons from a new science. New York: Penguin Books/Penguin Group.

Layard, R. (2006). Happiness and public policy: A challenge to the profession. The Economic Journal, 116(510), C24−C33.

Lee, S. J., & Kim, Y. (2016). Structure of well−being: An exploratory study of the distinction between individual well−being and community well−being and the importance of intersubjective community well−being. In Y. Kee, S. J. Lee, & R. Phillips (Eds.), Social factors and community well−being (pp. 13−37).

Cham: Springer.

Lee, S. J., & Lee, J. E. (2016). Differential effects of prospective and retrospective government performance on trust in government. A paper presented at the conference held by Lehman College. New York, USA.

Lee, S. J., & Lee, J. E. (2017). Differential effects of community income inequality on components of happiness. A paper presented at the ISQOLS 15th annual conference. Innsbruck, Austria.

Lepofsky, J., & Fraser, J. C. (2003). Building community citizens: Claiming the right to place−making in the city. Urban Studies, 40(1), 127−142.

Lowi, T. J. (1964). American business, public policy, case−studies, and political theory. World Politics, 16(4), 677−715.

Lucas, R. E. (2007). Adaptation and the set−point model of subjective well−being: Does happiness change after major life events? Current Directions in Psychological Science, 16(2), 75−79.

Lucas, R. E., & Diener, E. (2009). Personality and subjective well−being. In E. Diener (Ed.), The science of well−being: The collected works of Ed Diener (pp. 75-102). Netherlands: Springer.

Lucas, R. E., Clark, A. E., Georgellis, Y., & Diener, E. (2003). Reexamining adaptation and the set point model of happiness: Reactions to changes in marital status. Journal of Personality and Social Psychology, 84(3), 527-539.

Lucas, R. E., Clark, A. E., Georgellis, Y., & Diener, E. (2004). Unemployment alters the set point for life satisfaction. Psychological Science, 15(1), 8−13.

Ludwigs, K. (2018). The happiness analyzer: A new technique for measuring subjective well−being. Rotterdam: Erasmus University Rotterdam.

Luttmer, E. F. (2004). Neighbors as negatives: Relative earnings and well−being. National Bureau of Economic Research. doi: 10.3386/w10667.

Lykken, D., & Tellegen, A. (1996). Happiness is a stochastic phenomenon. Psychological Science, 7(3), 186−189.

Lynn Jr, L. E. (2010). Has governance eclipsed government?. In R. F. Durant (Ed.), The Oxford handbook of American bureaucracy (pp. 669−690). Oxford: Oxford University Press.

Lyubomirsky, S., & Lepper, H. S. (1999). A measure of subjective happiness: Preliminary reliability and construct validation. Social Indicators Research, 46(2), 137−155.

Lyubomirsky, S., King, L., & Diener, E. (2005). The benefits of frequent positive affect: Does happiness lead to success? Psychological Bulletin, 131(6), 803−855.

Maggino, F. (Ed.). (2015). A new research agenda for improvements in quality of life. New York: Springer International Publishing.

Manasan, R. G., Gaffud, R., & Gonzalez, E. T. (1999). Indicators of good governance: Developing an index of governance quality at the LGU level (No. 1999−04). PIDS (Philippine Institute for Development Studies) Discussion Paper Series. https://www.econstor.eu/bitstream/10419/187390/1/pidsdps9904.pdf.

March, J. G., & Olsen, J. P. (1995). Democratic governance. New York: Free Press.

Maslow, A. H. (1943). A theory of human motivation. Psychological Review, 50(4), 370−396.

Mathews, D. (1999). Politics for people: Finding a responsible public voice. Illinois: University of Illinois Press.

Max−Neef, M. A. (1991). Human scale development: conception, application and further reflections. New York: The Apex Press.

McAslan D., Prakash M., Pijawka D., Guhathakurta S., Sadalla E. (2013). Measuring quality of life in border cities: The border observatory project in the US−Mexico border region. In M. J. Sirgy, R. Phillips, & D. Rahtz (Eds.), Community quality−of−life indicators: Best cases VI (pp. 143−169). Dordrecht: Springer.

McClelland, D. C. (1961). The achieving society. New York: Van Nostrand.

McClelland, D. C. (1973). Testing for competence rather than for" intelligence.". American Psychologist, 28(1), 1−14.

McDowell, Ian. (2010). Measures of self−perceived well−being. Journal of Psychosomatic Research, 69 (1): 69−79.

Miao, F. F., Koo, M., & Oishi, S. (2013). Subjective well−being. In S. A. David, I. Boniwell, & A. Conley Ayers (Eds.), Oxford handbook of happiness (pp. 175−184). Oxford: Oxford University Press.

Michalos, A. C. (1985). Multiple discrepancies theory (MDT). Social Indicators Research, 16(4), 347−413.

Michalos, A. C. (2008). Education, happiness and wellbeing. Social Indicators Research, 87(3), 347−366.

Minogue, M., Polidano, C., & Hulme, D. (1998). Introduction: the analysis of public management and governance. In M. Minogue, C. Polidano, & D. Hulme (Eds.), Beyond the new public management: Changing ideas and practices in governance. (pp. 1−14). Cheltenham: Edward Elgar.

Mirabile, R. J. (1997). Everything you wanted to know about competency modeling. Training & Development, 51(8), 73−78.

Mizobuchi, H. (2017). Measuring socio−economic factors and sensitivity of happiness. Journal of Happiness Studies, 18(2), 463−504.

Mott, S. C. (1993). A Christian perspective on political thought. New York: Oxford University Press.

Musikanski, L. (2014). Happiness in public policy. Journal of Social Change, 6(1), 5.

Musikanski, L., & Polley, C. (2016). Life, liberty, and the pursuit of happiness: Measuring what matters. Journal of Social Change, 8(1), 5.

Musikanski, L., Phillips, R., & Crowder, J. (2019). The happiness policy handbook: how to make happiness and well−being the purpose of your government. Gabriola Island: New Society Publishers.

National Research Council. (2013). Subjective well−being: Measuring happiness, suffering, and other dimensions of experience. Washington, D.C.: National Academy Press.

Nettle, D. (2006). Happiness: The science behind your smile. Oxford: Oxford University Press.

Newman, J. (2001). Modernizing governance: New labour, policy and society.

London: Sage.

Ng, Y. K., & Ho, L. S. (Eds.). (2006). Happiness and public policy. Hampshire, UK: Palgrave Macmillan.

Nisbet, R. (2009). History of the idea of progress. New Brunswick and London: Transaction Publishers.

Nye, J. S., Zelikow, P. D., & King, D. C. (1997). Why people don't trust government.

Cambridge, MA: Harvard University Press.

O'Conner, J. (1973). The fiscal crisis of the state. New York: St. Martin's Press.

O'Donnell, G., Deaton, A., Durand, M., Halpern, D., & Layard, R. (2014). Wellbeing and policy. London: Legatum Institute.

O'Connell, M. (2004). Fairly satisfied: Economic equality, wealth and satisfaction. Journal of Economic Psychology, 25(3), 297−305.

OECD (2007), Glossary of Statistical Terms: Good Governance. http://stats.oecd.org/glossary/ detail.asp?ID=7237.

OECD. (2013). OECD guidelines on measuring subjective well−being. Paris: OECD Publishing.

Offe, C. (1984). Contradictions of the welfare state, J. Keane (ed.), Cambridge, MA: MIT Press.

Ormerod, P. (2012). The folly of wellbeing in public policy. Booth, P. (Ed.). (2012). ⋯ and the pursuit of happiness−wellbeing and the role of government (pp. 39−58.) London: Institute of Economic Affairs.

Osborne, D. & Gabler, T. (1992). Reinventing government: How the entrepreneurial spirit is transforming the public sector. New York: Addison−Wesley.

Osborne, D., Plastrik, P., & Miller, C. M. (1998). Banishing bureaucracy: The five strategies for reinventing government. Political Science Quarterly, 113(1), 168−169.

Oshio, T. (2017). Which is more relevant for perceived happiness, individual−level or area−level social capital? A multilevel mediation analysis.

Journal of Happiness Studies, 18(3), 765−783.

Oshio, T., & Kobayashi, M. (2011). Area−level income inequality and individual happiness: Evidence from Japan. Journal of Happiness Studies, 12(4), 633−649.

Oshio, T., & Urakawa, K. (2014). The association between perceived income inequality and subjective well−being: Evidence from a social survey in Japan. Social Indicators Research, 116(3), 755−770.

Ostrom, E. (2000). The danger of self−evident truths. PS: Political Science & Politics, 33(1), 33−46.

Oswald, A. J. (1997). Happiness and economic performance. The Economic Journal, 107(445), 1815−1831.

Ott, J. (2001). Did the market depress happiness in the US? Journal of Happiness Studies, 2(4), 433−443.

Ott, J. (2005). Level and inequality of happiness in nations: Does greater happiness of a greater number imply greater inequality in happiness? Journal of Happiness Studies, 6(4), 397−420.

Ott, J. (2011). Government and happiness in 130 nations: Good governance fosters higher level and more equality of happiness. Social Indicators Research, 102(1), 3−22.

Ott, J. (2013). Greater happiness for a greater number: Some non−controversial options for governments. In A. Delle Fave (Ed.), The Exploration of Happiness (pp. 321−340). Dordrecht: Springer.

Pacek, A. C., & Radcliff, B. (2008). Welfare policy and subjective well−being across nations: An individual−level assessment. Social Indicators Research, 89(1), 179−191.

Pagán−Rodríguez, R. (2010). Onset of disability and life satisfaction: Evidence from the German socio−economic panel. The European Journal of Health Economics, 11(5), 471−485.

Pagán−Rodríguez, R. (2012). Longitudinal analysis of the domains of satisfaction before and after disability: Evidence from the German Socio−Economic Panel. Social Indicators Research, 108(3), 365−385.

Paralkar, S., Cloutier, S., Nautiyal, S., & Mitra, R. (2017). The sustainable neighborhoods for happiness (SNfH) decision tool: Assessing neighborhood level sustainability and happiness. Ecological Indicators, 74, 10−18.

Pavot, W., & Diener, E. (1993). Review of the satisfaction with life scale. Psychological Assessment, 5(2), 164-172.

Pavot, W., & Diener, E. (2013). Happiness experienced: The science of subjective well−being. In S. A. David, I. Boniwell, & A. Conley Ayers (Eds.), Oxford handbook of happiness (pp. 134−151). Oxford: Oxford University Press.

Pellerin, C. (2016, February 16). Constitutional considerations of happiness. Columbia Undergraduate Law Review.

Peters, B. G. (1996). The future of governing: Four emerging models. Lawrence: University Press of Kansas.

Peters, B. G., & Pierre, J. (1998). Governance without government? Rethinking public administration. Journal of Public Administration Research and Theory, 8(2), 223−243.

Peters, B. G., & Pierre, J. (2012). Urban governance. In P. John, K. Mossberger, & S. E. Clarke (Eds.), The Oxford handbook of urban politics. New York: Oxford University Press. 71−86.

Pfeiffer, D., & Cloutier, S. (2016). Planning for happy neighborhoods. Journal of the American Planning Association, 82(3), 267−279.

Pierre, J. (Ed.). (2000). Debating governance: Authority, steering, and democracy. Oxford: Oxford University Press.

Pierre, J., & Peters, B. G. (2000). Governance, politics and the state. New York: St. Martin's Press.

Porta, P. L., & Scazzieri, R. (2007). Public happiness and civil society. In L. Bruni, & P. L. Porta (Eds.), Handbook on the Economics of Happiness (pp. 95−109). Cheltenham: Edward Elgar Publishing.

Prior, William J. 1991. Virtue and knowledge: Introduction to Ancient Greek ethics. Routledge.

Prycker, V. (2010). Happiness on the political agenda? Pros and Cons. Journal of

Happiness Studies, 11(5), 585−603.

Pugno, M. (2009). The Easterlin paradox and the decline of social capital: An integrated explanation. The Journal of Socio−Economics, 38(4), 590−600.

Putnam, R. (1995). Bowling Alone: America's Declining Social Capital. Journal of Democracy, 6: 65-78.

Putnam, R. (2000). Bowling Alone: The Collapse and Revival of American Community. New York: Simon and Schuster.

Radcliff, B. (2001). Politics, markets, and life satisfaction: The political economy of human happiness. American Political Science Review, 95(4), 939−952.

Raibley, J. R. (2012). Happiness is not well−being. Journal of Happiness Studies, 13(6), 1105−1129.

Ram, R. (2009). Government spending and happiness of the population: additional evidence from large cross−country samples. Public Choice, 138(3), 483−490.

Ram, R. (2010). Social capital and happiness: Additional cross−country evidence. Journal of Happiness Studies, 11(4), 409−418.

Ranson, S. (1988). From 1944 to 1988: education, citizenship and democracy. Local Government Studies, 14(1), 1−19.

Raz, J. (1994). Ethics in the public domain: Essays in the morality of law and politics. New York: Oxford University Press.

Renn, D. et al. (2009). International well−being index: the Australian version. Social Indicators Research, 90: 243−256.

Rhodes, R. A. W. (1996). The new governance: governing without government. Political Studies, 44(4), 652−667.

Rhodes, R. A. W. (1997). Understanding governance: Policy networks, governance, reflexivity and accountability. Bristrol, PA: Open University Press.

Rhodes, R. A. W. (2000). Governance and Public Administration. In J. Pierre (Ed.), Debating governance. (pp. 54−90). Oxford: Oxford University Press.

Robichau, R. W. (2011). The mosaic of governance: Creating a picture with definitions, theories, and debates. Policy Studies Journal, 39(1), 113−131.

Rode, M. (2013). Do good institutions make citizens happy, or do happy citizens build better institutions?. Journal of Happiness Studies, 14(5), 1479−1505.

Rodrik, D. (1999). Where did all the growth go? External shocks, social conflict, and growth collapses. Journal of Economic Growth, 4(4), 385−412.

Rosenau, J. N. (1992). Governance, order, and change in world politics. In J. N. Rosenau, E. O. Czempiel (Eds.), Governance without government: Order and change in world politics (pp. 1−29). Cambridge: Cambridge University Press.

Rothstein, B. (2010). Happiness and the welfare state. Social Research, 77(2), 1−28.

Rothstein, B. (2012). Good governance. In D. Levi−Faur (Ed.), The Oxford handbook of governance (pp. 143−154). Oxford: Oxford University Press.

Runciman, W. G. (1966). Relative deprivation and social justice: A study of attitudes to social inequality in twentieth−century England. London: Routledge.

Ryan, R. M., & Deci, E. L. (2000). Self−determination theory and the facilitation of intrinsic motivation, social development, and well−being. American Psychologist, 55(1), 68−78.

Ryan, R. M., & Deci, E. L. (2001). On happiness and human potentials: A review of research on hedonic and eudaimonic well−being. Annual Review of Psychology, 52(1), 141−166.

Sachs, J. (2019). Introduction. In J. Sachs, R. Layard, & J. F. Helliwell (Eds.), Global happiness and wellbeing policy report 2019 (pp. 4−7). New York: Sustainable Development Solutions Network.

Sacks, D. W., Stevenson, B., & Wolfers, J. (2010). Subjective well−being, income, economic development and growth. National Bureau of Economic Research. doi: 10.3386/w16441.

Sacks, D. W., Stevenson, B., & Wolfers, J. (2012). The new stylized facts about income and subjective well−being. Emotion, 12(6), 1181.

Salichs, M. A., & Malfaz, M. (2006). Using emotions on autonomous agents. the role of happiness, sadness and fear. Integrative approaches to machine consciousness, part of AISB, 6, 157−164.

Santos, L. D., & Martins, I. (2013). The monitoring system on quality of life of the city of Porto. In M. J. Sirgy, R. Phillips, & D. Rahtz (Eds.), Community quality−of−life indicators: Best cases VI (pp. 77−98). Dordrecht: Springer.

Schachter, H. L. (1995). Reinventing government or reinventing ourselves: Two models for improving government performance. Public Administration Review, 55(6), 530−537.

Schumacher, E. F. (1973). Small is beautiful: Economics as if people really mattered. London: Blond and Briggs.

Schwarz, N., & Strack, F. (1999). Reports of subjective well−being: Judgmental processes and their methodological implications. In D. Kahneman, E. Diener, & N. Schwarz (Eds.), Well−being: The foundations of hedonic psychology (pp. 61-84). New York: Russell Sage Foundation.

Scitovsky, T. (1976). The joyless economy: An inquiry into human satisfaction and consumer dissatisfaction. New York: Oxford University Press.

Seligman, M. E. P. (2002). Authentic happiness: Using the new positive psychology to realize your potential for lasting fulfillment. New York: Free Press.

Seligman, M. E. P. (2002). Positive psychology, positive prevention, and positive therapy. In C. R. Snyder, & S. J. Lopez (Eds.), Handbook of positive psychology (pp. 3-9). New York: Oxford University Press.

Seligman, M. E. P., & Csikszentmihalyi, M. (2000). Positive psychology: An introduction. American Psychologist, 55(1), 5−14.

Sen, A. (1999). Development as freedom. New York: Anchor Books.

Sen, A. (2009). The idea of justice. Cambridge, MA: Harvard University Press.

Sheldon, K. M., & Houser−Marko, L. (2001). Self−concordance, goal attainment, and the pursuit of happiness: Can there be an upward spiral? Journal of Personality and Social Psychology, 80(1), 152−165.

Sirgy, M. J. (2001). Handbook of quality−of−life research: An ethical marketing perspective. Netherlands: Springer.

Sirgy, M. J., Efraty, D., Siegel, P., & Lee, D. J. (2001). A new measure of quality of work life (QWL) based on need satisfaction and spillover theories. Social Indicators Research, 55(3), 241−302.

Skocpol, T. (1985). Bringing the state back in: Strategies of analysis in current research. In P. Evans, D. Rueschemeyer, & T. Skocpol (Eds.), Bringing the state back in (p. 3−38). Cambridge: Cambridge University Press.

Smith, B. C. (2007). Good governance and development. Houndmills: Macmillan International Higher Education.

Solnick, S. J., & Hemenway, D. (1998). Is more always better?: A survey on positional concerns. Journal of Economic Behavior & Organization, 37(3), 373−383.

Sparrow, P. R. (1996). Competency based pay too good to be true. People Management, December, 22−25.

Stanton, T. K. (1983). Field study: Information for faculty. Ithaca, NY: Human Ecology Field Study Office, Cornell University.

Stanton, T. K., Giles Jr, D. E., & Cruz, N. I. (1999). Service−learning: A movement's pioneers reflect on its origins, practice, and future. San Francisco: Jossey−Bass.

Stein, R. M. (1990). Urban alternatives: Public and private markets in the provision of local services. Pittsburgh, PA: University of Pittsburgh Press.

Stevenson, B., & Wolfers, J. (2008). Economic growth and subjective well−being: Reassessing the Easterlin paradox. National Bureau of Economic Research. doi: 10.3386/w14282.

Stevenson, B., & Wolfers, J. (2013). Subjective well−being and income: Is there any

evidence of satiation?. American Economic Review, 103(3), 598−604.

Stiglitz, J. E., Sen, A., & Fitoussi, J. P. (2009). Report by the commission on the measurement of economic performance and social progress. Resource document. Commission on the Measurement of Economic Performance and Social Progress. http://www.stiglitzsen−fitoussi.fr/documents/rapport_anglais.pdf.

Stiglitz, J. E., Sen, A., & Fitoussi, J. P. (2010). Mismeasuring our lives: Why GDP doesn't add up. New York: The New Press.

Stiglitz, J., Sen, A., & Fitoussi, J. P. (2009). The measurement of economic performance and social progress revisited. Reflections and overview. Resource document. Commission on the Measurement of Economic Performance and Social Progress. https://hal−sciencespo.archives−ouvertes.fr/hal−01069384/document.

Stivers, C. (1990). The public agency as polis: Active citizenship in the administrative state. Administration & Society, 22(1), 86−105.

Stoker, G. (2000) Urban political science and the challenge of urban governance. In J. Pierre (Ed.), Debating governance: Authority, steering, and democracy. Oxford: Oxford University Press.

Stouffer, S. A., Suchman, E. A., Devinney, L. C., Star, S. A., & Williams, R. M., Jr. (1949). The American soldier: Adjustment during army life. (Studies in social psychology in World War II) Vol. 1. Princeton: Princeton University Press.

Straume, L. V., & Vittersø, J. (2012). Happiness, inspiration and the fully functioning person: Separating hedonic and eudaimonic well−being in the workplace. The Journal of Positive Psychology, 7(5), 387−398.

Subramanian, S. V., Kim, D., & Kawachi, I. (2005). Covariation in the socioeconomic

determinants of self rated health and happiness: a multivariate multilevel analysis of individuals and communities in the USA. Journal of Epidemiology & Community Health, 59(8), 664−669.

Sugden, R., & Teng, J. C. Y. (2016). Is happiness a matter for governments? In S. Bartolini, E. Bilancini, L. Bruni, & P. L. Porta (Eds.), Policies for happiness (pp. 36−57). Oxford: Oxford University Press.

Suttles, G. D. (1969). The social order of the slum: Ethnicity and territory in the inner city. Chicago: University of Chicago Press.

Swedberg, R. (1994) Markets as social structures, In N. J. Smelser, & R. Swedberg (Eds.), The handbook of Economic Sociology (pp. 255−282). Princeton: Princeton University Press.

Tatarkiewicz, W. (1966). Happiness and time. Philosophy and Phenomenological Research, 27(1), 1−10.

The Commission on Global Governance. (1995). Our global neighborhood: The report of the commission on global governance. Oxford: Oxford University Press.

Thin, N. (2012). Social happiness: Theory into policy and practice. Bristol: Policy Press.

Thin, N. (2018). Qualitative approaches to culture and well−being. In E. Diener, S. Oishi, & L. Tay (Eds.), Handbook of well−being (pp. 108−127). Salt Lake City: DEF Publishers.

Tiberius, V., & Hall, A. (2010). Normative theory and psychological research: Hedonism, eudaimonism, and why it matters. The Journal of Positive Psychology, 5(3), 212−225.

UNDP. (1990). Human Development Report 1990: Concept and Measurement of Human Development. New York: United Nations Development Programme.

United Kingdom Office for National Statistics. (2012). https://www.ons.gov.uk/.

United Kingdom Office for National Statistics. (2018). Measures of national well−being dashboard. https://www.ons.gov.uk/peoplepopulationandcommunity/ wellbeing/articles/ measuresofnationalwellbeingdashboard/2018−04−25.

United Nations Development Programme. (2010). http://hdr.undp.org/en/ Accessed 26 February 2019.

United Nations General Assembly. (2011). Happiness: Towards a holistic approach to development (Resolution 65/309). 64th session: 109th plenary meeting. http://www.un.org/ga/search/view_doc.asp?symbol=A/RES/65/309.

United Nations General Assembly. (2015). Resolution adopted by the General Assembly on 25 September 2015. 70/1. Transforming our world: the 2030 Agenda for Sustainable Development. A/RES/70/1. http://www.un.org/ga/search/ view_doc.asp?symbol=A/RES/70/1&Lang=E.

United Nations. (1997). Governance for Sustainable Human Development. New York: Oxford University Press.

van Beungingen (2012). The satisfaction with life scale examining construct validity. Discussion paper. The Hague: Statistics Netherlands.

Van Doeveren, V. (2011). Rethinking good governance: Identifying common principles. Public Integrity, 13(4), 301−318.

Veblen, T. (1899). The theory of the leisure class: An economic study of institutions. New York: Random House.

Veenhoven, R. (1990). Inequality in happiness: inequality in countries compared across countries. Resource document. Munich Personal RePEc Archive MPRA Paper No. 11275. https://mpra.ub.uni−muenchen.de/11275/.

Veenhoven, R. (1991a). Is happiness relative? Social Indicators Research, 24, 1−34.

Veenhoven, R. (1991b). Questions on happiness: Classical topics, modern answers, blind spots. In F. Strack, M. Argyle, & N. Schwarz (Eds.), Subjective well−being: An interdisciplinary perspective (pp. 7-26). Oxford: Pergamon Press.

Veenhoven, R. (2000). The four qualities of life. Journal of Happiness Studies, 1(1), 1−39.

Veenhoven, R. (2004a). Happiness as an aim in public policy: The greatest happiness principle. In P. A. Linley, & S. Joseph (Eds.), Positive psychology in practice (pp. 658−678). Hoboken: John Wiley & Sons.

Veenhoven, R. (2004b). The greatest happiness principle. Happiness as an aim in public policy. Positive Psychology in Practice, New Jersey: John Wiley & Sons.

Veenhoven, R. (2005). Inequality of happiness in nations. Journal of Happiness Studies, 6(4), 351−355.

Veenhoven, R. (2010). Greater happiness for a greater number. Journal of Happiness Studies, 11(5), 605−629.

Veenhoven, R. (2013). Notions of the good life. In S. A. David, I. Boniwell, & A. Conley Ayers (Eds.), Oxford handbook of happiness (pp. 161−173). Oxford: Oxford University Press.

Veenhoven, R. (2015). The overall satisfaction with life: Subjective approaches (1). In W. Glatzer, L. Camfield, V. Møller, & M. Rojas (Eds.), Global handbook of quality of life (pp. 207−238). Dordrecht: Springer.

Veenhoven, R., & Vergunst, F. (2014). The Easterlin illusion: economic growth does go with greater happiness. International Journal of Happiness and

Development, 1(4), 311-343.

Verme, P. (2011). Life satisfaction and income inequality. World Bank Policy Research Working Paper No. 5574. https://papers.ssrn.com/sol3/papers.cfm? abstract_id=1774421.

Vitterø, J. (2013). Functional well-being: Happiness as feelings, evaluations, and functioning. In S. A. David, I. Boniwell, & A. Conley Ayers (Eds.), Oxford handbook of happiness (pp. 227-244). Oxford: Oxford University Press.

Vitterø, J. (2013). Introduction to psychological definitions of happiness. In S. A. David, I. Boniwell, & A. Conley Ayers (Eds.), Oxford handbook of happiness (pp. 155-160). Oxford: Oxford University Press.

Walker, J. L. (1969). The diffusion of innovations among the American states. American Political Science Review, 63(3), 880-899.

Waterman, A. S., Schwartz, S. J., & Conti, R. (2008). The implications of two conceptions of happiness (hedonic enjoyment and eudaimonia) for the understanding of intrinsic motivation. Journal of Happiness Studies, 9(1), 41-79.

Weeranakin, P., & Promphakping, B. (2018). Local meanings of wellbeing and the construction of wellbeing indicators. Social Indicators Research, 138(2), 689-703.

Weick, S. (2015). Subjective Well-Being After the Onset of the Need for Personal Assistance and Care. In F. Maggion (Ed.), A new research agenda for improvements in quality of life (pp. 191-204). Cham: Springer.

Weimann, J., Knabe, A., & Schöb, R. (2015). Measuring happiness: The economics of well-being. Cambridge, MA: MIT press.

Weiss, T. G. (2000). Governance, good governance and global governance: conceptual and actual challenges. Third World Quarterly, 21(5), 795-814.

Welsch, H. (2003). Entrepreneurship: the way ahead. London: Routledge.

Welsch, H. (2009). Implications of happiness research for environmental economics. Ecological Economics, 68(11), 2735-2742.

Welzel, C., & Inglehart, R. (2008). The role of ordinary people in democratization. Journal of Democracy, 19(1), 126-140.

White, S. C. (2010). Analysing wellbeing: a framework for development practice. Development in Practice, 20(2), 158−172.

Winkelmann, L., & Winkelmann, R. (1998). Why are the unemployed so unhappy? Evidence from panel data. Economica, 65(257), 1−15.

Witter, R. A., Okun, M. A., Stock, W. A., & Haring, M. J. (1984). Education and subjective well−being: A meta−analysis. Educational Evaluation and Policy Analysis, 6(2), 165−173.

World Bank. (1989) Sub−Saharan Africa: From crisis to sustainable growth. A long−term perspective study. Washington, D.C.: World Bank.

World Bank. (1992). Governance and Development. Washington, D.C.: World Bank.

World Bank. (1994). Governance: The World Bank's Experience. https://doi.org/10.1596/0−8213−2804−2

Yamamura, E. (2011). The Influence of government size on economic growth and life satisfaction: A case study from Japan. Japanese Economy, 38(4), 28−64.

Yang, K. (2005). Public administrators' trust in citizens: A missing link in citizen involvement efforts. Public Administration Review, 65(3), 273−285.

Yates, D. (1977). The ungovernable city: The politics of urban problems and policy making. Cambridge, MA: MIT Press.

Yeh HJ., Hsieh YS., Tsay RM. (2015). Self−evaluation affects subjective well−being: The effects of socioeconomic status and personality in Taiwan. In F. Maggion (Ed.), A new research agenda for improvements in quality of life (pp. 109−134). Cham: Springer.

Zak, P. J., & Knack, S. (2001). Trust and growth. The Economic Journal, 111(470), 295−321.

Zamagni, S. (2014). Public happiness in today's economics. International Review of Economics, 61(2), 191−196.

Zapf, W. (1984). Individuelle Wohlfahrt: Lebensbedingungen und wahrgenomme ne Lebensqualität. Lebensqualität in der Bundesrepublik. In W. Glatzer, & W. Z apf. (Eds.), Lebensqualität in der Bundesrepublik (Objektive Lebensbedingunge n und subjektives Wohlbefinden (pp. 13 − 26). Frankfurt am Main: Campus Ver lag.

Zorondo − Rodríguez, F., Gómez − Baggethun, E., Demps, K., Ariza − Montobbio, P., García, C., & Reyes − García, V. (2014). What defines quality of life? The gap between public policies and locally defined indicators among residents of Kodagu, Karnataka (India). Social Indicators Research, 115(1), 441 − 456.

이승종(Seung Jong Lee)

경력   서울대학교 사회교육과 문학사
서울대학교 행정대학원 행정학 석사
Northwestern University 정치학 박사
제22회 행정고시
한국행정학회 회장
한국지방행정연구원 원장
18대 대통령직인수위원회 인수위원
서울대학교 행정대학원 원장
영남대학교 석좌교수
새마을세계화재단 대표
서울대학교 명예교수
International Journal of Community Wellbeing, Co-Editor

저서   지방자치론: 정치와 정책, 2003.
시민참여론, 공저, 2011.
지방행정체제개편론, 공저. 2009.
국민행복과 정부3.0, 공저. 2013.
Government and Participation in Japanese and Korean Civil Society, 2010 (co-edited)
Community Well-being and Community Development(co-edited), 2010.
Public Happiness. Springer, 2021.

한국어판
공공행복론

초판발행	2022년 10월 25일
지은이	이승종
펴낸이	안종만 · 안상준
편 집	양수정
기획/마케팅	손준호
표지디자인	이영경
제 작	고철민 · 조영환
펴낸곳	(주) **박영사**
	서울특별시 금천구 가산디지털2로 53, 210호(가산동, 한라시그마밸리)
	등록 1959. 3. 11. 제300-1959-1호(倫)
전 화	02)733-6771
f a x	02)736-4818
e-mail	pys@pybook.co.kr
homepage	www.pybook.co.kr
ISBN	979-11-303-1611-6 93350

* 파본은 구입하신 곳에서 교환해 드립니다. 본서의 무단복제행위를 금합니다.
* 저자와 협의하여 인지첩부를 생략합니다.

정 가   25,000원